CW01369843

Anatol Regnier

Wir Nachgeborenen

Anatol Regnier

Wir Nachgeborenen

Kinder berühmter Eltern

C. H. Beck

Meinen Eltern gewidmet

Mit 54 Abbildungen

© Verlag C.H.Beck oHG, München 2014
Satz: Fotosatz Amann, Memmingen
Druck und Bindung: CPI – Ebner & Spiegel, Ulm
Umschlaggestaltung: Anzinger | Wüschner | Rasp, München
Umschlagabbildung: Erika und Klaus Mann, Foto um 1927, © akg-images
Gedruckt auf säurefreiem, altersbeständigem Papier
(hergestellt aus chlorfrei gebleichtem Zellstoff)
Printed in Germany
978 3 406 66792 3
www.beck.de

Inhalt

Einleitung 7

1 Ein Besuch in Garmisch 10
2 Woher wir kommen – Kindheit im Malvenhaus 40
3 Diana Kempff – eine Erinnerung 57
4 Gitarre spielen 69
5 Ein Vater zum Verlieben – Gwendolyn
   von Ambesser und ihre Eltern 79
6 Ambach (I) 94
7 Unverbrüchlich –
   Marianne Hoppe und ihr Sohn Benedikt 109
8 Israel 126
9 Hans Fallada und seine Söhne – Ulrich und
   Achim Ditzen 138
10 Der lange Weg 168
11 Der Einzige und Letzte – Frido Mann 183
12 Ambach (II) 202
13 Lustige Väter (I) – Gero Erhardt 208
14 Lustige Väter (II) – Thomas Frankenfeld 221

15	Australien	235
16	Den Größten zum Vater – Mathias und Manuel Fischer-Dieskau	246
17	Dem Vater folgen oder nicht? – Florian Prey und Rico Gulda	262
18	Bücher schreiben	281
19	Seines Vaters Sohn – Dominik Graf	287
20	Ambach (III)	304
21	Mein Vater Charles Regnier	309
	Bildnachweis	332
	Literatur	333
	Dank	336

Einleitung

«Sie heißen Regnier? Sind Sie verwandt mit dem Schauspieler Charles Regnier? Das war Ihr Vater? Wirklich? Den habe ich sehr geschätzt. So eine noble, elegante Erscheinung. Und immer dieser süffisante Zug um die Lippen – ja, das waren noch Zeiten, als es solche Schauspieler gab ... Jetzt, wo Sie es sagen, sieht man auch die Familienähnlichkeit. Und Ihre Stimme, genau wie die Ihres Vaters! Den hat man ja schon beim ersten Wort erkannt! Ich sehe ihn vor mir. Ein toller Mann! Wann ist er gestorben?»

Frühere Zeiten, bessere Zeiten. Ich gebe Auskunft und freue mich, dass sich jemand meines Vaters erinnert. In die Lobeshymnen über ihn stimme ich ein – er war ein toller Mann. Ich habe ihn bewundert und geliebt. Er hat für mich gesorgt, ich durfte meinen Neigungen nachgehen, durfte werden, was ich wollte, und wenn es finanziell eng wurde, hat er mir Geld zugesteckt. Natürlich war nicht alles heiter und unbeschwert – aber wer würde einem beiläufig Fragenden die komplexen Mechanismen eines Vater-Sohn-Verhältnisses auftischen? «Er fehlt uns sehr», sage ich – und nenne sein Todesjahr: 2001.

Bei anderer Gelegenheit erwähnt man zuerst meine Mutter Pamela Wedekind. Und von der ist es nicht weit zu dem berühmten Großvater: Frank Wedekind, dem Skandaldichter, Moralisten, Erotomanen und Bänkelsänger, dessen Persönlichkeit und Werk bis heute Unverständnis hervorrufen. Auch hier stellt man anhand von Nase, Blick und Körperhaltung Familienähnlichkeit fest, aber konstatiert mit Regelmäßigkeit, dass der Enkel, nach allem, was man sieht und vom Großvater weiß, ein vergleichsweise einfaches und sonniges Gemüt zu besitzen scheint. Ich stimme zu, wie im Fall des Vaters. Und um die Harmlosigkeit noch zu unterstreichen, lächle oder lache ich. Wenn aufgefordert, greife ich zur Gitarre und singe Wedekind-Lieder, die ich, wie mir scheint, seit früher Kindheit auswendig kann. Und stürze ich mich in Gespräche über Karl Kraus, Maximilian Harden, Alfred Kerr, Max Reinhardt, Paul Cassirer, Tilla Durieux oder Heinrich und Thomas Mann, die zum Kreis um Wedekind gehörten. Und schweife weiter zu Erika und Klaus Mann, Gustaf Gründgens und Carl Sternheim, die das Leben meiner Mutter geprägt haben. Und zu Gottfried Benn, der großen Liebe meiner Großmutter Tilly Wedekind. «Wenn man Ihnen zuhört», sagt man dann, «meint man, Sie seien selbst dabei gewesen!» Das glaube ich manchmal auch, obgleich ich die meisten der Erwählten nie zu Gesicht bekommen oder sie als Kind nur ein paar Mal gesehen habe. Aber ihre Namen wurden so häufig genannt, waren so sehr Teil der Atmosphäre, in der ich aufgewachsen bin, dass eine Art familiärer Nähe entstanden ist.

Um zu werden, was sie waren, mussten sie ihre angestammte Welt verlassen und sich auf unbekanntes Terrain wagen. Ohne Brückenverbrennen kein Ruhm, das lehren Märchen und Schreibseminare: Der Held zieht aus, durch ein reales oder symbolisches Tor, um das Fürchten zu lernen, die blaue Blume, den goldenen Topf oder die ideale Frau zu finden und die Welt zu verändern. Je bescheidener der Anfang (Bethlehems Stall!), desto spektakulärer der Aufstieg. Ohne diese Grundstruktur, heißt es, funktioniere kein Bestseller und kein Hollywood-Film. *In meinem Elternhaus hingen keine Gainsboroughs / wurde auch kein Chopin gespielt,* hat Gottfried Benn gesagt. Einmal sei sein Vater im Theater gewesen, *Anfang des Jahrhunderts / Wildenbruchs «Haubenlerche»,* davon habe man gezehrt, das sei *alles* gewesen. Benn war stolz auf das protestantische Pfarrhaus, dem er entstammte (und erwähnte bei der Gelegenheit gern den Pfarrerssohn Nietzsche), aber dass er erwogen hätte, in des Vaters Fußstapfen zu treten und gleichfalls Pfarrer zu werden, ist nicht bekannt. Max Reinhardt hätte das väterliche Geschäft, Karl Kraus die väterliche Papierfabrik übernehmen können. Aber sie wollten mehr, sind Risiken eingegangen, haben auf Bequemlichkeiten verzichtet, sind Helden geworden. Ihre Kinder, so sie welche hatten, wurden, wie ich, zuerst nach ihren Eltern gefragt und waren hauptsächlich deretwegen interessant. War das gut oder schlecht? Weder noch. Es kommt darauf an, was sie daraus gemacht haben.

Auch bei uns hingen keine Gainsboroughs, und auf dem Klavier reichte es allenfalls für den «Fröhlichen Landmann». Aber irgendwann, ich war vielleicht sechs oder sieben Jahre alt, wurde mir im Bett vor dem Einschlafen plötzlich bewusst: Mein Vater ist ein berühmter Schauspieler. Ich freute mich: Ich bin etwas Besonderes! Dabei war ich nur ich selbst. Andere, von denen hier die Rede ist, mögen Ähnliches empfunden haben. Einige von ihnen kenne ich seit meiner Kinderzeit, andere habe ich bei der Recherche zu diesem Buch kennengelernt. Sie haben mir ihre Geschichte erzählt, soweit sie das für richtig und angemessen hielten. Wo sie Türen nicht öffnen wollten, blieben sie geschlossen. Bei meiner eigenen Geschichte kann ich den Grad der Offenheit selbst bestimmen, deshalb erzähle ich sie besonders ausführlich – wer weiß, wann ich wieder Gelegenheit dazu habe? Und natürlich erzähle ich von unseren berühmten Vorfahren. Sie waren viel interessanter als wir. Ich erschauere, wenn ich bedenke, was sie geleistet, bewirkt und bewegt haben. Und dennoch waren sie, bei all ihrer Begabung, ihrem Glück und ihrem Ruhm, auch nur Menschen wie wir.

1

Ein Besuch in Garmisch

Am Dienstag, dem 15. Mai 1945, von Leoni am Starnberger See kommend, vorbei an St. Heinrich, wo seine ehemalige Braut Pamela Wedekind wohnt und ihr fünfmonatiger Sohn Anatol in seinem Wäschekorb liegt, fährt Klaus Mann, achtunddreißig Jahre alt, in amerikanischer Uniform, von einem Armeeangehörigen chauffiert, nach Garmisch. Vor einer knappen Woche ist er über Florenz, Bologna, Verona und Innsbruck aus Rom gekommen, hat Hitlers zerbombten «Berghof» am Obersalzberg besichtigt und sich in Rosenheim im Büro der US-Militärzeitung «The Stars and Stripes» gemeldet, für die er als Korrespondent unterwegs ist. Nach zwölfjähriger Abwesenheit hat er seine zerstörte Geburtsstadt München wiedergesehen. Hauptbahnhof und Odeonsplatz waren kaum zu erkennen, den Englischen Garten musste er suchen. Dann stand er vor seinem Elternhaus, Poschingerstraße 1 im Herzogpark, sah eingestürzte Decken und einen seltsam kleinen Raum, der einmal das Arbeitszimmer seines Vaters gewesen war, und erfuhr von einer im Obergeschoss hausenden jungen Frau, dass früher hier ein Schriftsteller gewohnt und später die «Lebensborn»-Bewegung eine Zeugungsanstalt unterhalten habe. Zurück in Rosenheim, ist ihm Curt Riess über den Weg gelaufen, jüdischer Buchautor und Journalist aus Würzburg, Emigrant und uniformierter amerikanischer Kriegsberichterstatter wie er selbst. Der sitzt jetzt neben ihm im Jeep.

Der Wagen hält in Garmisch vor dem schmiedeeisernen Tor des Anwesens Zoeppritzstraße 42. Auf einem parkähnlichen, nach hinten leicht ansteigenden Grundstück liegt eine im Stil der Jahrhundertwende erbaute Villa mit Loggia, Erkerturm und Walmdach. Von Krieg

Ein Besuch in Garmisch 11

und Zerstörung ist hier nichts zu merken. Die Besucher geben sich als *two American Correspondents* aus, wie sie ihr gutes Deutsch erklären, ist nicht bekannt. Der Eigentümer der Villa, ein rüstiger alter Herr, empfängt sie freundlich und ohne sichtbares Misstrauen. Es ist der Komponist Richard Strauss. Klaus Mann will ihn fragen, was er alle hiergebliebenen Deutschen fragen will: Wie fühlt man sich im Katzenjammer? Hat man sich nicht doch geirrt, als man Hitler zugejubelt und im Chor «Sieg Heil!» gebrüllt hat? War es in Ordnung, der Entrechtung und Vertreibung jüdischer Mitbürger zuzusehen, sich an ihren zwangsweise zurückgelassenen Besitztümern zu bereichern, ihre Posten zu besetzen? Was sagt man jetzt, da man weiß, dass sie nicht nur vertrieben, sondern ermordet wurden? Klaus Mann erwartet nichts Gutes von seinem Gegenüber: Gestern hat ihm in Augsburg Hermann Göring versichert, von Auschwitz nichts gewusst zu haben, sonst wäre er, Göring, natürlich sofort eingeschritten. Richard Strauss war immerhin Präsident der «Reichsmusikkammer» und allem Anschein nach eine einflussreiche Persönlichkeit im Nazi-Reich – was hat er wohl zu sagen?

Was Richard Strauss sagt – und wie er es sagt –, wissen nur die Beteiligten. Was er laut Klaus Mann gesagt haben soll, ist dem Artikel zu entnehmen, der am 29. Mai in «The Stars and Stripes» erscheint: *Strauss Still Unabashed About Ties With Nazis, by Cpt. Klaus Mann, Staff Correspondent.* Darunter ein Foto von Richard Strauss, die Augen geschlossen, den rechten Arm erhoben, als leiste er einen Schwur oder dirigiere eine Militärkapelle, mit der Unterschrift: *HIS HEART BEAT IN NAZI-TIME, Richard Strauss, an old opportunist who healed Hitler.* Klaus Mann beschreibt ihn als vollkommen uneinsichtig, dabei von klarem Verstand. Baldur von Schirach sei *a very nice chap* gewesen, Hans Frank habe einen *delicate artistic taste* gehabt und der «Führer» gute Musik geschätzt. Lediglich die Absetzung seiner Oper «Die schweigsame Frau» wegen des jüdischen Librettisten Stefan Zweig, den er gern behalten hätte, sei ihm aufgestoßen, und das Ansinnen der örtlichen Gauleitung, Ausgebombte in seiner Villa einzuquartieren. Abgesehen davon sei er gut behandelt worden. Warum ist er nicht emigriert? Warum sollte er – er hat hier seine Einnahmen. Warum hat er ein Dirigat Bruno Walters übernommen, das dieser als Jude nicht ausführen durfte? Warum nicht? Hätte seine Absage Bruno Walter genützt? Antisemitismus, folgert Klaus Mann, stört Richard Strauss nur, wenn es um eigene Interessen geht. Es sei sinnlos, mit ihm zu diskutieren. Curt Riess habe sich ein signiertes Foto erbeten, er selbst habe keines gewollt. *An ignorant little newspaperman who doesn't appreciate genius,* habe Richard Strauss wahrscheinlich gedacht. Klaus Mann berichtet seinem Vater brieflich von der Begegnung, in englischer Sprache, wie es die Armee-Vorschrift verlangt: Die *selfishness* und *naiveté* von Richard Strauss seien *absolutely staggering,* er sei *just about the most rotten character one can possibly imagine* – dumm, selbstzufrieden, geizig, eitel, *completely lacking in the most fundamental human impulses of shame and decency.* In dem im New Yorker «Esquire» im Januar 1946 erschienenen Aufsatz «Three German Masters», der auch Berichte über seine Besuche bei Franz Lehár und Emil Jannings enthält, schildert er die Episode ein weiteres Mal.

Wie hätte Richard Strauss reagiert, wenn er gewusst hätte, wer da vor ihm stand? Wäre er vorsichtiger gewesen? Hätte er sich verweigert? Verlegenheit gespürt? Hätte Klaus Mann ihn anders beurteilen können, als er es tat? Was ist beider Vergangenheit, was beider Zukunft? Und welche Rolle spielt Thomas Mann als Dritter im Bunde?

Thomas Mann und Richard Strauss verbindet eine lange Bekanntschaft, aber keine Nähe. Zu unterschiedlich sind die Temperamente, die Herkunft, das Auftreten, der persönliche Stil, der «Stallgeruch», der besonders dann relevant wird, wenn Konkurrenz im Spiel ist. Und Konkurrenz gibt es, obwohl oder vielleicht gerade weil beide in unterschiedlichen Künsten unterwegs sind. Thomas Mann ist, so heißt es, der musikalischste aller Dichter. *Ich mache so viel Musik, als man ohne Musik füglich machen kann,* sagt er von sich. Kann man das: Musik ohne Musik machen? Ist das nicht ein ewig unerlöster Zustand? Eine Quelle der Sehnsucht und des Leidens? In der Novelle «Tristan» spielt Gabriele, die «Gattin Herrn Klöterjahns», trotz ärztlichen Verbots Klavier, in einem Sanatorium, überredet und verführt vom Dichter Spi-

Ein Besuch in Garmisch

nell, einem schwachen und hellsichtigen Menschen. Sie weiß: Sie darf nicht spielen, es schadet ihrer Gesundheit, aber sie erliegt der Versuchung, spielt ein Chopin'sches Nocturne, ein zweites, ein drittes, spielt das ganze Heft, kann nicht aufhören und spielt, da die Noten zufällig vorhanden, die ersten beiden Akte aus «Tristan und Isolde» und erlebt in einem schwelgerischen Thomas-Mann-Text eine Liebesglut, die zum Tod führen muss, ohne körperliche Berührung, allein befeuert durch die Kraft der Musik – mehr *Musik ohne Musik* zu machen, ist *füglich* kaum möglich. Plötzlich fragt sie Herrn Spinell: *«Wie kommt es nur, daß Sie, der Sie es so gut verstehen, es nicht auch spielen können?»* Die Frage bringt ihn außer Fassung. *Er errötete, rang die Hände und versank gleichsam mit seinem Stuhle.* «Das trifft selten zusammen», sagte er endlich gequält. «Nein, spielen kann ich nicht.» Herr Spinell soll ein unvorteilhaftes Porträt des Schriftstellerkollegen Arthur Holitscher sein, aber natürlich spricht Thomas Mann auch über sich selbst: Er hat als Kind das Geigenspiel erlernt und bis zu einer gewissen Fertigkeit entwickelt, es aber aufgegeben, vermutlich weil es dem eigenen Anspruch nicht mehr genügte. Seitdem gilt: Er kann nicht spielen.

Aber kann es Gabriele? Zwar weiß sie das *mittelmäßige Piano* mit *sicherem Geschmack zu behandeln* und zeigt *einen nervösen Sinn für differenzierte Klangfarbe,* aber sie ist keine Musikerin, hat mit ihrem Vater nach der Art höherer Töchter Hausmusik betrieben und, wie sie Herrn Spinell sagt, *alles verlernt.* Und jetzt ein ganzes Heft Chopin'scher Nocturnes? Und zwei Akte einer Wagner-Oper aus dem Klavierauszug? Kann sie tatsächlich die *einsame und irrende Stimme* des «Sehnsuchtsmotivs» zum Klingen bringen, mit *wundervollem Sforzato* das «Liebesmotiv» gestalten? Als Hobby-Pianistin auf einem mittelmäßigen Sanatoriums-Klavier? Nein, verehrter Thomas Mann, das ist nicht möglich! Thomas Mann bringt die eigene Beschränkung literarisch auf den Punkt: Um Musik zu machen, muss man es auch können. Nicht umsonst ist Herr Spinell eine traurige Figur.

Richard Strauss spielt Skat. Warum? Weil es, wie er sagt, die einzige Zeit ist, in der er nicht an Musik denkt. Was denkt er, wenn er an Musik denkt? An metaphysische Zusammenhänge, schicksalhafte Verknüpfungen? Vielleicht. Aber auch, darf man annehmen, an die Frage, ob ein Akkord so oder so aufzulösen, ein Motiv so oder so zu entwickeln und statt den Holzbläsern vielleicht doch den Streichern zuzuordnen sei. Thomas Mann redet über Musik, Richard Strauss macht sie. Das ist der Unterschied, und er fällt, was den musikalischen Gedanken betrifft, zu Gunsten Richard Strauss' aus. Er ist die glücklichere Natur. Während Thomas Mann *mit höchstem Bedacht* Seite auf Seite schichtet, in einer *Selbstknechtung des Willens, die Nerven oft bis zum Schreien angespannt,* sagt Richard Strauss von sich selbst: «Ich komponiere wie die Kuh Milch gibt.» Und tut es nur im Sommer – die Winter verbringt er mit Reisen, Dirigieren, Orchestrieren, Letzteres eine handwerkliche Tätigkeit, bei der ihn häusliches Leben nicht stört, in starkem Gegensatz zu Thomas Manns geheiligten Arbeitsstunden. Dessen Vorträge sind bis auf das Komma ausgefeilt, Richard Strauss sagt zu einer Studentin, die ihm die Noten umblättern soll: «Schauen Sie nicht zu genau hin, ich spiele manchmal etwas ganz anderes.» Mitten in einer Mozart-Oper steigt er vom Dirigentenpult und improvisiert das Continuo auf dem Cembalo, unerschütterlich sicher, stilgerecht und spaßeshalber mit Zitaten aus eigenen Werken geschmückt. Kaum denkbar, dass jemand, der seine Kunst so spielerisch leicht und dabei so selbstbewusst und erfolgreich ausübt, nicht Thomas Manns Bewunderung, Kritik und Neid erweckt haben sollte, wie es um 1914 sein Bruder Heinrich getan hat, der vergleichsweise schnell und mühelos schrieb und damals obendrein erfolgreicher war.

Was Richard Strauss von Thomas Mann gelesen hat, ist nicht bekannt, aber gemocht hat er ihn nicht. Der zugereiste Wahlmünchner, der sich gern über Musik äußert, obgleich er, streng genommen, nichts davon versteht, ist ihm unsympathisch. Es verdrießt ihn, dass Thomas Mann seinen Konkurrenten Hans Pfitzner in den Himmel hebt, mit dem ungeliebten Bruno Walter Freundschaft pflegt und überhaupt zu allem und jedem «seinen Senf dazugeben muss». (Richard Strauss tut das auch, aber praktischer, direkter, weniger geschwurbelt.) In einem Brief an den Dirigenten Clemens Krauss klagt er, dass eine Radiosendung, die er hören wollte, ausgefallen ist, weil *Thomas Mann zu lang über Goethe gequatscht* hat. Richard Strauss ist Bayer, Thomas Mann Hanseat, in bayerischen Augen also Preuße, mit allen schlechten Eigenschaften, die ein Preuße haben kann: Hochgestochenheit, Umständlichkeit, Vornehmheit, gedrechselte Ausdrucksweise und, das Allerschlimmste, «geschwollenes Daherreden». *Geschwollenheit* war es auch, die Thomas Mann im April 1933 in einem «Protest der Richard-Wagner-Stadt München» vorgeworfen wurde, nachdem er im Audimax der Universität seinen Vortrag «Leiden und Größe Richard Wagners» gehalten hatte. Prominentester Unterzeichner war damals Richard Strauss gewesen. Seitdem sind die Fronten klar: Thomas Mann wähnt Richard Strauss dem Ungeist verfallen, fühlt sich moralisch überlegen, künstlerische Rivalitäten treten zurück. Was Richard Strauss zur Unterzeichnung bewogen hat, weiß er vielleicht selbst nicht genau, Opportunismus und Berechnung waren vermutlich dabei, vielleicht auch die instinktive Abneigung des Bayern gegen das Norddeutsche oder latent Homosexuelle. Von Curt Riess auf den Vorfall angesprochen, zuckt er mit den Schultern und meint, er habe den fraglichen Aufsatz gar nicht gelesen. Thomas Mann bescheinigt ihm daraufhin *phänomenale Wurschtigkeit* – und wählt, als Meister der Charakterisierung, einen bayerisch gefärbten Ausdruck. Ihm selbst verursachte der Angriff aus der Stadt, in der er vierzig Jahre lang gelebt hatte, einen *Choc von Ekel und Grauen*. Er befürchtete, in Schutzhaft genommen zu werden, und sah seine lang gehegte Ahnung bestätigt, dass Musik, die deutscheste aller Künste, den deutschen Geist, und damit die deutsche Nation und das Deutschtum schlechthin, sowohl in sublimste Höhen, als auch in die Barbarei führen könne – im «Doktor Faustus» wird er darauf zurückkommen (und Richard Strauss einen *begabten Kegelbruder* nennen). Richard Strauss, solchen Überlegungen abhold, ist überzeugt, dass Musik, schöne, kunstvolle, aufregende und süße Musik, wie Mozart sie schrieb und er selbst sie zuweilen hervorbringt, fern aller Politik wichtigste Bewahrerin der Kultur ist. Er soll seine Unterschrift im Nachhinein bedauert haben. Es sei eine «dumme G'schicht» gewesen. Seinem Ansehen schadet sie bis heute.

Die Liste der gegen Strauss erhobenen Vorwürfe ist lang, und wer sie bestätigt sehen will, findet Belege genug, vom Telegramm an Goebbels nach dessen Rede gegen «atonale» Komponisten im Dezember 1934 *(Begeisterte Zustimmung, in treuer Verehrung, Heil Hitler, Richard Strauss)* über die Komposition und das öffentliche Dirigat der Olympia-Hymne 1936 bis zum selbst getexteten Kanon für «Generalgouverneur» Hans Frank vom Herbst 1943 *(Wer tritt herein so fesch und schlank? Es ist der Freund Minister Frank)*. Richard Strauss, so heißt es immer wieder, sei grob, geldgierig und gewissenlos gewesen, nur auf den eigenen Vorteil bedacht und allzeit bereit, seine Interessen durchzusetzen. Den Nazis habe er sich angedient, trotz seines Alters und seines Ruhms, in der Hoffnung, sie würden ihm seine Stellung als größten lebenden Komponisten zurückgeben. Und Antisemit sei er gewesen, trotz seines Eintretens für Stefan Zweig, das zwar ehrenhaft war, aber doch nur halbherzig und vielleicht nur das Ziel hatte, ihn als Librettisten zu behalten. Sein Leben lang habe er auf Juden geschimpft, ihre Verfolgung und Ausrottung durch die Nazis habe ihn kaltgelassen, sonst hätte er sich äußern müssen, die Nazis hätten ihn nicht angerührt, dazu war er zu berühmt, aber einen öffentlichen Protest von ihm habe es nicht gegeben.

Richard Strauss weiß, was man über ihn denkt, weiß um die eigene sperrige Persönlichkeit – oder er weiß es nicht und ist einfach so, wie er ist. Mit Sängerinnen und Textdichtern, die seine Erwartungen enttäuscht haben, ist er hart ins Gericht gegangen. Auch ein harter Verhandler ist er gewesen, hat während der Inflation Dollargagen verlangt und sich, als alle anderen kein Geld hatten, ein prächtiges Haus in Wien bauen lassen, das die Ärmeren dann das «Strauss-Schlössl» nannten. Er ist Pragmatiker. Gute Sängerinnen, meint er, müssen gut honoriert werden, sonst wandern sie nach Amerika ab, und mit schlechten will er nicht arbeiten. Den «Allgemeinen Deutschen Musikverein», die spätere GEMA, hat er mitbegründet, damit auch weniger erfolgreiche Kollegen einen Teil des Kuchens abbekommen, aber da er erfolgreicher ist als die meisten, ist sein Kuchenstück auch besonders groß, das wird jeder einsehen. Als Kultur-Funktionär der Nazis war er darauf bedacht, Entwicklungen in eine nach seiner Meinung förderliche Richtung zu steuern, manche seiner Briefe und Ergebenheitsadressen sind hieraus zu erklären (und atonale und besonders serielle Musik findet er in der Tat abscheulich). Ja, er ist in Nazi-Deutschland häufig aufgeführt worden, Gott sei Dank, könnte er sagen, Goethe, Schiller, Shakespeare und Mozart wurden es auch – muss nun ausgerechnet er sich dafür entschuldigen? Für den Nazi-Bockmist, der sonst gespielt wurde, kann er nichts. Er hat sich für Qualität eingesetzt, das kann jeder nachlesen, für Paul Dukas und dessen «Blaubart» zum Beispiel, und ist dem Hamburger «Tonkünstlerfest» 1935 ferngeblieben, weil man Dukas als Juden ablehnte, auch das ist amtlich. Es stimmt, er hat Stefan Zweig, als dieser sein kulturpolitisches Verhalten in Nazi-Deutschland rügte, in einem unwirschen Brief *jüdischen Eigensinn, Rassestolz und Solidaritätsgefühl* vorgeworfen, aber wer den Brief genauer liest, findet auch freundschaftliche Töne: Weder fühle er sich als Germane, noch habe Mozart bewusst «arisch» komponiert, Menschen seien entweder talentiert oder nicht, und ob ein Publikum aus *Chinesen, Oberbayern, Neuseeländern oder Berlinern* bestehe, sei ihm egal, *wenn die Leute nur den vollen Kassenpreis bezahlt haben.* Geld ist ihm wichtig, denn Geld bedeutet Aufstieg, und er will sich um keinen Preis unter Wert verkaufen. Wer ihn dafür eigensüchtig und geltungsbedürftig nennt, soll das tun – andere, weniger Begabte sind es auch. Antisemitismus war in seiner Jugend weit verbreitet. «Du eilst wie ein Jude», sagte man, wenn jemand zu schnell spielte. Juden galten als fremd, unheimlich und allzu erfolgreich, es war ein konventioneller, bürgerlicher Antisemitismus, Nährboden für Späteres vielleicht, aber vom Rassenwahn der Nazis weit entfernt. Er selbst hat mit jüdischen Menschen jahrelang gut zusammengearbeitet, allen voran mit seiner Schwiegertochter Alice, die ihm als Verwalterin seiner Korrespondenz und seiner Archive unentbehrlich ist. Sie galt es zu schützen, desgleichen seine «halbjüdischen» Enkel Richard und Christian, das hat Kompromisse erfordert. Seinen Besuch in Theresienstadt, bei dem er Verwandte der Schwiegertochter freizubekommen versuchte, will er nicht erwähnen, auch die Episode im Propagandaministerium nicht, als Goebbels ihn herunterputzte, ihn einen Mann von gestern nannte, der nicht begreife, dass Musik volksnah und nicht kunstvoll zu sein habe. Wer wissen will, wie es in ihm aussieht, soll sich seine «Metamorphosen für 23 Solostreicher» anhören, kurz vor Kriegsende komponiert, ein Klagelied auf den Niedergang der europäischen Kultur, deren Teil er war.

Wie sah der zweiundvierzig Jahre jüngere Klaus Mann sich selbst? Als Jugendlicher talentiert und schön, hatte er mutig seine Homosexualität vertreten und Skandälchen entfacht, aber war bei alledem doch immer nur Sohn, Sohn, Sohn gewesen. Das Schreiben war ihm in die Wiege gelegt, aber nicht von einer gütigen Fee, sondern von einem eifersüchtigen Großmeister, der ihn wahrscheinlich lieber als Arzt oder Rechtsanwalt gesehen hätte und seine Schreibversuche gern als «Taktlosigkeiten» abtat – gibt es ein vernichtenderes Urteil? Als er sich dennoch literarisch in die Öffentlichkeit wagte, hat sich eine Meute von Rezensenten auf ihn gestürzt, ihn «Männchen», «Wunderkind ohne Zukunft» und «Homunculus als Literat» genannt, ohne je zu konzedieren, dass hier ein begabter und fleißiger junger Mensch seinen Weg zu finden versuchte, den man als Sohn eines Gastwirts oder Hausmeisters vielleicht gefördert hätte, aber nicht als Sohn Thomas Manns. Was immer er tat, welch zweifelhafte Berühmtheit er in der Weimarer Republik erlangte – ernst genommen hat man ihn nie. Erst der Kampf gegen die Nazis hat ihm Eigenständigkeit und Profil gegeben, ihn zum politischen Schriftsteller gemacht. Er schrieb Texte für die «Pfeffermühle», das politische Kabarett seiner Schwester Erika, und sagte im Mai 1933 Gottfried Benn in einem Brief präzise voraus, was ihn unter Hitler erwarten und wohin der Nazismus führen würde. In Amsterdam hat er mit der Zeitschrift «Die Sammlung» Exilautoren ein Forum geschaffen, in New York mit der Zeitschrift «Decision» ähnliches versucht. In zahllosen Aufsätzen hat er den Faschismus gegeißelt, hat gewarnt, polemisiert, die Mutlosen ermutigt, immer häufiger auf Englisch, das er inzwischen fast wie seine Muttersprache beherrscht. Sein zögerlicher, zu keiner klaren Haltung bereiter Vater war zeitweise mehr Belastung als Bedrohung, und dass dieser schließlich doch ein-

«Du weißt doch, Papa, Genies haben niemals geniale Söhne, also bist du kein Genie» – Thomas Theodor Heines Karikatur verfehlt den Kern des Problems

deutig gegen die Nazis Stellung bezog, war nicht zuletzt Klaus' Verdienst – der damit freilich die eigene Unterlegenheit erneut zementiert hat. Denn im Exil wurde Thomas Mann zur Welt-Autorität. Präsident Roosevelt suchte seinen Rat, die Presse hofierte ihn, er wurde mit Ehrungen überhäuft, seine Radioansprachen hatten breite Wirkung. Was waren dagegen die Bemühungen von Klaus? Sponsoren, die er dringend brauchte, interessierten sich vor allem für seinen Vater, und nannte man seinen eigenen Namen, dann selten ohne den Zusatz *son of Nobelprize-winning Author Thomas Mann* oder Ähnliches. Viele seiner Projekte scheiterten, und bei allem Fleiß konnte er von seiner Arbeit nicht leben. Die US-Armee hatte ihm Freiraum verschafft, aber das Ende seines Dienstes rückte näher, danach war es nur eine Frage der Zeit, bis er seinen Vater wieder um Geld bitten müsste. Klaus Mann ist als Sieger nach Deutschland gekommen, aber mit schwerem Herzen. Was soll aus ihm werden? Einst hat er mit ähnlicher Leichtigkeit geschrieben, wie sie Richard Strauss beim Komponieren hat (und sein Vater nie haben wird). Aber mit Hitlers Ende sind ihm die Themen ausgegangen – den Feind, der ihn angetrieben hatte, gab es nicht mehr. Der neue Roman seines Vaters würde sicher wieder ein Welterfolg werden, er selbst stand vor dem Nichts. Dem daheimgebliebenen, saturierten Richard Strauss in diesem Zustand unvoreingenommen zu begegnen, war zu viel verlangt.

«Also auf den bin ich ganz schlecht zu sprechen! Der hat sich unter falschem Namen bei uns eingeschlichen und alles Mögliche über uns verbreitet. So etwas tut man nicht.»

Ich sitze im Garmischer Haus von Dr. Christian Strauss, dem Enkel des Komponisten. Die berühmte «Strauss-Villa» ist nur einen Steinwurf entfernt. Die Episode mit Klaus Mann liegt mehr als fünfundsechzig Jahre zurück, aber ist in der Familie offenbar weder vergessen noch vergeben. Dr. Strauss, geboren 1932 in Wien, ist ein strenger Herr mit der typischen Strauss-Physiognomie. Er kann sich gut an seinen Großvater erinnern, war bei dessen Tod siebzehn Jahre alt. Die Vorwürfe der Nachwelt an ihn hat er vermutlich dutzende von Malen gehört und gelesen – sie werden rund um den Globus in Symposien und Doktorarbeiten untersucht und verhandelt. Eine gewisse Reserve ist zu spüren, eine Art misstrauischen Wachseins – womöglich will jetzt wieder jemand in der Vergangenheit stöbern und damit punkten, weitere bisher unbekannte Verfehlungen des Großvaters ans Licht geholt zu haben. Meine Herkunft ist meine Eintrittskarte – Richard Strauss und Wedekind sind 1864 im Abstand von wenigen Wochen geboren. Ein Brief des erfolglosen Wedekind an den bereits berühmten Strauss aus dem Jahr 1896 ist erhalten, in dem Wedekind ihm ein Ballett zur Vertonung anbietet. Wir sprechen sozusagen von Enkel zu Enkel. Dr. Strauss nimmt sich Zeit, es gibt Kaffee und Plätzchen. Susann, seine Frau, ist bei dem Gespräch dabei. Er hat sie 1991 geheiratet, nachdem er 1988 Witwer geworden war. Sie hat sich eingearbeitet und kennt mittlerweile die Strauss-Belange fast so gut wie er selbst.

Wie war es, als Enkel von Richard Strauss in der Nazi-Zeit aufzuwachsen? Wie sieht er dessen Rolle im «tausendjährigen Reich»? Dr.

Strauss antwortet, sekundiert von seiner Frau und bestimmt nicht zum ersten Mal, wie es in weniger kritischen Strauss-Biografien zu lesen ist: Hugo von Hofmannsthal hatte Strauss kurz vor seinem Tod mit Stefan Zweig bekannt gemacht, der ihm das Libretto für die «Schweigsame Frau» schrieb. Als prominentesten Musiker seiner Zeit hatte Goebbels ihn zum Präsidenten der Reichsmusikkammer gemacht, Strauss ist dem Ruf gefolgt, weil er für seine Kollegen etwas tun wollte, das konnte man nur in einer Funktion. Unmittelbar vor der Dresdner Uraufführung 1935 sei er beim Skat gesessen (wie immer, wenn er sich ablenken und entspannen wollte) und habe, aus einer Intuition heraus, den Opern-Intendanten aufgefordert, ihm den Programmzettel zu zeigen. Dort stand: «Die schweigsame Frau», Oper von Richard Strauss nach Ben Jonson. Er habe «als eins der wenigen Male» einen «roten Kopf» bekommen und gesagt: «Wenn der Name Stefan Zweig nicht erscheint, wird die Oper nicht aufgeführt.» Der Name wurde genannt, Hitler, schon auf dem Weg zur Premiere, kehrte verärgert um, die Oper, durchaus ein Erfolg, wurde nach drei Vorstellungen abgesetzt. Richard Strauss wurde nahegelegt, als Präsident der Reichsmusikkammer zurückzutreten, was er tat. Später kam die Order: Das Werk von Richard Strauss ist nicht zu beeinträchtigen, aber jeglicher persönliche Kontakt zu höheren NS-Personen hat zu unterbleiben. Das war alles.

Die Frage nach Kindheit und Jugend ist komplexer. Dr. Strauss' Mutter Alice von Grab-Hermannswörth, böhmische Fabrikantentochter, 1904 in Prag geboren, war Jüdin, er selbst somit «nicht rein arisch». Noch bevor er wusste, was Juden sind, musste er beim Sommeraufenthalt in Garmisch «Judenspucken» – «Man hat Juden durchs Dorf getrieben, die Klasse musste sich aufstellen, der Lehrer hat gesagt: ‹Wenn die vorbeikommen, spuckts ...›»

«Das ist unglaublich, dass man ein Kind zu so was veranlasst», wirft Susann ein.

«In Wien kam ich in die DJ wie alle anderen, ein- oder zweimal pro Woche hatten wir Dienst, wie es damals hieß, in irgendeinem Lokal, wir haben Lieder gesungen und sind marschiert, das war natürlich schön, heute tun das die Pfadfinder, wir trugen einen Dolch und eine

Uniform, aber als herauskam, dass ich mit Sondergenehmigung da war, habe ich Prügel bekommen. Ich kam dann in die «Rundfunk Spielschar», da wurde gesungen, zum Teil auch im Radio, da war ich aus dem Feuer ...» «Sondergenehmigungen» habe es immer wieder gegeben, der jüdischen Mutter wegen.

«Meine Mutter hat zwanzig Angehörige in KZs verloren und irgendwann über das Thema nicht mehr reden wollen», sagt Dr. Strauss. «Der Opa hat sie schützen können, aber nicht von heute auf morgen. Der Hauptschutz für uns war Baldur von Schirach, seit 1943 *persona non grata* bei Hitler, der sich aber nicht getraut hat, ihn abzusetzen. Der hat von Wien aus seine Hand über die Familie gehalten. Aber immer wieder hat irgendein Unterscharführer entdeckt, dass da noch eine Jüdin frei herumläuft, dann ging es wieder los, die Wiener Staatsoper wurde angerufen, Karl Böhm eingeschaltet oder Walther Thomas, die rechte Hand von Schirach. Oft genug mussten wir die Mutter auch verstecken, auf einer Jagdhütte oder an einem ähnlichen Ort, sie war dann halt einmal vierzehn Tage nicht da ...»

Wie war das Leben mit dem Großvater?

«Das Haus in Wien hatte eine gemeinsame Hausmeisterwohnung, im ersten Stock wohnten wir, oben die Großeltern. Während der Schulwoche haben wir den Großvater nicht gesehen, sind nur manchmal raufgegangen. Er war ja auch oft fort. Den Tagesablauf habe ich vor allem nach dem Krieg in Garmisch erlebt. Da war er ein alter Herr. Die Anni, die insgesamt sechzig Jahre in der Familie war, hat ihm das Frühstück ans Bett gebracht, um etwa halb zehn saß er am Schreibtisch, hat erst Briefe erledigt, dann komponiert oder etwas geschrieben. Mittags hat Großmama Pauline ihn rausgejagt, er musste eine dreiviertel Stunde im Garten spazieren gehen, nach dem Mittagessen hat er eine halbe Stunde geschlafen, dann wieder bis halb sieben Schreibtisch, nochmals Spazierengehen, dann Abendbrot. Danach saß er mit Pauline im Arbeitszimmer, hat gelesen, oder die alten Leute haben sich unterhalten. Einmal pro Woche hat er Freunde eingeladen oder ist nach Oberammergau zum Skat gefahren. Um elf oder halb zwölf war Schluss.»

Ist er selbst gefahren?

«Nein, obwohl er seit 1910 ein Auto hatte. Ein Chauffeur hat ihn gefahren oder mein Vater. Als Operndirektor in Wien hatte er einen Dienst-Fiaker, der hat ihn von zu Hause abgeholt, in unbeobachteten Momenten hat ihn mein Vater requiriert, um mit seinen Freundinnen im Prater spazieren zu fahren.»

Natürlich, es hat ja auch einen Vater gegeben. Wer war er? Franz Strauss, geboren 1897, war der einzige Sohn des Komponisten. Sein Wunsch, Medizin zu studieren, scheiterte am Widerstand seiner Eltern, insbesondere an dem seiner Mutter Pauline, Generalstochter und vor ihrer Heirat gefeierte Wagner-Sängerin. Mediziner würden in der Familie nicht gebraucht, entschied sie, umso mehr Juristen. Der Sohn fügte sich, studierte Jura ohne Leidenschaft, machte seinen Doktor und war mehr als ein halbes Jahrhundert lang des Vaters Schatten, Sekretär und Reisebegleiter, liebevoll «Bubi» genannt und vermutlich auch wirklich geliebt, aber mit Selbstverständlichkeit beansprucht, man könnte auch sagen: ausgenutzt für die Belange des Vaters. «Damals hat man halt gefolgt», meint Christian. Franz Strauss vereinbarte Termine, verhandelte Gagen und Verträge, verfasste Schriftsätze zum Urheberrechtsschutz, verwaltete Einnahmen und Vermögen und putzte die Schuhe seines Vaters, in Amerika, auf dessen Geheiß, denn Schuheputzen kostete einen Dollar, davon konnte man im inflationsgeschüttelten Deutschland zwei Wochen lang leben. Er hätte sich von seiner jüdischen Frau scheiden lassen können, dann wären alle Probleme «vom Tisch» gewesen, Nazi-Funktionäre haben es ihm oft genug nahegelegt. Er tat es nicht und begleitete seinen Vater zu Verhandlungen mit Goebbels, Göring und Frank und aß mit ihm an Hitlers Mittagstisch. Nach dem Krieg begann er achtundvierzigjährig ein Medizinstudium, aber brach es ab, die Wissenslücken in Chemie, Physik und Biochemie waren zu groß, und assistierte dem Vater weiter bis zu dessen Tod. 1980 ist Franz Strauss in Garmisch gestorben. War er ein glücklicher Mensch? «Er hat's genommen, wie es ist», sagt Christian.

Wie war Richard Strauss im Umgang?

«Wir durften bei ihm im Arbeitszimmer Münchner Bilderbogen anschauen, während er Noten schrieb.»

Hat er dann irgendwann gesagt: Jetzt seid's mal ruhig?

«Wir waren schon ruhig.»

«Respekt hat man noch gehabt», meint Susann.

«Manchmal haben wir gesagt: ‹Großvater, spiel mit uns ein bissel!›, dann ist er herausgekommen und hat mit uns Fußball gespielt, er war schon weit über siebzig. Wenn wir zum Toben angefangen haben, ist er stillschweigend wieder gegangen. Wenn wir ihn gebeten haben, hat er uns auch eine halbe Stunde etwas auf dem Klavier vorgespielt. Und er hat uns die Inhalte der Opern erzählt, nicht nur der eigenen, auf Spaziergängen, quasi als Märchen, so dass wir mit zehn, elf Jahren das Repertoire zumindest vom Inhalt her kannten. Das war schon sehr eindrucksvoll. Auf Bildung hat er sehr viel Wert gelegt – wer die «Odyssee» nicht im Original lesen könne, sei kein Mensch.»

Er konnte das?

«Ja.»

Hatte er studiert?

«Ein Semester *studium generale* an der Münchner Uni.»

Geraucht?

«Ja, dünne ägyptische Zigaretten, aber nur bis zum etwa siebzigsten Lebensjahr, danach hat er aufgehört.»

Getrunken?

«Jeden Mittag ein Glas Bordeaux.»

Frauenaffären?

«Null. Der treueste aller Ehemänner. Vierundfünfzig Jahre mit ein und derselben Frau verheiratet.»

Christian sollte auf Wunsch des Großvaters Verleger werden, sein älterer Bruder Richard Regisseur. Der Ältere tat es, wurde Oberspielleiter in Münster, aber erkrankte mit vierundzwanzig Jahren an Knochenkrebs, danach stellte ihn sein Vater «unter einen Glassturz» und ließ ihn erst einmal gar nichts mehr machen. Später wurde er Philatelist, einer der besten Deutschlands, Leiter eines großen Münchner Auktionshauses, und hat, als Nachfolger seines Vaters, die Familiengelder

Ein Besuch in Garmisch

«Wer die Odyssee nicht im Original lesen kann, ist kein Mensch» –
Richard Strauss in seiner Garmischer Villa

verwaltet. 2006 ist er gestorben, seitdem steht Christian der Familie vor. Der hatte keinerlei Neigung zum Verlegertum, der Tod des Großvaters kam einem Konflikt zuvor. Er studierte Medizin, wie es sein Vater gern getan hätte, arbeitete siebeneinhalb Jahre an der Universitätsklinik in der Münchner Maistraße, wurde Oberarzt am Klinikum Garmisch und leitete dort als Chefarzt achtundzwanzig Jahre lang die gynäkologische Abteilung. Eine respektable bürgerliche Karriere, bei der ihm der berühmte Großvater weder half noch helfen konnte.

Dass Schöpfer von Bühnenwerken ihren Nachkommen auch nach ihrem Tod ein Einkommen bescheren, weiß ich aus der eigenen Familie – meine Großmutter, Mutter und Tante haben zu einem Gutteil von den Tantiemen gelebt, die Wedekinds Werke einspielten, wobei die größten Batzen stets die Einnahmen aus Alban Bergs Oper «Lulu» waren, die auf Wedekinds Text basiert. Dass die Tantiemen der fünfzehn Strauss-Opern, der Orchesterwerke, der Kammermusik und der Lieder um ein Vielfaches höher sind, ist mir klar, aber ich lasse das Thema unberührt – dergleichen ist nun mal Privatsache. Richard Strauss hat den kommerziellen Aspekt seiner Kunst früh erkannt und entsprechend gefördert – geniale Künstler sind mitunter auch geniale Geschäftsleute.

«Wie würdest du dich anders bezeichnen im Vergleich mit deinem Großvater?», fragt Susann.

«Er war fleißiger», sagt Christian. «Im Beruf habe ich sehr viel gearbeitet, wir hatten längere Dienste und weniger Ferien als es heute üblich ist, aber seitdem ich in Pension bin, tue ich nicht mehr so viel …»
Wo war er, als der Großvater starb?
«Beim Mittagessen, ehrlich gesagt. Er war schon seit Tagen nicht mehr bei Bewusstsein.»
Die Todesursache?
«Urämie, Nierenversagen. Heute würde man dialysieren.»
Wo ist der Nachlass?
«Zu neunzig Prozent in der Familie.»
Der Forschung zugänglich?
«Zum Teil. Ein bissel eine schwierige Geschichte. Man hat damals nicht telefoniert, er hat seiner Frau jeden Tag ein bis zwei Briefe geschrieben, zum Teil sehr private Sachen, wir wollen nicht, dass das alles ausgebreitet wird. Eine kritische Gesamtausgabe wird jetzt vorbereitet.»
Es ist Zeit für ein Foto. Wir posieren auf der Terasse. Ich drehe mich um und erschrecke – was ist das? Zwei riesige Berge, wie schweigende Wächter, schauen auf uns herab. «Das linke ist die Alpspitze, das rechte die Zugspitze», erklärt Dr. Strauss. Ach so. Der eine Berg ist etwas größer als der andere – ob die sich wohl vertragen?

Nach seiner Begegnung mit Richard Strauss reiste Klaus Mann weiter durch Europa. In Theresienstadt trat ihm, ausgemergelt und halbseitig gelähmt, seine Tante Mimi alias Maria Kanová entgegen, ehemals Schauspielerin, Heinrich Manns erste Frau, die er 1914 in München geheiratet hatte und die auch in schlimmster Inflationszeit für ihre gute Küche und ihr blühendes, rundliches Aussehen berühmt gewesen war. In München sprach er mit dem frisch installierten und erst vor wenigen Wochen aus dem Konzentrationslager Dachau befreiten Oberbürgermeister Karl Scharnagl, in Bayreuth interviewte er Winifred Wagner, in Würzburg besichtigte er mit Curt Riess dessen zerstörte Heimatstadt. In Wiesbaden traf er den Philosophen Karl Jaspers und in Luxemburg seinen Bruder Golo, der dort für den amerikanischen

Fleißig und engagiert wie immer –
Klaus Mann, Korrespondent der US-Armee, 1944

Rundfunk arbeitete. In Paris besuchte er André Gide, über den er eine Monographie verfasst hatte, und erfuhr von Carl Sternheims Witwe Thea, dass deren Tochter Mopsa, eine enge Freundin aus der gemeinsamen Zeit mit Erika und Pamela Wedekind, knapp dem Tod im Konzentrationslager Ravensbrück entkommen war. Sein Fazit: Die Greueltaten der Nazis waren schlimmer, als es sich anständige Menschen überhaupt vorstellen können, und die Deutschen sind, mit wenigen Ausnahmen, ein hoffnungsloser Fall: Sie lügen, verharmlosen, behaupten, von nichts gewusst zu haben und immer dagegen gewesen zu sein. Nirgendwo Einsicht oder Reue, kein Eingeständnis eigener Verfehlungen, nur verklemmtes Duckmäusertum. Es würde Jahrzehnte dauern, bis Deutschland wieder auf die Beine kommt. Ende September 1945 nahm er in Rom seinen Abschied von der Armee.

Eine Zusammenarbeit mit Roberto Rosselini tat sich auf. Dessen Film «Rom, offene Stadt» war soeben angelaufen, Klaus Mann sollte für seinen neuen Film «Paisà», der die Befreiung Italiens durch amerikanische Truppen schildert, ein Drehbuch erarbeiten, aber stieg Mitte November aus dem Projekt aus, freiwillig oder nicht. Ein eigener Film schwebte ihm vor, über das Leben Mozarts, in Zusammenarbeit mit seiner Schwester Erika und Bruno Walter, dem Familienfreund aus Münchner Tagen und jetzigen Thomas-Mann-Nachbarn in Kalifornien. In einem launigen Brief bat er den berühmten Dirigenten um seine Mitarbeit – *Ich hoffe sehr ... Es könnte reizend werden!* – der sagte zu, aber erst in einem Jahr, vorher sei er ausgebucht. Klaus Mann überarbeitete sein Stück «The Dead don't care», das jetzt «Der siebente Engel» hieß, und das Vorwort zu seiner 1942 auf englisch erschienenen Autobiografie «The Turning Point». In Amsterdam versuchte er zusammen mit Fritz Landshoff den Wiederaufbau des Querido-Verlags. Er schrieb Aufsätze und politische Betrachtungen und führte eine ausgedehnte Korrespondenz, fast immer in munterem Ton. Aber der Schwung fehlte, und hinter dem munteren Ton verbarg sich die Depression.

Als Richard Strauss Monate nach dem Zwischenfall die Identität seiner Besucher erfuhr und Klaus Manns Äußerungen über ihn als *selfish old man* las oder übersetzt bekam, war er so verärgert, dass er Thomas Mann einen Brief schrieb (vielleicht zum ersten und einzigen Mal, denn eine Korrespondenz der beiden ist nicht überliefert): Halte Thomas Mann es für richtig, dass sein Sohn anonym in ein fremdes Haus eindringe und mit der Autorität des berühmten Namens Lügen über ihn und seine jüdische Schwiegertochter verbreite? Der Brief wurde nicht abgeschickt, vielleicht mangels einer Adresse.

Richard Strauss sah sein Lebenswerk zerstört: Deutschlands Opernhäuser in Trümmern, die deutsche Kultur am Boden. Es gab kein Essen und keine Kohlen, die Zentralheizung stand still, die Kachelöfen heizten nicht. Aber er hatte seinen Schreibtisch und seinen Kopf: Nach den «Metamorphosen» entstanden im Juni 1945 die Zweite Sonatine in Es-Dur für sechzehn Blasinstrumente op. 143 und im September das Konzert D-Dur für Oboe und kleines Orchester op. 144, angeregt durch einen anderen jungen Mann in amerikanischer Uniform, der eines Ta-

Ein Besuch in Garmisch

ges vor seiner Villa gestanden war. Dieser hatte artig seinen Namen genannt, John de Lancie, Oboist aus Pittsburgh, hatte französisch mit ihm auf der Terrasse parliert und zum Dank ein Konzert bekommen, das ein Standardwerk seines Instruments wurde. Aber Garmisch taugte Richard Strauss nicht mehr, jedenfalls vorübergehend nicht. Er kränkelte, und seine Frau Pauline noch mehr. Er beantragte eine Übersiedlung in die Schweiz, die amerikanischen Behörden genehmigten seine Ausreise – *post festum*, ohne politische Gefährdung, «emigrierte» Richard Strauss nun doch. Am 11. Oktober 1945 traf er in Baden bei Zürich ein, Hotel Verenahof, und notierte ins Tagebuch: *Im Schlaraffenland!*

Und behielt auch aus der Ferne ein wachsames Auge auf die Entwicklung seiner Enkel, besonders auf die des achtzehnjährigen Richard, der in Wien mit seiner Musikausbildung nicht recht vom Fleck kam und nun endlich einen guten Lehrer gefunden hatte: *Ab Null Bachsche Präludien und Fugen, Haydnsche Quartette, Schubert, Mozart, der erste Beethoven! [...] Ernst und wieder Ernst, Fleiß und wieder Fleiß, mindestens drei Jahre lang, dann kann man weiter sehen! Kein Nebenunfug wie Reiten Tagesausflüge etc.* Bei ihm selbst meldete sich Dr. Ernst Roth, ein jüdischer Herr aus London, ursprünglich aus Prag, mit dem Angebot der Firma Boosey&Hawkes, die bereits Bartók, Kodály, Delius, Strawinsky, Copland und Benjamin Britten im Portfolio hatte, Strauss-Rechte zu erwerben. *Ich habe vielversprechende Verhandlungen mit ihm angebahnt und einen Vorvertrag bezüglich des ganzen Nachlasses in Form einer sehr günstigen Option abgeschlossen, der mich aller Sorgen enthebt. [...] Diese Beziehungen können auch für Dich im höchsten Grade nutzbringend sein,* schrieb er dem Enkel Richard als künftigem Administrator. Am 9. April 1946 musste er ins *Hospital Cantonal Lausanne*, ein Blinddarm-Durchbruch stand kurz bevor.

Fünf Tage später, auf der anderen Seite des Atlantiks, lag auch Thomas Mann auf dem Operationstisch: Am 14. April 1946 wurden ihm im *Billings Hospital* in Chicago eine Rippe und drei Viertel der rechten Lunge entfernt. Klaus Mann wusste von der Operation, aber weder die Familie noch die Presse nannten Einzelheiten. Am 3. Mai hatte er im Deutschen Theater in Berlin (das wieder Max Reinhardts Deutsches Theater hieß) das Comeback seines Ex-Freundes und Ex-Schwagers Gustaf Gründgens erlebt, den er vor zehn Jahren im Roman «Mephisto» als Prototyp des verführbaren, eitlen, machthungrigen, haltungs- und gewissenlosen Künstlers scharf angegriffen hatte. Tosender Applaus hatte Gründgens begrüßt, minutenlang hatte er sich lächelnd nach links und rechts verbeugt und dann, in die Stille hinein, den ersten Satz aus Sternheims «Snob» gesprochen: «Das ist grotesk!» Erneut tosender Beifall: «Kinder, es war doch alles halb so schlimm!», schien Gründgens zu verkünden. Umso schlimmer für Klaus Mann, der im Dunkeln saß und den Feind im Licht sah. Er hätte ihn zur Rede stellen, ihm die Meinung sagen können, er hatte es nicht getan und auch eine Begegnung im Haus von Curt Riess abgelehnt – Erika hätte es ihm nicht verziehen, sagte er später. Ihm selbst hätte es vielleicht genützt. Fremd in Deutschland, chancenlos in Europa, suchte er einen Ausweg. Es blieb nur Amerika – sein Zuhause, falls man das so nennen konnte. Er fühlte bei der Mutter vor: *Manches spricht für einen längeren Californischen Aufenthalt (weil ich doch so viel zu dichten habe, und die Westküste so still und friedlich ist)...* Aber natürlich nur bei entsprechendem Befinden seines Vaters. *Um was für ein Übel hat es sich denn nun gehandelt? Man wäre doch gern im Bilde.*

Es handelte sich, antwortete die Mutter, *nun leider um Lungen-Krebs, aber der Patient WEISS es aber absolut nicht, und wenn er je den Verdacht hatte, was ich allerdings sicher glaube, so hat er ihn radikal verdrängt und völlig die ihm dargebotene Version eines harmlosen Lungen-Abszesses angenommen. Daran halten wir EISERN fest. […] Die Widerstandskraft seiner Natur hat die Ärzte in ständiges Erstaunen gesetzt, vor allem sein Herz scheint vorzüglich zu sein, und der ganze Verlauf war so glatt und glücklich wie nur irgend möglich.*

Thomas Manns oft gemachte Voraussage, dass er mit siebzig Jahren sterben würde, hatte sich nicht erfüllt, und die Zähigkeit, Überlegenheit und mentale Stärke, mit denen er die Krankheit zur Seite schob, machten klar, dass er in absehbarer Zeit auch nicht zu sterben gedachte. Seine Kinder, zumal seine Söhne, die vielleicht endlich gern aus seinem Schatten getreten wären, mussten sich damit abfinden – und auch damit, dass vorderhand kein Erbe verteilt werden würde. Nach vierjähriger Abwesenheit im Juli 1946 zum ersten Mal wieder im Elternhaus, fand Klaus seinen Vater *milde abgeklärt,* aber sehr mit Eigenem beschäftigt, und musste feststellen, dass Erika bei ihm eine leitende und für beide offenbar unverzichtbare Stellung eingenommen hatte. Stundenlang arbeiteten sie zusammen am «Dr. Faustus», Erika setzte Kürzungen und Änderungen durch, Einwände von Klaus, den Text betreffend, wurden beiseitegewischt. Gemeinsame Unternehmungen mit Erika fanden nicht mehr statt, des Vaters Weltruhm überschattete alles. Ständig kamen Journalisten, Fotografen, Filmteams, Erika spielte Chefin und ordnende Hand, Klaus stand dabei, fühlte sich wie ein Junge und benahm sich vermutlich wie einer. Die Tänzerin Lotte Goslar, Kollegin aus Züricher «Pfeffermühlen»-Tagen, als er mit Erika noch auf der moralisch richtigen Seite gegen Hitler gekämpft hatte, bemerkte mit Sorge, dass in ihm *etwas kaputt* sei. Sein Bruder Golo meinte, *seine Seele sei krank. Der Motor wollte nicht mehr laufen.*

In Wahrheit nahm Klaus wieder Drogen, in großen Mengen, nach langer und tapfer durchgehaltener Abstinenz. Aber der Motor, den sie einst befeuert hatten, reagierte nicht mehr. Klaus floh nach New York, wo ein Verleger ein Rom-Buch von ihm ablehnte, in das er schon viel Arbeit investiert hatte, und auch einen geplanten Homosexuellen-Roman «Windy Night, Rainy Morrow» nicht nehmen wollte. Im Mai 1947 flog er zurück nach Europa, vermutlich in der Hoffnung, dass es dort besser würde.

Am 4. Oktober 1947 bestieg in Genf auch Richard Strauss ein Flugzeug, dreiundachtzigjährig, zum ersten Mal im Leben, in Begleitung von Dr. Ernst Roth, und flog nach London. Dort empfing ihn der Dirigent Sir Thomas Beecham, neunundsechzig Jahre alt, Meister des frischen Orchesterklangs und Unruhestifter ersten Ranges, der das englische Publikum in frühen Jahren mit «Salome», «Elektra» und dem «Rosenkavalier» vertraut gemacht hatte und die englische Musikszene durch private Orchestergründungen und schneidende, aber sehr lustige Kommentare über Kollegen und Gesellschaft aufmischte. Richard Strauss war einer seiner Lieblingskomponisten und fester Bestandteil seines Repertoires.

Ankunft und Begrüßung wurden gefilmt. Unter den Begrüßenden war Victor Hochhauser, ein junger Mann aus der Tschechoslowakei, der fast seine gesamte Familie im Holocaust verloren hatte und sich mit dem «Richard-Strauss-Festival» anschickte, einer der führenden Konzertagenten Englands zu werden. Am 5. Oktober dirigierte Sir Thomas ein *All-Strauss-Programme* im *Theatre Royal,* der Komponist hörte von der Königsloge aus zu. Am 19. Oktober stand er selbst am Pult. Das Publikum der *Royal Albert Hall* erhob sich bei seinem Erscheinen, vielleicht in Erwartung der Hymne «God save the King», und spontan noch einmal, nachdem er den «Don Juan», die «Sinfonia Domestica» und die «Rosenkavalier»-Walzer dirigiert hatte. Eine von Beecham geleitete «Elektra»-Aufführung wurde von der BBC weltweit übertragen. Nach weiteren Konzerten, ausgedehnten Museumsbesuchen und einigen Skat-Runden flog Richard Strauss am 31. Oktober zurück nach Genf. *Bis auf eine Magenverstimmung infolge dieser unerhört scheußlichen Kost in England [...] ging es mir ausgezeichnet,* schrieb er Enkel Christian. *Das zweistündige Konzert in der Albert Hall vor 7500 Menschen hat mich nicht im geringsten angestrengt.*

Der Eindruck, Klaus Mann habe im Drogenrausch seine Zeit vertrödelt, ist ganz und gar unrichtig: Er arbeitete jeden Tag, las viel, beobachtete, was andere schrieben, besuchte Theater und Konzerte, ging essen und zum Friseur, schrieb viele Briefe, baute Verbindungen aus oder knüpfte neue, diskutierte politische Entwicklungen mit guten und weniger guten Freunden, reiste viel, hielt Vorträge, gab Interviews, äußerte sich zum Zeitgeschehen, ging ins Dampfbad, machte lange Spaziergänge, meist nachts, auf der Suche nach einschlägigen Lokalen und entsprechender Bekanntschaft. Aber das Schreiben fiel ihm schwerer denn je. Da sich neue Themen nicht einstellen wollten, arbeitete er alte auf, *langsam, ohne Begeisterung.* Monatelang plagte er sich mit einer Übertragung seines Buchs «André Gide and the Crisis of Modern Thought» ins Deutsche. Ein Porträt über den Odenwaldschulleiter Paul Geheeb wollte nicht gelingen. Er bearbeitete seinen 1935 erschienenen Tschaikowski-Roman «Symphonie Pathétique» für eine amerikanische Ausgabe und laborierte, weil sich anderes nicht bot, immer noch an seinem Stück «Der siebente Engel», mal auf Deutsch, mal auf Englisch, obgleich keine Aufführung in Sicht war. *Schlimmer Tag… Sehr deprimiert. Sehnsucht zu sterben – überwältigend…* Und dennoch hing er am Leben.

Und am Drogenkonsum: *Inj.: 3D; Inj., 2Euc; Inj.: 2 (?); Inj., 5 Euc. (0.01): gestern nacht und heute morgen; mit F.: Inj., 5 Novolandon; Inj.: 5N (mit F.); Abends, Inj., D., 3 – mit E., später Chr. dazu. 4 Uhr morgens.; mit E – Chr., Inj., 3D., bis 5 Uhr morgens.* Übersetzt heißt das: Er spritzte sich Drogen (in die Beine, wie an anderer Stelle ersichtlich), meist E. (das morphinhaltige Präparat Eucodal) oder D. (wahrscheinlich Dilaudid mit den Nebenwirkungen Kurzatmigkeit, Kältegefühl, Verwirrung, unnatürliche Leichtigkeit, Übelkeit, Verstopfung). Kam eine neue Droge hinzu (Novolandon), schrieb er sie zunächst aus und kürzte sie nachher ab, konsumierte er Drogen in Gesellschaft, nannte er die Namen der Mitkonsumenten: F. (Querido-Verleger Fritz Landshoff), Chr. (der Schriftsteller und Kritiker Christopher Lazare, Mitherausgeber der Zeitschrift «Decision») oder E. (die Schwester Erika, die offenbar auch als leitende Angestellte des Vaters dem Drogengenuss nachging und bei solcher Gelegenheit anscheinend auch wieder seine lustige Spielgefährtin war). Manchmal erwähnte er das Präparat Benzedrin (heute als Speed oder Pep bekannt), manchmal auch H., was wohl Heroin bedeutete. So vergingen die Monate. Er nahm drei Sendungen im Südwestrundfunk in Baden-Baden auf, hielt Vorträge in Mainz, Genf, Bern und Zürich, verbrachte ein paar Wochen in Porto Ronco am Lago Maggiore, reiste nach Prag, Wien, Salzburg, ein letztes Mal nach München, und flog am 5. Mai 1948 von Frankfurt nach New York und von dort nach Los Angeles.

Eine wüste Zeit begann. Klaus verliebte sich in Harold (Herkunft unbekannt, angeblich Matrose), der ihn, wenn er nicht gerade gegen Kaution aus dem Gefängnis befreit werden musste, mit anderen, vermutlich potenteren Kerls hinterging – Golo beschreibt ihn als *einen gutmütigen Menschen, aber jeder Bildung bar und seiner Erscheinung nach eher ein Unhold,* der Vater habe nur *milde staunend* den Kopf geschüttelt und gesagt: «Da gibt es nichts, was es nicht gibt.» Klaus' Schreibfluss versiegte fast vollständig, ein neues Mittel, Atropin, griff seine Augen an und verschlechterte seine Handschrift. Um wenigstens etwas zu tun, nahm er Fahrstunden (Erika, seine Schwester, war seit ihrer Jugend eine rasante Autofahrerin). Sein Bruder Michael reiste samt Familie aus San Francisco an, Klaus musste sein Zimmer räumen. Er besichtigte ein Apartment mit seiner Mutter und bezog es mit Harold. *Leben mit H.* – *angenehm und friedlich, im großen und ganzen.* Seine Schwester Monika überwarf sich mit den Eltern und weinte sich bei ihm aus. Er konstatierte bei ihr einen *nicht ungerechtfertigten Anfall einer Depression,* ließ zwei von Harold angeschleppte Kumpanen bei sich übernachten, frühstückte mit ihnen, öffnete den Gashahn und schnitt sich die Pulsadern auf: *ICH HABE ES WIEDER VERSUCHT …*

Prostata- und Blasenprobleme hatten ihn geplagt, er war mehrmals im Krankenhaus gewesen, dann hatte er wieder Lust zum Komponieren bekommen. Opern schrieb er keine mehr, aber für «Handgelenksübungen» gab es noch Raum genug. Am 6. Mai 1948 beendete Richard Strauss in Montreux die Vertonung des Eichendorff-Gedichts «Im Abendrot» – *Wir sind durch Not und Freude gegangen Hand in Hand; vom Wandern ruhn wir beide nun überm stillen Land* – und begann mit der Vertonung dreier Hermann-Hesse-Gedichte: «Frühling», «Beim Schlafengehen» und «September». Er hatte den frisch gekürten Literatur-Nobelpreisträger kürzlich in einer Hotelhalle getroffen, die Begegnung soll nicht allzu herzlich gewesen sein, besonders nicht von Seiten des eng mit Thomas Mann befreundeten Hermann Hesse, der die Vorwürfe an Richard Strauss natürlich kannte. Den focht dergleichen nicht mehr an: Die Garmischer Spruchkammer hatte ihn als «nicht betroffen» eingestuft, er war nun amtlich und offiziell kein Nazi. Am 20. September 1948 waren die drei Hesse-Gedichte vertont und bildeten mit dem Eichendorff-Gedicht die «Vier letzten Lieder». Seit ihrer Londoner Uraufführung 1950 durch Kirsten Flagstad und Wilhelm Furtwängler sind sie unzählige Male gesungen und eingespielt worden, kaum eine Sopranistin von Rang hat sie nicht im Repertoire. Der Titel stammt nicht von Strauss, und die letzte Zeile des Eichendorff-Gedichts *Ist dies etwa der Tod?* war nicht als Schlusszeile gedacht. Dr. Ernst Roth von Boosey&Hawkes hat die Ordnung der Lieder bei der Drucklegung umgestellt, der Konzertbetrieb seine Reihenfolge übernommen.

Nach seinem Selbstmordversuch lebte Klaus Mann noch zehn Monate, teils in den USA, teils in Europa. Wie immer war die Arbeit sein Lebenszweck, wie immer hatte er Hoffnungen und Pläne, wie immer schrieb er charmante, aufmunternde Briefe an seine Freunde, in denen er die eigene Befindlichkeit herunterspielte. Von den Drogen kam er trotz guter Vorsätze nicht los, und sie waren es, die ihn am 20. Mai 1949 in einem Hotelzimmer in Cannes töteten. Selbstmord oder zufällige Überdosis? Für beides gibt es Hinweise. Seine Todessehnsucht hatte er viele Male zum Ausdruck gebracht, andererseits hatte er gern und gut gelebt. Ist er tatsächlich nur am übergroßen Vater gescheitert? Hatte er wirklich keine Chance? Vielleicht hatte er einfach zu wenig Geduld. Seine Autobiografie «Der Wendepunkt», in den letzten Lebensmonaten aus dem Englischen ins Deutsche übertragen und beträchtlich erweitert, zeigt ihn als großen Schriftsteller und beachtlichen Stilisten. Hätte er durchgehalten, den Tod des Vaters abgewartet, die Unterordnung verweigert wie damals, als er ihn mit Erika in eine klare Anti-Nazi-Haltung drängte, er hätte den eigenen Ruhm erlebt. Sein ebenso depressiver, aber beständigerer Bruder Golo, der weit weniger im Mittelpunkt stand, hat gezeigt, dass es möglich war.

Auch das Leben von Richard Strauss ging zu Ende. Am 10. Mai 1949 bezog er nach dreijähriger Abwesenheit und einer kürzlich überstandenen Blasenoperation, mit einem Katheter, den er dauernd tragen musste, noch einmal seine Garmischer Villa. Zu seinem 85. Geburtstag am 11. Juni kamen mehr als zweihundert Gäste, in der Villa gab es ein Weißwurstfrühstück. Tags zuvor hatte man ihn im Auto nach München gefahren, im Prinzregententheater hatte er das Finale des 2. Akts «Rosenkavalier» dirigiert. Davon gibt es einen Film: Man sieht ihn sich den Weg durch das Orchester bahnen, die Musiker applaudieren stehend, mühsam erklimmt er das Podium, setzt sich nach kurzer Verbeugung und sagt in unverkennbarem Münchnerisch: «Meine Herren, wir beginnen bei Ziffer zweihundertdreiundfünfzig.» Dann dirigiert er, trotz Sehschwäche und nachlassendem Gehör, wie man es von ihm kennt: vollkommen ruhig, mit vollkommen entspanntem Gesicht, ohne sichtbare Emotion, aber hellwach und in ständigem Augenkontakt mit dem Orchester. «Das Publikum soll schwitzen, nicht der Dirigent», lautete einer seiner Sprüche. Und: «Wer die Partitur nicht im Kopf hat, hat den Kopf in der Partitur.» Dergleichen passierte ihm nicht. Am 13. Juli fuhr er ein letztes Mal nach München und dirigierte, wieder für den Film, zweimal das Zwischenspiel aus «Capriccio», dann war Schluss. Am 13. August legte er sich ins Bett und starb am 8. September, um vierzehn Uhr zwölf, wie es Chronisten berichten, angeblich mit der «Tristan»-Partitur auf dem Nachttisch.

Es ist dunkel. Wir fahren durch das schmiedeeiserne Tor der Strauss-Villa, vor der Klaus Mann und Curt Riess einst gehalten haben. Sie ist unbewohnt, aber voll eingerichtet und immer noch im Familienbesitz. Dr. Christian Strauss schließt auf, ohne seine Einwilligung kommt niemand hinein. Er knipst das Licht an, und auf den ersten Blick wird die Unvereinbarkeit der Mann'schen und Strauss'schen Ästhetik deutlich: Hirschgeweihe überall, barocke, sakrale, bäuerlich-böhmisch-alpenländische Kunst, Kristall in rot, weiß und grün, Vasen, Teller, Gläser, Figuren, Hinterglasbilder, kein Beardsley, kein Jugendstil, kein Hinweis auf «Brücke»,«Blauen Reiter» oder Weimarer Republik, kein Imoder Expressionismus, nichts Modernes oder Abstraktes, ein Porträt des Hausherrn von Max Liebermann als einzige Konzession an den

Berliner Geschmack. Ein bayerisches Landhaus. Hier hat Richard Strauss sich wohlgefühlt, hier sind viele seiner Werke entstanden. Ein Bär als Empfänger von Visitenkarten wie im Hause Thomas Manns in der Poschingerstraße ist hier allenfalls als Jagdtrophäe vorstellbar. Nur in Größe und Repräsentanz sind beide Häuser vergleichbar.

Emanuel von Seidl hat die Villa 1908/09 erbaut, «schlüsselfertig», wie Christian betont, mit allen Einbauten, nach genauen Vorgaben: größere Schubladen für Partiturseiten, kleinere für Notenblätter, ein kleines Rondell für die Skatrunden, ein Ruhebett, am Fenster der Schreibtisch, geschwungen, fest eingebaut, mit Blick auf Garten und Berge. Links auf der Schreibunterlage die berühmte «abgewetzte Stelle» – hier hat die linke Hand geruht während der vielen tausend Stunden, in denen die rechte Noten schrieb. Neben dem Schreibtisch ein Flügel aus kostbarem Holz, eine Spezialanfertigung der Firma Ibach, maßgenau in das Strauss'sche Arbeitszimmer hineingebaut. Im Bücherschrank eine Goethe-Gesamtausgabe, dreimal soll Richard Strauss sie gelesen haben, das letzte Mal methodisch von Anfang bis Schluss. Das Archiv im ehemaligen Ankleidezimmer im ersten Stock ist das Werk der Schwiegertochter Alice. Zu Lebzeiten von Richard Strauss hat sie alles, was er in den Papierkorb warf, herausgeholt und identifiziert und bis zu ihrem eigenen Tod 1991 die Sammlung vervollständigt. Jeder Brief ist nummeriert, auf Karteikarten mit einer kurzen Inhaltsangabe versehen und in extra angefertigten Büchern in Kuverts verwahrt, so dass kein Schriftstück gelocht werden musste. Spaßeshalber schauen wir unter W nach und werden sofort fündig: Frank Wedekind, Dichter und Schriftsteller, Brief mit Angebot eines Balletts zur Vertonung. Auch ein Brief meiner Großtante Erika Wedekind, weiland Kammersängerin an der Dresdner Oper, ist da. In einem Schrank werden die Partituren aufbewahrt, in Kopie, versteht sich, die Originale sind in Safes im Familienbesitz oder in Bibliotheken in Wien, Paris oder New York. Ich schlage einen Band auf: «Elektra», Oper von Richard Strauss, begonnen 7.10.07 in Garmisch, beendet 22.9.08, die Takte sind durchnummeriert, die Handschrift ist gestochen klar. Ich entdecke eine Partitur des «Till Eulenspiegel» von 1944 – fünfzig Jahre nach seinem Entstehen hat Richard Strauss, vermutlich weil er nichts Besseres zu tun hatte und schon immer mit der einen oder anderen Stelle unzufrieden war, eines seiner populärsten Werke noch einmal abgeschrieben und verbessert.

In einer Vitrine steht die Büste seines Vaters. Ich mache mir klar, dass auch Richard Strauss einmal «nur» Sohn gewesen ist. Sein Vater Franz Strauss, geboren 1822, unehelicher Gendarmensohn aus der Oberpfalz, galt als bester Hornist seiner Zeit, ein strenger, jähzorniger Mann, geachtet von Kollegen, gefürchtet von Dirigenten, zum Beispiel von Hans von Bülow, dem er in Gegenwart Wagners mitten in einer «Meistersinger»-Probe die Gefolgschaft aufkündigte: Es sei genug, er könne – und wolle! – nicht mehr blasen. Er hatte in der Tradition der Stadtpfeifer alle möglichen Instrumente gelernt, unter ihnen die Gitarre, von ihm hat Richard Strauss das Musikantentum, die Improvisationsgabe, das selbstbewusste Draufloskomponieren aus einer natürlichen Sicherheit heraus. Die Musik des Sohns war dem Vater unheimlich: Beim Hören komme es ihm vor, als ob ihm «tausend Ameisen durch die Hose liefen». Aber er hat den Sohn unterstützt und gefördert, ihn aufs Gymnasium geschickt, ihn Latein und Griechisch lernen lassen, weniger im Hinblick auf eine Komponisten- oder Virtuosenkarriere, sondern um ihn, eingedenk der eigenen niederen Herkunft, sozial nach oben zu treiben. Der Sohn hat unter dem Vater gelitten, aber sich dessen Philosophie zu eigen gemacht: Nur wer etwas kann, wird etwas.

Das Sterbezimmer. Ein schlichtes Bett, die Totenmaske und ein Abguss seiner gefalteten Hände, eine Art Gedächtnisraum. Hier wird keiner mehr wohnen. Seine Trauerfeier am Münchner Ostfriedhof glich einem Staatsakt. In der ersten Reihe, tief verschleiert, die Witwe Pauline neben dem Sohn Franz – sechs Jahre später sah man bei Thomas Manns Beerdigung ganz ähnliche Bilder. Der Trauermarsch aus der «Eroica» wurde gespielt, dirigiert von Georg Solti, einem jungen ungarischen Juden, der mit ihm in den letzten Lebensmonaten viel Kontakt hatte und ihn durch sein gutes Klavierspiel beeindruckt hatte. Dann erklang, auf Wunsch des Verstorbenen, das Terzett aus dem letzten

Ein Besuch in Garmisch

Akt «Rosenkavalier». Alle drei Sopranistinnen brachen nacheinander in Tränen aus, aber die Musik floss weiter, als könnten ihr kleine Zwischenfälle wie diese nichts anhaben.

Auch bei Klaus Manns Beerdigung soll es Musik gegeben haben: Sein Bruder Michael, zufällig in Cannes, soll an seinem Grab die Bratsche gespielt haben. Seine Eltern und Erika, zum Zeitpunkt des Todes in Schweden, haben ja, trotz unbestreitbarer, in Briefen und Aufzeichnungen festgehaltener Erschütterung, ihre Reisepläne nicht geändert.

Der Besuch ist zu Ende. Dr. Strauss löscht das Licht, sperrt zu. Über den beiden Bergriesen liegt ein fahler Glanz. Mondlicht, wie mir scheint. Oder ein raffinierter Beleuchtungseffekt der Garmischer Kurverwaltung.

2
Woher wir kommen – Kindheit im Malvenhaus

Pamela Wedekind, Erika Mann und Mops Sternheim treten am nächsten Dienstag in einer «Revue zu Vieren» auf. Die Herren Eltern sind aus Österreich, München und Rührung nach Berlin geeilt.

Klaus Mann hat sich bei der Abfassung seiner hundertsten Reklamenotiz den rechten Arm verstaucht und ist daher für die nächsten Wochen am Reden verhindert.

Carlhans Sternheim sowie das Geschwisterpaar Klaus Mann und Pamela Wedekind haben mit ihrer Schwippschwägerin Erika Mann eine Reise um die Welt angetreten, um von Rabindranath Tagore endgültig ihre verwickelten Familienverhältnisse ordnen zu lassen.

(Kaspar Hauser: «Die lieben Kinder», Die Weltbühne, Februar 1929)

Nicht nur Kurt Tucholsky machte sich über die Dichterkinder lustig, die aufgeregt und emsig durch die Republik schwirrten, um der Menschheit unter ererbtem Namen Revolutionäres, Zukunftsweisendes und Niegehörtes mitzuteilen. Für Nichteingeweihte sei die Entwicklung kurz skizziert: Erika und Klaus Mann, die ältesten Kinder Thomas Manns, und Pamela, ältere Tochter des 1918 gestorbenen Dichters Frank Wedekind, hatten sich 1923 in München kennengelernt und waren danach mehrere Jahre lang als unzertrennliches Dreigespann aufgetreten, von mildem Spott der Erwachsenen begleitet, aber auch mit Befremden betrachtet, da man nicht wusste, wer eigentlich zu wem gehört: Klaus, der offen Homosexuelle, hatte sich mit Pamela verlobt, die ihrerseits erotisch mit Erika verstrickt war, die wiederum von ihrem Klaus nicht lassen mochte. Letzterer schrieb dann zwei Theaterstücke, «Anja und Esther» und «Revue zu Vieren», in denen die Dichterkinder sich selbst spielten, unter Regie und Mitwirkung des noch unbekannten Gustaf Gründgens, der seinerseits Erika ehelichte, obgleich die doch eigentlich mit Pamela verbunden war, und trotz der eigenen engen Verbindung mit Klaus. Der Stücke schreibende Thomas-Mann-Sohn Klaus, die politisierende Schwester Erika, die mit den Bänkelliedern ihres Vaters auftrumpfende Pamela und der niedergeborene, aber begabte Gustaf boten Angriffsfläche genug, und das deutsche Feuilleton, vornehmlich das in Berlin ansässige, war an scharfzüngigen Kritikern nicht arm. Dorothea Sternheim, genannt Mops oder Mopsa, die sich bühnenbildnerisch betätigte, und ihr Halbbruder Carlhans wurden da gleich mitverarbeitet. Die jungen Leute mochten den Spott als ungerecht empfinden – schließlich handelte es sich um ihr Leben und ihre Zukunft –, aber der frühe Ruhm schmeckte süß, und das Gefühl von Freiheit und Aufbruch auf der Spielwiese der öffentlichen Wahrnehmung war verführerisch. Pamela wählte eine besonders originelle Variante, indem sie sich von Klaus und Erika Mann trennte und den achtundzwanzig Jahre älteren Dramatiker Carl Sternheim heiratete, Vater ihrer Freunde Carlhans und Mopsa, die, wie das Berliner 8 Uhr Abendblatt schlussfolgerte, zu ihr nun «Mama» sagen mussten.

1933 war alles Spielerische vorbei. Die Berliner Feuilletonisten flohen außer Landes oder bekamen ihre Scharfzüngigkeit durch Drohung, Verhaftung und Folter ausgetrieben. Kurt Tucholsky starb 1935 in Schweden, vermutlich durch eigene Hand, die Geschwister Mann emigrierten und bekämpften das Hitler-Regime von außen. Mopsa Sternheim büßte ihre Zugehörigkeit zur französischen Resistance im Konzentrationslager Ravensbrück und Carlhans Sternheim, ein gutmütiger, verträumter Junge, der so gut wie nichts im Leben erreicht hatte, wurde im Dezember 1944 im Zuchthaus Brandenburg wegen einer flapsigen Bemerkung über Hitler hingerichtet. Pamela verließ den kranken und schwierigen Sternheim und suchte Arbeit in Berlin, wo Tilly, ihre Mutter, eine stürmische und unglückliche Liebesaffäre mit dem Dichter Gottfried Benn hatte. Gustaf Gründgens, inzwischen Intendant des Preußischen Staatstheaters von Görings Gnaden, zögerte zunächst, Pamela zu engagieren, aber als sich Görings Verlobte Emmy Sonnemann für sie einsetzte, engagierte er sie im Herbst 1934. Gründgens und Pamela waren die Einzigen der einstigen Skandaltruppe, die in Deutschland blieben und das Nazi-Regime unbeschadet überstanden, und beide befanden sich, wie der Rest der Deutschen, nach dem Ende des Spuks auf der falschen Seite.

Ich begann damals gerade, die Welt wahrzunehmen, erinnere mich an das Gitter meines Kinderbetts und an nicht viel mehr, aber habe, wie viele meiner Generation, intensiv über diese Zeit nachgedacht und mir vorzustellen versucht, wie es damals gewesen sein könnte. Das schlechte Gewissen muss wie eine nasse Decke über der deutschen Gesellschaft gelegen haben. Wer ehrlich war, hätte zugeben müssen, feige und bequem gewesen zu sein, sich schwach und duckmäuserisch verhalten zu haben – aber wer brachte den Mut dazu auf? Hätte das nicht bedeutet, sich selbst nur noch mit Abscheu betrachten zu können? Das Ergebnis war – und hier setzt bereits eine vage persönliche Erinnerung ein – eine etwas forcierte gute Laune, vermutlich verbunden mit echter Erleichterung darüber, dass der Krieg endlich vorbei war und man wieder normal leben konnte.

Pamela war seit 1940 mit dem Schauspieler Charles Regnier verheiratet und wohnte mit ihm, ihrer Mutter Tilly und ihren Kindern Carola, Anatol und Adriana, geboren 1943, 1945 und 1946, in der Nähe des Ortes St. Heinrich am Starnberger See in einem abseits gelegenen Haus, dem sogenannten «Malvenhaus». An dieses erinnern wir uns sehr gut. Wir hatten mittlerweile festgestellt, dass wir Augen, Ohren, Mund, Arme, Beine, Unterleib haben, waren sozusagen zu Personen geworden, mit denen man rechnen musste und die ihre Umwelt wahrnahmen, in unserem Fall die uns umgebenden Menschen, den Garten mit seinen Bäumen und Sträuchern, den See und sein Ufer und das bereits erwähnte «Malvenhaus».

Im Erdgeschoss wohnte seine Eigentümerin und Namensgeberin Margarethe von Gaffron, Malerin stimmungsvoller Bilder, die ihr Haus mit blauen, inzwischen ziemlich verblichenen Girlanden verziert hatte, die wohl Malven darstellten. Frau von Gaffron war taub, die Verständigung geschah mittels eines Hörrohrs, und ihre Reaktion zeigte, ob die hineingerufene Botschaft angekommen war oder ob sie statt «Wetter» «Glätte» oder statt «Donnerstag» «Eisendraht» verstanden hatte. Umso wacher waren ihre Augen, besonders wenn es darum ging, das Fehlen von Äpfeln zu bemerken, die gestern noch am Baum gehangen hatten. Die Schuldigen waren leicht auszumachen, die Versuchung des Verbotenen war stärker gewesen als das Wissen um den rechten Weg, wir spürten das schon als Kinder, aber konnten (oder wollten) nichts dagegen tun.

Frau von Gaffron war befreundet mit Oma Tilly, alias Tilly Wedekind, Dichterwitwe, die das größte und schönste Zimmer im ersten Stock bewohnte. Tillys Stirn war häufig umwölkt, ihr Blick umflort, das Wort «Depression» wurde genannt, aber nicht erläutert, der Zustand als gegeben hingenommen. Tatsächlich war Tilly manisch-depressiv, es zeitlebens gewesen, auch während der Ehe mit Wedekind, der weder Geduld noch Verständnis dafür aufbrachte und ihre Krankheit (die als solche allerdings noch wenig bekannt war) als «Kopfhängerei» abtat. Dabei hatte Tilly mehr als zwölf Jahre lang gemeinsam mit ihm jedes seiner Stücke aus der Taufe gehoben und dabei neben Bewunderung auch viel Häme, Ablehnung und Presseschelte geerntet. Jetzt schrieb sie Briefe an bedeutende Persönlichkeiten wie Theodor Heuss oder Thomas Mann, mit der Bitte, sich für Wedekinds Werk einzusetzen, das während der Nazi-Zeit nicht gespielt worden war und in Vergessenheit zu geraten drohte. Die Angeschriebenen antworteten höflich, aber ausweichend, besonders wichtig schien ihnen Wedekinds Werk nicht zu sein, und natürlich hatten sie viel Eigenes zu tun. Gelegentlich verreiste Oma Tilly, um Vorträge zu halten, hieß es. Vermutlich las sie dann Texte ihres Mannes und erzählte von den vielen berühmten Menschen, denen sie begegnet war und über die wir sie, wären wir älter, wacher und interessierter gewesen, hätten befragen können. Aber wir waren es nicht, und so blieb sie einfach Oma Tilly, manchmal streng, oft melancholisch und eigentlich immer gütig (auch das nahmen wir nicht wahr).

Familie Regnier bewohnte die zwei anderen Zimmer des ersten Stocks. Beide lagen nach Westen zum See, an sonnigen Nachmittagen glitzerten die Wellen an unseren Wänden. Im See wuchs das Schilf so dicht, dass im Frühling ein Weg hineingeschnitten werden musste. Im Schilf verborgen war eine hölzerne Plattform, ohne Genehmigung gebaut, zu der man hinwaten konnte. Manchmal aßen wir dort zu Abend. Unsere Mutter erzählte bei solcher Gelegenheit, dass ihr früherer Mann, Carl Sternheim (von dem sie nur mit größter Hochachtung sprach) im See gefrühstückt habe, vermutlich im Bodensee, wo er gewohnt hat, von einem Tablett, das vor ihm im Wasser schwamm. Ich probierte es aus, aber das Tablett ging sofort unter, und im Wasser schwammen Brot, Tomaten und andere Lebensmittel. Lag das an meiner Ungeschicklichkeit oder hatte unsere Mutter geflunkert? Oft aßen wir auch auf dem Balkon. Der war so morsch, dass Gäste nach Gewicht platziert wurden – je schwerer, desto näher am Haus. Man schaute auf Waldrand, Wiesen und Berge. Im Spätsommer flogen Schwalbenschwärme über das Haus. Ich wusste nur eines: Hier will ich nie wieder weg!

Das Malvenhaus hatte keine eigene Quelle (von kommunaler Wasserleitung war noch keine Rede), eine elektrische Pumpe transportierte Regenwasser aus einer Zisterne ins Haus, dort floss es aus dem Hahn – oder nicht. Im letzteren Fall zogen wir einen Leiterwagen mit einer Waschwanne über den Feldweg und holten Wasser beim Bauern Melf. Das gab's umsonst, alles andere kostete, und die Milch drehte die Bäuerin so lange durch die Zentrifuge, bis sie in der Kanne bläulich schimmerte. Die Bäuerin hieß Theres und konnte Schillers «Glocke» auswendig. Auf dem Kartoffelfeld stehend, rauchumweht, auf den Gabelstiel gestützt, rezitierte sie die unsterblichen Verse, man verstand kein Wort, denn sie hatte keinen Zahn im Mund, vermutlich als Folge

Gäste werden nach Gewicht platziert –
Adriana und Anatol stützen den Malvenhausbalkon

langjähriger Mangelernährung. Bei schwächstem Licht hockte die Familie um den Tisch und aß in Milchkakao eingeweichtes Brot, anderes habe ich dort nie gesehen. Radiohören war nur am Sonntagnachmittag erlaubt. Die Tochter Betty, Ende Zwanzig, durfte nicht heiraten, weil der Bauer keinen anderen Mann neben sich ertragen hätte – diese Haltung habe ich auch in anderen Bauernfamilien beobachtet.

Hans Melf, der Bauer, war mein bester Freund – und mein einziger, denn männliche Spielgefährten, die erreichbar wohnten, gab es nicht. Ich durfte Kühe hüten und neben ihm auf dem Traktor sitzen. Dieser musste per Kurbel und Schwungrad angelassen werden, das durfte ich auch manchmal tun, aber hatte nicht die Kraft dazu, der Bauer muss das gewusst haben, vielleicht fand er Spaß an meiner Unbeholfenheit, denn er lächelte dann immer ein wenig maliziös. Mit ebensolchem Lächeln wies er mich eines Tages an, das Odelfass (hochdeutsch: Jauchefass) zu öffnen (bayerisch: aufzureiben), wozu ich mich recken und nach oben schauen musste, so dass mir der Odel (die Jauche) nach erfolgtem «Aufreiben» direkt ins Gesicht schoss und mich wie eine Dusche durchnässte. Der Bauer lachte herzlich, ich wälzte mich auf der Wiese, meine Kleider hingen wochenlang auf dem Balkon, aber stanken noch immer. Der wohlriechenden Flüssigkeit war ich, zumindest teilweise, vermutlich schon einmal begegnet, denn der Bauer holte regelmäßig Fürchterliches aus unserer Sickergrube und versprühte es auf Wiesen und Feldern, aber blieb bei alledem Ästhet. «Weißt du, was los ist, wenn ich in eure Grube schaue?», fragte er. «Dann graust's mir.» Die ganze Familie Melf ist früh gestorben, der Hof stand jahrzehntelang leer.

Badezimmer gab es im Malvenhaus keines, dafür zwei Klos, eines im Parterre, eines im ersten Stock. Frau Witzel, genannt Tati, eine alte Dame aus besseren Kreisen, die eine winzige Mansarde gemietet hatte, musste nach einer wahrscheinlich vor langer Zeit gefassten Regelung das untere benutzen. Las sie uns abends «Robinson» oder «Gullivers Reisen» vor (die Stunden in ihrem Zimmer, Arme und Kopf auf den Tisch gelehnt, von ihrer eintönigen Stimme eingelullt, gehörten zu den allerschönsten), verschwand sie von Zeit zu Zeit hinter einem Vorhang, dann plätscherte es in einen Eimer. Meine Schwestern und ich mussten, einer Anordnung unserer Mutter folgend, im Kindesalter nach dem Mittagessen auf den Topf, Bedürfnis oder nicht. Wir langweilten uns, rutschten auf unseren Töpfen auf dem Balkon um das Haus und riefen nach oben: «Tati, Topfparade!» Sie lachte und warf uns Süßigkeiten zu.

Unsere Mutter hatte feuerrot gefärbte Haare, die wie unter elektrischer Spannung knisterten. Verlor sie die Nerven, was oft und leicht geschah, meist ohne erkennbaren Grund, schrie sie und warf Türen zu. Zu anderen Zeiten war sie gelöst und heiter. Dann nahm sie die Laute ihres Vaters und sang die Lieder, die er gedichtet und komponiert hatte, «Brigitte B.», «Der blinde Knabe», «Der Zoologe von Berlin», «Der Taler» und andere, und begleitete sich mit den einfachen Akkorden, die er ihr gezeigt hatte und die sie jetzt mir zeigte – erst schien es unmöglich, dann gewöhnte sich die Hand. Sie legte Wert auf deutliches Sprechen – Nuscheln sei Ausdruck von Gleichgültigkeit und Missachtung des Anderen. Auch das hatte sie von ihrem Vater, der, berichten Zeitgenossen, so überdeutlich gesprochen habe, dass Menschen sich verulkt fühlten. Immer wieder prägte sie uns seinen Leitspruch ein: «Je klüger man ist, desto dümmer stellt man sich.» Zeige man jemandem, erklärte sie, dass man ihn durchschaut, mache man ihn zum Feind, der sich bei nächster Gelegenheit rächen würde, bleibe

Rote Haare, feuriges Temperament –
Pamela mit Carola und Anatol, Malvenhaus, 1949/50

man arglos, komme man gut durchs Leben. Wedekind hat, soweit ich es erkennen kann, seinen eigenen Leitspruch wenig beherzigt und ist eher schlecht durchs Leben gekommen, ich habe ihn seit Kindheitstagen verinnerlicht und bin dabei wahrscheinlich eher zu freundlich geraten. Unsere Mutter glaubte fest an das Schlechte im Menschen, auch hier Tochter ihres Vaters, und hielt immer die schlechteste Möglichkeit für die wahrscheinlichste. Sie prophezeite einen Atomkrieg, in etwa drei Jahren, und machte mir solche Angst, dass ich nicht mehr schlafen konnte. Das sagte ich ihr eines Tages, sie entschuldigte sich und mied das Thema fortan. Geschah wirklich etwas Schlimmes, war sie erstaunlich ruhig und gefasst. Im Übrigen war sie sehr mit sich selbst beschäftigt. An meinem ersten Schultag weckte sie mich früh, gemeinsam liefen wir am See entlang nach Ambach und von dort den Berg hinauf nach Holzhausen, ich hatte meine Schultüte dabei, auf den Stufen des Schulhauses sitzend warteten wir auf Lehrer und Mitschüler. Aber es kam niemand. Irgendwann schaute meine Mutter auf den Plan und stellte fest, dass sie sich im Datum geirrt hatte und die Schule erst in zwei Wochen begann. Es war schon eine kleine Enttäuschung, samt Schultüte wieder zu Hause anzukommen. Ich habe ihren Inhalt soweit ich mich erinnere sofort verspeist und zum echten Schulanfang keine mehr bekommen.

Unserem Vater Charles Regnier wäre eine solche Panne kaum passiert, allein deswegen, weil er die meiste Zeit nicht da war. An den Münchner Kammerspielen hatte er sich aus kleinen Anfängen einen festen Platz erarbeitet, sein intellektueller, französischer Typ war gefragt, der Film interessierte sich für ihn, er nahm jede Chance wahr, seine Karriere voranzutreiben, an die er schon fast nicht mehr geglaubt hatte. Er schien immer guter Laune und nie müde zu sein, war nie laut oder aggressiv. Unsere Mutter entspannte sich in seiner Gegenwart, sogar Oma Tilly wurde ein wenig heiterer, kurzum: Alles war schöner und gemütlicher, wenn er da war, auch wenn er nur auf seinem Bett lag und las. Umso kummervoller waren die Zeiten seiner Abwesenheit. Ich merkte damals, wie unendlich lang drei oder vier Wochen sein können. Aus Südafrika, wo er in dem Film «Ein Leben für Do» mitspielte, brachte er mir eine knallgelbe Gitarre mit, auf der in schwarzer Schrift das Wort «Chaka» stand, das sei ein berühmter Zulu-König gewesen, sagte er. Die Gitarre war kaum spielbar, aber ich war stolz auf sie. «Kommst du wieder mit deinem Kanarienvogel?», fragte später mein Gitarrenlehrer.

1949 – wir waren noch sehr klein und konnten Zusammenhänge noch nicht erkennen – kamen zwei weitere Menschen ins Malvenhaus: Axel Regnier, ein jüngerer Bruder unseres Vaters, und Kadidja Wedekind, die jüngere Schwester unserer Mutter. Axel hatte sich, anders als unser Vater, der mit gefälschten Arztberichten und anderen Tricks um Militärdienst und Krieg herumgekommen war, 1937 freiwillig zum «Reichsarbeitsdienst» gemeldet, war 1938 Soldat geworden und von Anfang an im Krieg dabei gewesen, zunächst in Frankreich, dann in Russland. Im Sommer 1944, die deutschen Verbände hatten sich bereits aufgelöst, wurde er in Bessarabien geschnappt und verbrachte fünf Jahre in russischer Gefangenschaft. Jetzt stand er, dünn,

«Chaka»-Gitarre aus Südafrika –
Anatol probiert, Carola schaut zu

magenkrank, mit Rattenbissen im Gesicht vor dem Malvenhaus, niemand hatte mehr mit seiner Rückkehr gerechnet. Viel später erfuhr ich: Auch Axel hatte Schauspieler werden wollen, aber das war nun schon sein Bruder, der die zwölf Jahre, die ihm fehlten, für das eigene Fortkommen hatte nutzen können und sich – wer weiß? – über Konkurrenz aus der eigenen Familie nicht unbedingt gefreut hätte. Axel wurde Waldarbeiter, das kannte er aus Russland, und half dem St. Heinricher Förster, eine Lichtung oberhalb des Malvenhauses mit jungen Fichten zu bepflanzen und ihre Spitzen mit Teer zu bestreichen, so dass Rehe sie nicht beknabbern würden. Die Fichten wuchsen, und jedes Mal, wenn wir an ihnen vorbeikamen, sagten wir: «Die hat Onkel Axel gepflanzt.» Er fand dann Arbeit beim Bayerischen Rundfunk und hatte ein Segelboot, in dem er uns viel zu selten mitnahm, es lag im Schilf vertäut, ich kroch durch die Persenning ins Innere und schnupperte den Duft von Holz und Lack. Bald darauf hatte er auch ein Auto und viele Freundinnen. Er wirkte flotter und moderner als unser Vater, der immer noch Fahrrad fuhr. Warum hatten wir kein Auto? Im hintersten Winkel einer Remise des Bauern Bernwieser entdeckte ich unter einer staubigen Plane einen verstaubten Vorkriegs-Opel und bestürmte unseren Vater, ihn zu kaufen, ich hätte auch den Preis bereits ausgehandelt, 180 Mark. Er tat es, ich war stolz auf meine Initiative, aber auch enttäuscht, denn der Opel fuhr nie, und mein Vater kaufte einen gebrauchten Volkswagen vom Schauspielerkollegen Hans Reiser. Immerhin bewirkte ich, dass er seinen Führerschein machte. Die ersten Fahrten mit meiner Mutter, die nie fahren gelernt hatte, müssen nervlich aufreibend gewesen sein, aber nun waren auch wir motorisiert und fast so flott wie Onkel Axel. Der durchkletterte die Hierarchien des Bayerischen Rundfunks und wurde Verwaltungsdirektor des Bayerischen Fernsehens. In Filmen von Klaus Lemke, Franz-Peter Wirth und Oliver Storz wurde sein Traum vom Schauspielerdasein doch noch ein wenig wahr, in einer Episode von Helmut Dietls «Monaco Franze» kann man ihn als Rolls-Royce-Fahrer bewundern.

Kadidja Wedekind, geboren 1911, war zu jung für die öffentlichkeitswirksamen Aktivitäten der Mann-Geschwister und der fünf Jahre älteren Pamela, aber nach deren frühem Auszug umso mehr mit der Betreuung der schwermütigen Tilly beschäftigt. Neunzehnjährig hatte sie ein erfolgreiches Jugendbuch geschrieben. «Kalumina, der Roman eines Sommers», basierend auf einem Fantasie-Kaiserreich, das sie 1927 mit Ammerlander Kindern gegründet hatte. Das Buch war 1933 erschienen und hatte viel Lob erhalten, aber zu weiteren Büchern war es nicht gekommen. Kadidja musste Tilly unterstützen, die als Schauspielerin kaum noch Auftrittsmöglichkeiten und von Wedekinds Werken, die unter den Nazis nicht gespielt wurden, keine Einkünfte mehr hatte. Kadidja schrieb hübsche und wehmütige Feuilletons über den Verlust von Kindheit und Unschuld und andere unverfängliche Themen, immer in der Hoffnung auf den nächsten großen Wurf, der nicht kommen wollte und im nationalsozialistischen Deutschland auch nicht kommen konnte. 1938 ging sie nach Amerika, auf Einladung ihres Jugendfreundes Gottfried Reinhardt, erst an die Westküste, dann nach New York, wurde dort vom Kriegsausbruch überrascht, versuchte sich in allen möglichen künstlerischen Tätigkeiten, arbeitete als Kindermädchen, Warenhausverkäuferin, Reinigungskraft. Die literarische Ausbeute war gering, trotz guten Willens und

Fröhlichkeit auf dünnem Eis –
Kadidja Wedekind, 1956

großer Hoffnungen. Als Kind hatte sie sich vorgenommen, ein guter Mensch zu werden. Gleich nach Kriegsende hatte sie von ihrem wenigen Geld Lebensmittelpakete für ihre Verwandten in Deutschland und Österreich gekauft. Jetzt war sie wieder da, nach elf Jahren Abwesenheit, mit einem hart erkämpften amerikanischen Pass als einzigem Resultat dessen, was sie politische Emigration nannte, obgleich sie bis 1938 in Nazi-Deutschland gelebt und dabei nicht mehr Anti-Nazismus demonstriert hatte als das Gros ihrer Mitbürger. Aber ihre Abwesenheit in den schlimmsten Nazi-Jahren verlieh ihr eine gewisse moralische Überlegenheit, zumindest glaubte sie, wie aus späteren Äußerungen ersichtlich, eine solche zu haben, und empfand es vermutlich als Hohn des Schicksals, Pamela wiederzubegegnen, die wegen ihrer Zugehörigkeit zu Gründgens' Preußischem Staatstheater eigentlich ein schlechtes Gewissen haben müsste, sich aber keines anmerken ließ, und in den von Kadidja in Amerika verbrachten Jahren geheiratet, drei Kinder geboren und einigermaßen stabile Verhältnisse geschaffen hatte. Weniger kreativ als Kadidja, war Pamela ihrer Schwester schon immer durch Alter und Tüchtigkeit voraus gewesen und lag auch jetzt uneinholbar vorn. Kadidja hatte Wedekinds Stücke gründlicher gelesen als ihre Schwester, sich intensiver mit dessen Gedankenwelt und Person befasst, aber für das Buch über ihn, mit dem sie sich plagte, fehlten ihr die Distanz, vielleicht auch der Fleiß. Pamela fing gar nicht erst an, eines zu schreiben, sondern sang seine Lieder mit Aplomb und Erfolg.

Kadidja gab sich fröhlich und unkompliziert, als könne man mit ihr Pferde stehlen. Sie setzte sich zu Adriana auf den Fußboden, auf dieselbe Ebene wie das Kind, das hatte bisher kein Erwachsener getan. Aber als wir ihr Fenster von außen mit einem nassen Ast besprizten (was man, wie wir meinten, unter Kameraden schon einmal tun dürfe), sagte sie sehr dezidiert beim Mittagessen: «Der Anatol und die kleine Adriana haben ein neues Spiel: Tante Kadidja ärgern.» Über uns brach ein Donnerwetter unserer Mutter herein, hinter dem gewiss mehr steckte als ein paar Wasserspritzer am Fenster. Die Spannung zwischen den Schwestern entlud sich eines Abends in einem mächtigen Krach, mit Geschrei und Gegenständen, die an unsere Kinderzimmertür flogen. Kadidja zog bald darauf aus, die Schwestern fanden nie mehr richtig zusammen.

Gäste kamen und gingen. Erika Mann, Marianne Hoppe, Gustaf Gründgens und viele andere. Auch Gottfried Benn muss einmal da gewesen sein, um seine alte Flamme Tilly zu besuchen. Wir teilten die Gäste in «kinderfreundlich» oder «kinderfeindlich» ein. Kinderfeind Nummer eins war Gustaf Gründgens, seine Ex-Frau Erika Mann ein wenig furchteinflößend, aber tendenziell kinderfreundlich. Rudolf Forster, Österreicher, Stumm- und Tonfilmstar von hoher Berühmtheit, der eine Karriere in den USA abgebrochen hatte, um ins Nazi-Reich zurückzukehren, angeblich seiner Mutter wegen, und sich danach durchaus vor den Nazi-Karren hatte spannen lassen, beachtete uns gar nicht, sondern trug eine Blumenschale die Treppe hinauf und kniete vor Tilly nieder. Adolf Wohlbrück, ebenfalls Österreicher, Stumm- und Tonfilmstar, Spross einer alten Zirkusfamilie und wegen seines jüdischen Vaters und seiner Homosexualität vor den Nazis nach England geflohen, konnte eine Kleiderbürste seinen Arm hinauflaufen lassen, so dass sie wie ein Igel aussah. Wir liebten ihn und nannten ihn «Onkel Tony», denn in England hieß er Anton Walbrook. Bei Tisch, im Gespräch mit den Eltern, erläuterte er sein Problem: Sollte er den neuen Namen auch in Deutschland führen, mit dem Risiko, Prominenz und Rollenangebote einzubüßen, oder schweren Herzens wieder Adolf heißen? Er wählte Letzteres, nicht zu seinem Schaden: 1950 spielte er in Max Ophüls' Verfilmung von Schnitzlers «Reigen» den Conferencier, an der Seite von Simone Signoret, Danielle Darrieux und Gérard Philipe, und sang die berühmte Melodie von Oscar Straus – wir hatten sie auf einer 78er Schallplatte, ich kann nicht zählen, wie oft ich sie auf unserem Aufzieh-Grammophon gehört habe.

Von den Querverbindungen zwischen diesen Menschen, den Feindschaften und Gräben, die sie trennten, den Verletzungen und Enttäuschungen, die sie einander zugefügt hatten, den Loyalitäten, die sie verbanden, wussten wir nichts, auch nichts von einer «falschen» oder «richtigen» Seite, auf der sie gestanden hatten in jener dunklen, unheimlichen und irgendwie faszinierenden Zeit vor unserer Geburt, die wir vom Hörensagen kannten. Im Nachhinein ist es erstaunlich, dass alle diese Begegnungen im Malvenhaus stattfinden konnten, dass zum Beispiel Erika Mann über eine Schwelle trat, die, wie sie wusste, auch der von ihr verachtete Gustaf Gründgens übertreten hatte oder übertreten würde. Lag es an der Persönlichkeit meiner Eltern? Oder an der Einsicht, dass man wohl oder übel mit den Menschen weiterarbeiten musste, zu deren Milieu man nun einmal gehörte? Auch Gustaf Gründgens und sein Antipode Fritz Kortner sollen sich im Malvenhaus zum ersten Mal nach dem Krieg wiedergesehen haben.

Irgendwann kam auch Emmy Göring zu Besuch, ehemals Emmy Sonnemann und Schauspielkollegin der Mutter, die in eben jener dunklen Zeit viel hatte bewirken können – wenn etwas nicht klappte, ein Sonderwunsch zu erfüllen oder eine reale oder imaginierte Gefahr abzuwenden war, hat meine Mutter, so mein Eindruck, Emmy Göring kontaktiert, die den Fall ihrem Mann vortrug, der dann irgendein Machtwort sprach. Immerhin sah meine Mutter keinen Anlass, sie jetzt fallen zu lassen, da sich alle mit Grausen von ihr abwandten. Ich erinnere sie persönlich nicht, aber ihre Tochter Edda, die ich 2012 um ein Interview bat, meinte, ich sei ein «herziger Bub» gewesen. Reden wollte sie mit mir nicht – ihr Leben sei Privatsache –, und was über das «Dritte Reich» gesagt und geschrieben würde, sei ohnehin alles falsch.

Gar nicht herzig fand mich der Filmregisseur Rolf Hansen. Er hatte die letzten Kriegsmonate im Malvenhaus verbracht und gehörte sozusagen zur Familie. 1942 war er mit dem Zarah-Leander-Film «Die große Liebe» zu Ruhm und Ehre gelangt und bereits wieder so gut im Geschäft, dass er sich ein silbergraues Mercedes-Cabriolet leisten konnte, ein wahrhaft berückendes Auto, mit lederduftenden Sitzen und leise ins Schloss fallenden Türen, das mich unwiderstehlich anzog, was Rolf Hansen, als Kinderfeind fast in der Gründgens-Klasse, nicht gern sah. Außerdem konnte er mir nicht verzeihen, dass ich, noch sehr klein, die Hosenbeine seines weißen Anzugs mit dem Matsch einer Pfütze beschmiert hatte, während er mit Erwachsenen plaudernd vor dem Malvenhaus gestanden war. «Anatol, du Höllenhund!», soll er damals gerufen haben, und auch meine weitere Entwicklung hatte ihn anscheinend mit Sorge erfüllt. Denn eines Tages erzählte mir mein Vater, was Rolf Hansen ihm gesagt habe: «Jede Ohrfeige, die du dem Anatol jetzt nicht gibst, wird ihm später das Leben geben.» «Stimmt das», fragte mein Vater, «muss ich strenger zu dir sein, dich schlagen?» Ich wusste nichts zu antworten, aber mein Vater blieb bei seiner Linie und schlug uns nie, kein einziges Mal, weder in der Kindheit noch in der Jugend.

Gelegentlich geschah Außergewöhnliches in St. Heinrich. Eine Kuh schwamm zu weit in den See und wollte nicht umkehren. «Ella! Ella!», rief die Bauerntochter Betty über die Wasserfläche, ich wollte helfen, aber konnte nichts tun, irgendwann kam die Kuh zurück. Ein anderes Mal lag ein ertrunkener Mann am Ufer, aufgedunsen und als solcher kaum noch erkennbar. Bauer Melf lud ihn auf seinen Ochsenwagen und fuhr ihn zum Friedhof nach Seeshaupt. Dann wurde ein Hund überfahren. Er gehörte einer Familie, die auf der Wiese zwischen Malvenhaus und Mandl-Hof zeltete, eine ungesunde Angelegenheit, wie ich fand, denn die Wiese war feucht und der Platz unschön. Warum tun sie das, fragte ich mich. Jetzt lag der Hund am Straßenrand, ein Dackel oder Spitz, ohne sichtbare Verletzung, nur an einem Grasbüschel klebte etwas Blut. Die Familie hockte um ihn herum und wehklagte. Ich empfand weniger Mitleid mit dem Hund als Bedrückung durch die Endgültigkeit des Todes.

Dann hätte es mich beinahe selbst erwischt. Die Ängstlichkeit unserer Mutter gestattete Radfahren auf Feldwegen, aber nicht auf der Landstraße. Jetzt waren unsere Eltern verreist, es war Ostern, Anemonen und Leberblümchen blühten, unsere Räder waren aus dem Keller geholt worden, und aus irgendeinem Grund entschied ich, dass das Verbot dieses Jahr nicht gelten würde. Den ganzen Vormittag fuhren wir auf der Landstraße hin und her, es war herrlich. Selten habe ich mich glücklicher und freier gefühlt. Nach dem Mittagessen wollten wir gleich wieder los. Ich raste die Abfahrt hinunter, hinter mir meine Schwester Adriana, und fuhr ohne zu schauen auf die Straße. Ein grauer Kotflügel kam von rechts, ich erinnere den Aufprall als sanft, fast liebevoll, dann weiß ich nichts mehr, bis ich, offenbar in hohem Bogen durch die Luft geflogen, zehn Meter weiter ungefähr dort im Straßengraben stand, wo der tote Hund gelegen hatte. Ich sehe noch Oma Tilly, aus dem Mittagsschlaf geschreckt, mit offenem Haar die Auffahrt hinunterlaufen, auch Polizei war da, jemand fuhr mich mit einem Auto nach Seeshaupt zum Arzt, der stellte fest: Mir war nichts passiert, kein Bruch, keine Prellung, nicht einmal eine Schürfwunde. Meine Mutter schickte mir einen Brief mit der Aufschrift: Für Anatol, selbst und allein lesen! Der Inhalt ist mir entfallen, vermutlich waren es Ermahnungen, das Leben ernst zu nehmen und das Schicksal nicht zu versuchen. Von der Reise zurück, nahm sie mich in die Ambacher Kapelle, betete lange und wies mich an, es auch zu tun.

1953 starb Frau von Gaffron. Das Malvenhaus sollte verkauft werden. Wir bestürmten unseren Vater, es zu kaufen, aber er zögerte, meinte, nicht genug Geld zu haben, fand den Mut nicht. Ein rheinischer Industrieller kaufte das Malvenhaus, Handwerker rückten an, schlugen Türen und Fenster heraus, wir mussten weg und wohnten fortan in München, Leopoldstraße 79. Ich heulte mein Kissen nass, die Eltern trösteten mich, aber konnten nichts tun, und ich erkannte, dass auch Eltern ohnmächtig und schwach sein können. Wir beendeten die Volksschule, besuchten diverse höhere Bildungsanstalten, waren allesamt keine guten Schüler, ich ein so schlechter, dass ich in der ersten Gymnasialklasse durchfiel, mit Mühe die zweite schaffte und dann meine Eltern so lange bedrängte, bis sie mich auf den Hort aller Gescheiterten gehen ließen: die Rudolf-Steiner-Schule. Aber ich hatte ohnehin nicht vor, lange zu bleiben, denn mittlerweile wollte ich nur eines: Gitarre spielen. Das sollte meine Zukunft sein, alles andere war mir egal.

3

Diana Kempff

Eine Erinnerung

Wenn ich nachts nicht schlafen kann oder mit etwas besonders Schönem einschlafen möchte, höre ich Wilhelm Kempff Schumann, Beethoven, Schubert oder Bach spielen, am liebsten mit Kopfhörer, so dass die Musik so nah wie möglich bei mir ist. Die Mühelosigkeit, mit der Wilhelm Kempff die Musik in tausend Farben und Schattierungen erklingen lässt, ist unvergleichlich. Der Flügel singt unter seinen Händen, und auch bei machtvollem Rauschen ist da keine Schwere, sondern Heiterkeit und Charme. Ein Apolliniker, mit sich selbst im Reinen, ein Glückskind, auf der Sonnenseite des Lebens. Schon als Knabe, so heißt es, konnte er Bachs achtundvierzig Präludien und Fugen auswendig in jeder beliebigen Tonart vortragen – wer das einmal versucht hat, wird wissen, was es bedeutet. Mit zwanzig Jahren erspielte er sich den Berliner Konservatoriumspreis und bekam, weil er über ein gegebenes Thema so überaus brillant improvisierte, auch noch den Kompositionspreis zugesprochen. Danach ging es aufwärts, fast siebzig Jahre lang. Ob Kaiserreich, Weimarer Zeit, NS-Herrschaft oder Bundesrepublik – Wilhelm Kempff spielte Klavier, entspannt, geistvoll, originell, ganz in sich versunken und sich selber treu, auf Jahre ausgebucht, mit Freude die Welt bereisend, niemals müde, niemals nervös, auch vor Konzerten nicht, und anscheinend grenzenlos belastbar. Geübt hat er wenig, gelegentlich wirft man ihm mangelnde Technik vor, ungerechterweise, denn er konnte enorm virtuos spielen. Aber er spielte auf Risiko, wollte keine perfekt ausgefeilten, immer gleichen Interpretationen, sondern die oft gespielten Werke immer wieder neu entdecken, das Publikum mit auf die Reise nehmen, auch auf die Gefahr hin, woanders als erwartet zu landen. Das machte seine Konzerte immer interessant, und an guten Tagen unvergesslich. Nach dem Konzert wollte er nur eines: weiterspielen. «Wollen Sie denn gar nichts mehr von mir hören?», soll er in Joachim Kaisers ostpreußischem Elternhaus gefragt haben, als die Bitte der Gastgeber ungebührlich lang auf sich warten ließ. Besuchte man ihn zu Hause, setzte er sich an den Flügel und spielte, was ihm einfiel und was man von ihm wollte – sein Repertoire war riesig und jederzeit abrufbar. Und wer die Augen verdreht bei dem Gedanken an Klavier spielende Hausherren, die (meist mitten im schönsten Gespräch) ihre Gäste mit ihrer Kunst quälen, tat dies bei Wilhelm Kempff bestimmt nicht. Denn hier spielte eine Weltberühmtheit, einer der größten Pianisten seines Jahrhunderts, und wer ihn aus der Nähe hören und erleben konnte, war dankbar für das Geschenk. Als er neunzig Jahre alt war, schloss Wilhelm Kempff den Klavierdeckel für immer. Davor hatte er ein letztes Konzert gegeben, halb privat, in einer Scheune in der Nähe von Ammerland am Starnberger See, wo er seit den 50er Jahren lebte, im Rahmen eines kleinen Festivals, das er selbst gegründet hatte. Noch einmal sang der Flügel im unnachahmlichen Kempff-Ton, und weil das letzte Stück so schön war und ihm das Klavierspiel auch jetzt noch so viel Freude bereitete, spielte er es zweimal. Er starb, fast sechsundneunzigjährig, in Positano.

Als ich im Herbst 1958 vom staatlichen Max-Gymnasium an die Münchner Rudolf-Steiner-Schule wechselte, kannte ich Wilhelm Kempff nur dem Namen nach, und dabei wäre es zunächst wohl auch geblieben, wenn nicht seine Tochter Diana meine Klassenkameradin geworden wäre. Diana konnte man kaum übersehen. Sie ragte, als Folge einer Drüsenerkrankung, aus der Menge der anderen Mädchen wie ein nach anderem Maßstab geformtes Wesen. Auf einem massigen Körper saß ein Kopf mit blonden Haaren, die immer ein wenig fettig wirkten, und auch ihr Gesicht, das eigentlich hübsch und ausdrucksvoll war, verschwamm in einer Masse von Fett. Ich erschrak, als ich sie zum ersten Mal sah, und war sogar ein wenig empört. Denn ich hatte

Diana Kempff – Eine Erinnerung

nicht zuletzt deswegen an die Steiner-Schule gewollt, weil hier Mädchen und Knaben gemeinsam unterrichtet wurden, und Dianas Anblick torpedierte meine erotischen und romantischen Vorstellungen. Zudem saß sie neben Ulrike, einer Zwergin mit einem großen Kopf und winzigen, krummen Beinen, die Diana, aufrecht stehend, nur bis knapp über die Hüfte reichte. Ulrike war eine gute Schülerin, strahlte Ruhe und Würde aus und machte keinerlei Aufhebens von ihrem Gebrechen. Aufgerufen, ging sie wie selbstverständlich nach vorn, zog die Tafel bis zum Anschlag herunter, schrieb etwas darauf, meist Richtiges, und schob die Tafel wieder hoch. Diana und Ulrike, nebeneinander an einem Tisch sitzend, die eine über-, die andere unterdimensioniert und beides starke Persönlichkeiten, waren eine stete Erinnerung an die Ungerechtigkeit der Welt, aber auch eine stumme Aufforderung an normal Gewachsene (und vermutlich normal Entwickelte), sich ein Beispiel zu nehmen an denen, die Gott, Zufall oder Erbmasse mit Bürden belastet hatten, die man selbst nicht tragen musste. Diana und Ulrike waren, kann man sagen, das kollektive schlechte Gewissen der Klasse. Aber während Ulrike still und wortlos litt, verunsicherte mich Diana durch ironische Schärfe. Außerdem war ich eifersüchtig auf sie, denn ihr Vater war berühmter als meiner. Ich tröstete mich mit dem Gedanken, dass Elly Ney, deren Enkelin ebenfalls in unsere Klasse ging, die noch bedeutendere Pianistin war – ein Irrtum, wie ich heute weiß.

Ein Theaterstück sollte gespielt werden, «Turandot» von Schiller. Unser Lehrer, ein freundlicher, kultivierter Mann von etwa fünfzig Jahren, der lautes Treiben und Angeberei nicht mochte und mich, den Gescheiterten der Staatsschule, der in seiner Klasse Unruhe stiftete, meist mit dem Gesichtsausdruck des geschmerzten Ästheten betrachtete, bot mir, da er schauspielerisches Talent vermutete und mich durch die Disziplin einer Theateraufführung vielleicht zu bändigen hoffte, die Hauptrolle des Prinzen Kalaf an. Aber ich war faul und zerstreut und lernte keinen Text. Unser Lehrer bedauerte und gab die Rolle einem anderen, nämlich Stefan. Der war klein, fast zierlich, zurückhaltend, unauffällig, ordentlich und gescheit. Stefan konnte den

Text bald auswendig und spielte den Prinzen ernst und kontrolliert. Die Komödiantin war Diana als Chefeunuch Truffaldin. Sie lächelte verschmitzt, gurrte, legte den Kopf zur Seite, drohte mit dem Zeigefinger und hüpfte, gelb gekleidet, das Gesicht braun geschminkt, einen großen Turban auf dem Kopf, mit possierlichen Sprüngen über die Bühne, als ob das Theaterspielen sie von einer Last befreie und ihren schweren Körper leicht mache. Ihr Vater und ihre Mutter saßen in der ersten Reihe, es gab Applaus, auch Wilhelm Kempffs berühmte Pianistenhände klatschten. Diana und Stefan verbeugten sich nebeneinander, hinterher stand man in Grüppchen beisammen, die Eltern Kempff beglückwünschten unseren Lehrer, den Regisseur des Abends.

Danach sah man den schmächtigen Stefan und die mächtige Diana häufig zusammen. Zwei hatten sich gefunden, so schien es, die sich gegenseitig über Wasser hielten und ein Bollwerk bildeten gegen den Rest der Welt. Ein Hauch von Hochmut umwehte sie, der Hochmut von Menschen, die sich mit Höherem beschäftigen, aber dieses Höhere mit anderen, die das Höhere ja doch nicht interessiert, nicht teilen. Auch ein wenig Eigenbrötlertum war dabei – Stefan und Diana, versunken in ihre eigene Welt. Einmal sah ich sie an der Bushaltestelle in Ammerland, am Sonntagabend, als ich mit meinen Eltern von Ambach nach Hause fuhr. Sieh mal, dachte ich, Diana und Stefan verbringen das Wochenende gemeinsam, wie interessant! Diana, das wusste ich, wohnte während der Woche bei unserem Lehrer, der selbst sieben Kinder hatte – der tägliche Schulweg von Ammerland nach München wäre zu weit gewesen, und im Haus des Lehrers kam es auf ein zusätzliches Kind nicht an.

Dieser Lehrer nahm mich eines Tages beiseite – er müsse mit mir reden. Mein Verhalten sei nicht länger tolerierbar, besonders mein «Flanieren mit den Mädchen» (ich erinnere den Wortlaut) errege Unmut. Es fehle mir an Anstand und Ernsthaftigkeit, und ich würde, sollte ich mich nicht ändern, böse enden. Hätte ich zum Beispiel bemerkt, wie schlecht mein Klavierspiel bei der Klassenparty angekommen sei, im Gegensatz zu dem von Stefan? Das stimmte. Ich war auch beim Klavierspiel ein Blender, übte nie richtig und versuchte, den Mangel an

Diana Kempff – Eine Erinnerung

Können durch Lautstärke und Show wettzumachen. Stefan hingegen, von dem ich gar nicht wusste, dass er Klavier spielte, hatte ein Heft mitgebracht, in dem er die Harmonien von Liedern und Schlagern samt Titeln und Taktstrichen säuberlich aufnotiert hatte. Daraus spielte er flott, uneitel und sauber zum Tanz. Ich hatte dem nichts entgegenzusetzen. «Spiel was Richtiges», sagte ein Mädchen, «nach deiner Musik kann man nicht tanzen.» Ich hatte die Niederlage verdrängt, aber im Unterbewusstsein nagte sie weiter.

Plötzlich und unerwartet starb die Zwergin Ulrike. An einem milden Nachmittag im Frühsommer stand die Klasse hinter dem kleinen Sarg in der Aussegnungshalle des Münchner Waldfriedhofs. Nachher waren alle ein wenig übermütig. Ich übertrieb wie immer, hopste über Gräber, machte zynische Bemerkungen und trieb es so toll, dass sich einige meiner Kameradinnen demonstrativ abwandten. Kurz darauf begannen die Sommerferien. Und während ich badete, flirtete und mein Dasein genoss, erhängte sich der zierliche, gescheite, zurückhaltende Stefan, der gute Schüler, Zeichner und Klavierspieler ohne Vorwarnung oder Abschiedsbrief im Keller seines Elternhauses. Seine Beerdigung war, als wir es erfuhren, bereits vorüber. Diana ließ sich nichts anmerken, lächelte, schien ruhig und gefasst, aber wie erstarrt. Auch sie hatte von Stefans Plan nichts gewusst.

Ich verließ die Schule wenig später. Man hatte mich hinauswerfen wollen, aber ich ging freiwillig, nach London, um mein Gitarrenspiel zu perfektionieren, und blieb fünf Jahre fort. Und traf, irgendwann und vollkommen überraschend, an einer Bushaltestelle in Notting Hill Gate, Diana Kempff, in Begleitung des amerikanischen Austauschlehrers, der während meines letzten Jahres an unsere Schule gekommen war, ein ähnlich zierlicher Typ wie Stefan, Schöngeist, vermutlich homosexuell und überdurchschnittlich intelligent. Das Zusammentreffen schien beiden peinlich zu sein. Bei Diana spürte ich dieselbe Haltung von Ironie und leiser Verachtung, die ich von der Schule kannte: «Glaube bloß nicht, dass ich auf dich hereinfalle!»

Mehr als fünfzehn Jahre vergingen, bis ich Diana wiedersah, zufällig, in einem Münchner Café. Sie war noch immer füllig, aber das

Unmäßige, Abnorme ihres Körpers war verschwunden. Ich war inzwischen verheiratet, hatte Kinder, unterrichtete Gitarre am Konservatorium, versuchte mich in der Kleinkunst-Szene. Und sie? «Ich schreibe», sagte sie. Nun, dachte ich, Schreiben – der übliche Ausweg, wenn man nichts mit sich anzufangen weiß. Dann erschien ihr Buch «Fettfleck» und schlug ein wie eine Bombe. Ohne Zweifel autobiografisch. Ein einziger, langgezogener Schmerzensschrei. Ironisch bis zur Selbstaufgabe. Bissig gegen die Familie, böse, anklagend, resigniert. Das Autorenfoto zeigt das Gesicht einer übersensiblen jungen Frau, den Blick nach innen gekehrt, Verletztheit in allen Zügen.

Sie beginnt mit Erinnerungen an ihren Geburtsort Schloss Thurnau in Oberfranken. Es gehörte der Familie ihrer Mutter, Hiller von Gaertringen, Wilhelm Kempff und die Seinen hatten sich bei Kriegsende aus Potsdam hierhin zurückgezogen. Für Diana, geboren im Juni 1945, waren Schloss und Umgebung offenbar Orte des Schreckens, mit Gespenstern in Fluren und Schränken, Hexen und Feen in verwunschenen Teichen und Felsenhöhlen, in denen man sich verlief oder unversehens einem Gerippe ohne Kopf begegnete. Einsamkeit spricht aus allen Zeilen, Verständnislosigkeit angesichts einer fremden, Angst einflößenden, nach unverständlichen Gesetzen funktionierenden Welt.

Hauptteil des Buchs ist die Schulzeit, unsere Zeit. Die Pappeln an der Münchner Leopoldstraße, an der unsere Schule lag, sind für Diana Symbole der Vergänglichkeit und Schutzlosigkeit – sie erzittern beim geringsten Windhauch, und wachsen sie zu hoch, schlägt man sie kurzerhand ab. In der Chemiestunde schläft Diana ein, *während die Basen sich mit den Säuren mischen und irgendetwas bewiesen werden soll.* Dann entdeckt sie Stefan. Die beiden schwänzen den Unterricht, streunen über das Oktoberfest und reden, reden, reden. *Wir gehen uns eigentlich nie auf die Nerven. Stefan und ich. Wir verstehn uns eben, obwohl wir uns gar nicht verstehn. Das Schöne ist, daß du anders bist. Der Bruder, den ich mir immer gewünscht habe.* Die Eltern? *Och, immer unterwegs, oder gerade angekommen, oder kurz vor der Abreise. Alles in Butter, so lange man nichts von mir merkt.* Das Buch endet mit Stefans Freitod. *Ich könnte mich zerschrein. Bis nichts mehr von mir übrig*

Verständnislosigkeit angesichts einer fremden Welt –
Diana Kempff, Schriftstellerin

bleibt. Aber das wäre zu leicht. Am Ende ist die Welt mit Brettern vernagelt. Man müßte sie zerschlagen, bis der Kopf zerspringt.

Eine Weile haben Diana und ich uns oft gesehen und viel miteinander geredet. Ich sei in ihrem Buch auch vorgekommen, meinte sie, aber dann wieder herausgefallen. Sie erzählte von ihrem altersmilde gewordenen, inzwischen über achtzigjährigen Vater. Sie hätten sich ausgesprochen und «gegenseitig großartig gefunden». Auch sein Klavierspiel gefalle ihr jetzt besser – früher habe er «immer so gedonnert».

Eines Abends besuchte ich sie in dem kleinen Holzhaus auf dem elterlichen Grundstück in Ammerland, in dem sie wohnte. Es war Sommer, die Eltern waren verreist. Diana trank Schnaps aus dem Wasserglas, mit der Selbstverständlichkeit eines Menschen, dem der Alkohol ein guter Freund ist. Ich trank mit und wurde immer betrunkener. Es war schon hell über den Wiesen, als Diana mich durch das unbewohnte Elternhaus führte. Ich sah den Flügel im Wohnzimmer und das Gästebuch mit hymnischen Einträgen beglückter Gäste und Auflistungen der Werke, die Wilhelm Kempff an diesem oder jenem Abend gespielt hatte. Diana zeigte mir das Bett ihres Vaters, ich traute meinen Augen nicht: eine ärmliche Lagerstätte in einer Nische hinter einem Vorhang. Hier schlief der berühmte Wilhelm Kempff? Diana öffnete einen Schrank. Er war von oben bis unten voll mit Medikamenten, tausende von Fläschchen und Schächtelchen, ich hatte dergleichen nie gesehen. Die Mutter sei die Chef-Homöopathin, sagte Diana, aber auch der Vater dem Esoterischen zugeneigt, daher der Hang zu Anthroposophie und Steiner-Schule. Dann erzählte sie, beiläufig und ohne erkennbare Bitterkeit, dass sie unser schöngeistiger Lehrer, Vater von sieben Kindern, der mir mein «Flanieren mit den Mädchen» vorgeworfen hatte, in dessen Obhut ihre Eltern sie gegeben hatten, jahrelang missbraucht hatte. «Ich war zwölf, als er zum ersten Mal seinen Samen an mir verspritzt hat», sagte sie. Ernsthafte Konsequenzen habe es nicht gegeben. Die Eltern Kempff wollten den Ruf der Schule nicht beschädigen, der Lehrer wurde versetzt, das war alles.

Diana schrieb weitere Bücher, assoziative Literatur aus den Tiefen ihrer Psyche, Traumbilder, Visionen, Verfolgungs- und Angstszenarien, in knappem, beherrschtem Stil, unerlöst, ausweglos. Ein Buch heißt «Hinter der Grenze», ein anderes «Der vorsichtige Zusammenbruch». 1986 erhielt sie, vorgeschlagen von Joachim Kaiser, den Kleist-Preis und war eine Zeitlang so etwas wie eine literarische Berühmtheit. Ich sah sie ein letztes Mal bei einer Literatentagung in der Villa Waldberta in Feldafing. Wilhelm Kempff war inzwischen gestorben und Diana nach Berlin gezogen. Ihre Hände waren mit Mulltüchern umwickelt, wie ich erfuhr als Folge eines Sturzes in den Schnee, bei dem Finger an beiden Händen erfroren und amputiert werden mussten. Sie war freundlich, aber, wie mir schien, an näherem Kontakt nicht interessiert. Das Verhältnis war wieder so wie in der Schule, geprägt von milder, ein wenig herablassender Ironie ihrerseits und dem klaren Signal, ihr nicht zu nah zu kommen. Sie hatte einen Verlag gegründet, den «Gemini-Verlag», in Anspielung auf ihren Geburtstag im Juni, in dem veröffentlicht werden sollte, was ihrer Meinung nach zu kurz kam oder zu wenig Beachtung fand, ein letzter Versuch, einer gleichgültigen, oberflächlichen, egoistischen Welt Menschlichkeit abzutrotzen. Aber weil der Verlag nur aus ihr selbst bestand und sie weder Erfahrung noch Talent zur Vermarktung von Büchern hatte, kostete sie die Unternehmung fast all ihr Geld. Sie selbst hatte sich zu dieser Zeit vom Literaturbetrieb schon so gut wie verabschiedet. Neue Bücher gab es keine von ihr, die alten gerieten in Vergessenheit. Eine Krebserkrankung machte ihr einen Strich durch alle Rechnungen. Sie starb am 14. November 2005, sechzig Jahre alt.

Einige Jahre später lernte ich Dianas Schwester Irene kennen. Ich wollte mehr über Diana wissen, und einen langen Nachmittag erzählte mir Irene vom Leben und Sterben ihrer elf Jahre jüngeren Schwester. Der Altersunterschied sei ein großes Problem gewesen. Die älteren Kinder – insgesamt sind es sieben, der älteste Bruder war fast zwanzig Jahre älter als Diana – hätten viel mehr vom Vater gehabt, damals in Potsdam, in den Vorkriegsjahren, in dem prächtigen Haus an der Havel, mit Nachmittagskonzerten im Salon bei geöffneten Flügeltüren und andächtig lauschender Dienerschaft und Gesellschaftsspielen im Garten mit Edwin Fischer und Georg Kulenkampff und anderen Berühmtheiten, mit denen der Vater Sommerkurse veranstaltete. Die Kinder hätten bei allem dabei sein dürfen, eine herrliche Erinnerung, die Diana gefehlt habe. Sie habe ihr Leben lang um die Liebe ihres Vaters gebuhlt, aber sei schon bei ihrer Geburt enttäuscht worden: Als im Morgengrauen des 11. Juni 1945 die Wehen begannen, sollte Wilhelm Kempff die Hebamme holen. Aber er traute sich nicht, die von den Amerikanern verhängte Ausgangssperre zu durchbrechen, befürchtete, erschossen zu werden, und stand, obgleich er genug Englisch konnte, um einem Wachtposten klarzumachen, dass ein Kind unterwegs war, unschlüssig auf der Schlosstreppe von Thurnau, bis die Mutter das Kind allein auf die Welt gebracht hatte. Diana habe ihm diese Feigheit nie verziehen, das Verhältnis sei von Anfang an belastet und Diana schon als Kind muffig und patzig gewesen, nicht höflich und sonnig wie ihre älteren Geschwister. Der Vater habe das nicht geschätzt und sich von Diana zurückgezogen. Ebenfalls nicht geschätzt habe er, dass Diana als Einzige in der Familie seine Rolle im Kulturleben der

Nazis hinterfragt habe, seine Auftritte im besetzten Frankreich und im «Generalgouvernement», seine vielen anderen Zugeständnisse, seine Freundschaft mit Albert Speer auch über Gefängnismauern hinweg. Das Erscheinen des «Fettfleck» habe eine Familienkatastrophe ausgelöst und Wilhelm Kempff ein Magengeschwür beschert. Er habe Diana daraufhin enterbt, aber sie habe weiter um ihn geworben, auch noch in seinen letzten Jahren und auf immer bizarrere Weise. So sei sie eines Tages in Positano erschienen, als er schon dement war, habe alle Pfleger entlassen und behauptet, den Vater ab jetzt allein zu betreuen, aber der sei im darauffolgenden Chaos so unruhig geworden, dass man Diana kurzerhand in einen Zug nach München gesetzt habe, dort sei sie betrunken in den Schnee gefallen, daher die erfrorenen Finger. Aus der geschlossenen Abteilung der Nußbaumstraße sei sie davongelaufen, habe randaliert und sich wieder betrunken. Schon in der Jugend habe sie Skandale verursacht. Mit dem amerikanischen Austauschlehrer und dessen Freund habe sie eine Ehe zu Dritt geführt, das sei schlimm genug gewesen, dann habe ein Unfall mit dem Auto des wieder einmal verreisten Wilhelm Kempff mit einer volltrunkenen Diana am Steuer und den beiden Herren im Fond Diana das Abitur und den Lehrer seinen Job an der Steiner-Schule gekostet. Diana sei ein Jahr lang zu Hause gesessen, habe versucht, das Abitur durch Fernstudium nachzuholen, aber sei durchgefallen, wegen einer Sechs in Deutsch, sie habe das «Thema verfehlt». Das Unglück sei Dianas steter Begleiter gewesen. Sie kenne keinen Menschen «mit mehr Talent zum Unglücklichsein» als ihre Schwester Diana.

Kurz vor Wilhelm Kempffs Tod, berichtet Irene, sei es in ihrer Gegenwart zu einer letzten und tragischen Begegnung mit Diana gekommen: Ihr Vater, der seit Jahren niemanden mehr erkannte, habe plötzlich Irenes Hände ergriffen und gesagt: «Ich danke dir für alles, du warst immer so lieb zu mir.» Diana sei «kreidebleich» daneben gestanden – ihr Vater hatte sie offenbar nicht einmal wahrgenommen. «Vielleicht hat sich da für Diana der Kreis geschlossen», meint Irene. Wilhelm Kempff starb am 23. Mai 1991. Man hatte ihn nachmittags ins Bett gebracht und als man ihn abends wecken wollte, war er tot.

Diana Kempff – Eine Erinnerung

Schon bei der Geburt vom Vater enttäuscht –
Wilhelm Kempff und Diana auf der Schlosstreppe von Thurnau

Die Geschwister teilten freiwillig, Diana, obgleich enterbt, bekam ihren Teil und bewohnte weiter ihr Häuschen, Irene zog in das große Haus in Ammerland. Aber als Diana eines Tages sagte: «Du bist dieselbe Faschistensau wie dein Vater», brach Irene den Kontakt ab. Auch die anderen Geschwister wollten sich «den Umgang mit ihr nicht mehr antun» – es sei einfach zu mühsam gewesen.

Diana schrieb ein Gedicht:

In meines Vaters Garten standen wilde Blüten
Verblühen war ein einziges Geschrei
So zwischen Kühlen und den Rüden
Verträumte sich ihr Einerlei

Auch Trennungsorte sind gesetzt
alltäglich wie in Sagen
hast du den einen dir verletzt
verkommt der andere dir zu Fragen

Geh schweig dich aus
Wo Füllsel düstern
Bleibt dir der Eine scheußlich nah
Im leeren Glas Komplizenflüstern
Janeinundja

In ihren letzten Jahren, sagt Irene, habe Diana noch eine große Liebe gehabt, den schwedischen Lyriker Carl Henning Wijkmark. Die Wände ihrer Wohnung in Berlin-Lichterfelde seien voll mit Fotos von ihm gewesen, und was ihr an Geld geblieben war, habe sie ihm gegeben. Sie sei «ganz und gar heldenhaft» in den Tod gegangen.

Mittlerweile ist auch Irene gestorben, ruhig eingeschlafen in ihrem Haus in Benediktbeuern. Das Ammerlander Haus ist verkauft, aber Wilhelm Kempffs Ruhm lebt fort und wird sogar noch größer. In einer Zeit der Übervirtuosen, die einander oft so gleichen wie moderne Automarken, wirkt seine heitere, gelassene, überlegene Kunst wie ein Herüberklingen aus einer besseren Welt. *Er hatte das Glück, nicht nur selbst glücklich zu sein, sondern auch andere glücklich zu machen,* schrieb Joachim Kaiser in seinem Nachruf. Seine Tocher Diana hat davon nicht viel bekommen.

4

Gitarre spielen

Die Gitarre (von griechisch: Khitara) ist ein leierartiges Instrument aus der Familie der Kastenhalslauten, von der Tonerzeugung her ein Saiteninstrument, von der Spieltechnik her ein Zupfinstrument. So einfach ist das. Und so kompliziert. Das Gitarren-Griffbrett ist ein bodenloser Brunnen von Fingersatz- und Akkordmöglichkeiten, das Niederdrücken der Saiten erfordert große Kraft und Kondition, und so wie Streicher ihre Jahre damit zubringen, Schulter-, Ellenbogen-, Hand und Fingergelenke in der Bogenführung zu koordinieren, grübeln Gitarristen bis zum Tod über die richtige Stellung ihrer Anschlagshand nach, die vielstimmige und komplexe musikalische Vorgänge hörbar machen muss. Jede Ungenauigkeit rächt sich, jeder Ton ist ein Risiko, Verstecke gibt es nicht, kurz: Gitarrespielen ist ungemein schwer, und es wirklich makellos zu tun, ist nur ganz wenigen gegeben. «Ich liebe die Gitarre», sagen viele. Schön und gut. Aber liebt die Gitarre auch dich?

Ich liebe die Gitarre, und die Gitarre liebt mich – in gewisser Weise. Unser Verhältnis ist kompliziert. Die Natur hat mir gute Gitarrenhände versagt – eine Eignungsprüfung in der Volksrepublik China oder in der ehemaligen DDR hätte ich nicht bestanden. Aber ich kann – dank einer Gabe der Natur – schön und ausdrucksvoll spielen, ein Publikum fesseln, Menschen interessieren und berühren. Es ist als ob die Gitarre sagt: «Ganz wirst du mich nie erobern, aber ich schenke dir einen Teil meiner Seele.» Dafür danke ich ihr. Und suche ich Kontakt zu meiner eigenen Seele, spiele ich Gitarre.

Die Liebe kam plötzlich, wie oft bei schicksalhaften Lieben, in diesem Fall in Form einer Langspielplatte. Meine Eltern hatten sie mir geschenkt, nachdem ich ein paar Jahre eher lustlos Gitarrenunterricht gehabt hatte. Auf ihr spielte der Spanier Andrés Segovia die «Variationen über ein Thema von Mozart» op. 9 des spanischen Komponisten Fernando Sor, hinreißend, überwältigend, phänomenal – wer es erleben will, lasse sich auf Youtube davon überzeugen. Seitdem wollte ich nur noch Gitarre spielen, und zwar gut, so dass andere mich hören wollen und ich mit der Gitarre berühmt würde.

Ein ungewöhnlicher Karrierewunsch. Die Gitarre, zumal die klassisch-spanische, war in Deutschland kaum bekannt. Jugendbewegte, die klampfend durchs Land zogen, gab es nicht mehr, Hitlers Marschmusik hatte den Deutschen das volkstümliche Musizieren ausgetrieben, Elvis Presley, Caterina Valente und Peter Kraus spielten zwar Gitarre, aber, wie es schien, nur *pro forma*, man sah es, aber hörte nichts, und vielleicht konnten sie es gar nicht. Ein Relikt aus der Vorzeit geisterte durch München, Lautensänger Oskar Besemfelder, ein hünenhafter Mann mit Samtjackett und Wandervogellaute, der einer kleinen Gemeinde Carl Michael Bellmann, Villon und Ähnliches zu Gehör brachte. Sonst tat sich nicht viel auf dem Gebiet der Gitarre.

Außer wenn Segovia nach München kam. Das war etwas ganz anderes. Etwas Unvergleichliches. Segovia erreichte ein Publikum, das sonst Klavierabende, Symphoniekonzerte oder Karl Richters Bach-Aufführungen besuchte. Der Herkulessaal war ausverkauft, sogar auf der Bühne saßen Menschen, Segovia erschien durch die für ihn geöffnete Seitentür, die Gitarre in der Hand, ein alter Herr, beleibt, kurzsichtig, mit dicker Brille und riesigen Händen, ordnete Frackschöße, setzte sich umständlich, stimmte ein wenig, rückte dieses und jenes zurecht und begann das eigentlich hoffnungslose Unterfangen, den Saal mit mehr als tausend Plätzen mit seiner Gitarre zu füllen – er tat dies beinahe jeden Abend, in Hauptstädten von Tokio bis New York, der Publikumszustrom bewies, dass er es konnte. Das kleine Ton-Volumen wirkte anfangs schockierend, fast unanständig, dann gewöhnte sich das Ohr und lauschte einer Fülle von Wohllaut, Romantik und Poesie, besonders bei den spanischen Stücken gegen Ende des Programms. Selten, vielleicht nie wieder, habe ich derartigen persönlichen Zauber erlebt. Wenn nach der letzten Zugabe die Podiumstür geschlossen blieb und die uniformierten bayerischen Saaldiener deutlich machten, dass man bitte gehen möge, zog Wehmut durch den Raum, als habe Besuch aus einer unerreichbar fernen Welt einen allein gelassen. Es fiel mir schwer, in den Münchner Alltag zurückzufinden.

Durch Kontaktaufnahme mit Segovias Konzertagentur erreichte es meine Mutter, dass ich Segovia vorspielen durfte – ein Wunschtraum erfüllte sich und erzeugte Angst. Meine Mutter in ihrem besten Kostüm, mit Pelzbesatz und Hut, ich im Kommunionanzug, schritten wir schweigend auf dicken Teppichen durch einen Flur des Hotels Vier Jahreszeiten und klopften an eine schallgedämpfte Tür. Sie öffnete sich, vor uns stand Segovia. Möbel, Vorhänge und Teppichmuster drehten sich vor meinen Augen. Zitternd packte ich meine Gitarre aus. Segovia, das gebügelte Hemd straff über dem Bauch, nahm in einem Sessel Platz und wies mir wortlos einen Stuhl zu. Neben ihm saß eine junge Frau, seine dritte Ehefrau, wie ich später erfuhr, eine frühere Schülerin, vierundvierzig Jahre jünger als er, mit der er im zarten Alter von sechsundsiebzig Jahren noch einen Sohn zeugen würde – momentan war er sechs- oder siebenundsechzig. Die junge Frau störte mich, irgendwie war ich eifersüchtig auf sie, aber nun war sowieso alles egal. Ich spielte ein Menuett in D-Dur von Fernando Sor, das ich ziemlich gut konnte, aber war furchtbar nervös. Ich hätte über mich hinauswachsen, vom Moment beflügelt herrlich spielen können, eine fremde Macht hätte mich ergreifen und führen können, aber nichts dergleichen geschah. Ich spielte einfach nur schlecht. Segovia nahm mir die Gitarre aus der Hand und betrachtete sie amüsiert – sie war aus hellem Holz, mit einem abschraubbaren Hals, ein Werbegeschenk, das der Schlagersänger Vico Torriani an meinen Vater weitergereicht hatte, weil dessen Sohn Gitarre spielte. Segovia schien dergleichen nie gesehen zu haben, aber spielte darauf mein D-Dur Menuett, mit einem mir unbekannten Fingersatz, der sonorer und gefühlvoller klang. Ich sah die Bewegungen der schweren Hände, die gepflegten Fingernägel, die, wie mein Gitarrenlehrer sagte, sein eigentliches Geheimnis waren, und den charakteristischen gebogenen Daumen, den ich von

Eine Fülle von Wohlklang und Poesie –
Andrés Segovia, der König der Gitarre

Fotografien so gut kannte. Segovia sprach einige Sätze auf Französisch mit meiner Mutter, und schon waren wir wieder draußen. Ich fühlte mich leicht und gleichzeitig maßlos traurig und enttäuscht. Was hatte ich erwartet? Dass Segovia sich väterlich über mich beugen und sagen würde: «Du bist der neue Star!» Natürlich nicht. Und vielleicht doch. Es hätte ja sein können, wie ein Sechser im Lotto. Andere hätten diese Erfahrung als Wink des Schicksals begriffen, hätten ihren Berufswunsch geändert und später vielleicht ihrem guten Stern gedankt. Aber ich konnte mir ein Leben ohne die Gitarre nicht mehr vorstellen und hätte Aufgeben als Niederlage empfunden.

Im darauffolgenden Sommer fuhr ich nach Siena, wo Conte Chigi Saracini 1932 eine Musikakademie gegründet hat, die *Accademia Chigiana*, in der berühmte Musiker jedes Jahr vom 15. Juli bis zum 15. September Studenten aus aller Welt unterrichteten. Im Fach Gitarre war dies seit Langem Andrés Segovia. Seine an meine Mutter gerichteten französischen Worte hatten den Rat beinhaltet, mich dorthin zu schicken, und weil meine Eltern das Beste für mich wollten, machten sie es möglich. Ich war zum ersten Mal im Ausland, in südlicher Sonne, sah erstmals Olivenbäume und Weinreben, roch zum ersten Mal Pizzaduft – an Hitlers Lieblingslokal, der *Osteria Bavaria* in der Schellingstraße, war ich immer nur vorbeigegangen, andere italienische Lokale gab es in München nicht. Ich sah die berühmte *Piazza del Campo* (ohne zu wissen, wie berühmt sie wirklich ist) und den vornehmen, renaissanceartigen *Palazzo Chigi*, in dem die Kurse stattfanden, manchmal sogar den *Conte* selbst, vornehm wie sein Palast, schlank, im weißen Leinenanzug, mit einem edelsteinverzierten Spazierstock. Gab es vergleichbare Gestalten in Deutschland? Ich konnte es mir nicht vorstellen. Ich sah auch den greisen Pianisten Alfred Cortot, der halb blind eine Taste zu treffen versuchte, die ein Student offenbar verfehlt hatte, und den noch älteren Cellisten Pablo Casals, eine bäuerliche Erscheinung, in grauer Wolljacke, der einer Studentin den bemerkenswerten Satz sagte: «Don't allow your fingers to go to a wrong place.»

Wen ich nicht sah, war Segovia. Der käme, hieß es, allenfalls die letzten zwei Wochen. Den Unterricht erteilte sein Assistent Alirio Diaz, ein dunkelhäutiger Venezolaner, Ende dreißig, mit wunderschönen Händen, ein moderner, glänzender Virtuose, wie ich noch keinen gehört hatte. Die Studenten kamen aus Italien, Frankreich, Jugoslawien, Mexiko, USA. Ich war der einzige Deutsche, mit fünfzehn der Jüngste, aber auch einer der Schlechtesten. «Du spielst sehr schön, aber kannst technisch noch gar nichts», sagte ein Franzose (der auch nicht wesentlich mehr konnte).

Richtig gut spielte nur ein Japaner. Er hieß Jiro Matsuda und war schon siebenundzwanzig. Segovia hatte ihn nach Europa geholt, als eine Art Botschafter für den japanischen Gitarren-Boom, der gerade Fahrt aufnahm. Jiro und ich schlossen Freundschaft. Er war geduldig und freundlich, gab mir Tipps zu Handhaltung und Tongebung. Irgendwann kam Segovia selbst. Die Klasse begrüßte ihn totenstill und stehend. Er setzte sich, die junge Frau, die ich aus München kannte, reichte ihm eine Liste mit Namen, nacheinander rief er Studenten auf, sie spielten, er hörte zu, unterbrach, spielte eine Passage vor, der Student versuchte, sie in seinem Sinn nachzuspielen, bis zur nächsten Unterbrechung, etwa zwanzig Minuten lang, dann sagte er: «Very good» oder: «I am satisfied» oder: «Next one, please.» Eine schweißtreibende Angelegenheit, auch für die Zuhörer. Irgendwann war ich dran. Ich spielte nicht besser als sonst, vielleicht ein wenig schlechter, und jedenfalls weit entfernt von meinen künstlerischen Möglichkeiten – wahrscheinlich sagte Segovia: «Next one, please.» Er schien oft gleichgültig, gab sich abweisend und unnahbar, im üblichen Sinn durchaus kein «netter» Mann. Aber das lag wohl auch an mir, an uns, an dem, was er hier vorfand. Zu Menschen, die ihn interessierten, war er wahrscheinlich netter.

Jiro Matsuda erzählte mir von einem gewissen John Williams in London, der besser spiele als alle anderen. Auch besser als Alirio Diaz und Segovia? Zumindest was das Technische betrifft, ja. Er selbst gehe jetzt nach London, um bei ihm Unterricht zu nehmen. Wie alt ist dieser John Williams? Neunzehn. Wie bitte? Nur vier Jahre älter als ich? Und schon so gut? Das muss ich sehen und erleben.

Zurück in München, bearbeitete ich meine Eltern, mich nach London gehen zu lassen, und irgendwann stimmten sie zu. Dass ich die Schule ohne Abschluss verließ, sogar ohne Mittlere Reife, war auf einmal unwichtig. Glaubten sie an mein Talent? Oder war es für sie das Einfachste, mich gewähren zu lassen? Mein Wunsch setzte eine größere Aktion in Gang: Auch meine Schwestern sollten für eine Weile nach England, die Ältere, um Ballettunterricht zu nehmen, die Jüngere, um Englisch zu lernen. Und da unsere Mutter sonst allein bleiben würde, kam auch sie mit. Unser Vater war sowieso immer unterwegs.

An einem trüben Tag im Januar 1961 landeten wir im exotischsten aller Länder: England. Beißender Geruch schlug uns entgegen, man roch ihn überall, anscheinend wurde das ganze Land mit ein und demselben Desinfektionsmittel besprüht. Im Zug von Dover nach London gab es keinen Gang, dafür hatte jedes Sechser-Abteil eine Tür nach draußen. Autos und Busse fuhren links und grauhaarige Frauen, ungeschminkt, in langen, schmucklosen Mänteln, die Handtasche am

Bügel haltend, rauchten auf der Straße und warfen die Kippe auf das Pflaster – in Deutschland galt das noch als unfein. Verglichen mit dem emsig wiederaufgebauten München, war London ein Moloch aus Gleichgültigkeit, Niedergang und gewesener Pracht.

Wir wohnten in der Abbey Road in St. Johns Wood – die Beatles gab es schon, aber noch nicht das Album, das die Straße weltberühmt machen würde. Ein uniformierter *Caretaker* überwachte die Ein- und Ausgänge und das Funktionieren des sehr alten, hölzernen Aufzugs, die Klingelschilder zeigten nicht Namen, sondern Nummern, und im Badezimmer wartete die britische Gummischlauch-Dusche, die kondomartig über den Kalt- und Heißwasserhahn gestülpt wurde, aber durch den Wasserdruck unweigerlich (und meistens dann, wenn man sich gerade eingeseift hatte) wieder herausflog. Uns gegenüber wohnte Jiro Matsuda in einem staubigen Zimmer bei einer *Landlady,* die auch auf der Straße rauchte und ihre Kippen wegwarf. Jiro gab mir Gitarrenunterricht, kochte japanisch, wurde Teil der Familie.

Das Ereignis John Williams brach über mich herein. Er sah aus wie ein Musterschüler, mit Brille, Krawatte und sorgfältig gescheiteltem Haar (später tat er alles Mögliche, um wild und unangepasst zu wirken), aber war, und ist es bis heute, der begabteste und beste Gitarrist der Welt, ein Mensch bis in die Fingerspitzen für die Gitarre geschaffen, der Einzige, auf den das Attribut «makelloses Spiel» wirklich zutrifft. Sein Gitarrenton ist weniger sinnlich als der von Segovia, seine Bühnenpräsenz weniger ausgeprägt, aber seine Beherrschung des Instruments unerreicht – nie ein Fehler, nie eine falsche Note, nicht auf der Bühne, nicht privat, selbst beim Vom-Blatt-Spielen nicht. 1941 in Melbourne, Australien als Sohn einer Halb-Chinesin und eines englischen Gitarrenlehrers geboren (der sich im Ruhestand hauptsächlich mit der Erforschung von Affen beschäftigte), hatte er als Zehn- oder Elfjähriger Segovia vorgespielt, der bei ihm so reagierte, wie ich es mir in München erträumt habe, und den berühmten Satz sprach: *A prince of the guitar has arrived in the musical world.* Dieses Diktum des Alt- und Großmeisters hatte ihm alle Türen geöffnet, er hatte sie alle durchschritten, hatte alle Zuhörer überzeugt, überall Staunen und Bewun-

Ganz und gar für die Gitarre geschaffen –
John Williams, Meistergitarrist, 20 Jahre alt

derung erregt. *To my dear John,* stand als Widmung auf einem Segovia-Foto in John Williams' Zimmer. Es gab mir einen Stich ins Herz: *To my dear Anatol* würde man von Segovia nicht lesen. Dieser John Williams wurde nun mein Lehrer, am Royal College of Music, wo er, zwanzigjährig, eine Dozentur hatte. Ich war fleißig und machte Fortschritte. An der erdrückenden Überlegenheit des vier Jahre Älteren änderte das nichts, auch nicht an meiner Befangenheit ihm gegenüber.

Meine Familie kehrte nach Deutschland zurück, Jiro Matsuda verabschiedete sich nach Japan. Wohin mit mir? Eva von Ritter, eine jüdische Freundin meiner Mutter aus alten Berliner Tagen, vor den Nazis nach England geflohen, vermittelte ein Zimmer bei Familie Grunfeld in Golders Green. Frank Grunfeld, eigentlich Grünfeld, in Wien geboren, sprach Englisch wie ein Engländer und war doch keiner. In fast jedem Haus der Straße wohnten Emigranten, der Grad der Anglisierung war verschieden, der Hintergrund immer gleich: Flucht, Neuanfang unter drastisch reduzierten Umständen, Kampf mit der Sprache, Kampf gegen die Bitterkeit, Trauer, unausgesprochene Gefühle, Gewissensbisse gegenüber weniger glücklichen Angehörigen und Freunden, von denen man oft nur wusste, wo oder bei welchem Anlass sie zuletzt gesehen worden waren. Ihre Kinder hießen Margot, David, Susan, Rachel, Paul oder Ruth, sie waren so alt wie ich, gingen in die Schule oder planten ein Studium, stritten mit ihren Eltern, feierten Partys, taten alles, was Jugendliche sonst tun, aber es waren jüdische Jugendliche, mit jüdischen Eltern, und über jedem Haus, jeder Familie, jedem Indivduum lag der Schatten des Holocaust.

Genauso wie über mir. Diese Tatsache wurde mir bewusst, überfiel mich wie eine Krankheit und löste ein Trauma aus, dem ich nicht entrinnen konnte: Meine Eltern, Onkel, Tanten, Lehrer, der Taxifahrer an der Ecke, der Gemüsemann, der Trambahnschaffner, Beamte, Ärzte, Rechtsanwälte, Politiker – was hatten sie in der Nazi-Zeit getan? Waren sie Soldaten gewesen? Hatten sie Juden-Transporte gesehen? Organisiert? Begleitet? Weggeschaut? Menschen denunziert? Gequält? Erschossen? Was immer sie getan oder nicht getan hatten – sie waren Täter, und ich, von ihrem Volk und Stamm, war einer von ihnen. Zu meinem unglücklichen Werben um die Gitarre trat ein neues Lebensproblem: die deutsche Vergangenheit.

Ich verliebte mich in Dina. Sie wohnte gegenüber, ich konnte in ihr Fenster sehen und hoffte immer, dass sie die Vorhänge nicht zuziehen würde. Ihr Vater war Arzt, Jude aus dem Londoner East End, ihre Mutter Emigrantin aus Budapest, die Deutsch sprach, aber es nie tat. Dinas Eltern waren nett zu mir und auch wieder nicht. Ich fühlte mich wie auf Glatteis, konnte ihre Einstellung nicht abschätzen. Nazismus und Holocaust wurden nie erwähnt, als ob es sie nicht gegeben hätte, aber die Vergangenheit war da, in jedem Moment, schweigend, unabweisbar, grausam und kalt. Und die Liebe zu Dina hatte keine Zukunft: Nie würde sie einen Nichtjuden heiraten. (Später tat sie es doch, und ich heiratete eine Jüdin.) Um anzugeben, sagte ich auf einem Spaziergang: «Jetzt besuchen wir Anton Walbrook.» Der war in England berühmt als

Theaterschauspieler, trotz seines österreichischen Tonfalls, den auch härtestes Training nicht zu beseitigen vermocht hatte. Dina wollte mir nicht glauben, ich klingelte an der vornehmen Adresse in Hampstead, wir wurden vorgelassen, das Gespräch verlief ein wenig steif, und wir gingen bald wieder. Nachher sagte Wohlbrück zu meinen Eltern, dass es in seinem Leben noch nie jemand gewagt hätte, ihn unangemeldet zu besuchen, außerdem seien wir so ungewaschen gewesen, dass überall dort, wo wir uns angelehnt hätten, ein Schmutzfleck an der Wand zurückgeblieben sei. Nun ja. Einen kleinen Propagandaerfolg hatte ich wenigstens verbucht, und auch Dinas Eltern waren beeindruckt von unserem Erlebnis.

Nach einem Vierteljahr musste ich bei Grunfelds ausziehen. Mein Üben hatte sie gestört, vielleicht war ich auch sonst nicht leise genug gewesen. Es begann eine lange Zeit in so genannten *Bedsitting-Rooms* in der Riesenstadt London, die wie kaum eine zweite die Einsamkeit befördert. Ich ging ins College, frühstückte in Cafés, aß in Restaurants, peinlich bemüht, mit meinem Geld auszukommen und deshalb fast immer hungrig, sehnte das Wochenende herbei, wenn Aussicht bestand, Dina zu besuchen, und verfiel in Traurigkeit, wenn es nicht möglich war. Londoner Sonntage, wenn alles geschlossen ist, sind ein Kapitel für sich. Manchmal lief ich an der Themse bis nach Battersea, nur um die Zeit herumzubringen. Gott sei Dank hatte ich meine Gitarre. Die war auch nicht einfach, aber wenigstens immer da.

5

Ein Vater zum Verlieben

Gwendolyn von Ambesser und ihre Eltern

An den Münchner Kammerspielen ging es in den ersten Nachkriegsmonaten hoch her. Das Haus an der Maximilianstraße war als einziges der Münchner Theater teilweise stehen geblieben, im Hof tummelten sich Schauspieler, die wissen wollten, ob, wie und wann es weitergeht, ob diese oder jener noch lebt und wo man selbst vielleicht ein Plätzchen fände. Die amerikanische Militärregierung hatte schon im Mai 1945 die Wiederaufnahme des Spielbetriebs in Aussicht gestellt, aber dann wurde ruchbar, dass der langjährige und geschätzte Intendant des Theaters, Otto Falckenberg, im April 1943 Hitler telegrafisch zum Geburtstag gratuliert hatte: «Dem größten Feldherren aller Zeiten, Heil Hitler, Falckenberg und die Kammerspiele.» Der ironische Ton hätte nach der Niederlage von Stalingrad leicht in die falsche Kehle geraten, andererseits hätte Falckenberg als Theaterleiter einen Glückwunsch an Hitler schwerlich vermeiden können, aber ein Dramaturg des Hauses, der sich Chancen ausrechnete, selbst Intendant zu werden, hatte ihn angeschwärzt. Die Amerikaner, die jedem Hinweis nachgingen, setzten Falckenberg ab, erteilten ihm Hausverbot und ernannten Erich Engel zum neuen Intendanten, der 1928 die «Dreigroschenoper» uraufgeführt hatte und deshalb unbedenklich war. Ruhe gab es trotzdem nicht. Wer etwas verschwiegen oder einen Fragebogen bewusst oder unbewusst falsch ausgestellt hatte, konnte von der Bühne weg verhaftet werden, das Denunziantentum blühte. «XY wurde hinausgeschossen», hieß es dann, oder: «YZ ist abserviert.»

In dieser Atmosphäre des Zwiespalts und der Unsicherheit lernten sich Axel von Ambesser und mein Vater Charles Regnier kennen, Letzterer Ensemblemitglied der Kammerspiele seit 1941 und am Anfang seiner Karriere, Ambesser, vier Jahre älter und von Erich Engel hinzugeholt, bereits berühmt. Beide hatten es geschafft, um Wehr- und Kriegsdienst herumzukommen, beide waren zivile, umgängliche Menschen, und da sie für den Rest ihres Lebens befreundet waren, nehme ich an, dass ihre Freundschaft damals begann. Wie ihre damalige Gefühlslage war, wissen nur sie selbst, was sie gemacht und in der Nachkriegszeit gespielt haben, ist in Büchern nachzulesen, und wer will, kann daraus historische Schlüsse ziehen.

Am Silvesterabend 1945 standen sie gemeinsam in «Spiel im Schloss» auf der Bühne. Das Stück aus dem Jahr 1926 ist eine Art Selbstporträt des ungarisch-jüdischen Bühnenautors Ferenc Molnár, der, das ergaben weitere Recherchen, in der Nachkriegszeit trotz allen Ruhms einsam und verbittert in New York lebte und den Untergang der Nazis, vor denen er geflohen war, kaum noch zur Kenntnis nahm. Nach langer Zeit hörte man auf einer Münchner Bühne wieder jüdischen Witz und jüdische Ironie und fragte sich vielleicht, warum man sich derart hatte korrumpieren lassen. Erstmals seit 1939 gab es wieder ein Weihnachtsmärchen, «Der gestiefelte Kater», und im Januar 1946 hatte Axel von Ambessers Komödie «Lebensmut zu hohen Preisen» Permiere. Er selbst und mein Vater spielten, Friedrich Domin führte Regie. Worum ging es? Die Frau eines schwedischen Politikers brennt mit einem Kunstmaler nach New York durch, der dort zu Wohlstand und Ansehen gelangt, aber menschlich verliert, während der verlassene Ehemann in Schweden mit seiner Politik scheitert, aber menschlich so viel dazulernt, dass seine Frau im Moment seiner Schwäche zu ihm zurückkehrt. Das Stück war 1943 in Berlin und 1944 in München gespielt worden, angeblich, weil zu wenig heldenhaft, unter Nazi-Protest, in die neue Zeit passte es gut. Noch besser passte Ambessers Komödie «Das Abgründige in Herrn Gerstenberg»: Ein Mann, weder groß, noch klein, weder hübsch, noch hässlich, weder klug, noch dumm, muss sich zwischen zwei Frauen entscheiden, beide auf ihre

Art so gewöhnlich wie er selbst. Die eine begehrt er, aber sie ist arm, die andere begehrt er nicht, aber sie hat einen reichen Vater. Neben Herrn Gerstenberg stehen sein besseres und sein schlechteres Ich. Beide reden auf ihn ein, kommentieren seine Handlungen, wollen ihn in ihre Richtung ziehen. Die Dialoge sind amüsant, das Publikum konnte lachen und tat es vermutlich auch, aber mancher fragte sich vielleicht, wie es mit dem eigenen besseren und schlechteren Ich bestellt gewesen war, als man sich entscheiden und zu einer Haltung durchringen musste. Was hätte man tun sollen oder können? Was hatte man halb oder gar nicht getan? Was hätte man besser sein lassen? Der farblose Gerstenberg hielt der Nachkriegsgesellschaft den Spiegel vor, das Stück wurde landauf, landab gespielt, der schauspielernde Komödienschreiber Axel von Ambesser, eine seltene Spezies in Deutschland, hatte eine große Stunde. Ich war damals noch ein Kleinkind, aber bald danach begann meine Bekanntschaft mit Axel von Ambesser und seiner Familie.

Ambessers wohnten in der Ungererstraße, nur ein paar Minuten von uns entfernt, aber nicht, wie wir, in einer hastig und billig wiederaufgebauten Mansarde, sondern im ersten Stock einer Villa, möbliert mit antiken Schränken, Vitrinen, polierten Tischen, weichen Sofas. Ich habe mich dort immer wohlgefühlt, vor allem wegen Axel von Ambesser selbst, den ich als ungewöhnlich netten, ruhigen, humorvollen Mann in Erinnerung habe, mit Lachfalten um die Augen, der nicht zu Kindern herabschaute, sondern sich für einen zu interessieren schien, und es in meinem Fall vielleicht sogar tat, indem er meinem Vater riet, mich Schauspieler werden zu lassen. «Der Anatol ist der geborene Schauspieler», soll er gesagt haben, ich erfuhr es und war stolz darauf, obgleich ich schon damals ahnte, dass ich seinem Rat nicht folgen würde. Einmal im Jahr veranstaltete er einen so genannten «Kinderfasching», eine goldene Erinnerung für alle, die ihn erlebten: Die Diele war mit Lampions und Luftschlangen dekoriert, auf einem gewaltigen, weiß gedeckten Tisch standen Torten, Petits Fours, Bonbons, Kekse, Limonade, Wiener Würstchen, Buletten, Russische Eier, Kartoffel- und Fleischsalat und anderes, was es zu Hause, weil ungesund, nur selten gab und vom Taschengeld nur in kleinen Mengen gekauft werden konnte. Einen seligen Nachmittag lang schienen Gesetze und Verhaltensregeln ausgehebelt, im Schutz der Vaterfigur Axel von Ambessers, der mit uns Charaden und Reise nach Jerusalem spielte, uns Topfschlagen, Sackhüpfen und Eierlaufen ließ, sich mit uns auf dem Boden wälzte, jeden Unsinn mitmachte und Gewinner und Verlierer gleichermaßen lobte und beschenkte. Die Erwachsenen saßen derweilen im Salon, tranken Kaffee und Alkohol, rauchten, redeten über dieses und jenes, unter ihnen, im Hosenanzug, mit angezogenen Beinen auf einem Sofa oder sonstwie dekorativ drapiert, Inge von Ambesser, die Hausherrin, überschlank, katzenhaft, mit weiß geschminktem Gesicht, leicht mysteriös und ein wenig zerstreut.

Und natürlich war da Gwendolyn, Ambessers Tochter, ein paar Jahre jünger als ich, aber aus meiner Kindheit nicht wegzudenken und fast so präsent wie meine eigenen Schwestern. Sie sah schon damals ihrem Vater sehr ähnlich, vom selben handfesten, rundlichen Typ, und weil sich ihre Mutter an keinem Spiel beteiligte, Gwendolyn hingegen immer im Pulk um ihren Vater hing, habe ich sie nur zusammen mit ihm in Erinnerung. Er behandelte seine Tochter liebevoll, man merkte, dass sie eine Sonderrolle spielte, aber weil er selbst so freundlich und ausgleichend war, machte das nichts aus. Was Gwendolyn von den meisten anderen Kindern unterschied, die bei Ambessers herumtollten und beseligt nach Hause gingen, wurde mir erst später klar: Gwendolyn war Einzelkind. Während wir in unserem Kinderzimmer bis tief in die Nacht Quatsch machten, war sie in ihrem Kinderzimmer allein. Aber sie hatte dadurch, wie sie sagt, auch einen Vorteil: Sie war, wenn die Erwachsenen miteinander sprachen, weniger abgelenkt. Schon im Laufstall habe sie Gespräche über die Nazi-Vergangenheit und andere Themen mitbekommen, die für ihr Leben wichtig wurden.

In der Pubertät verloren wir einander aus den Augen, dann waren wir beide erwachsen. Gwendolyn sei zum Theater gegangen, hieß es, sei Schauspielerin und Regisseurin geworden. 1988 starb Axel von Ambesser, 1995 Inge von Ambesser, Gwendolyns Mutter. Ich war mit meinem Vater bei der Trauerfeier, es regnete, wir sahen Gwendolyn

Ein Vater zum Verlieben

Kinderfasching bei Ambessers, der Hausherr mitten drin, seine Frau schaut zu, rechts mit weißem Kopfputz: Adriana Regnier

im schwarzen Regenmantel allein in der vordersten Kirchenbank. 1997 erschien mein erstes Buch «Damals in Bolechów», Gwendolyn gratulierte mir, sie schriebe auch eines, das die Nazi-Vergangenheit zum Thema habe, und als es herauskam, schenkte sie es mir: «Die Ratten betreten das sinkende Schiff», eine Biografie des österreichisch-jüdischen Schauspielers Leo Reuss, der 1936 die Identität eines Tiroler Bauern angenommen hatte und als solcher, besonders beim rechts gerichteten Wiener Publikum, eine kleine Theatersensation gewesen war. Gwendolyn hatte genau recherchiert und von Boleslaw Barlog, Gerhard Bronner, Ernst Deutsch, Fritz Kortner, Georg Kreisler, Grethe Mosheim, Kristina Söderbaum und anderen so viel erfahren, dass sie nicht nur den ungewöhnlichen Lebensweg des jüdischen Schauspielers beschrieb, sondern eine Analyse der deutschen und österreichischen Theaterlandschaft in der Zeit des Nationalsozialismus mitlieferte, einschließlich genauer Angaben darüber, wie sich bekannte Künstler im Nazi-Reich verhalten hatten. Ein zweites Buch behandelte die Geschichte des Münchner Nachkriegs-Kabaretts «Die Schaubude», in dem sich Erich Kästner, Edmund Nick, Axel von Ambesser, Ursula Herking und andere um post-nazistische Neuorientierung bemüht hatten, und wieder ließ Gwendolyn keinen Zweifel daran, wer in den entscheidenden Jahren auf welcher Seite gestanden war. Als letztes erschien ihr Buch «Schauspieler fasst man nicht an – eine Axel von Ambesser Biografie», eine Liebeserklärung an ihren Vater mit einer neuerlichen Einteilung in Gut und Böse in der Nazi-Zeit.

Jetzt sitzen wir, beide über sechzig Jahre alt, in ihrer Würzburger Wohnung. Es ist heiß, die Fenster stehen offen, draußen rasselt der Verkehr. Auf Schrankwänden, Glastüren und anderen verfügbaren Flächen prangen Fotos ihres Vaters. Aber anstatt über ihn sprechen wir erst einmal über ihre Mutter. Der könne sie nicht so einfach vergeben, meint Gwendolyn, dazu sei zu viel Gravierendes passiert.

«Zum Beispiel?», frage ich.

«Sie hat mich mit zehn Jahren erstmals auf Diät gesetzt. Kuchen und Süßigkeiten waren verboten, auch wenn Gäste da waren und alle anderen Kuchen aßen. Ich aß ihn, wen wundert's, heimlich in der Küche und nahm natürlich zu. Als ich dreizehn war, sagte sie zu mir: ‹So, wie du aussiehst, muss sich jeder Mann vor dir ekeln. Männer, denen so etwas gefällt, sind pervers.› Toll, was? Und als es Zeit war, mir einen BH zu kaufen, hat sie meinen Vater mit mir losgeschickt, sie selbst war zu beschäftigt, er hatte Ferien, da hielt sie ihn für besonders geeignet, noch dazu in Feldafing, wo wir den Sommer verbrachten und natürlich besonders genau beobachtet wurden.»

«War das nicht wahnsinnig peinlich?»

«Allerdings. Gott sei Dank hatten Pappi und ich genug Humor, um die Komik zu sehen. Ich war eben gut entwickelt. Mit zwölf habe ich die Büstenhalter meiner Mutter mit Taschentüchern ausgestopft, um in Filme ab sechzehn hineinzukommen, mit vierzehn waren sie mir zu klein. War meine Mutter verreist, konnte ich gut abnehmen, kam sie zurück und begrüßte mich mit den Worten: ‹Wie schön, endlich hast du keine Elefantitis mehr!›, nahm ich wieder zu. Ich durfte auch nie braun werden, das sei ordinär. Sie selbst hatte einen Schlankheitswahn, sah fürchterlich aus in ihrer Dürre und war maßlos eitel, lief lieber blind durch die Gegend, als eine Brille zu tragen, und stellte sich zu Hause direkt vor den Fernseher, anscheinend ohne es zu merken, und damit vor alle, die das Programm sehen wollten. Sie hat auch meinen Vater blamiert, ihm vor anderen sein Gewicht vorgeworfen, er war zuzeiten tatsächlich etwas übergewichtig, wir sind eben gute Futterverwerter, müssen, um zuzunehmen, nur das Fettgedruckte in der Zeitung lesen. Ich weiß nicht, wie mein Vater das ausgehalten hat, ihre Selbstbezogenheit und Unpünktlichkeit.»

«Und wie er das mit sich hat machen lassen», werfe ich ein.

«Sie war seine große Liebe, genau der Frauentyp, der ihm gefiel. Die beiden hatten sich 1936 beim Berliner Fasching kennengelernt, sie war vier Jahre jünger als er, bereits geschieden und angehende Schauspielerin. 1937 haben sie in München geheiratet. Sie wollten viele Kinder haben, aber ‹dem Führer keines schenken›, im Juni 1949 kam ich zur Welt, danach hatte meine Mutter zwei Fehlgeburten, dann war Schluss. Als Kleinkind hat mich meine Großmutter betreut. Alle Kinderkrankheiten, Masern, Mumps, Keuchhusten, habe ich mit mir selbst ausgemacht. Meine Mutter ließ meinen Vater nicht allein reisen. ‹Prominenz macht sinnlich›, sagte sie, und er war nun mal charmant und attraktiv.»

«Hatte er viele Affären?»

«Und ob. Und jede Frau, mit der er mal was hatte, auch wenn es Jahrzehnte zurücklag, war bei meiner Mutter für immer unten durch. Es musste nur der Name genannt werden, und sie zog ein Gesicht oder rauschte aus dem Zimmer. Einmal, ich war acht oder neun Jahre alt, war es so heftig, dass sie ihn vor die Wahl stellte: ‹Sie oder ich.› Er ließ sich nichts anmerken, war wie immer, dass es ernst war, sah ich an ihren Tobsuchtsanfällen. Sie hat mich pausenlos ermahnt, anständig zu bleiben, mich nicht mit Jungens einzulassen, nicht herumzuknutschen. ‹Dein guter Ruf!› war ihre ständige Rede. Das ging so, bis ich erwachsen war und hörte auch dann nicht auf. Eigentlich waren meine Eltern nicht prüde. Sie haben mich aufgeklärt, anhand eines Lexikons, Seite für Seite und Organ für Organ, haben nicht gekniffen, wie andere Eltern, das rechne ich ihnen hoch an. Aber wahrscheinlich, weil ich Einzelkind war, ging alle Fürsorge, Überfürsorge und Kontrollwut meiner Mutter auf mich hernieder.»

Mit elf Jahren habe sie zum Theater gewollt, sagt Gwendolyn, und sich in die Proben des Residenztheaters geschlichen, wenn sie eigentlich hätte Unterricht in der Rudolf-Steiner-Schule haben sollen, aber der sei langweilig gewesen, außer dem Geschichtsunterricht, natürlich. «Unser Lehrer war mit uns in Dachau und hat KZ-Überlebende eingeladen, das war toll und hat mich interessiert. Auf anderes konnte ich gut verzichten. Im Theater hat mich der Pförtner gekannt und hineingelassen. Ich wollte wissen, wie eine Vorstellung entsteht, habe im Dunkeln von hinten im Parkett zugeschaut und mich, wenn nötig, auf dem Rang versteckt. Später war ich Regieassistentin meines Vaters, habe erst nur mitgeschrieben und das Regiebuch betreut, mich dann immer öfter eingemischt, irgendwann mit Erfolg: ‹Hei, die Kleine hat ja Ahnung…›, sagten die Schauspieler, das freute meinen Vater. Schauspielunterricht hatte ich bei Hanna Burgwitz in München, die hat mir das Bayerisch abgewöhnt und das Handwerk beigebracht. Montagabend hatten wir Gruppenstunde, pünktlich um 22 Uhr klingelte das Telefon, meine Mitstudenten reichten mir den Hörer: ‹Gwendolyn, deine Mutter…›, Es stimmte immer.»

Dass ein prominenter Name nicht immer von Vorteil ist, erfuhr Gwendolyn bei ihrem ersten Engagement in Aachen. Sie spielte die Stumme Katrin in Brechts «Mutter Courage», die Ismene in Anouilhs «Antigone», sieben Rollen in der ersten Spielzeit, mit Anerkennung und Erfolg, dann wechselte der Intendant, und der neue Chef teilte ihr mit, noch bevor er sie auf der Bühne gesehen hatte, dass ihr Vertrag nicht verlängert würde: Der Name Ambesser passe nicht in sein Konzept, schmecke nach Protektion, das wolle er nicht. Gwendolyn ging ins Engagement nach Hamburg, Frankfurt, Karlsruhe und Bonn, un-

Ein Vater zum Verlieben –
Axel von Ambesser mit seiner Tochter Gwendolyn

ternahm Tourneen, spielte in Fernsehen und Film, «Polizeifunk ruft», «Der Landarzt», in Edgar Reitz' «Zweiter Heimat», schrieb für Zeitungen, Die Welt, Hamburger Abendblatt, Münchner Merkur, sogar für Bild, darüber könne man denken, was man wolle, aber man lerne dort, knapp und griffig zu formulieren. Gemeinsam mit Percy Adlon schrieb sie das Drehbuch für dessen Film «Zuckerbaby» und fürs Fernsehen «Herschel oder die Musik der Sterne». Nach dem Tod ihres Vaters bewarb sie sich als Dramaturgin und Regisseurin in Wittenberg. Der Osten lockte sie, und auch wenn die Ost-Mentalität nicht immer einfach und das Wittenberger Wetter nicht immer bekömmlich war, hielt sie mehrere Jahre durch. Dann holte sie ein Theaterdirektor nach Würzburg.

«Da bin ich jetzt seit 1998, am Privattheater ‹Chambinzky›, Oberspielleiterin, man könnte auch sagen ‹Oberspülleiterin›, ich mache alles, inszeniere hauptsächlich Komödien, bisher etwa fünfzig an der

Zahl, das kann ich, habe es mit der Vatermilch aufgesogen, aber baue, wenn es sein muss, auch Bühnenbilder, kümmere mich um die Kostüme, fertige Hüte an – ein richtiges Theaterkind kann alles.»

«Bist du zufrieden?»

«Würzburg ist eine theaterbegeisterte Stadt, ich habe alle Freiheiten, habe Erfolg, werde geschätzt, aber reich wird man dabei nicht – und ich schon gar nicht.»

«Wieso?»

«Ich habe von meiner Mutter nur Schulden geerbt.»

«Wie bitte? Dein Vater muss doch prima verdient haben.»

«Hat er auch. Als er starb, war Geld da. Dann übernahm meine Mutter die Finanzen, und sieben Jahre später war das Konto um fünfzigtausend Mark überzogen, mehr als hunderttausend Mark private Schulden waren aufgehäuft und fast dreißigtausend Mark an Steuern nachzuzahlen. Ich habe einen Bausparvertrag aufgelöst, Möbel, Bilder, Vasen verkauft (wobei ich herausfand, dass meine Mutter immer mehreren Gläubigern denselben Wertgegenstand als Sicherheit versprochen hat), habe die Putzfrau bezahlt, die ein Jahr lang kein Geld bekommen hatte, die Bankschulden abgestottert, nach und nach die anderen Schulden beglichen. Dass dabei für mich nichts übrig blieb, ist klar. Ich hätte das Erbe ausschlagen können, hätte dann aber die Rechte an Vaters Stücken verloren und lieber auf dem nackten Fußboden geschlafen. Und meine Patentante Elisabeth von Guttenberg, inzwischen fünfundneunzig Jahre alt, hätte für eine Bürgschaft über fünfzigtausend Mark geradestehen müssen, die sie meiner Mutter gewährt hatte. Ich hätte mich im Spiegel nicht mehr anschauen können.»

Ich schüttele den Kopf. «Bist du traurig, nicht an größeren Häusern zu arbeiten?»

«Jein. Die Möglichkeiten an staatlichen oder städtischen Theatern sind verlockend, großartig, gigantisch, aber ebenso gigantisch ist der Selbstdarstellungstrieb vieler dort Beschäftigter. Ich habe nichts gegen die Neudeutung von Stücken, habe auch viel Tolles gesehen, aber die Originalität um jeden Preis geht mir auf die Nerven. Wenn Klassiker bis zur Unkenntlichkeit verfremdet, Strukturen und Inhalte über den

Haufen geworfen und Botschaften hineingezwängt werden und Schulklassen gelangweilt in der Vorstellung sitzen und zum Autor und zum klassischen Theater keinen Zugang finden, dann ist das traurig. Ebenso traurig ist es, dass die Leute, die sich das ausdenken, allenfalls mit ihrem Renommee, aber nie mit ihrem Portemonnaie haften. Privattheater haben es da schwerer.»

Gwendolyn nimmt Bezug auf eine Entwicklung, die in den 70er Jahren das Theater in Deutschland verändert hat. Fast über Nacht wollte man weg von traditionellen Aufführungen und traditioneller Schauspiel-Sprache, Dialektsprechen wurde modern, eine neue, auf Körperlichkeit und Naturhaftigkeit gerichtete Schauspielergeneration drängte auf die Bühne, «Werktreue» hatte kaum noch Bedeutung (im Gegensatz zur Musik, die man, um dem Originalklang möglichst nahezukommen, mehr und mehr auf historischen Instrumenten spielte), die alte Schauspielergarde, die Stars der 50er und 60er Jahre aus Bühne und Film, Maria Schell, O. W. Fischer, Ruth Leuwerik, Martin Held und viele andere verblassten oder verschwanden ganz – und mit ihnen ihr schauspielerisches Können. Axel von Ambesser spielte in Münchens «Kleiner Komödie» seinen Schwank «Omelette surprise»: Eine Ehefrau gratuliert ihrem Gatten zu seiner in der vergangenen Nacht zu höchster Form aufgelaufenen Liebesglut, aber weiß nicht, dass es der Gott Jupiter war, der in dessen Gestalt geschlüpft ist. Die daraus folgenden Komplikationen versuchen wechselweise ein Landarzt und ein Psychiater zu klären, beide spielte Ambesser. Für mich war das damals ein Kabinettstück des Komödiantentums, mühelos, elegant und virtuos, aber ich wusste, dass diese Art von Schauspielkunst nicht mehr zeitgemäß war und an den Münchner Kammerspielen, Ambessers alter Heimat, keine Chance mehr hatte. Er wich, wie auch mein Vater, auf Privattheater wie die «Kleine Komödie» aus, die darauf angewiesen waren, ihr Haus Abend für Abend voll zu bekommen (im Fall der «Kleinen Komödie» etwa sechshundert Plätze) und sich schlecht laufende Stücke nicht leisten konnten. Den Bruch zwischen dem so genannten «Boulevard» und dem «ernsten» Theater hält Gwendolyn für unüberbrückbar, das sei die deutsche Mentalität, die Leichtigkeit mit leicht verwechsle, dabei sei es allemal schwerer, Menschen zum Lachen zu bringen, als ihnen Tragödien vorzusetzen – und wenn sie in der richtigen Weise lachten, sei auch das Weinen nah.

«Hat deinen Vater diese Entwicklung geschmerzt?»

«Sehr. Er schätzte Franz Xaver Kroetz und fand Dieter Dorns ‹Dantons Tod› fantastisch, andere Inszenierungen zum Kotzen. Alle würden nur noch nackt herumlaufen, meinte er, damit jage man doch das Publikum aus dem Theater. Es störte ihn auch, dass ‹man› plötzlich SPD zu wählen hatte und sogar gefragt wurde, ob man es täte, und wenn man sich auf das Wahlgeheimnis berief, bereits rechter, um nicht zu sagen rechtsradikaler Positionen verdächtigt wurde. Für meinen Vater, der in der Nazi-Zeit alles getan hat, um einen klaren Kopf zu behalten und sich auch nachher immer um ein objektives, allen Seiten gerecht werdendes Urteil bemüht hat, war das besonders schlimm. Kein Wunder, dass er sich, teilweise aus Trotz, der Union und zum Schluss der CSU zugewandt hat. Allerdings nicht so wie meine Mutter – für die war Franz Josef Strauß ja geradezu unfehlbar.»

Das bringt mich auf ein anderes Thema: Woher weiß Gwendolyn, dass ihre Eltern keine Nazis waren? Liest man Ambessers Autobiografie, dann sieht man, dass er, wie viele Publikumslieblinge der Nachkriegszeit, zwischen 1933 und 1945 glänzend beschäftigt war. Er durfte für die «Winterhilfe» sammeln (begleitet von einem Hitlerjungen, der für alle, die ihn nicht kannten, ein Schild trug: Hier sammelt Axel von Ambesser!), war einmal auf dem Landsitz von Goebbels eingeladen und einmal, in der neu erbauten Reichskanzlei, bei Hitler selbst, mit vielen anderen zwar, aber vom Protokoll ausgewählt und sicher nicht ohne Billigung des jeweiligen Chefs. Wie kam man als «Oppositioneller» zu solcher Ehre? Konnte man als Schauspieler überhaupt «Oppositioneller» sein? Diente man nicht in jedem Fall dem System, indem man auf der Bühne aussprach, was das System wollte? Auf die Knie zu fallen und «Geben Sie Gedankenfreiheit, Sire!» zu rufen, wie es der Schauspieler Ewald Balser als Marquis von Posa getan haben soll, war doch trotz Spontanbeifalls aus dem Parkett ein eher schwacher Protest. Schauspieler wurden «UK» gestellt, das System brauchte sie. Weil sie keine Soldaten waren, mussten sie keine Greueltaten begehen, sondern konnten ihren Beruf ausüben, den sie noch dazu als Berufung empfanden, und der ihnen Geld und Ehre brachte – war das eine Heldentat? Ein Beweis für antinazistische Haltung? Echte Oppositionelle gingen in den Untergrund, lebten außerhalb der Gesellschaft und bezahlten ihren Widerstand oft genug mit dem Tod. Was machte den «antinazistischen» Schauspieler aus? Und was den «nazistischen»? Wenn Gwendolyn so genau weiß, dass ihr Vater kein Nazi war, woher weiß sie, dass andere es waren? Was bringt es, deren Namen jetzt kundzutun, wo doch eine rückwirkende Beurteilung zugegebenermaßen schwierig ist?

Was ihre Eltern betrifft, sagt Gwendolyn, konnte sie deren Haltung an den vielen jüdischen Bekannten ablesen, die bei ihnen ein und aus gingen. Die elterliche Wohnung sei ein regelrechter «Emigrantentreff» gewesen, wo man sicher war, nichts «Braunes» anzutreffen. Es stimmt: Schauspieler waren privilegiert. Und ja: Sie dienten dem System. Und nein: Ein Widerstandskämpfer war ihr Vater nicht: Als Helmuth Graf Moltke ihn aufforderte, dem «Kreisauer Kreis» beizutreten, und ihm klar wurde, dass er Nachrichten übermitteln oder Papiere und Menschen verstecken müsste und dafür vielleicht verhaftet, gefoltert oder hingerichtet würde, hat er schamvoll gestanden, zu viel Angst zu haben und dergleichen nicht gewachsen zu sein. Das könne man in seiner Autobiografie nachlesen, er hätte es verschweigen können, denn die Episode war außer ihm keinem mehr bekannt. Was den Militärdienst betrifft, habe er einfach Glück gehabt, wie er überhaupt ein glücklicher Mensch war. Und was die wirklichen oder vermeintlichen Nazis betrifft: Es ärgere sie, wenn einige, zum Beispiel Gustaf Gründgens, der nachweislich Bedrängten geholfen habe, immer noch als Nazi bezeichnet würden (wozu Klaus Manns Roman «Mephisto» maßgeblich beitrage), während andere, die Kollegen denunziert haben, bis ins hohe Alter bejubelt wurden. Dergleichen auszusprechen, sei ihr beim Schreiben ein Bedürfnis gewesen. «Wenn man die Guten nennt, muss man auch die Schlechten nennen. Ich bin nun mal aggressiv, du kennst mich ja.»

Ich frage Gwendolyn nach ihren persönlichen Umständen. War sie nie verheiratet? «Nein, nie. Aber ich habe einen Freund, er wohnt nicht in Würzburg, kommt ein- oder zweimal pro Woche, übernachtet auch hier, aber klammert nicht, das hielte ich nicht aus, da bin ich durch meine Mutter geschädigt. Mehrere lange Beziehungen gingen auseinander, das war auch gut so. Dass ich keine Kinder habe, macht mich traurig, und manchmal denke ich: Scheiße, warum bin ich allein? Aber genauso oft denke ich: Gottlob habe ich meine Ruhe! Im Theater bin ich zu Hause, und manche Schauspieler sind wie meine Kinder. Meine Rente ist so klein, dass ich bis zum Umfallen arbeiten muss, und wenn es nicht mehr geht, bringe ich mich um, möglichst schonend für andere, da bin ich ziemlich pragmatisch. Gott sei Dank ist mein Hirn noch in Ordnung.»

Januar 2014. Das Würzburger Privattheater «Chambinzky» spielt Neil Simons Erfolgsstück «Sonny Boys»: Zwei Komiker, die sich nie leiden konnten, sollen, alt, krank und fast vergessen, noch einmal gemeinsam auftreten. Regisseurin Gwendolyn von Ambesser wartet im Foyer. Sie hat sich am Fuß verletzt, geht am Stock, hat das Stück auf Krücken inszeniert, da dürfe man nicht zimperlich sein. In der Theaterkneipe herrscht reger Betrieb, Schauspieler kommen und gehen, winken Gwendolyn zu, flüstern ein paar Worte, verschwinden hinter der Bühnentür. Zuschauer kaufen Eintrittskarten, knapp hundert von ihnen passen hinein, man spielt täglich außer Montag und Dienstag, gute Tage sind Freitag und Samstag, die anderen manchmal schwächer.

Der Vorhang geht auf, das Stück beginnt. Komiker 1 liegt im Bett, grantelt vor sich hin, irgendwann erscheint Komiker 2, wie vorgeschrieben in Anzug, Hut und Mantel. In New York haben diese Rollen zuletzt Danny DeVito und Richard Griffiths gespielt, in Wien waren es Otto Schenk und Helmuth Lohner, im Film Woody Allen und Peter Falk. In Würzburg ist Komiker 1 pensionierter Mathematikprofessor, sein Partner Schulleiter. Aber sie können ihren Text, platzieren ihre Pointen, liefern ihre Gags ab und agieren, was Mienenspiel und Körpersprache hergeben. In der Pause bleibe ich sitzen, sinniere über Leben und Schicksal, am Schluss, als Haupt- und Nebendarsteller sich verbeugen, rufe ich «Bravo!» und klatsche wie rasend.

Nach der Vorstellung hocke ich mit den Schauspielern zusammen, und es herrscht genau die gleiche Atmosphäre wie damals in den Kammerspielen, wenn mein Vater mich mitnahm und ich dabeisitzen durfte. Einige essen mit Gusto nach getaner Arbeit, andere sind auf Diät, aber genehmigen sich einen Schoppen, es laufen mehrere Gespräche gleichzeitig, man redet über den Besuch, schmiedet Pläne und fragt sich, wie es weitergeht. Ein alter Herr, zeit seines Lebens Provinzschauspieler, erzählt von der Vergangenheit, als Axel von Ambesser und Charles Regnier noch lebten und er sie von Ferne bewundert hat, jetzt sei er selbst über achtzig und müsse aufhören. Gwendolyn spricht leise mit einer jungen Frau, die einen Rat braucht, ich spüre den Respekt, den sie bei den Kollegen genießt. Spät geht man auseinander und sagt: «Bis morgen.»

Solange an Theatern an jedem Abend die Lichter verlöschen und die schönen Prospekte sich in farblose Tücher zurückverwandeln und der ganze geliebte Plunder aus Kunst, Bluff, Gelächter, Erschütterung und Verzauberung ins Nichts versinkt, aber am nächsten Abend die Lichter wieder angehen und das Zauberwesen Theater wieder zum Leben erwacht, muss man nicht verzweifeln, schrieb Axel von Ambesser in seiner Autobiografie «Nimm einen Namen mit A».

Am Theater «Chambinzky» in Würzburg ist das nicht anders.

6

Ambach (I)

Ich sitze auf dem Balkon. Die Sonne scheint durch die Bäume, der See glitzert, in der großen Akazie sammeln sich die Krähen. Sie fliegen aus allen Richtungen heran, lassen sich nieder, ein Nachzügler kommt und der ganze Schwarm fliegt wieder auf. Blutrot geht die Sonne unter, ein Heuwagen fährt vorbei, es wird plötzlich kühl, ein Windstoß kräuselt das Wasser. Irgendwo klappt eine Tür, dann ist es wieder still.

Ambach ist schmerzhaft schön. Nur eine Häuserreihe säumt das Ufer, dahinter erstrecken sich Wiesen bis zum Hügelkamm. Wo gibt es das noch? Wie lange wird es so bleiben? Alle Orte am Starnberger See haben so angefangen, nur Ambach träumt noch vor sich hin. Gott, oder moderner: Göttin sei Dank hat es mächtige Beschützer: die Fischer und Landwirte, die nichts verkaufen. Oder nichts mehr verkaufen, nachdem sie hundert Jahre vorher Städter aufs Land gelassen, die auf ihren Grundstücken Villen gebaut haben. Aber auch Bauern können schwach werden, und wenn nicht sie, dann ihre Witwen, wie um 1955 in Ambach geschehen: Der Bauer war tot, sie einem Anderen hörig geworden, der fuhr in einer verstaubten Limousine von Amt zu Amt und flüsterte an Stammtischen, bis plötzlich, keiner weiß wie, die Wiesen hinter dem Hof seiner Frau Bauland geworden und mit ein paar Dutzend Häusern bebaut worden waren. Der Schock saß tief und wirkt bis heute nach. Seitdem ist klar: Von der Standfestigkeit, dem Traditionsbewusstsein, dem Konservativismus, den Werten der Bauern hängt alles ab.

Wir wohnen beim Bauern Matthias Melf im sogenannten «Brosi-Hof». Matthias Melf ist der ältere Bruder von Hans Melf aus St. Heinrich, dem ich die Odel-Dusche auf der Malvenhaus-Wiese verdanke. Barbara Sommer, seine Schwester, hat ihn nach Ambach geholt, nachdem ihr Ehemann, Herr Leonhard Sommer, um 1925 einem Krebsleiden erlag. Matthias Melf ist ein weitblickender, unternehmerischer Mann. Bald nach seiner Ankunft hat er den alten, quer zum See stehenden Hof in ein Wohnhaus für Sommergäste umgewandelt und mit viel Eigenarbeit den heutigen, höher gelegenen und größeren Hof gebaut, mit Giebel und Balkonen zum See, wie es sich für ein modernes Haus gehört. Hier bewohnen wir das Dachgeschoss, unter uns wohnen Rittmeister Schäffer und Frau, im Erdgeschoss Matthias Melf mit seiner Schwester und deren Tochter Elisabeth, genannt Liesl. Die teilt das Ehebett mit ihrer Mutter, der Onkel schläft in einer Kammer neben dem Stall, um Unruhe beim Vieh oder anderem Verdächtigen sofort nachgehen zu können.

Matthias Melf und seine Frauen arbeiten vom Tagesanbruch bis zum Sonnenuntergang, mähen das Gras mit der Sense, wenden es mit der Gabel, rechen es mit langstieligen Rechen zu sauberen Reihen, beladen den Wagen und verstauen das Heu auf der Tenne, die volle Gabel hoch über dem Kopf. Das Düngen, das so genannte «Mistbreiten», dauert Tage, wenn nicht Wochen, vom Aufladen, Abwerfen bis zum Zerkleinern und Verteilen, am Schluss sind Tausende Quadratmeter Hügelland vollkommen gleichmäßig mit Mist bedeckt, ein Kunstwerk aus Fleiß, Geduld und Genauigkeit. Matthias Melf hat Muskeln wie Eisen. An ein «Streumandl» gelehnt, hält er die Leiter auf Kopfhöhe, mit der Schwester auf den oberen Sprossen, die, von der Abendsonne beschienen und während das Abendläuten über den See klingt, das Streugut schichtet, das ihr die Tochter mit der Gabel hinaufreicht. Alle drei haben Silberzähne und einen Kropf, den sie, um die Arbeit nicht zu gefährden, zeitlich versetzt in Starnberg operieren lassen. Danach haben alle drei eine halsbandartige Narbe auf der sonnengebräunten Haut. Im See baden sie nie, obgleich ihnen gut sechzig Meter schönsten Ufers gehören. Ihre gefliesste Küche ist blitzsauber. In der Ecke über der Bank hängt ein Kruzifix, daran ein Rosenkranz, daneben ein Stich mit einer Darstellung des Knaben Jesus. Sie essen besser als ihre St.

Heinricher Verwandtschaft, Radiohören ist etwas häufiger erlaubt, aber Liesl, die Tochter und Nichte, darf aus dem nämlichen Grund nicht heiraten wie ihre dortige Cousine, woraus absehbar ist, dass es auch hier keine Nachkommen geben wird, was wiederum die Frage nach der Zukunft des Hofs zu einer steten Sorge und Belastung macht.

Ambach hat sieben weitere Bauernhöfe, drei Fischereien und eine Kapelle mit bunten Glasfenstern, einem Harmonium und einem Glockenzug, den die Schwestern von der Heiligen Familie zum Mittagsläuten betätigen. Diese bewohnen ein schönes Haus mit Seeblick, kümmern sich um Alte und Kranke, haben eine kleine Landwirtschaft und am Ende ihres Stegs eine Badehütte mit einer Innentreppe ins Wasser und einer Öffnung zum Hinausschwimmen – man sieht ihre Köpfe in weißen Badehauben, was sie am Körper tragen oder nicht, bleibt, wie in Glaubensfragen üblich, eine Sache der Spekulation. An Sommerabenden rudern sie auf dem See und singen zur Gitarre.

Ein Schotterweg führt durch Ambach, die sogenannte Seestraße. Sie ist voller Schlaglöcher und für den allgemeinen Verkehr gesperrt, aber auch Unbefugte fahren langsam, allein aus Sorge um ihr Auto. Morgens und abends schaukeln Viehleiber über sie hinweg, kleckern reichlich und zertrampeln ein flaches Uferstück, um zu trinken. Bauern fahren mit Ochsengespann oder Traktor, die Schwestern von der Heiligen Familie spannen eine Kuh vor den Wagen. Die Fischer hängen ihre Netze zum Trocknen am Ufer auf. Ein Privatbus fährt nach Starnberg, ein gelbes Postauto, der so genannte «Direkte», nach München.

Zentrum des Dorfs ist der Dampfersteg und der Gasthof «Zum Fischmeister» der Familie Bierbichler. Die Ambacher Poststelle, in einem Anbau des Gasthofs, ist ein urgemütlicher, dunkel vertäfelter Raum mit Kachelofen, einem Porträt Ludwigs II. und einer hölzernen Telefonzelle, in die Gespräche durchgestellt werden, weshalb der Apparat dort keine Wählscheibe hat. Geleitet wird die Poststelle von Fräulein Anny Bierbichler, genannt «Post-Anny», einer Respektsperson ersten Ranges. Nebenan verkauft Fräulein Anna Hietmann, eine nicht weniger bedeutende Persönlichkeit, Kekse, Pfirsiche, Gummi-

Schmerzhaft schön –
Ambach, seit Generationen (fast) unverändert

bänder, Schulhefte, Waschmittel, Bleistifte, Limonade, Eis und Wurstwaren aller Art, darunter «die gute Göttinger» und die nicht minder gute «Lyoner», die, in Anlehnung an einen weiter nördlich am See gelegenen Ort, auf ihrer Anzeigetafel allerdings «Leoni» heißt. Die Bäckerei Wild, mit einem ähnlich breiten Angebot, hat ihren Laden in einem Zimmer im Flur ihres Hauses. Das Öffnen der Haustür betätigt eine Klingel und lässt Frau Wild in gestärkter, weißer Schürze herbeieilen und ihre Kunden bedienen. An der Bäckerei vorbei fließt der Bach, der Am-Bach den Namen gibt. Sein Bett ist ausgewaschen, an der Böschung wächst Wurzelwerk aus dem Sand. Angeblich betreibt er sieben Mühlen, zwei davon sind bekannt: die Strobl-Mühle, eine halbe Wegstunde von Ambach im Wald gelegen (und in den Erzählungen meiner Mutter von besonderer Bedeutung, weil sie im Krieg dort Mehl geholt hat), und, am Dorfende von Ambach, die Kugel-Mühle mit dem dazugehörigen Sägewerk, zu dessen Betreiben der Bach angestaut wird, was Übeltätern (zu denen nicht selten die Regnier-Kinder gehören) die Möglichkeit gibt, durch Herauf- und Herunterschrauben der hölzernen Wassersperre den Lauf der Flut zu beeinflussen. An der

Straße nach Holzhausen hat Meister Kink seine Schreinerwerkstatt, ihm gegenüber die Familie Michl ihre Gärtnerei. Fleisch gibt es in Ammerland bei Gerer oder in Seeshaupt bei Rasso Vogel, mit allem anderen kann man sich in Ambach gut versorgen.

Das ist auch nötig, denn es wohnen viele Ältere und Autolose hier, Heimatvertriebene, Fräuleins aus dem Osten, Gutsherrengattinnen, Gesellschaftsdamen, Witwen oder verlassene Mütter mit Kindern, einzelne Herren, alte Ehepaare und andere kriegsbedingt Gestrandete. «Was uns die Not gelassen, wird dieser Schrank wohl fassen» steht auf dem Schrank im Flur von Rittmeister Schäffer, durch den wir hindurchmüssen, um in unsere Wohnung zu gelangen. Als Datum ist «Mai 1946» angegeben, da waren Schlesien und andere Reichsgebiete endgültig dahin. Der Rittmeister ist Veteran des Ersten Weltkriegs, hält beim Gehen seinen Spazierstock im Rücken und sagt mit schnarrender Stimme: «Grüß Gott!» Nachmittags bestickt er Tischdecken auf seinem Balkon, abends liest er seiner Frau vor. Ersteres sehen wir von oben, letzteres haben Onkel Hans Carl und Tante Martha herausgefunden, die vor uns das Dachgeschoss bewohnt haben und sich wunderten, was unten vor sich ging. Als die Neugier zu groß wurde, stiegen sie über die dunkle Treppe hinab und lauschten an der Zimmertür, vorne die Tante, hinten der Onkel, mit dem genannten Ergebnis.

Tante Martha Newes, die acht Jahre jüngere Schwester von Tilly Wedekind, war Schauspielerin wie diese und als junge Frau für kurze Zeit in der Gunst ihres Schwagers Frank Wedekind gefährlich weit oben. Ihr Mann Hans Carl Müller war Stummfilm- und Theaterschauspieler, Regisseur und zuletzt Intendant des Stadttheaters Kassel, weshalb im Windfang des «Brosi-Hofs» auf seinem Klingelschild «Hans Carl Müller, Intendant a. D.» zu lesen war. Tante Martha und Onkel Hans Carl waren unglücklich in Ambach. Ihre schweren, dunklen Möbel passten nicht in die einfachen Bauernräume, das gewohnte Flair wollte nicht aufkommen. «Die freudlose Gasse», murmelte der Onkel, wenn er vom Balkon auf die Dorfstraße sah. Um Kultur nach Ambach zu bringen, veranstaltete er Vortragsabende im Gasthof Bierbichler, allein oder mit Gattin oder Schwägerin, las Goethe, Schiller, Heine oder Wedekind, am Ende des Abends leuchtete er den Damen mit der Taschenlampe den Weg nach Hause. Nach langer Suche bekam er eine Wohnung in München und starb bald darauf. Wir hatten zu dem Onkel kein enges Verhältnis und haben uns oft genug über ihn lustig gemacht. Dennoch war sein Tod schockierend. Als Nachkriegskinder waren wir das Sterben nicht gewohnt.

Im Sommer als der Onkel starb erhängte sich im Kugelmühltal ein Mann. Meine Schwestern entdeckten ihn beim Herumstreunen im jungen Fichtenwald und alarmierten die Polizei. Ich ging später hin, es war fast dunkel, bahnte mir einen Weg durch die Zweige, stand vor ihm. Er hing nicht eigentlich, kauerte eher, mit gebeugten Knien, so dass sein Mantel fast die Erde berührte. Ein Polizist leuchtete ihm ins Gesicht, es war alt und unrasiert, an der Nase saß eine Fliege. Sein Arm schnellte zurück, als ein Polizist daran zog, anscheinend war er schon länger tot. Neben ihm im Waldboden steckte sein Spazierstock. Meine kleine Schwester fing an zu weinen – jetzt, da die Polizei da war, wurde ihr klar, dass sie nicht träumte. Wir kannten den Erhängten nicht. Jemand sagte, sein Name sei Enzinger gewesen, und so ging er in die Geschichte ein: Enzinger am Bach, eine prägende Gestalt der Ambacher Kindheit.

Die Ambacher Wohnung ist für uns ein Gottesgeschenk – endlich nicht mehr heimatlos! Unsere Eltern haben in die Vorderzimmer Dachfenster einbauen lassen, sie wirken dadurch leicht und hell, unter einem von ihnen schlafe ich, die Nacht duftet herein, der Mond bescheint mich, der See plätschert ans Ufer, die Bäume rauschen, und vor lauter Sehnsucht schlafe ich noch besser als sonst. Frau Sommer stellt jeden Morgen eine Kanne Milch mit dicker Rahmschicht für uns in den Flur, die Eier ihrer Hühner haben leuchtend gelbe Dotter, die Semmeln vom Bäcker Wild sind so knusprig, wie man sie später nie mehr schmecken wird. Wir können den Tag kaum erwarten, preschen mit unseren Rädern über die Schlaglöcher der Seestraße und bremsen scharf vor Erwachsenen, so dass es das Hinterrad herumreißt und die Erwachsenen, meist Urlauber oder Kurgäste höheren Alters, mit Staub bedeckt. Am Dampfersteg verkündet ein Schild, dass der Aufenthalt «nur Reisenden» gestattet ist. «Nun», fragen wir, «sind wir nicht alle Reisende? Auf dem Weg durchs Leben? Von hier nach dort? Hin nach Ambach, weg von Ambach?» Und weil auf dem Schild «Radfahren verboten» steht, fahren wir grundsätzlich mit unseren Rädern auf den Steg, zum Ärger von Anglern und Passanten und dem noch größeren der Schiffskapitäne, die beim Anlegen der «Bayern» oder «Seeshaupt» von ihrer Brücke herunterschimpfen und uns «an die Wand klatschen, abkratzen und nach Russland verschicken» möchten (eine damals gern gehörte Forderung). Wir hocken auf dem Geländer, begrüßen und verabschieden Fahrgäste mit lockeren Sprüchen und springen von den Pfosten in den Strudel des abfahrenden Schiffes, die Mutigen mit Kopfsprung, die Feigen mit Arschbombe, umtost von Motorengebrumm, Auspuffdämpfen und den Flüchen des Kapitäns. So lieben wir das.

Wir – das sind Kinder von Urlaubern, Intellektuellen, Künstlern oder anderen Berufstätigen, die in Ambach wohnen. Bauernkinder sind selten dabei. Man sieht sie kaum. Wahrscheinlich helfen sie ihren Eltern bei der Arbeit. Wir waren zusammen in der Volksschule in Holzhausen, kennen uns mit Namen und sind uns dennoch fremd. Wir leben in verschiedenen Welten, die eine bayerisch, die andere hochdeutsch, der Unterschied ist immens. Was denken die Bauern über ihre Mieter und deren Kinder, überhaupt über alle, die in Ambach Ferien machen, in der Sonne liegen, im Wasser plantschen, Zeit totschlagen und sauber gekleidet von irgend einer vergleichsweise unanstrengenden Arbeit zurückkommen? Thomas Mann würde sagen: MAN WUSSTE ES NICHT – und hätte wie immer recht.

Meine Eltern genießen Respekt. Mein Vater Charles Regnier ist elegant, berühmt und höflich, eine vornehme Erscheinung, und wenn sein Name oder Foto in der Zeitung erscheint, ist vielleicht auch Familie Melf ein wenig stolz. Mutter Pamela ist legitimiert durch ihre lange Freundschaft mit den Grafen Pocci in Ammerland, die zurückreicht zum alten Grafen Franz, der noch Page am bayerischen Königshof war. 1927 war sie erstmals in Ambach und besuchte Waldemar Bonsels, der

Sommerfreuden am Dampfersteg –
die Regnier-Kinder einmal anders

mit seinem Buch «Die Biene Maja und ihre Abenteuer» viel Geld verdient und neben dem «Brosi-Hof» eine Villa nebst ungarischem Tor und Seeterrasse gekauft hatte – ein Pamela gewidmetes Buch belegt das Datum. Als Jungautor war Bonsels oft im Kreis um Wedekind in der Münchner Torggelstube gesessen, die Freundschaft und Verehrung für den Vater hat er auf die Tochter übertragen, vielleicht war 1927 auch ein bisschen Erotik im Spiel. Er und meine Mutter haben über die Jahre Kontakt gehalten, eine Gitarre, auf der ich erste Griffe übte, stammte von ihm. Er starb an einem heißen Tag im Juli 1952 und soll als Leiche nicht schön ausgesehen haben, obgleich er ein schöner Mann gewesen war, den viele Frauen geliebt hatten. Seine Urne wurde im Garten der Villa beigesetzt, nicht ganz legal, wie man sagte, vielleicht war den Behörden ein Durchgreifen zu mühsam. Jetzt wohnt seine Witwe Rose-Marie in der Villa, mit einem bösen Hund namens Kondor und, bis zu deren Ableben, der Dienerin Betty, einer grobknochigen Frau in einer Latzhose, die so mit dem Haus verwachsen war, dass man sie nur «Betty Bonsels» nannte. Erst als sie gestorben war, las man in der Holzhauser Kirche auf dem Sterbebildchen ihren wirklichen Namen: Betty Tod.

Charles und Anatol, im Hintergrund links das Badehaus
der Schwestern von der Heiligen Familie

Solches und Ähnliches kommt zur Sprache, wenn Pamela abends in Melfs Küche sitzt. Sie tut das regelmäßig, um der Freundschaft willen und aus Dankbarkeit dafür, in Ambach sein zu dürfen. Melfs mögen sie, denn sie spricht gut Bayerisch und kann angeregt erzählen. Problematisches bleibt ausgespart. Dass Bonsels' Bücher 1933 verbrannt wurden, er sich dann aber durchaus um die Gunst der Nazis bemüht hat, wird zum Beispiel nicht erwähnt. Und wenn Pamela erzählt, wie sie mit Karl Kraus durch Wien fuhr und er, weil er nicht erkannt werden wollte, seine Autofenster verhängen ließ (er hatte, ähnlich wie Bonsels, nach einer langen und problematischen Beziehung zu Wedekind dessen Tochter ins Herz geschlossen), ist von seiner jüdischen Herkunft nicht die Rede. Über gewisse Dinge spricht man nicht, oder nur bei seltener Gelegenheit mit alkoholgelöster Zunge. Dann erinnert man sich: Ja, diese und jene Ambacher Villa hat Juden gehört, dieser ist nach Amerika gegangen, jener hat sich umgebracht, dieses und jenes ist den Nachbesitzern widerfahren. Und vor Seeshaupt haben befreite KZ-Häftlinge Vieh abgestochen, das war auch nicht schön. Angeblich wusste in St. Heinrich, Ambach und Ammerland jeder von jedem, ob Nazi oder nicht, und weiß es wahrscheinlich noch heute.

Aber wer klug ist, behält sein Wissen für sich – und klug sind sowohl Pamela als auch Matthias Melf und seine Frauen.

Seit ich in London Musik studiere, komme ich nur in den Ferien nach Ambach. Der Auslandsaufenthalt hat mich sensibilisert, das Nazi-Thema treibt mich um. Im Ambacher Wohnzimmer mache ich meinen Eltern Vorwürfe: Warum seid ihr nicht emigriert? Warum habt ihr euch geduckt und alles mit euch machen lassen? Meine Eltern sitzen da wie gescholtene Schulkinder. Was sollen sie sagen? Ich fühle mich momentan besser, auf ihre Kosten, es hält nicht lange vor.

Nachts streune ich durch Ambach. Wie ein riesiges Schiff liegt der «Brosi-Hof» im Mondlicht, die Wiesen glänzen silbrig, der Ostwind rauscht durch Äste und Blattwerk, es duftet nach Sommer und Freiheit. Auf einmal höre ich fantastisches Klavierspiel, perlende Läufe, Triller, Arpeggien – das muss der Pianist sein, denke ich, der neuerdings bei Frau Bonsels wohnt. Ich schleiche mich an (der böse Kondor ist der Dienerin Betty glücklicherweise ins Jenseits gefolgt), erklettere einen Mauerabsatz, ziehe mich hoch, schaue durch das beleuchtete Atelierfenster, sehe einen Kopf mit schütterem schwarzem Haar und eine Partitur mit vielen Noten. Das Spiel bricht ab, ich mache mich davon. Bei Tageslicht sehe ich den Pianisten auf dem Dampfersteg. Er ist mittelgroß, etwa vierzig Jahre alt, hat eine hohe Stirn, einen schmalen Mund, eine Entenschnabelnase. Sein Körper wirkt schwammig, seine Hände sehen weich und babyhaft aus. Ich erfahre, dass er Australier ist und Bruce Hungerford heißt.

Kurz darauf lädt Rose-Marie Bonsels mich ein: Bruce Hungerford habe Richard Wagners Klavierwerk aufgenommen und wolle daraus spielen, die Wagner-Enkelin Friedelind würde auch da sein. Sie ist es tatsächlich, blond und breit, mit Opas Kopf und Nase, spricht Englisch mit amerikanischem Akzent und nennt Hungerford ihren «favourite pianist». Frau Bonsels stellt mich als musikinteressierten Jüngling und Wedekind-Enkel vor. «Aha, Wedekind...», sagt Friedelind, das Thema scheint damit erledigt. Da alle Stühle besetzt sind, erhalte ich eine Trittleiter als Sitzplatz, blicke auf den Flügel, ein Regal voller Bücher, Noten, Tonbänder, ein asketisches Lager neben der Tür, eine Kochplatte in der Ecke, viel mehr passt in das Atelier auch nicht hinein. Bruce Hungerford sagt ein paar Worte über Wagners Klavierwerk, das im Gesamtschaffen nur am Rande von Bedeutung sei, aber Elemente späterer Meisterwerke in sich trage, und beginnt zu spielen. Ich sehe direkt auf seine Hände, die ungemein präzise funktionieren und mit der technisch nicht anspruchsvollen Musik keinerlei Mühe haben. Ich bin etwas enttäuscht. Ich frage Bruce Hungerford, ob er Wilhelm Kempff kennt, der in Ammerland wohnt und dessen Tochter meine Klassenkameradin war. Hat er ihm schon einmal vorgespielt? «Warum sollte er ihm vorspielen?», fragt Rose-Marie Bonsels und lässt durchblicken, dass sie Kempff keineswegs für bedeutender als Hungerford hält. Der spielt jetzt Schuberts Es-Dur Impromptu, ich komme auf meine Kosten, das Technische auf dem Instrument hat mich schon immer interessiert, vielleicht deshalb, weil es mir so schwerfällt.

Bruce Hungerford und ich schließen Freundschaft. Da gesagt wird, dass er immer nachts übt und überhaupt ein Nachtmensch ist, klopfe ich spät abends immer häufiger an seine Tür. «Is that you, Anatol?», fragt er von drinnen und öffnet. Dann redet und spielt er stundenlang, ich lausche, lerne, sauge auf, kann nicht genug kriegen, manchmal ist es schon hell, wenn ich gehe. Nie habe ich so viel große Musik aus der Nähe erlebt. Er spielt Schuberts «Wanderer-Fantasie» und die große A-Dur Sonate, wunderbare Schubert-Ländler, Ecossaisen und Walzer, Beethovens «Pathetique», «Mondschein», «Waldstein», die «Sonata quasi una Fantasia» op. 27 Nr. 2, die späten Sonaten op. 109, 110 und 111. Nach und nach wolle er alle zweiunddreißig Beethoven-Sonaten erarbeiten, sagt er, das sei ein langer Weg, irgendwann sei auch das «big baby» dran, die «Hammerklaviersonate» op. 106. Er spielt rasant, bevorzugt schnelle Tempi, seine Finger arbeiten wie ein perfektes Laufwerk, aber das Allerschwerste seien die langsamen Sätze, in denen die Konzentration nie abreißen, der Puls nie unterbrochen, der innere Faden nie losgelassen werden dürfe. In Tausenden von Übestunden habe er eine hervorragende Technik erworben, die Gestaltung und Durchdringung der Werke sei ein lebenslanger Prozess.

Weiche Hände, große Musik –
der australische Pianist Bruce Hungerford

Und wenn er einen dieser langsamen Sätze spielt, tief versunken und dennoch kontrolliert, und ich ebenso versunken zuhöre, dann denke ich: Dieser Bruce Hungerford muss einer der besten Pianisten und Musiker der Welt sein.

Er selbst glaubt das auch. Ja, er spiele besser als viele seiner berühmten Kollegen. Aber sein Karma sei ungünstig, er müsse lange warten. 1922 in einer australischen Kleinstadt geboren, ist er vergleichsweise spät zum Klavier gekommen und hatte in Sydney Unterricht bei dem von den Nazis vertriebenen polnischen Pianisten Ignaz Friedman. Eugene Ormandy, auf Tour *down under,* habe ihm den Sprung nach Amerika ermöglicht, dort sei Carl Friedberg sein Lehrer gewesen, ein Schüler von Clara Schumann. Myra Hess, die berühmte englische Pianistin, fördere ihn, alle Voraussetzungen für eine Weltkarriere seien gegeben, aber er müsse Geduld lernen, sein Schicksal erlaube es nicht anders. Er spricht viel über Jesus, nennt ihn «the Master», und über die «Readings» des amerikanischen Mediums Edgar Cayce, der in Trance Aussagen über Vergangenheit und Zukunft der Menschheit und die Lebenswege von Individuen gemacht habe. Er selbst sei in einer früheren Existenz Ägypter gewesen, habe deshalb auch Ägyptologie studiert und reise so oft wie möglich nach Ägypten für Forschung und Fotografie. Manchmal baut er ein Stativ auf und wirft fantastische Bilder ägyptischer Grabschätze und des jungen Königs Tutanchamun an die Wand. «This is exalted artistry», sagt er, in einer Reihe mit den großen Musikwerken Bachs, Mozarts und Beethovens. Sein pianistisches Vorbild ist Artur Schnabel, dessen Technik zwar «awful», aber dessen gestalterische Kraft enorm gewesen sei. Rubinstein und Cortot bewundert er, Edwin Fischers Bach-Spiel auch, Horowitz nimmt er nicht allzu ernst, Rudolf Serkin erträgt er «under no circumstances». Ein Buch erscheint: «Die Konzert-Pianisten der Gegenwart». Bruce Hungerford, heißt es dort, sei ein *hervorragender, in jeder Hinsicht vollendeter Beethoven- und Schubert-Interpret, der es wert sei, in die vorderste Reihe der großen Künstler* gestellt zu werden. *Wo in Deutschland ist ein Musiker seiner Generation, der ihm ebenbürtig ist?*, fragt der Autor Hans-Peter Range. Ja, so ist es, sagt Hungerford – und spricht wieder über Geduld, Hingabe, Abwarten und dergleichen. Er gibt Konzerte und Meisterkurse in Bayreuth, gefördert von Friedelind Wagner, und reist in die DDR, wo man ihn dankbar begrüßt und feiert. Aber im Münchner Herkulessaal, in der Berliner Philharmonie oder im Wiener Konzerthaus spielen andere. Hungerford spielt im Sanatorium Lauterbacher Mühle an den Ostersee bei Seeshaupt.

Im weißen Jackett tritt er vor sein Publikum, setzt sich, wartet, bis alles ruhig ist. Seine Hände schweben über den Tasten, als ob der ganze Mensch sich zurechtrücken, einstellen und konzentrieren müsse. Dann beginnt er mit Mozarts A-Dur Sonate mit dem berühmten «Rondo alla Turca». Aber das Klangwunder ereignet sich im Trio des zweiten Satzes: Die linke Hand greift über die rechte und schlägt wie fernes Glockenläuten die Quinte an. Nie werde ich diesen Klang vergessen. Das Programm endet mit Beethovens Sonate op. 111 in c-moll. Nach endlosen Auf- und Abschwüngen, Verästelungen und Trillerketten mündet die Arietta in einen leisen C-Dur Schlussakkord. Wenn immer ich diesen Akkord höre – und ich habe ihn noch oft ge-

Ambach (I)

hört –, denke ich an jenen Abend in der Lauterbacher Mühle, als Hungerford im weißen Jackett am Flügel saß. Nach mehreren Jahren in Ambach und aus Gründen, die nur die beiden kennen, überwirft sich Hungerford mit Rose-Marie Bonsels, seiner Vermieterin. Sie kündigt ihm «schweren Herzens», wie sie sagt, er zieht nach Amerika mit dem Versprechen, «jeden Tag für sie zu beten». Über den Ozean kommen Langspielplatten nach Europa: Die Firma Vanguard hat Bruce Hungerford unter Vertrag genommen, will sein ganzes Repertoire herausbringen. Er hat in der Carnegie Hall gespielt, wie man hört mit großem Erfolg. Aber in Ambach fehlt etwas. Bonsels Atelierfenster bleibt dunkel, Triller und Arpeggien schweben nicht mehr über die Wiese, die Grillen zirpen alleine weiter.

Die Ambacher Jugend ist vorbei. Am 30. Januar 1966, einem Sonntag, fährt der Bauer Matthias Melf nach dem Mittagessen mit dem Rad von Ambach nach St. Heinrich. Vor dem «Mandl-Hof», wo er geboren wurde, und unweit der Stelle, an der ich als Kind fast zu Tode gekommen wäre, biegt er links ab, ein Auto erfasst ihn, er stirbt auf der Landstraße. Schwester und Nichte wirtschaften zu zweit, es geht irgendwie. Am 9. April 1970 stirbt auch seine Schwester. Ihre Tochter will sie aus dem Nachmittagsschlaf wecken und sieht, dass sie tot ist. Was jetzt? Allein kann sie die Arbeit unmöglich bewältigen. Mein Vater springt ein und mäht Gras für das Frühfutter, ein wenig erfolgversprechender Anblick. Meine Mutter, die schon viel angestoßen und bewirkt hat, wird im «Hansenbauer-Hof» der unverheirateten Geschwister Agathe, Johann Baptist und Dominikus Gebhart vorstellig und legt dem Jüngsten von ihnen nahe, die Lage zu retten und Elisabeth Sommer, die auch altersmäßig zu ihm passt, das Weitermachen zu ermöglichen. Dominikus Gebhart, genannt Domini, nimmt die Herausforderung an. Er ist ein Meister-Landwirt. Wenn er Gras mäht, bleibt kein Hälmchen stehen, die Schnitte sind wie mit dem Zirkel gezogen – dafür müsste mein Vater lange üben! Liesl und Domini verstehen sich prima, und wenn Domini die Arbeit auf dem eigenen Hof beendet hat, radelt er über die Seestraße zu Liesl und hilft ihr. Das Arrangement hält viele Jahre, der Niedergang des «Brosi-Hofs» ist bis auf Weiteres abgewendet.

Ende Januar 1977, ich bin mittlerweile zweiunddreißig Jahre alt, erhalte ich die Nachricht, dass Bruce Hungerford in New York bei einem Autounfall ums Leben gekommen ist. Er hatte an der *Rockefeller University* einen Vortrag über ägyptische Kunst gehalten, ein betrunkener Feuerwehrmann war mit seinem Fahrzeug in sein Auto gerast, Bruce Hungerford war auf der Stelle tot, mit ihm seine Mutter und drei weitere Mitglieder seiner Familie. Im *Time-Magazine* erscheint ein Nachruf, in dem sein unvergleichliches Beethoven-Spiel gerühmt wird. Achtzehn der zweiunddreißig Klaviersonaten hat er aufgenommen, das *big baby*, die «Hammerklaviersonate», war nicht dabei. Er soll sie kurz vor seinem Tod einem Schüler vorgespielt haben, der geglaubt habe, keine vollendetere Interpretation gehört zu haben.

7

Unverbrüchlich

Marianne Hoppe und ihr Sohn Benedikt

Benedikt Hoppe ist mein ältester Freund. Wir kennen uns seit mehr als sechzig Jahren. Seine Mutter brachte ihn zu uns nach St. Heinrich, wenn sie Theater spielte oder filmte und eine Betreuung für ihn nicht zur Verfügung stand. Er blieb bei uns für Tage, manchmal auch für Wochen, teilte unser Kinderzimmer mit uns, wusch sich wie wir an der Waschschüssel, was ohne Gepritschel auf dem Fußboden nicht abging und deshalb auf ein Minimum beschränkt wurde, und putzte sich die Zähne mit dem lauwarmen Wasser, das uns die Kinderschwester morgens aus ihrer Wärmflasche in die Zahnputzbecher füllte. Es schmeckte nach Gummi, weshalb auch das Zähneputzen oft nur eine eher symbolische Handlung war. Benedikt war ein lustiger Junge mit allerlei ungewöhnlichen Ideen. Er behauptete zum Beispiel, dass Pupse brennen. Wir probierten es aus, und tatsächlich: Eine grüne Stichflamme, soweit ich mich erinnere von mir produziert, zischte über Bettdecke und Laken. Außerdem war Benedikt Autoexperte. Autos von Gästen, hinter dem Haus geparkt, zogen ihn magisch an, und mich mit ihm. Ein Druck auf den Anlasserknopf, das Auto ruckte nach vorn, dasselbe im Rückwärtsgang, das Auto ruckte nach hinten. So verbrachten wir glückliche Stunden. Marianne Hoppe, seine Mutter, gehörte fast zur Familie. Frisch und gut gelaunt kam sie mit ihrem holzverkleideten Fiat *Topolino* die Auffahrt herauf, holte Körbe und Taschen vom Rücksitz, begrüßte uns kumpelhaft. Nichts ahnten wir von ihrer Berühmtheit, ihrer märchenhaften Karriere, ihrer herausgehobenen Stellung im «Dritten Reich» und den damit verbundenen Komplikationen. Sie war für uns «Tante Marianne», sonst nichts. Gelegentlich fragten wir nach Benedikts Vater. Hatte er einen, und wenn ja, wer war es? Marianne Hoppe, das wussten wir, war einmal mit Gustaf Gründgens verheiratet gewesen. War Gustaf Gründgens also Benedikts Vater? Nein, hieß es dann, das war er nicht. Als ich meine Mutter eindringlicher befragte, sagte sie, Benedikts Vater sei Engländer.

Nach Jahrzehnten getrennter Lebenswege wohnen Benedikt und ich wieder in München. Wir besuchen uns gegenseitig, sitzen in Cafés, reden miteinander. Die gemeinsame Kindheit schweißt uns zusammen. Trotzdem sehe ich, dass ich wenig wusste von Benedikt und seinem Leben und auch seine Mutter Marianne Hoppe nur sehr oberflächlich kannte. So lustig, wie das Leben in St. Heinrich schien, ist es wohl damals schon nicht gewesen. Das einzige Kind einer berühmten Mutter zu sein ist nicht einfach. Und Väter, die nicht da sind, können fehlen, auch wenn man es gar nicht merkt.

Im April 1946 wurde Marianne Hoppe, hochschwanger, als Mann verkleidet, in britischer Leutnantsuniform, die Haare unter der Mütze versteckt, in einem *Command Car* von zwei britischen Offizieren von Berlin in den Westen gebracht. Sowjetische Posten fragten misstrauisch: «British or American?» Die Autoinsassen erstarrten, dann Durchwinken mit einem Ruck der Kalaschnikoff. Bei Bad Oeynhausen enormer Auftrieb vor einem Schloss: Feldmarschall Bernard Montgomery, Befehlshaber der britischen Besatzungstruppen, hatte hier sein Hauptquartier. Die Offiziere drehten hastig ab – eine als Leutnant verkleidete Deutsche in einem britischen Militärfahrzeug hätte ihnen mächtigen Ärger eingebracht. Marianne Hoppe erhielt Zivilkleider, die Offiziere setzten sie in einen Zug, sie schlug sich nach Dinkelsbühl durch, wo sie eine Freundin hatte. Die Geburt kündigte sich an. In einem mittelalterlichen Hospiz brachte sie am Sonntag, dem 5. Mai ein Siebenmonatskind zur Welt und nannte es Benedikt, der «gesegnet ist und Gutes sagt».

Marianne Hoppe, Gutsherrentochter, 1909 in Rostock geboren, in Felsenhagen in der Ostprignitz aufgewachsen, hatte ihre Karriere in

Frankfurt am Main begonnen. Bei der Machtübernahme durch die Nazis spielte sie bereits an den Münchner Kammerspielen, ab 1935 am Preußischen Staatstheater in Berlin, dessen Intendanten Gustaf Gründgens sie 1936 heiratete. Beide waren Publikumslieblinge, hochbezahlte Stars, nicht ungefährdet wegen Gründgens' Homosexualität, aber geschützt durch ihre Berühmtheit und das Wohlwollen des «Reichsmarschalls» Hermann Göring. Während Gründgens nach dem Fall von Berlin in einem sowjetischen Lager interniert war, wurde Marianne Hoppe von dem britischen Journalisten Ralph Izzard schwanger. Sie kannte ihn aus Vorkriegszeiten, als er für die britische Presse aus Berlin berichtete, 1945 kehrte er als *Lieutenant Commander* der *British Navy* nach Berlin zurück, im Januar 1946 wurde er nach Indien abkommandiert und konnte für seine Geliebte nichts mehr tun, als sie durch Freunde in den Westen bringen zu lassen. Gustaf Gründgens, empfindlich pikiert durch die «Untreue» seiner Frau, verlangte die Scheidung. Marianne Hoppe war eine starke Frau, aber die Aufregungen und Unsicherheiten der letzten Zeit waren zu viel für sie. Nach der Geburt erlitt sie einen Zusammenbruch, musste in eine Klinik, war ein Jahr lang für ihr Kind nicht da.

Benedikt war mit dreieinhalb Pfund kaum überlebensfähig, der nächste Brutkasten im fünfzig Kilometer entfernten Ansbach. Die Hebamme legte ihn zu einem Flüchtlingsbaby, das sie aufgenommen hatte, die beiden wärmten sich aneinander. Im Winter 46/47 drohte eine Erkältung Benedikt umzubringen, die Kinderfrau packte ihn bei den Füßen, hielt ihn kopfunter aus dem Fenster, das stimuliere die Abwehrkraft. «Er hat freche Augen», meinte sie, «der kommt durch!»

Als Benedikt ein Jahr alt war, holte seine Mutter ihn ab. Zusammen mit der Kinderfrau gondelten sie vom Dampfbahnhof Wilburgstetten in die weite Welt, genauer gesagt nach Rimsting am Chiemsee, wo Mariannes Freundin Vicky Hoesch mit anderen kriegsbedingt gestrandeten Frauen die Zukunft erörterte, insbesondere die Frage: Wo kann man wohnen? Die Kollegin Elisabeth Flickenschildt verwies auf den Ort Scharam bei Siegsdorf, wo der Wind frisch und trocken weht und sie seit 1937 ein Haus hatte. Eine dort lebende Baronin, als Verwandte des Attentäters Stauffenberg nach dem 20. Juli 1944 mit Hausarrest belegt, durfte zum Ausgleich jetzt Zimmer vermieten. Zwei Kammern im ersten Stock wurden der erste gemeinsame Wohnsitz von Benedikt und seiner Mutter.

Inzwischen war Gustaf Gründgens in seiner Heimatstadt Düsseldorf Intendant geworden. Dort plante er eine Aufführung von Sartres «Die Fliegen» – das deutsche Publikum lechzte nach Neuem und Ausländischem, das Stück hatte hierzulande noch keiner gesehen. Die Rolle der Elektra bot er Marianne Hoppe an. Die war froh über Auftrittsmöglichkeit und Verdienst und froh, das Verhältnis zu ihrem Ex-Ehemann zu kitten, auch wenn das Angebot eine neuerliche und vielmonatige Trennung von ihrem Sohn bedeutete. Kurz nach der Währungsreform kaufte sie für 15 000 Mark das Haus Scharam 69 ½, schräg gegenüber vom Wohnsitz der Baronin. Benedikt hatte nun ein schönes Zuhause, aber die Mutter war fast immer fort.

Es begann eine merkwürdige Kindheit in der Obhut häufig wechselnder, meist älterer Frauen – wer in Marianne Hoppes Bekanntenkreis einsam war, Geld brauchte oder sonstwie mit dem Leben nicht zurechtkam, wurde zur Betreuung Benedikts herangezogen. Eine Frau von Below war dabei, geistig interessiert, aber ohne festen Wohnsitz und deshalb von Haus zu Haus weitergereicht. Oder Lotte Bahr, Mutter des Politikers Egon Bahr, ehemalige Rennfahrerin (1934 Damenpokal der 2000 Kilometer Deutschlandfahrt auf Adler Trumpf Junior). Oder Fräulein Simon, die Benedikt so inbrünstig hasste, dass er die Tuberkulose, die sie zum Weggehen zwang, wie ein Gottesgeschenk begrüßte.

Per Anzeige kam Frau Klemm ins Haus. Sie stammte aus dem Erzgebirge, war bis 1939 Kindermädchen in England gewesen, hatte Ahnung von Literatur und Kultur und war vier Jahre lang Benedikts Ersatzmutter. Marianne Hoppe spielte derweilen eine Rolle nach der anderen und filmte mit den Regisseuren Kurt Hoffmann und Wolfgang Staudte, da gab es kaum Lücken. Sie hätte Engagements absagen können, aber Geld musste herangeschafft werden. Außerdem war sie Schauspielerin aus Leidenschaft. Die Zeiten, da es schick ist, Kindern den Vorrang zu geben, waren noch weit entfernt.

«Mir war mulmig zumute, wenn Mutter angekündigt wurde. Sie erschien mir fremd und streng, und ich merkte: Sie wollte was von mir, wollte mich gleich für sich haben. Ich habe mich dann an Frau Klemms Rockzipfel geklammert, der war meine Zuneigung, ja Abhängigkeit von ihr natürlich peinlich. Nach zwei, drei Tagen habe ich mich dann an Mutter gewöhnt, bin zu ihr ins Bett gekrochen, wir haben Bilderbücher angeschaut, ‹Babar, der König der Elefanten› und andere. Aber unweigerlich folgte der Abschied: Mutter musste wieder weg. Einmal durfte ich bis Siegsdorf mitfahren, wir haben beide geheult, dann bin ich den Berg wieder hinauf gelaufen.»

Benedikt bekam einen Hund und nannte ihn «Wampi», Milchschafe und Hühner wurden angeschafft, versorgt von einer Haushälterin, Frau Klemm sollte ganz für Benedikt da sein. Aber die Frauen stritten miteinander und verfielen in Trübsinn, wenn Einsamkeit und Langeweile über sie hereinbrachen. Zu dritt saß man stumm unter der Küchenlampe. Abwechslung brachte Frau Klemms Ehemann, Student der Medizin in München und nebenher Vertreter für Waschmaschinen. Einen Kranz Würste um den Hals trat er ins Zimmer, da gab es was zu lachen. Mit seiner Frau auf dem Rücksitz seines Motorrollers und Benedikt in der Mitte bretterte er über die Deutsche Alpenstraße. In der Garage zerlegte er den Roller in seine Einzelteile und schraubte ihn wieder zusammen. Benedikt schaute fasziniert zu. Abgesehen von seinem Großvater Gustav Hoppe, einem gebildeten alten Herrn mit Mittelscheitel, war Herr Klemm der erste Mann in seinem Leben, ein Ersatz für den Vater, von dem er nicht wusste, dass er ihn hat, und nicht wusste, ob er ihn möchte.

«Der Begriff Vater bedeutete mir nichts. Die Knaben und Mädchen der Grundschule hatten wohl Väter, aber man sah sie nicht, sah nur die Mütter, und mir waren Erzieherinnen und Mutter genug. Ich brauchte keinen Vater, habe nicht über ihn nachgedacht, nicht nach ihm gefragt. Mutter hatte die Regelung ausgegeben und wohl auch die Erzieherinnen dahingehend angewiesen: Vor dem Jungen wird vom Vater nicht gesprochen. Das Thema gab es nicht. Ich habe ihn als Siebenjähriger auf einem Zeitungsfoto gesehen. Er kam mir wie ein Verwandter aus

Unweigerlich folgte der Abschied –
Marianne Hoppe und Bendikt, Scharam, 1954

dem Ausland vor. Kein Schock: Um Gottes Willen, ich stamme ja von dem ab. Kein dringendes Bedürfnis, ihn kennenzulernen.» Herr Klemm, sein «Ersatzvater», hatte als Frontkämpfer in Russland schlimme Dinge erlebt. Seine Jovialität schlug schnell in Wut um. Als «Wampi» sich in Kuhfladen wälzte, verprügelte ihn Herr Klemm mit dem Teppichklopfer. Benedikt lief davon und hielt sich die Ohren zu.

Die Grundschule in Eisenärzt, zwanzig Minuten den Berg hinab, eine dreiviertel Stunde hinauf, im Winter das Doppelte, manchmal bis zur Brust im Schnee, hatte vier Klassen in einem Raum, die Lehrerin war streng. Frau Klemm hatte mit Benedikt englische Vokabeln gepaukt (soll man gar nicht in so frühem Alter, sagt die neuere Forschung), er war den anderen sprachlich voraus, aber hatte im Rechnen Schwächen, die auch Frau Klemm kaum beheben konnte. *Was das Rechnen betrifft, sehen wir einen Lichtstreif am Horizont,* schrieb sie Marianne Hoppe und meinte, die Förderung in Form kleiner Geldbeträge *unbedingt aufrechtzuerhalten,* da gebe es *echte Möglichkeiten.* Marianne Hoppe (die sich hierbei mit Freundinnen und Kolleginnen beriet), war ehrgeizig für Benedikt, hielt ihn für begabt, wollte ihn so bald wie möglich im Gymnasium wissen – wer früh beginnt, hat später einen Vorteil. Die Wahl fiel auf Marquartstein, sechzehn Kilometer von Scharam entfernt, zu weit, um täglich hin- und herzufahren, aber vielleicht täte das Internatsleben Benedikt gut. So dachte eine Mutter, die das Beste für ihr Kind wollte – und das wollte sie! Benedikt legt Wert auf diese Feststellung. Dass seine Fähigkeiten am Niveau einer Dorfschule gemessen wurden, dass er mindestens ein weiteres Jahr gebraucht hätte, um im Gymnasium mitzukommen, war eine andere Sache.

Der Schock war groß: zu viert schlafen, ein Speisesaal. Der Frühstücks-Semmelduft erinnerte schmerzhaft an zu Hause, alles andere war ungewohnt, fremd, der Schulstoff sauschwer, die Mathematik nach wie vor unbegreiflich. Benedikt musste viel nachsitzen, fiel immer weiter zurück, hatte immer weniger Lust, sich mit Mitschülern anzufreunden. «Von anderen Jungens halte ich mich fern und spiele lieber im Wald», schrieb er seiner Mutter. Dabei waren einige von ihnen ganz nett. Zum Beispiel Anderl Glas, Spross der Industriellenfamilie Glas aus Dingolfing, Spitzname «Goggo», die Motorroller und Kleinautos «Goggoroller» und «Goggomobil» wurden nach ihm benannt. Sein Opa Hans Glas, Firmenpatriarch mit wehendem Mantel und Homburg, fuhr allerdings nicht «Goggomobil», sondern ein BMW 503 Coupé, braunmetallic, mit gelben Ledersitzen, Kaufpreis 29 000 Mark, «dafür könnte man ein Haus bauen», sagten die Buben. Benedikt drückte sich die Nase platt, um ins Autoinnere zu spähen.

«Als kleiner Junge nahm mich meine Mutter mit ins Hotel Vier Jahreszeiten nach München – es käme sehr wichtiger Besuch, ich müsse besonders artig sein. Auf schweren Teppichen warteten wir im Foyer. Alles war mit Rot und Gold ausgekleidet. Eine Dame und ein Herr kamen die Treppe herunter, Letzterer unendlich groß, wie ein einsamer, schlanker Turm. Er gab mir von weit oben herab die Hand und sagte mit einer fern klingenden Stimme: ‹Guten Tag.› Es folgte eine peinliche Stille. Ich stand und wartete. Endlich fragte die Dame, die etwas lockerer war: ‹Und wofür interessierst du dich so?› Ich schaute hinauf und rief: ‹Für Autos!› ‹Das trifft sich ja gut›, meinte die Dame, ‹dann gehen wir nachher gleich mal runter in die Garage und schauen uns mein neues Auto an.'» Der Herr und die Dame waren Thomas Mann und seine Tochter Erika.

Auch Gregor Krauß war Benedikts Mitschüler in Marquartstein, Sohn von Werner Krauß, den viele für den größten Schauspieler seiner Generation hielten. Marianne Hoppe hatte mit ihm eine Tournee gemacht, Benedikt durfte in seinem schwarzen Opel Kapitän mit an den Attersee fahren, die Tachonadel zeigte 140, das hatte er noch nie erlebt. «Beim Spielen mit Gregor fiel ich dann auf die Stirn, wurde ohnmächtig und blickte beim Aufwachen in vier besorgte Frauengesichter, darunter das meiner Mutter.» In der Rückschau sieht Benedikt das Komische seiner Lage, in der Realität war sie misslich und nach zwei Jahren Marquartstein unhaltbar.

Was tun? Kopfwiegen bei den Erwachsenen. Benedikt ist doch technisch und handwerklich begabt, vielleicht käme er in einer Schule besser zurecht, in der es mehr ums Praktische geht? Zum Beispiel im Werkschulheim Felbertal bei Mittersill im Pinzgau, hinter der Grenze zu Österreich. Dort konnte man neben dem normalen Unterricht das Schreiner-, Radio- oder Automechanikerhandwerk erlernen und mit der Matura die Gesellenprüfung ablegen – zwei Abschlüsse in einem, das klang gut, dort sollte Benedikt hin.

Felbertal liegt 1000 Meter hoch zwischen Zweieinhalbtausendern und bekommt im Winter so gut wie keine Sonne. Die Schüler wohnten zum Teil in Baracken, ein schneekettenbewehrter, allradgetriebener Unimog brachte Nahrungsmittel aus dem Tal, außer ihm kam den Berg im Tiefschnee nur der kriegserprobte Kübelwagen des evangelischen Pfarrers hoch (der den katholischen Kollegen kulanterweise mitnahm). Die Einsamkeit war so groß und die Kost so eintönig (Mohnnudeln oder *Past'asciutta*, in der Übersetzung der Schüler: Pasta mit gar nichts), dass die Knaben sieben Kilometer ins Dorf liefen, um eine Leberkäs-Semmel zu kaufen oder ein paar Menschen zu sehen. Für alles gab es einen Dienst, sogar für das Hissen der Flagge: «Antreten! Flaggendienst vortreten! – Hisst Flagge! – Habt Acht! – Rührt euch! – Abtreten!» Eines Mittags entdeckten die Schüler, dass die am Morgen gehisste Österreich-Fahne auf Halbmast stand. «Was», fragten sie, «schon wieder ein Papst gestorben?» (Pius XII. war vor Kurzem verblichen.) Nein – Flaggendienst Benedikt Hoppe hatte unsauber gearbeitet und die Öse nicht richtig in den Haken geführt. Er stürzte hinaus und hisste erneut. Die Kameraderie zwischen den Schülern war herzlich, die Gruppenleiterin fürsorglich, aber Benedikt kein guter Schüler. «Die Tusche verlief beim technischen Zeichnen, der Zirkel gehorchte nicht. Mathematik, Latein und Chemie – o je ... Immer wieder knickte mein linker Fuß um, aus innerer Schwäche, ich musste ekelhafte Zinkleimverbände tragen.» Benedikt war ein Feingeist. Er sonderte sich ab, las viel, begann einen Kriminalroman zu schreiben, er sollte in Londons Unterwelt spielen, aber kam über zwanzig Seiten nicht hinaus. Der Schulstoff drückte allzu sehr. Nach zwei Jahren sah ihn auch das Werkschulheim Felbertal nicht wieder.

Marianne Hoppe spielte mittlerweile hauptsächlich in Berlin, und weil sie Benedikt bei sich haben wollte, aber noch in Köln verpflichtet war und auch in Berlin viel zu tun hatte, wurde das Haus des Komponisten Boris Blacher Benedikts nächste Station – Bauhausstil der 50er Jahre, große Fenster, schwarze Basaltböden, feine String-Möbel, alles prima. Aber weil es kein Dauerzustand war und es anders nicht ging, kam Benedikt auch in Berlin ins Internat und besuchte das Ernst-Moritz-Arndt-Gymnasium in der Königin-Luise-Straße.

«Ihr, die ihr eintretet, lasst alle Hoffnung fahren» beschreibt Benedikt die Atmosphäre. «Ein Gründerzeitbau, der jeder alliierten Bombe getrotzt hatte, Granittreppen, schwere Steingeländer, endlose Flure mit Garderobenhaken und Porträts verflossener Direktoren, die auf die Schüler herabschauten. Die Lehrer, kriegs- oder nachkriegsgeschädigt, verloren beim geringsten Anlass die Nerven. Der Deutschlehrer sah so fertig aus wie sein alter Borgward Hansa, ein anderer wurde verhöhnt, weil er eine ‹Ente› fuhr. Ich verliebte mich in Heidi, steckte ihr das Mörike-Gedicht ‹An die Geliebte› in die Schultasche, sie zeigte es ihren Eltern, ich musste zum Direktor: ‹Du hast dich da in etwas verrannt ...› Ich lief zu ihrem Haus quer durch die Amerikanersiedlung, für Deutsche ‹Off limits›, wurde geschnappt und verhört. Viele Nachhilfelehrer arbeiteten sich an mir ab. In Deutsch war ich gut, aber in Mathematik verstand ich absolut gar nichts, und auch eine Nachhilfestunde des berühmten Musik-Mathematikers Boris Blacher brachte keinen Erfolg. Sie dauerte nur eine halbe Stunde, wir mussten beide lachen.» Berlin hatte für Benedikt schlechten Stil. Nach zwei Jahren war auch das vorbei und Benedikt zurück in Bayern.

Der Schulwechsel von Bundesland zu Bundesland hatte dank des deutschen Föderalsystems den Vorteil, dass ein im Vorinstitut verlorenes Jahr meist wieder aufgeholt werden konnte. Diesmal gelang das Kunststück durch den Sprung ins Internat in Stein an der Traun, das sich auch optisch wohltuend von seinen Vorgängern absetzte: ein rosa getünchtes Schloss im Tudor-Stil. Dieter Hahn, der Enkel Otto Hahns, war Benedikts Zimmerkamerad, Wieland Wagners Tochter Daphne seine Banknachbarin. Ihre Geschwister Iris, Nike und Wolf Siegfried Wagner wurden hier erzogen, Benedikt freundete sich mit ihrem Cousin Gottfried Wagner an, Gunilla von Bismarck war auch da, daneben Industriellenkinder von Rhein und Ruhr, mit Eltern in schweren Limousinen mit Düsseldorfer Kennzeichen. Ein Abiturient hatte bereits einen eigenen Porsche. Nur die Lateinlehrerin, eine ostpreußische Gräfin, fuhr einen verrosteten NSU Prinz, der eines Tages unter ihr zusammenbrach – Teil des spezifischen Stein-an-der-Traun-Charmes.

Ein Stück wurde aufgeführt, «Hokuspokus» von Curt Goetz. Benedikt spielte einen Butler, Henri Hohenemser, Sohn des Münchner Kulturreferenten, führte Regie, Marianne Hoppe saß neben Otto Hahn in der ersten Reihe. Benedikt hatte starkes Lampenfieber, aber wurde sicherer, als er merkte, dass er nicht stecken blieb und beim Publikum ankam. Nachher erfüllte ihn großes Glücksgefühl. Mit seinen schwarzen Haaren und seinem netten Aussehen, glaubt er, hätte er als Kinderstar Chancen gehabt, aber seine Mutter hat dergleichen nicht gefördert. Schulisch war er so schlecht, dass der Lateinlehrer die Grenze des pädagogisch Möglichen erreicht sah und ihn vom Unterricht suspendierte. Stattdessen durfte er Fahrstunden nehmen. Er hatte sich das Autofahren längst selber beigebracht, aber musste es doch irgendwann richtig lernen. «Ich winkte den anderen zu und startete mit quietschenden Reifen. Der Fahrlehrer hob erschrocken die Hände, das war lustig, aber gut gefühlt habe ich mich dabei nicht.»

Im Oktober 1963 starb Gustaf Gründgens in Manila. Benedikt hatte ihn nur ein paar Mal gesehen, hatte kein enges Verhältnis zu ihm, aber war von seiner Persönlichkeit stark beeindruckt. «Ich habe viel über ihn und Mutter nachgedacht, ihre Position unter den Nazis, was sie hätten anders machen können, was ich an ihrer Stelle getan hätte. Ich fühlte mich schuldig, obwohl ich es gar nicht war.»

Was sollte Benedikt werden? Karosseriedesigner? Journalist? Was konnte er ohne Mittlere Reife werden? Am liebsten wäre er gar nichts geworden. Man einigte sich auf Schriftsetzer. Benedikt begann eine Lehre bei Kastner&Callwey in München. «Sechs Uhr aufstehen, sieben Uhr antreten, durcharbeiten bis halb fünf, klassischer Bleisatz, Berufsschule, Feinschriftzeichnen mit Tusche, karolingische Minuskeln, gotische Formen, Anfertigen von Rahmen für die Druckmaschine, Auswechseln von Buchstaben mit der Pinzette, auf dem Bauch liegend, unter der Maschine. Es war hart, aber wer die Schule schmeißt, muss in die Lehre. Nach Mutters Tod fand ich Briefe voller Ratlosigkeit und Verzweiflung über meinen Werdegang, aber sie hat sich nichts anmerken lassen. Als ich achtzehn oder zwanzig war, kam Groll in mir hoch. Ich gab meiner Mutter Schuld für alles, was in meinem Leben schiefgelaufen war. Ein Psychotherapeut unterstützte diese Haltung, was gar nicht klug war, denn es hat meine Aversionen noch verstärkt. Dann waren wir wieder gut miteinander. Zwischen uns gab es eine Unverbrüchlichkeit, die hat die ganzen sechsundfünfzig Jahre gehalten, die wir miteinander hatten.»

Als eine Art unbewussten Protests fuhr Benedikt Marianne Hoppes Autos zuschanden. Es war ihm unendlich peinlich, aber passierte immer wieder. Einmal war die Seite aufgeschrammt, dann fuhr ihm jemand ins Heck. Dann war er unverschuldet in einen Unfall verwickelt, der ihn beinahe das Leben gekostet hätte. «Ich hätte mit neunzehn schon tot sein können, das hätte sie nie verwunden.»

Benedikts Berufsweg begann beim Kölner Stadtanzeiger. Dessen Herausgeber Alfred Neven DuMont, in der Nachkriegszeit Jungschauspieler an den Münchner Kammerspielen, hatte ein offenes Ohr für die Kinder seiner Freunde. Er empfing Benedikt freundlich und steckte ihn als Hospitant in die Mettage, wo er von 8 Uhr abends bis 1 Uhr früh graphische Aufrisse der Redaktionen in Rahmen brachte. In der Lokalredaktion in Bergisch-Gladbach schrieb er Feuilletons, ermuntert vom Lokalchef: «Trauen Sie sisch dat zu, Herr Hoppe?» Benedikt eilte von Termin zu Termin, berichtete über Karnevalsereignisse und Vereinsfeste und lieferte als begabter Fotograf auch Bilder, anderthalb Jahre lang als Hospitant – man wollte wohl sehen, wie er sich entwickelt. Als Volontär im Kölner Pressehaus durchlief er alle Ressorts, im Feuilleton und der Wochenendbeilage machte er sich besonders gut, aber eine Dauerstellung wollte man ihm nur in Euskirchen oder Monschau geben, das war nichts für ihn. Stattdessen heuerte er bei der Werkzeitschrift von Bayer Leverkusen an, nicht aufregend, aber gut bezahlt.

Im Winter 1968 besuchte Benedikt erstmals seinen Vater Ralph Izzard in Bahrain. Mit dreizehn hatte er ihn zum ersten Mal gesehen, auf einer Paris-Reise mit seiner Mutter, seitdem bestand Kontakt. Ralph Izzard war baskischer Herkunft, aber klassischer Engländer, Studium in Cambridge, mehr als dreißig Jahre lang Star-Journalist der Daily Mail in Indien, Ägypten, Kenia, Korea, im Krieg Teil der legendären, von Ian Fleming konzipierten *30 Assault Unit,* die in tollkühnen Kommandos Feindesland infiltrierte – kein Wunder, dass sich Marianne Hoppe in ihn verliebt hat. Seinen größten Coup hatte er 1953 gelandet, als er in 7000 Metern Höhe das erste Interview mit Edmund Hillary nach dessen Besteigung des Mount Everest führen konnte, vor seinem Konkurrenten vom Daily Telegraph, der sich die Rechte eigentlich gesichert hatte. Später durchforschte er als Dokumentarfilmer und studierter Zoologe den Orient auf den Spuren ausgestorbener Tierarten.

Bahrain war noch immer britisches Protektorat. Im *Speedbird Hotel* saßen ehemalige Polizeioffiziere aus Indien, gewesene Seeleute, pensionierte Beamte. Arabische Boys in weißen Uniformen mit roten Stulpen servierten Drinks auf Silbertabletts, die britische Verwaltung trug kurze Hosen und Tennisschuhe. Ralph Izzard, knapp sechzig Jahre alt, arbeitete an einer alten *Olympia Traveller* Schreibmaschine, die vom vielen Tabakrauch gelb geworden war, vor dem Fenster imitierte sein Graupapagei «Charly» den Raucherhusten seines Herren. Das Haus hatte einen Innenhof und einen Windturm an jeder Ecke, der beim leisesten Luftzug Kühlung brachte. Im Morgengrauen rief der Muezzin, die Hunde der Umgebung stimmten ein, noch nie hatte sich Benedikt Gott so nah gefühlt. Der Vater war freundlich, aber fragte nicht viel. Als höchsten Ausdruck der Zuneigung fand Benedikt einen Zettel auf dem Küchenboden: «Es ist noch alles im Kühlschrank, aber komm doch ins *Gulf Hotel* nach!» Benedikt lernte seinen Halbbruder Miles kennen, später andere Halbgeschwister.

Zurück in München, arbeitete er bei einem Verlag, der das «BMW-Journal» herausgab, eine gute Arbeit, die aber nur anderthalb Jahre währte, weil der Verlag in Schwierigkeiten geriet und Benedikts Sozialabgaben nicht zahlen wollte. Anwalt Christian Ude, später Münchens Oberbürgermeister, erstritt 7000 DM für ihn. Benedikt schrieb als freier Mitarbeiter für die Zeitschriften «lui», «PM» und andere Blätter. Seine Mutter hatte ihm eine Wohnung besorgt, zufällig, durch eine Bekannte, ein originelles Domizil, angebaut an ein Schwabinger Gründerzeithaus, über eine Außentreppe erreichbar, ideal für einen jungen Mann, der hoffentlich bald heiraten würde. Freundinnen hatte Benedikt genug, aber Bleibendes wollte sich nicht einstellen.

Bei Benedikts Geburt war Marianne Hoppe siebenunddreißig, als er selbst dreißig wurde, war sie siebenundsechzig und nochmal zehn Jahre später siebenundsiebzig. Erst frisches Landmädchen, dann bewunderte Schönheit und gefeierte Schauspielerin, gerühmt für die fabelhafte Beherrschung ihrer Mittel, wurde sie im Alter immer besser, umworben von Autoren und Regisseuren, die mit ihr arbeiten wollten. Ein Ende ihrer Karriere war nicht abzusehen, aber allein kam sie nicht mehr zurecht.

Benedikt wurde hauptberuflicher Betreuer, Begleiter und Vertrauter seiner Mutter. Er begleitete sie zu Gastspielen, buchte Hotels, fuhr Gepäck von hier nach dort, mietete Wohnungen an und bestellte sie wieder ab, pendelte zwischen Scharam, München, Berlin und Wien, legte ihr Dokumente zur Unterschrift vor, die sie leistete oder nicht, glich aus, wenn ihre Allüren Unruhe stifteten, und bekam mit, was andere nicht mitbekamen: die Qual ihrer Entscheidungen, wenn sie nicht wusste, welche Rolle sie annehmen oder ablehnen sollte, die Mühe des Textlernens, die Angst, zu versagen oder stecken zu bleiben, und viele einsame Stunden, in denen sie ihr Leben reflektierte, sich Vorwürfe machte, am Tisch saß, in die Ferne schaute und düstere Gedanken zu Papier brachte, um irgendwann vielleicht doch noch ihre Memoiren zu schreiben. Dann stand er im Parkett und jubelte ihr zu, wenn sie wieder einmal geglänzt hatte, in Heiner Müllers «Quartett» zum Beispiel, das sie erst nicht hatte spielen wollen, als King Lear in Robert Wilsons Frankfurter Inszenierung oder im «Heldenplatz» von Thomas Bernhard, mit dem sie Altersfreundschaft pflegte. Benedikt fuhr sie zu dessen Vierkanthof nach Obernathal, saß mit ihm und ihr im Lokal beim Rindsgulasch, begleitete sie zu Lesungen, Ehrungen und Empfängen, reiste mit ihr zu Gastspielen nach Paris und Lissabon, ging im Berliner Ensemble ein und aus, sah die berühmte Kantine, fast unverändert seit Brechts Tod, mit Bildern von Helene Weigel an der Wand und einer Bar, die kurz vor dem Zusammenkrachen stand. Symbolisch für die Ost-West-Beziehung war für ihn Peter Zadek, der in seinem riesigen, blankpolierten BMW Zwölfzylinder Coupé auf den grauen Hinterhof fuhr, und Heiner Müller, der in gebückter Haltung auf ihn zuging. «Surrr – ließ Zadek das Fenster herunter, Müller beugte sich zu ihm hinein, sie besprachen etwas, surrr – fuhr die Scheibe wieder hoch und Zadek rauschte ab.» Als Werner Schroeter seinen Film «Marianne Hoppe – die Königin» drehte, war Benedikt dabei, assistierte, machte Fotos am Set.

Benedikts Leben war aufregend und eintönig, voll und leer zugleich. Marianne Hoppe dachte ans Aufhören, aber tat es nicht, weil immer neue Angebote kamen. Einen Fünfjahresvertrag mit dem Berliner Ensemble hatte sie abgelehnt, aber wenn der noch ältere Bernhard Minetti in Brechts «Arturo Ui» nicht spielen konnte, sprang sie ein. Irgendwann war sie neunzig, immer noch aktiv, immer noch Hauptperson. Als sie sogar für Lesungen zu schwach war, organisierte Bene-

Unverbrüchlich – Marianne Hoppe und ihr Sohn Benedikt

Begleiter, Betreuer, Vertrauter –
Benedikt Hoppe und seine Mutter, ca. 1966

dikt ihren Umzug von Berlin in ein Altersheim in Siegsdorf. Er hätte sie gern näher bei sich gehabt, aber das Haus, das sie als junge Frau eingerichtet hatte, war für das Alter nicht geeignet. Benedikt verhandelte mit Ärzten und beruhigte das Personal, wenn seine Mutter Zigarettenkippen aus dem Fenster geworfen hatte, ging mit ihr essen, fuhr sie durch die bayerische Landschaft. «Eigentlich bin ich ja Mecklenburgerin», sagte sie, wenn ihr Wiesen, Berge und blauer Himmel gar zu aufdringlich vorkamen.

«Sie hat dann eine Blasenentzündung bekommen. Man hat es mit Antibiotika versucht, das ging einmal gut, beim zweiten Mal hat der Körper gestreikt und die Antibiotika nicht mehr aufgenommen. An dieser Schwächung ist sie dann gestorben. Am 22. Oktober 2002 kam ich um 18 Uhr zu ihr, sie war merkwürdig aufgekratzt, hat pausenlos geredet, ohne Zusammenhang, aber mit viel Energie, und plötzlich gefragt: ‹Junge, was machen wir morgen? Wo fahren wir hin? Wie geht es weiter?› Ich beruhigte sie so gut es ging und fuhr nach Hause. Kurz vor Mitternacht rief der Arzt an: ‚Sollen wir Ihre Mutter ins Krankenhaus bringen?' Ich sagte: ‹Auf keinen Fall, wie können Sie daran denken?› Ich raste zum Heim, sie hat auf mich gewartet, den Kopf zu mir gedreht, mit den Lippen meinen Namen geformt, so schien es mir jedenfalls – bei den Augen weiß man nicht, ob sie noch leben oder schon versunken sind. Wir hatten noch eine Dreiviertelstunde miteinander. Ich habe sie dann spontan umarmt, und weiß du, was ich gesagt habe? ‹Mein Liebling.› Kam einfach so aus mir heraus. Wahnsinn, was? Ich saß dann noch eine Stunde an ihrem Bett, habe still auf sie geschaut.»

Die BILD-Zeitung konnte am Morgen abgewimmelt werden, und als das Fernsehen zwei Tage später die Nachricht um 16 Uhr brachte, war Marianne Hoppe schon beerdigt. Das Grab auf dem Siegsdorfer Friedhof hatte sie schon vor zehn Jahren gekauft und einen Stein ausgesucht. *Ich bin so allein. Keiner steht an meinem Bett und nimmt mir die Qual. Ich bin den Vögeln ausgesetzt und dem Rad der Uhr, die meine Seele kränkt.* Diese Zeilen aus Thomas Bernhards «In hora mortis» hatte sie kurz vorher im Wiener Akademietheater rezitiert. Bei ihrem Tod war Benedikt bei ihr.

März 2014. Ich besuche Benedikt in seinem Scharamer Haus. Seit 1954 bin ich nicht hier gewesen. Ich durfte damals mitfahren, ein einziges Mal, mit Benedikt und Marianne Hoppe, für eine Woche oder so, in ihrem holzverkleideten Fiat, auf dem Rücksitz zwischen Körben und Taschen, es ging über die Autobahn, das war etwas Besonderes. Ich sah den Schnauzer «Wampi» und die Milchschafe, sah Frau Klemm und Benedikts Großvater Gustav Hoppe samt seinem Mittelscheitel. Und sah, als ich auf der Wiese vor dem Haus spielte und Marianne Hoppe aus ihrem Schlafzimmer auf den Balkon trat, dass sie nackt war. «Huch, ich habe ja gar nichts an», rief sie, als sie mich bemerkte, ich fand den Anblick interessant und fühlte mich auch ein wenig schuldig, obgleich ich ja nichts getan hatte. Marianne Hoppes Arbeitszimmer ist unverändert, samt Schreibmaschine, Tintenfass und Löschroller, im Bücherregal steht ihre Fritz-Reuter-Gesamtausgabe, in zwei großen Schränken hängen ihre Röcke, Jacken und Mäntel. Wohin mit den Sachen? Benedikt kann sie nicht wegwerfen. Auch um das Haus seiner Mutter in Griechenland muss er sich kümmern. Es liegt auf dem Peloponnes, auf dem Grundstück steht eine kleine Kapelle, in der Benedikt manchmal betet, man schaut von oben übers Meer, es ist wunderschön, aber Freundinnen, die er mitnehmen möchte, sind für das einfache Leben nicht immer geeignet. Verkaufen wird er es nicht, auch das Scharamer Haus nicht. Die Erinnerung an die Mutter lässt es nicht zu.

«Natürlich habe ich in meinem Leben keine ähnlich erfolgreiche Karriere wie meine Mutter machen können. Ich war ein engagierter Zeitschriften-Redakteur, habe lesbare Reportagen geschrieben, doch mir fehlten die Leidenschaft und das Durchsetzungsvermögen, um Großes zu schaffen. Ich bin eher ein neidloser Betrachter von herausragenden Leistungen als ein zielgerichteter Erfolgsmensch. Eine gewisse Ängstlichkeit und das fehlende Urvertrauen hemmten den Schwung, der zu einem Durchbruch nötig ist. Meine fröhliche Grundstimmung und meine liebevolle Einstellung zum Leben schützen mich davor, mein Dasein als zweitklassig zu empfinden und mit meinem Mutterschicksal zu hadern. Ich versuche, mich mit Menschen zu umgeben, die mir guttun, und natürlich ist die deutsche Theater- und Filmgeschichte des 20. Jahrhunderts ein wichtiges Thema für mich. Meine Zukunft ist meine Vergangenheit.»

Bevor ich fahre, zeigt mir Benedikt das Buch vom Elefantenkönig «Babar», aus dem seine Mutter ihm vorgelesen hat. Das Mörike-Gedicht «An die Geliebte» kann er heute noch auswendig vortragen.

8

Israel

Im Sommer 1963 ist es so weit: Ich fahre nach Israel. Ich bin achtzehn Jahre alt, und die deutsche Vergangenheit liegt mir wie ein Stein im Magen. Könnte ich nur ein Jude sein, wünsche ich mir oft, dann wäre das Problem gelöst. (An die vielen Juden, die vor nicht allzu langer Zeit sehnlichst gewünscht haben mögen, keiner zu sein, denke ich nicht. Es zählt nur mein Leid, meine Scham, mein saudummes Schicksal.) In London mustere ich die Fahrgäste in der U-Bahn: jüdisch oder nicht? Betrachte mit heiliger Scheu die hebräischen Buchstaben am Portal eines jüdischen Kindergartens in der Finchley Road. Denke an die hoffnungslose Liebe zu meiner jüdischen Freundin in Golders Green, von der mich ein tiefer Graben trennt. Was kann ich tun? In meiner Not habe ich bei einer jüdischen Organisation angerufen und um einen Termin bei einem Rabbi gebeten. «Come next Thursday», hatte es geheißen. In einer Seitenstraße im Stadtteil Soho wurde ich vorgelassen, zwischen hohen Bücherregalen saß der Rabbi, nicht, wie erwartet, über Folianten gebeugt, sondern empfangs- und gesprächsbereit, ein Gesellschaftsmensch, mittelgroß, ziemlich grau, mit einem Käppi, wie es in Deutschland die Kaminkehrer tragen (o Gott, was Falsches gedacht, gleich wegdenken und Fokussierung auf den Augenblick): «Rabbi, was kann ich tun, um Jude zu werden?» «Du weißt», sagte der Rabbi, «dass wir andere nicht ermutigen, unseren Glauben anzunehmen. Wenn du es wirklich willst, kannst du den Weg beschreiten. Aber er ist nicht einfach und dauert lang.» Er sprach von Schritten, Stufen und Büchern, von Seminaren, die zu besuchen, und Gesprächen, die zu führen seien, ich hörte nur noch halb zu: Nein, das ist nichts für mich. Wenn ich dann endlich Jude wäre, würde ich mich trotzdem schämen. Also auf nach Israel. Dann geschieht wenigstens etwas.

Meine Eltern sagen wie immer Ja und Amen. Meine Mutter kontaktiert eine jüdische Freundin aus Berlin, die jetzt in Jerusalem lebt. Ja, wenn ich dort bin, soll ich vorbeikommen. Andere jüdische Freunde, früher Berlin, jetzt New York, finden meine Absicht so löblich, dass sie einen Reisezuschuss über den Ozean schicken. Ich bin erfreut und erstaunt: alles normal. Nervös bin anscheinend nur ich: Was erwartet mich? Wirklich dort zu sein, kann ich mir nicht vorstellen.

Dann stehe ich auf dem Deck eines griechischen Schiffs. Es ist später Nachmittag, aber immer noch heiß. Ein kleiner Wind weht, hinter uns versinkt die Silhouette von Venedig. Auf dem Schiff ist alles aus Eisen, auch die Bettgestelle der Sammelkabinen. An den Wänden läuft Wasser herab, ob vom Schweiß der Schlafenden oder weil es unter Deck eben so ist. Es gibt griechisches Essen, nachts funkeln Sterne, tagsüber lungere ich herum, würde gern Gitarre spielen, aber finde keinen geeigneten Platz.

An der Reling lehnt ein braungebrannter junger Mann. «Where are you from?», fragt er. «I'm English», antworte ich. Die Schwindelei ist gewagt, aber nicht halsbrecherisch. Ich habe in den Jahren in London durch die Lektüre des «Evening Standard», des Satiremagazins «Private Eye» und anderer maßgeblicher Publikationen und durch pausenloses Reden so gut Englisch gelernt, dass man mich gelegentlich für einen Südafrikaner hält, aber mir den Deutschen nicht mehr unbedingt anhört. Mein Gegenüber, so viel ist klar, ist mit Sicherheit kein Engländer. «What about you?», frage ich. «Guess», sagt der junge Mann. French? Italian? Greek? «No, I'm Israeli.» Donnerwetter, denke ich, jüdisch aussehen tut der nicht. Ein neues Volk wächst heran – so jedenfalls steht es in Büchern, die ich über Israel gelesen habe.

Der junge Mann heißt Paz, das bedeutet Gold. Ich weiß das. Eine israelische Mitbewohnerin meines Londoner Studentenheims hat mir das hebräische Alphabet und die Grundbegriffe der Sprache beigebracht. Da es außer Meer wenig zu sehen gibt, beäugen wir die Mädchen auf Deck, darunter eine schlaksige Schwedin mit großen Brüsten und kurzem Lockenhaar. «Wie findest du die?», frage ich. «Na ja», meint Paz. Aber am Morgen liegt sie neben ihm in seiner Koje. «I asked her if she wants to sleep with me, and she said yes», erklärt er. Nochmal Donnerwetter. Schüchtern sind die Israelis nicht.

Das Schiff durchfährt den Korinthischen Kanal. Das Ufer ist nur ein paar Meter entfernt, die Pinien duften betörend. Betörend ist auch die Griechin neben mir. Wir führen ein inniges Gespräch, weiter geschieht nichts. Das Schiff hält in Rhodos, Famagusta und Limassol und, am Morgen des achten Tages, in der Bucht von Haifa.

Jetzt gilt es. Denn ich habe weder den blauen britischen, den dunkelblauen israelischen, den hellblauen amerikanischen, den roten türkischen, noch sonst irgendeinen Pass, sondern den grünen Pass der Bundesrepublik Deutschland, mit einem auf kompliziertem Weg erlangten israelischen Visum. Diplomatische Beziehungen zwischen dem Staat Israel und der Bundesrepublik gibt es noch nicht, wer als Deutscher einreisen will und vor einem bestimmten Datum geboren ist, muss erklären, kein Mitglied der NSDAP oder einer ihr verwandten Organisation gewesen zu sein. Auf mich trifft das nicht zu, trotzdem ist mir mein Pass aufs Äußerste unangenehm. Ich halte ihn möglichst unauffällig in der Hand, luge nach links und rechts, was die anderen haben, und wünsche mich sonst wohin. Paz kommt vorbei. «Weißt du überhaupt, wo du in Israel wohnst? Hast du eine Adresse, einen Schlafplatz?» Ich weiß nichts und habe nichts. Profane Fragen wie diese haben weder ich noch meine Eltern bedacht. «Du kannst bei meinem Vater übernachten», sagt Paz und gibt mir eine Adresse in Tel Aviv. Dann ist die Reihe an mir. Der israelische Passbeamte ist ein junges Mädchen. Sie nimmt meinen Pass ohne Überraschung oder Abwehr, prüft ihn, schaut mich kurz an, winkt mich durch. Sehr gut, diese erste Begegnung.

Ich betrete Heiliges Land.

Und wer steht am Kai? Doktor Shuster aus Golders Green! Der Vater meiner Freundin, die neben meinem Schuldgefühl ein Hauptgrund meiner Hinwendung zum Judentum und meiner Israel-Reise ist (hehre Absichten haben auch hier einen ganz praktischen Unterbau). Dr.

Shuster ist der Letzte, den ich hier erwartet hätte. Er war über die Freundschaft seiner Tochter mit einem Deutschen und – Gott behüte! – das Schreckgespenst einer möglichen Heirat nicht erfreut und *not amused* über meine Gewohnheit, am Sonntag wie zufällig zum Mittagessen aufzutauchen. Was macht er hier? Holt er jemanden ab? Einen Freund, ein Familienmitglied? Nein, er ist extra wegen mir aus Tel Aviv gekommen, wo er die Sommerferien verbringt. Um mich zu empfangen und mir den Weg nach Tel Aviv zu zeigen. Ist das möglich? Überwältigt von so viel Großzügigkeit, erlebe ich alles wie im Traum. Wir besteigen einen Zug, Eukalyptusbäume und Sanddünen jagen vorbei. In Tel Aviv sehe ich grauen Asphalt, schmucklose Gebäude, Zeitungsstände, klapprige Autos. Viele Menschen. Überall hebräische Buchstaben.

Irgendwie erreiche ich die von Paz angegebene Adresse. Ein alter Mann öffnet, klein, schwach und verhuscht – der Vater des muskulösen Paz. Er stammt aus Polen. Ja, er weiß, dass jemand kommt, sagt er müde. Er spricht Hebräisch, gemischt mit Jiddisch oder Deutsch, Englisch kann er offenbar nicht. Er öffnet die Tür zu einem Zimmer, deutet auf ein Bett und verschwindet. Erscheint wieder, deutet auf eine andere Tür: «Hier kannste nehmen a Bad.» Ungewaschen und ohne Zähneputzen lege ich mich aufs Bett. Es ist heiß, durchs offene Fenster dringt kaum ein Luftzug. Es riecht nach Putz- oder Desinfektionsmittel. Ich werde feststellen: In allen Tel Aviver Wohnungen riecht es so. Draußen miaut eine Katze. Ich bin in Israel, denke ich.

Ich gewöhne mich und habe Glück. Denn Doktor Shuster erweist mir vor seiner Rückkehr nach England eine letzte Wohltat, indem er mich, weil es nichts Besseres zu tun gibt, auffordert, ihn in ein Reisebüro zu begleiten, und dem dort auf seinem Sessel thronenden Agenten gesprächsweise mitteilt, dass der junge Mann neben ihm gut Gitarre spielt. Dieser greift zum Telefon und leitet die Nachricht an den israelischen Staatsrundfunk *Kol Israel* weiter – Privatsender gibt es noch nicht, auch kein Fernsehen, dafür kennt jeder jeden. Er kritzelt eine Adresse und Uhrzeit auf einen Zettel, die mir zeigen, wo ich am nächsten Tag vorspielen soll. Im Rundfunkgebäude empfängt mich ein älterer Herr, er heißt Moshe Wilensky, später erfahre ich, dass er viele bekannte israelische Lieder komponiert hat. Ich spiele ein paar Stücke, er engagiert mich für einen Entertainment-Abend, der angeblich landesweit übertragen wird. Mit mir bewirbt sich ein anderer Gitarrist, ein Israeli, ein Jahr älter als ich, er heißt Ephraim und wird auch engagiert. Als er mich spielen hört und erfährt, dass ich bei John Williams in London studiere, bietet er mir eine Wohnmöglichkeit als Gegenleistung für Gitarrenunterricht – das alles ist nur geschehen, weil ich mit Dr. Shuster ins Reisebüro gegangen bin.

Fortan steht mein Bett auf dem Balkon von Ephraims Dachwohnung. Die Tage vergehen mit Gitarrespielen. Ephraim ist begabt, aber hat nie richtigen Unterricht gehabt. Angelockt durch die Nachricht des Neuankömmlings, erscheint die gesamte israelische Gitarrenszene, auch aus Jerusalem und Haifa. Ich bin Hecht im Karpfenteich und genieße es. Gelegentlich fragt jemand: Bist du Jude? Ich murmle dann Unverständliches, die Fragenden lassen es gut sein. Die Feinheiten des Gitarrenspiels sind interessanter.

Eines Morgens, im Halbschlaf auf meinem Balkonbett, höre ich im Radio aus Ephraims Küche eine Frauenstimme. Sie singt das Lied «Dona Dona» so sauber, stark und klar, wie ich es noch nie gehört habe. «Wer ist das?», frage ich. «Wer das ist? Das ist Nehama Hendel, unsere berühmteste Sängerin», sagt Ephraim. Einige Zeit später lerne ich sie kennen, bei einem Konzert, das Ephraim für mich auf seiner Dachterrasse arrangiert und dazu Freunde und Kollegen einlädt. «Welche ist sie?», frage ich. «Da, in der letzten Reihe, neben einer Freundin.» Mittelgroß, ein wenig füllig, mit kurzen, braunen Locken, blauen Augen und vielen Sommersprossen. Ich spiele ziemlich gut. Hinterher rede ich ein paar Worte mit Nehama und begleite sie, von seltsamem Glücksgefühl beflügelt, mit anderen zum Bus Nummer 5, mit dem sie nach Hause fahren will. Sie wohne, sagt sie, bei ihren Eltern. Von einem Strauch pflücke ich eine duftende Blüte und schenke sie ihr. Zum Abschied küsse ich sie auf die Wange.

Der Radio-Auftritt macht mich im ganzen Land bekannt – es ist ja nicht sehr groß. (In anderen Ländern steht an Zugfenstern «Don't lean

Nehama Hendel, Israels berühmte Sängerin –
Goldene Schallplatte des Labels «Hed-Arzi», 1964

out of the Window», in Israel, so ein israelischer Witz, steht: «Don't lean out of the State.») Ephraim rät zum Vorspiel bei einem Gewerkschaftsboss der *Histadrut*. Wer dort angenommen würde, bekäme fast jede Woche ein Konzert in einem der vielen *Kibbuzim*. Wie stehen meine Chancen? «If he fucked his wife well in the morning», meint Ephraim, «he will like you. If not, you have a problem.» Er selbst ist mit neunzehn schon zum zweiten Mal verheiratet und vom Armeedienst befreit, weil er sich als Homosexueller ausgab. Von entsprechenden Neigungen merke ich nichts, seine häufigen heterosexuellen Aktivitäten sind von meinem Balkon-Liegeplatz aus nicht zu überhören.

Auch der Gewerkschaftsboss scheint seiner Pflicht genügt zu haben: Ich werde angenommen und gebe Konzerte in *Kibbuzim* von der libanesischen Grenze bis zur Negev-Wüste. Dafür besteige ich Freitag mittags ein Sammeltaxi, das mich an einer Straßenkreuzung absetzt. Dort wartet jemand und fährt mich zum Kibbuz. Ich bekomme ein Zimmer zugewiesen und spiele am Abend *Erev Shabbath* im Ess-Saal *Cheder Ohel*. Die *Kibbuzim* sehen alle gleich aus: ein- oder zweistöckige Häuser, gepflasterte Wege, Fahrräder, Kinderwagen, Ruhebänke unter Palmen oder Pinien, Spielplätze mit ein paar Geräten, ein Parkplatz mit

Autos, die jeder benutzen kann. Das Mobiliar ist einfach, Klimaanlagen gibt es keine, stattdessen Strohmatten vor den Fenstern, durch die Wasser rinnt. Die Elite des Landes kommt von hier, Dichter, Komponisten, Politiker, Generäle, Fallschirmspringer, Luftwaffenpiloten. Kinder werden gezeugt, obgleich sich die Eltern genauestens kennen und zum Teil seit Kindertagen gemeinsam geduscht haben, entsprechend häufig sind Partnerwechsel. «Unternimm was, deine Kinder und meine Kinder verprügeln unsere Kinder» (wieder ein israelischer Witz). Kinder werden in Kinderhäusern betreut, das tut manchen von ihnen nicht gut, weshalb man von der Regelung wieder abweicht.

Freitag abends, nach der Arbeit auf den Feldern, an den Fischteichen oder in den kibbuzeigenen Fabriken, sind die *Kibbuzniks* frisch geduscht und gekleidet, und da es sonst wenig Unterhaltung gibt, kommen fast alle zum Konzert. Nachher sitzt man bis in den Morgen beieinander, mit wenig Alkohol und viel Reden. Ich spiele stundenlang weiter. Am höchsten im Kurs steht die Musik Johann Sebastian Bachs. Ich spiele dessen erste Cello-Suite mit dem mächtigen Präludium und der wunderbaren Sarabande, manchmal wird es ganz still im Raum. Ich bin stolz und glücklich, hier zu sein. Am Samstag fahren weder Busse noch Taxis, ich bleibe im Kibbuz, es ist manchmal ein wenig langweilig, aber am Samstagabend bin ich wieder in Tel Aviv. Die Straßen sind voll, Kinos und Restaurants sind geöffnet, ich esse *Humus, Falafel, Shashlik* oder *Kebab* mit Pita-Brot und israelischem Salat, trinke israelisches Bier, lasse es mir gut gehen. Es gibt rumänische, bulgarische, ungarische und traditionell jüdische Restaurants und das von Arabern und jemenitischen Juden übernommene orientalische Essen. An manchen Lokalen steht auf Polnisch: «Heute Flaczki», Kuttel-Suppe, die Juden aus Polen mögen das.

Tel Aviv ist mittlerweile meine zweite Heimat – und nach meinem Herzen die erste. Ich kenne jeden Platz und jede Straße – die Dizengoff Straße mit ihren Querstraßen, das Café «Kassid», in dem die Dichter sitzen, die Yarkon Straße mit ihren Hotels am Meer, das kleine, weiße Haus mit Wachhäuschen und israelischer Flagge, in dem der Regierungschef David Ben Gurion wohnt, den Platz vor dem Habimah-Theater und dem schönen Frederic-R.-Mann-Auditorium («Aus der Mann-Familie? Was hat der denn geschrieben?» «Den Scheck.») Drinnen spielt das 1934 vom Geiger Bronislav Hubermann gegründete *Israel Philharmonic Orchestra*, mit fast ausnahmslos vor den Nazis geflohenen Musikern. In den Schaukästen sehe ich Fotos berühmter Dirigenten und Solisten, darunter einige, wie Artur Rubinstein, die geschworen haben, nie wieder deutschen Boden zu betreten. Ich laufe über israelischen Boden, denke ich. Endlich auf der richtigen Seite.

Die Fahrt nach Jerusalem, 70 Kilometer Luftlinie, dauert vier Stunden – die Waffenstillstandslinien von 1948 machen es nötig. Wracks gepanzerter Fahrzeuge erinnern an die Belagerung Jerusalems durch arabische Einheiten. Jerusalem selbst ist geteilt wie Berlin, nicht pedantisch-korrekt durch eine Mauer, sondern levantinisch, mit Stacheldrahtverhauen und Barrikaden aus Wellblech, aber nicht weniger effektiv. Straßen enden abrupt, dahinter wohnen Araber. Man hört sie beten und singen und im Morgengrauen den Ruf des Muezzins. An manchen Stellen sind die Wege so eng, dass man einander berühren könnte. «Crazy Arabs», sagt eine Freundin, mit der ich nachts spazieren gehe. Die Gerechtigkeitsfrage stellt sich nicht, die moralische Position ist eindeutig: David hat Goliath besiegt, in Gestalt von vierzehn arabischen Ländern, die Israel 1948 den Krieg erklärt haben. Die biblische Sprache ist wiederbelebt, der jahrhundertealte Traum von der Rückkehr ins Land der Väter Wirklichkeit geworden – braucht man mehr Beweise?

Mit breiter Brust, im offenen, kurzärmligen Hemd sitzt der Busfahrer auf seinem Platz. Dreht er das Lenkrad, sieht man am Unterarm die tätowierte KZ-Nummer. Der Kampf um seine neue Heimat an einer der vielen Fronten, in einer Panzereinheit oder bei der Luftwaffe, hat ihm seinen Stolz wiedergegeben. Man sieht viele tätowierte Nummern: am Arm der Kellnerin, die das Essen reicht, am Arm der Großmutter, die auf einer Parkbank das Enkelkind füttert, am Arm des Postangestellten oder an einem seiner Kunden, manchmal rechts, manchmal links, manchmal innen, manchmal außen. Sie lassen das Blut gefrieren und verkünden eine Botschaft: Wir sind in Sicherheit.

Wir haben einen eigenen Staat. Eine neue Zeit hat begonnen, nie wieder wollen wir Opfer sein. Ich gebe ein Konzert im *Beith Ha'Am,* dem «Haus des Volks» in Jerusalem. Neben den Sitzreihen sind Mikrofonanschlüsse. Vor zwei Jahren haben sie Journalisten aus aller Welt benutzt, um das Geschehen im Saal zu verfolgen, und ungefähr dort, wo ich spiele, saß Adolf Eichmann in seinem Glaskasten. Hannah Ahrendts Buch über die «Banalität des Bösen» ist in den USA erschienen, eine hebräische Ausgabe gibt es noch nicht. Man will auch in Israel nicht zu genau in den Spiegel schauen, nichts über die Kooperation jüdischer Gemeindevorsteher und «Judenräte» mit den Nazis wissen, laut Hannah Ahrendt das *zweifelsohne dunkelste Kapitel der ganzen dunklen Geschichte.* Ein Holocaustüberlebender ist ein Holocaustüberlebender. Dass manche von ihnen sich von Israel fernhalten, aus Angst, erkannt zu werden, erfahre ich erst später – und hätte ich es erfahren, hätte ich es verdrängt. Israelis meines Alters erwähnen den Holocaust so gut wie nie.

Im Vergleich mit Tel Aviv wirkt Jerusalem ruhig, fast gemütlich. Die Häuser sind aus weißen Steinquadern erbaut, Pinienduft liegt über der Stadt. Nachtleben gibt es kaum. Abends, wenn es kühler wird, gehen die Menschen spazieren. «Schau mal, unser Staatspräsident», sagt jemand. Ein kleiner Mann mit schwarzem Mantel und Hut geht über die Straße, Salman Schasar, Journalist und Gelehrter, 1889 in Weißrussland geboren, unter dem Zaren im Gefängnis, Studium in Berlin, seit 1924 in Palästina, der typische Lebenslauf eines Zionisten. Bei ihm eingehängt, seine Frau, mit wahrscheinlich ähnlichem Hintergrund. Juden in Kaftans, mit wehenden Bärten, Schläfenlocken und abenteuerlichen Hüten eilen vorbei – die Ultrareligiösen aus *Mea Shearim.* Gott persönlich (dessen Namen sie nicht aussprechen dürfen) hat ihnen die Eile geboten, denn das Leben ist kurz und mit Seiner (des Namenlosen) Verehrung zuzubringen. Für mich sind sie Juden wie aus dem Bilderbuch, für das Gros der Israelis ähnlich verrückt wie die «crazy Arabs». Ein schwarz gekleideter Mann kommt mir entgegen, weißbärtig, aber anders als die Bewohner von *Mea Shearim.* Ich schaue hin und erkenne Martin Buber.

Die Tage vergehen mit Gitarre spielen –
Anatol in Israel, 1963

Tel Aviv und Jerusalem sind aus gutem Grund die Schwerpunkte meines Lebens: Hier wie dort habe ich eine Geliebte, in Jerusalem eine Gitarristin, im Land geboren, in Tel Aviv eine Literatin aus Frankreich, die mit ihren polnischen Eltern von Hafen zu Hafen vor den Nazis geflohen ist, bis sie in Shanghai Aufnahme fand. Beide Frauen sind älter als ich, beide sind gescheit, keine weiß von der anderen – so komfortabel lebt man nur einmal.

Allerdings gibt es hier ein Problem: Ich bin nicht beschnitten (den Bund mit Gott habe ich erst später geschlossen, im Krankenhaus von Wolfratshausen). Ich behaupte ja immer noch, irgendwie zum Volk Israel zu gehören, und tue alles, das leidige Thema zu vermeiden. In manchen Häusern wird Deutsch gesprochen, meist unbeabsichtigt, weil es leichter von der Zunge geht. Ich bleibe dann stur beim Englischen, aber erkenne, ob ich will oder nicht, ob die oder der Sprechende aus Frankfurt, Hamburg, Berlin, Bayern, Schwaben oder Sachsen stammt. So müssen sich Spione fühlen. Beim Sex ist Vertuschen schwieriger. Glücklicherweise sind die Sexualbräuche der 60er Jahre, zumal in Israel, noch vergleichsweise archaisch: Man kriecht unter die Decke und beschäftigt sich ausgiebig mit dem Wesentlichen. Das kommt mir sehr entgegen. Einmal merke ich im Halbschlaf, wie eine

Geliebte die Decke wegzieht und nachschaut. Was sie sieht, behält sie für sich.

Manchmal, fern der Freundinnen und im eigenen Bett, überkommt mich das Grausen: Ich bin ein Lügner, Betrüger, Hochstapler und Schlimmeres. Missbrauche das Vertrauen lieber Menschen. Was, wenn die Sache auffliegt, wenn herauskommt, dass ich keineswegs Engländer oder, wie ich manchmal durchblicken lasse, Schweizer oder sonst etwas bin, sondern Deutscher? Teil des Tätervolks und zu feige, sich dazu zu bekennen (wie meine Eltern und alle anderen Deutschen zu feige waren, gegen die Entrechtung und Vertreibung ihrer jüdischen Mitbürger zu protestieren). Es sind quälende, ausweglose Gedanken. Ich schiebe sie weg, wie sie meine Landsleute weggeschoben haben. Heute glaube ich, dass Freunde und Freundinnen in Israel weit mehr über mich wussten, als ich es damals geahnt habe. Vielleicht tat ich ihnen ein wenig leid, und vielleicht haben sie mich auch ein wenig geliebt, mit gutem jüdischem Herzen, für mein Interesse, meine Begeisterung, meine Musik.

Es wird Herbst. Touristen reisen ab, die Strände werden leer. Es regnet zum ersten Mal. Für mich ist Israel im Winter noch schöner als im Sommer. Das regennasse Tel Aviv übt einen unwiderstehlichen Reiz auf mich aus. Die Menschen scheinen entspannter und natürlicher zu sein, vielleicht weil sie das Klima wiederfinden, das sie als Kind gekannt haben. «Alte Sachen! Alte Sachen!», ruft der Altwarenhändler und treibt sein dürres Maultier an (das deswegen nicht schneller läuft). Die zwei Brüder, die den Kiosk an der Ecke betreiben, bereiten sich für den *Shabbat* vor. Sie tragen Abfall hinaus, waschen Teller und Gläser. Ihre Bärte sind so flammend rot, wie es sie laut Joseph Roth im «Radetzkymarsch» nur ganz im Osten, an der russischen Grenze gegeben hat. Auch der Apotheker schließt seinen Laden. Er spricht Polnisch mit seinen Kunden, aber kann auch Russisch, Französisch, Englisch, vielleicht ein bisschen Spanisch, und natürlich Deutsch – den osteuropäischen Juden seiner Generation, der kein Deutsch kann oder versteht, gibt es nicht. Der letzte Bus fährt, die Menschen grüßen sich mit *Shabbat Shalom* und bleiben den Abend zu Hause.

Ich bin jeden Freitagabend irgendwo eingeladen, und immer ist die Gitarre dabei, auch an jenem Freitagabend, von dem wohl jeder, der ihn erlebt hat, weiß, wo er gerade gewesen ist. In meinem Fall war es die Wohnung eines Werbegrafikers, der als Junge in Buchenwald zum Leichentransport abkommandiert war. Seinem Nervenkostüm hat das nicht gutgetan, aber er ist erfolgreich und führt ein großes Haus. Es hat gutes Essen gegeben, und einige Mitglieder des philharmonischen Orchesters, die auch zu Gast waren, haben musiziert. Dann kam die Nachricht: Kennedy ist tot. Es war der 22. November 1963.

Aus vier Wochen ist ein halbes Jahr geworden. Im Januar fliege ich nach München zurück, krank vor Heimweh, und von dort aus nach London. «You should at least have told us that you'll be away for six months», sagt der Sekretär des College, als ich durch die Tür trete.

Nachtrag: Im Sommer 1964 bin ich wieder in Israel und bleibe wieder ein halbes Jahr. Die Literatin aus Tel Aviv, mit der ich sehnsüchtige Briefe getauscht habe, ist vernünftig geworden und hat einen reiferen, reicheren und zweifelsfrei jüdischen Mann geheiratet. Die Liebe zur Jerusalemer Gitarristin will sich nicht wieder einstellen. Eine Weile fühle ich mich einsam. Aber dann verpasse ich eines freitagabends in Beersheva den letzten Bus nach Tel Aviv und verbringe die Nacht an der Bushaltestelle im Gespräch mit zwei Freunden, die dasselbe Los ereilt hat. Mit dem ersten Sammeltaxi fahren wir am Samstagmorgen nach Tel Aviv zurück und trennen uns am Zentralen Busbahnhof. Was mache ich mit dem angefangenen Tag, frage ich mich, während ich über den Boulevard Rothschild nach Hause laufe. Und klingle, da ich gerade an ihrem Haus vorbeikomme, an der Wohnung von Nehama Hendel, der berühmten Sängerin, der ich letztes Jahr ein paar Gitarrenstunden gegeben habe. Sie ist am Vortag von einer Konzertreise durch Argentinien zurückgekehrt und singt mir Lieder vor, die sie dort gelernt hat. Sie nimmt mich zum Mittagessen zu ihrer Schwester mit und abends zu einem Auftritt in einem Hotel. Wir küssen uns im Auto und essen in einem Restaurant. Am Nebentisch sitzt der Dichter Avraham Shlonsky. «Werdet glücklich!», sagt er.

Hans Fallada und seine Söhne

Ulrich und Achim Ditzen

Das Arbeitszimmer. Der Schreibtisch. Das Licht fällt von rechts auf die Schreibmaschine. Das wohlgeordnete Bücherbord. Das Sofa. Wenn er schrieb, musste absolute Ruhe herrschen, und er schrieb fast immer. Alles störte ihn: Kindergeschrei, Tellerklappern, Hühnergackern. Die Kinder wurden verbannt, die Tiere weggesperrt, in der Küche ging man auf Zehenspitzen. War ihm das Wenige, das zu ihm drang, auch noch zu viel, meist in der Schlussphase eines Buchs, verzog er sich in eine Dachkammer und schrieb dort weiter. Man stellte ihm das Essen auf den Treppenabsatz und kratzte an der Tür, er aß es oder nicht. War das Buch fertig, brach er zusammen, flüchtete sich in Alkohol, Drogen und außerehelichen Sex – und begann das nächste.

Gibt es eine spannendere Biografie als die von Hans Fallada? Einen widersprüchlicheren Menschen? Einen wahnwitzigeren, getriebeneren Autor? Geboren wurde er am 21. Juli 1893 in Greifswald, mit bürgerlichem Namen hieß er Rudolf Ditzen. Mit drei Jahren fiel er durch ein Treppengeländer, lag mehrere Stunden bewusstlos, Blut floss ihm aus dem Mund. Gehen und Sprechen lernte er ungewöhnlich spät, sagte wenig, blickte finster vor sich hin. Als Gymnasiast in Berlin waren seine Leistungen so schlecht, dass ein Übertritt in eine Schule für geistig Zurückgebliebene empfohlen wurde. Sechzehnjährig bekam er von seinem Vater, dem Reichsgerichtsrat Wilhelm Ditzen, als Belohnung für verbissenes Lernen, das ihn beim Umzug der Familie von Berlin nach Leipzig eine halbe Klasse hatte überspringen lassen, ein Fahrrad geschenkt. Aber anstatt dass es ihm Freude bereitet und seine Geselligkeit gefördert hätte, geriet er damit schon beim ersten Ausflug unter einen Schlächterwagen, lag ein Vierteljahr im Krankenhaus, verpasste die Tanzstunde, wurde noch sonderbarer als vorher und kam erstmals in psychiatrische Behandlung.

Achtzehnjährig schickte er einen anonymen Brief an die Tochter eines Kollegen seines Vaters und wurde, um einen Skandal zu vermeiden, aufs Gymnasium nach Rudolstadt geschickt. Dort lebte sein Freund Hanns Dietrich von Necker, dem er sich als Einzigem anvertraute und mit dem er seine Fantasien und Wahnvorstellungen teilte. Dieser geriet so sehr unter seinen Einfluss, dass er zustimmte, mit ihm gemeinsam in einem fingierten Duell aus dem Leben zu scheiden. Im Morgengrauen erstiegen beide einen Felsen, schossen aufeinander, verfehlten, schossen noch einmal. Necker fiel, bat Ditzen um den Gnadenschuss, der schoss weitere zwei Male auf den liegenden Freund und dann auf sich selbst. Necker war tot, er selbst schwer verletzt. Zeitungen aus allen Teilen des Reichs berichteten das grausige Geschehen. Rudolf Ditzen wurde wegen Mordes angeklagt, später als unzurechnungsfähig für zwei Jahre in eine Anstalt für Nerven- und Gemütskranke geschickt. Der Pastor verweigerte ihm das Abendmahl, da «Blut an seinen Händen» klebe.

Er arbeitete als Verwalter landwirtschaftlicher Güter, aber bestand darauf, Schriftsteller zu werden. Seine Umgebung tolerierte es, wie man die Grillen eines Sonderlings toleriert. Sein erster Roman «Der junge Goedeschal» (nach Aussage einer wohlmeinenden Tante mit Themen, die «sonst der Staatsanwalt behandelt») blieb erfolglos, ein zweiter, «Anton und Gerda», ebenso. Aber er glaubte, beide ohne Morphium nicht vollenden zu können, und wurde rauschgiftsüchtig, unterschlug Geld, verbrachte 1924 fünf Monate im Gefängnis von Greifswald und von April 1926 bis Februar 1928 fast zwei Jahre im Zentralgefängnis von Neumünster.

Bei seiner Entlassung war er vierunddreißig Jahre alt, ohne Abitur und Studium, eine gescheiterte, perspektivlose Existenz. Er arbeitete als Hausierer, Adressenschreiber und Lokalreporter. Der Verleger

Ernst Rowohlt glaubte an sein Talent, stellte ihn als Archivar ein und ließ ihm die Nachmittage zum Schreiben frei. 1931 erschien «Bauern, Bonzen und Bomben» über den Zusammenstoß holsteinischer Landwirte mit städtischen Machthabern, aus eigener Erfahrung geschrieben und *so unheimlich echt, dass einem graut* (Kurt Tucholsky, Weltbühne, 7. März 31). Ein Jahr später folgte «Kleiner Mann – was nun?», der Roman über Pinneberg, Lämmchen und die große Depression, den von Thomas Mann bis Robert Musil alle lobten und liebten. Der Schulversager, Freundesmörder und Ex-Gefangene Rudolf Ditzen war plötzlich der weltberühmte Autor Hans Fallada. Er hatte Anna Issel geheiratet, genannt Suse, ein herbes Hamburger Mädchen, das alle Bewerber abgewiesen hatte, aber ihn, den merkwürdigen Fallada, bedingungslos in ihr Herz schloss – auch wenn er das frisch verdiente Geld verprasste und sich mit fremden Frauen einließ. Um zur Ruhe zu kommen, kaufte er ein Anwesen in Carwitz bei Feldberg in Mecklenburg, am Dorfende, mit Zugang zum See, ließ es sorgfältig umbauen, betrieb moderne Landwirtschaft, pflanzte Obstbäume, schaffte Bienen an, sägte Holz, überwachte Düngung und Ertrag, verkaufte Überschüsse auf dem örtlichen Markt, führte Haushalts-, Geschäfts- und Fahrtenbücher (obgleich selbst ohne Führerschein), notierte alles, sogar die tägliche Niederschlagsmenge – und beendete umfangreiche Romane in Zeiträumen, in denen andere über Vornotizen brüten. Ein Höchstbegabter, ein Besessener, ein Genie. Sein Anwesen ist heute ein Museum, das «Hans-Fallada-Haus». Behutsam gehen die Besucher durch die Räume, als säße er noch da und beobachtete sie mit seinem scharfen Blick.

Ich höre eine leise Stimme, irgendwo läuft ein Film. Ich folge ihr und sehe Uli Ditzen, Hans Falladas ältesten Sohn, geboren im März 1930, einen schwerblütigen, bedächtigen Mann mit dem starken Haarwuchs seines Vaters, aber viel älter, als dieser es je geworden ist. Er spricht von den «guten Carwitzer Jahren» und meint die Zeit seiner Kindheit bis etwa 1940, als sein Vater relativ stabil und überaus produktiv war, an der Seite seiner Mutter, der «Mummi». Aber seine Stimme klingt traurig, voll unterdrückter Rührung und mühsamer Beherrschung. Zu schön war das vom Vater geschaffene Paradies, zu schlimm das von ihm verursachte Zerbrechen.

Uli Ditzen wuchs in vollkommener Freiheit auf, das hatten seine Eltern so vereinbart. Um zehn Uhr, nach den ersten Stunden am Schreibtisch, ging sein Vater mit ihm und der drei Jahre jüngeren Lore, genannt «Mücke», spazieren und zeigte ihnen, was er bemerkenswert fand: Gänse, die südwärts flogen, eine springende Heuschrecke, eine Raupe, die einen Halm hinaufkrabbelt. Uli durfte auf dem Pferdewagen neben ihm sitzen, beim Ackern, Ernten und Tierefüttern helfen, und wenn sein Vater nach getaner Arbeit mit ihm über das Grundstück ging, mit ihm von Mann zu Mann besprach, was zu veranlassen und zu verbessern wäre, war das tief befriedigend für ihn. Mittags saßen alle um den Tisch, Familie, Hausmädchen, Gärtner, Sekretärinnen, es gab mächtige Rinderfilets und Schweinebraten, auf großen Platten serviert, Gemüse aus dem Garten, eigene Kartoffeln, Fische aus dem See, Champignons von den Wiesen, Obst von eigenen Bäumen – Hans Fallada, der oft gedarbt hatte, legte Wert auf gutes und reichhaltiges Essen. Um das Wohlbefinden der Hausbewohner zu gewährleisten (oder der eigenen Kontrollsucht zu frönen), wog er die gesamte Belegschaft sonntags vor der Scheune (Frank Wedekind hatte ähnliche Tendenzen). Abends, während die Frauen Strümpfe stopften oder strickten, spielte er Grammophonplatten (nach einem penibel geführten Verzeichnis), wenn die Kinder in ihren Betten lagen, saß er im Durchgang ihrer beiden Zimmer und erzählte Geschichten, die immer gleich und doch immer anders waren und die er für sie, weil Kinder Sicherheit brauchen und Veränderungen nicht mögen, in den «Geschichten aus der Murkelei» festhielt. Der Name stammt von Uli, sein Vater nannte ihn «Murkel», auch Pinnebergs und Lämmchens Kind heißt so. «Dieser Vater war schon ein Traumvater», sagt Uli.

Vom Gefängnisaufenthalt seines Vaters wusste er nichts, auch nichts von dessen Drogen- und Alkoholsucht, seiner Sex-Besessenheit – die Eltern wollten von den Kindern alles fernhalten, was sie beunruhigen oder belasten konnte. Was hätte er empfunden, hätte man ihm gesagt, dass sein Vater nicht nur mit seiner «Mummi», sondern auch mit an-

«Die guten Carwitzer Jahre» –
Uli Ditzen mit seinen Eltern, ca. 1934

deren Frauen ins Bett ging und dass er einen Freund erschossen hatte, *point blank,* aus nächster Nähe? Wahrscheinlich ahnte er auch des Vaters geniale Begabung nicht, sein fotografisches Gedächtnis, sein untrügliches Ohr, das ihn jede Nuance der Alltagssprache erkennen und wiedergeben ließ, seine enorme Konzentrationsfähigkeit, mit der er jeden Tag zahllose Seiten füllte, die sich wie aus einem Guss zu Romanen fügten. Wenn sein Vater beim Mittagessen plötzlich sein Wasserglas an die Wand warf und die Mutter ihn wie ein scheu gewordenes Pferd besänftigte: «Langsam, Junge, es wird schon wieder…», dann erschreckte das momentan, grub sich vielleicht ins Unterbewusstsein ein, aber wurde vermutlich auch schnell wieder vergessen.

Die «guten Carwitzer Jahre» waren gleichzeitig die so genannten «guten» Jahre des Nationalsozialismus, in denen es aufwärtsging, die Menschen Arbeit und Lohn hatten und Hitler einen Erfolg nach dem anderen feierte. *Wehe, wenn sie dich kriegen, Hans Fallada, sieh dich vor, daß du nicht hangest,* hatte Kurt Tucholsky in seiner «Bauern und

Bonzen»-Rezension gewarnt. Im April 1933 war Fallada verhaftet und elf Tage lang festgehalten worden, wegen «Verdachts auf Verschwörung gegen die Person des Führers». Aber Fallada war kein Verschwörer, nicht einmal ein politischer Mensch, sondern ein Süchtiger, der schreiben musste, und zwar auf Deutsch, der Sprache, deren feinste Schwingungen er kannte. Er hätte emigrieren können, Angebote lagen vor, er konnte und wollte es nicht. Seine Ersparnisse steckten in dem Carwitzer Anwesen, ein Versuch, es zu verkaufen, war gescheitert, er musste Geld verdienen. In ständiger Angst vor einem Schreibverbot blieb er in Deutschland. 1934 war sein Roman «Wer einmal aus dem Blechnapf frisst» erschienen, eine flammende Anklage gegen die Justiz und Gesellschaft der Weimarer Republik, die Gestrauchelten keine Chance ließ. Die nationalsozialistische Justiz war, wie Fallada wohl wusste, noch weit grausamer. Aber um die Herrschenden milde zu stimmen, nannte er im Vorwort den humanen Strafvollzug *lächerlich* und *grotesk* und redete der Strenge das Wort. *Ich bin wohl kein sehr mutiger Mensch, ich kann nur viel ertragen,* sagte er am Ende seines Lebens.

Mit Beginn des Krieges bröckelte Ulis Paradies: Er musste weg von Carwitz und der Dorfschule, in der ein Lehrer acht Klassen unterrichtete. Im April 1940, eben zehn Jahre alt, kam er ins Internat nach Templin. Die Mutter gab ihm Anzieh- und Esssachen mit, der Vater fuhr ihn mit dem Pferdewagen hin und ermahnte ihn, jede Woche zu schreiben, er bekäme auch jede Woche Antwort. Bis 1946 entstanden mehr als vierhundert Briefe. Uli hat sie im Nachlass seiner Mutter gefunden und Jahre gebraucht, bis er sie zu lesen vermochte. Dann hat er sie abgetippt und auszugsweise in dem Band «Mein Vater und sein Sohn» veröffentlicht, ein seltenes und berührendes Dokument einer Vater- und Sohnes-Liebe. *Mit diesem Briefwechsel hat mein Vater sich mir wiedergegeben, über ein halbes Jahrhundert nach seinem Tod,* heißt es im Vorwort.

Ganz wohl war es den Eltern offenbar nicht, ihren «Ulimuxe» oder «Uli-Bulli» weggegeben zu haben. *Ich kann Dir garnicht sagen, wie sehr sich Mummi und ich über Deine letzten Briefe gefreut haben,* schrieb ihm sein Vater. *Das ist doch großartig, wenn Du uns so ein bisschen von Deinem Leben erzählst. Wir möchten doch gerne alles von Dir wissen, wie es Dir geht, was Dir Spass macht. [...] Im Ganzen haben wir den Eindruck, dass Du gerne dort bist.* Als Uli Einsamkeit und langsam vergehende Zeit andeutete, kam postwendend Trost: *Alter Uli, Du musst wirklich nicht immer nur von einen Ferien zu den anderen leben und die Zwischenzeit garnicht rechnen! Das macht Dir ja das Leben zu schwer! Je besser Du Dich dort einfindest, je mehr Du Dich bemühst, unter den anderen Jungen einen Freund zu finden, umso leichter wird Dir alles.[...] Dein alter Vater ist viele Jahre in seinem Leben ganz einsam gewesen, und er weiss, wie schwer dann das Leben ist. Ein paar Freunde muss man haben, und findet man sie nicht gleich, so sucht man sie.* Denkt er dabei an Rudolstadt und den toten Hanns Dietrich von Necker? Hat er den Vornamen «Hans» als Tribut an ihn gewählt, als selbst auferlegtes Kainsmal? Er ist ohne Abitur von der Schule abgegangen und hat auch nicht studieren können – Uli soll es besser machen. *Deine Zensuren sind ja noch nicht sehr erschütternd,* mahnt er, *warum wird denn Latein jedesmal schlechter!! Damit musst Du Dich doch all die nächsten Jahre abgeben, da ist es doch eigentlich besser, Du fängst richtig an.* Bei Unsicherheit in der Orthographie solle sich Uli verschiedene Versionen eines Worts auf Löschpapier malen, das tue er auch, wenn er *zu faul* sei, *im «Duden» nachzuschlagen.*

Andere Fallada-Briefe klingen wie «Geschichten aus der Murkelei»: *Ein Habicht oder eine Weihe hat uns jetzt schon zwei Küken weggeholt, jetzt haben wir über deren Auslauf zwei Netze gespannt. Wenn er nur keinen Appetit auf unsere jungen Enten kriegt! Wie ich heute badete, kreiste er immer über deren Tummelplatz am See. Ich habe in der Luft nach ihm gespuckt, ihn aber nicht getroffen.* Er berichtet, was Uli interessieren könnte: das Nachpflanzen von Obstbäumen, die neue Bienenzucht, Spaziergänge mit den Hunden, die kranke Kuh und die Ersatzkuh, *ein Tier zum Gotteserbarmen [...] dusselig aussehend mit einer halb weißen, halb schwarzen Schnauze ächzt und krächzt sie zum Nichtanhören.* Der Sohn dankt für *Eier, Butter und Zeitungen* – der Krieg ist ein Jahr alt und die Verpflegung der «Alumnen» nicht eben üppig – und beschreibt Schlafsäle, Lateindiktate, Rechenprüfungen, Freizeitgestaltung, die Aufnahme ins «Deutsche Jungvolk» – nationalsozialistische Riten gehören zum Schulalltag und sind für Vater und Sohn gleichermaßen selbstverständlich.

Nachts gibt es immer häufiger Fliegeralarm. Englische Bomber überfliegen Carwitz auf ihrem Weg nach Berlin. Auch auf dem Land geht man in die Keller. In einer ihrer vielen kulturpolitischen Kapriolen beauftragen die Nazis Hans Fallada, für den «Reichsarbeitsdienst» Berichte über die «Aufbauleistungen» in besetzten Gebieten zu schreiben. Er bereist das Sudetenland und Frankreich und erhält den Titel «Sonderführer im Majorsrang». *Was sagst Du zu Italiens Verrat*, fragt Uli den Vater, «RAD-Sonderführer Ditzen» antwortet: *Lass Dich nicht irritieren durch das Geschwätz von Leuten, die nichts wissen. Der Verrat Italiens ist kein Verlust, ein feiger Freund ist schlimmer als ein offener Feind. Diese Herren werden schon lernen, was es heißt, mit uns angebunden zu haben. Und wenn wir jetzt im Osten zurückgehen, so hat das alles seine tieferen Gründe. Glaube mir: wir gehen nicht aus Schwäche zurück.* Uli solle ein richtiger *deutscher Kerl* werden. *Eines Tages werden wir die Herren Europas sein, vielleicht auch der ganzen Welt, da ist es wichtig, dass man ein ganzer Kerl ist.* Uli wertet solche Äußerungen im Nachhinein als Zugeständnis an die Briefzensur, zum Nachweis politischer Zuverlässigkeit, aber laut der Fallada-Biografin Jenny Williams hat er Briefe ähnlichen Inhalts auch an andere geschrieben (und nach dem Krieg deshalb Schwierigkeiten bekommen) – sind die Mächtigen freundlich, ist es schwer, ihren Lockungen zu widerstehen.

Die «guten Carwitzer Jahre» sind vorbei. Fallada ist reizbar, spricht oft tagelang kein Wort oder schreit seine Frau an und schimpft auf den «Weiberhaushalt», in dem man keinen klaren Gedanken fassen könne. Anna Ditzen ist nicht länger gewillt, seine Affären hinzunehmen, stellt ihn zur Rede, er wird wütend und betrinkt sich. Sein Ruf im Dorf, von Anfang an nicht gut, wird immer schlechter. Den Mecklenburger Bauern war der Städter Fallada, der sich Landwirt nennt und neumodisches Zeug wie Sauerfutter verwendet, aber sein Geld mit Bücher-

Frühstück am See 1939 – «Ich sehe den Druck, den er ausübte, auf unseren Gesichtern.» (Anna Ditzen, 1990)

schreiben verdient, Weibergeschichten hat und trinkt, noch nie geheuer. Was er jetzt treibt, bestätigt nur, was sie schon immer wussten.

Uli merkt davon nichts. Sein Vater – auch hier ein großer Schriftsteller – schafft es immer wieder, seinen Briefen einen heiteren, kameradschaftlichen Ton zu geben, der ihn vielleicht auch selbst tröstet. Uli hat in Griechisch eine Fünf geschrieben, sein Vater redet ihm ins Gewissen: *Im Grunde könnte es Deinem Vater egal sein, ob er ein Jahr länger oder kürzer für Dich Schulgeld bezahlt – aber wie wirst Du Dich fühlen, wenn Du kleben bleibst, für immer aus der wirklichen Gemeinschaft mit Deinen Kameraden getrennt bist, noch einmal (ganz ohne Lust) denselben Kram ein ganzes Jahrlang durchkauen musst! Glaubst Du, dann wird Dir das Griechische mehr gefallen? Es wird Dich anöden bis dort hinaus! Und Du, mein grosser Sohn, dann zwischen den «Kleinen»!* Hellhörig wird Uli allenfalls, wenn die Briefe des Vaters aus Sanatorien kommen, manchmal sogar von der Hand einer Krankenschwester, weil der Vater zum Schreiben zu schwach ist.

Fallada hat eine junge Witwe kennengelernt, Ursula Losch, zweiundzwanzig Jahre alt, mit einer kleinen Tochter. Sie ist vor den Bomben auf Berlin nach Feldberg geflüchtet, dort ist sie Fallada begegnet, und diesmal ist es keine Affäre, sondern Liebe. Ursula ist schön, lebhaft und gepflegt, mit roten Lippen und lackierten Fingernägeln und ihrem Fallada herzlich zugetan. Aber sie ist morphiumsüchtig und infiziert ihn, der sich jahrelang von Drogen ferngehalten hat, wieder mit der Sucht. Anna Ditzen erkennt, dass ihr «Junge» ihr entglitten ist. Am 5. Juli 1944 wird Fallada von «Suse» geschieden, der Mutter seiner Kinder, die ihm Stabilität und Ruhe geschenkt hat und ihn wie niemand sonst kennt. Die Beziehung ist für sie beendet: *Ich kann nicht mehr glauben, daß es zwischen uns jemals wieder gut wird. Ich könnte 100 Gründe dafür angeben, aber ich bin dessen so schrecklich müde. Du kannst doch nicht aus Deiner Haut heraus & wirst Dich nicht ändern & ich kann nicht mehr so sein, wie ich früher Dir zuliebe war. Ich habe Dich unendlich geliebt, keine Frau kann Dich jemals wieder so lieben, & ich bin unendlich glücklich durch Dich gewesen. Aber so glücklich Du mich gemacht hast, so unglücklich hast Du mich auch gemacht & in meinem ganzen Leben hat mir kein Mensch so weh getan wie Du.* Sie bittet um Verständnis dafür, den Brief ohne Anrede begonnen zu haben: *Mein Junge bist Du nicht mehr & Rudolf mag ich nicht sagen & und wirst Du wohl auch nicht hören wollen.* Fallada schlägt als Anrede «Ditzen» vor, damit können beide leben.

Am 28. August 1944 kommt es in der Carwitzer Küche zu einem Streit zwischen Fallada und seiner geschiedenen Frau, bei dem er, stark betrunken, einen Schuss aus seiner Taschenpistole auf sie abfeuert, der nicht auf sie gerichtet war und sie auch nicht trifft, aber sein Verhalten auf eine neue Dimension hebt. Sie nimmt ihm die Pistole weg, schleudert sie in den See, ruft einen Arzt, der schickt einen Landpolizisten, der einen Staatsanwalt informiert, der Anzeige wegen versuchten Totschlags erstattet und Hans Fallada in die geschlossene Abteilung der Landesanstalt Neustrelitz-Strelitz einweist – ein weiterer Tiefpunkt eines an Tiefpunkten reichen Lebens. Sein Schutz vor quälenden Gedanken und Verzweiflung ist wie immer rastloses, rauschhaftes Schreiben.

Zwischen dem 6. September und dem 7. Oktober 1944 entstehen auf 184 Seiten linierten Kanzleipapiers drei Kurzgeschichten, der 300-Druckseiten-Roman «Der Trinker» und das 261 Druckseiten starke so genannte «Gefängnistagebuch», eine schonungslose Abrechnung mit dem Nazi-System. In flammenden Zeilen entlädt sich seine Wut und Verbitterung, er schreibt ohne jede Rücksicht, nennt Personen und Dinge beim Namen, man blickt quasi direkt in sein Inneres, seinen Kopf, nirgendwo tritt einem Fallada unmittelbarer entgegen. Beiläufig erfährt man, dass die «guten Carwitzer Jahre» keineswegs nur gut waren, sondern durchsetzt von Niggeleien und Kleinkrieg mit Alteingesessenen und übereifrigen Nazis und erkennt, welch biestiger, rechthaberischer Nachbar er sein konnte. Heute hoch verehrte Gestalten wie Peter Suhrkamp kommen ganz schlecht weg, er schimpft auf Juden (ein paar Seiten weiter lobt er sie), wettert über Parteibonzen und die «Narren» von Emigranten, die in Deutschland gebliebenen Vorhaltungen machen, aber keine Ahnung haben, was man hier ertragen muss. Um den Papiervorrat zu strecken und unerwünschten Augen das Lesen zu erschweren, verkleinert er seine ohnehin kleine Schrift auf Millimetergröße, dreht das Manuskript auf den Kopf, beschreibt es zwischen den Zeilen erneut, teilweise ein drittes Mal und wechselt in unregelmäßigen Abständen zwischen lateinischer Schrift und Sütterlin. Die Seiten gleichen unentwirrbaren orientalischen Geweben, dennoch ist sein Leichtsinn bodenlos. Das Nazi-Regime ist zu keiner Zeit rabiater als nach dem 20. Juli 1944. Kleinste Vergehen werden mit der Todesstrafe geahndet, zahlreiche Menschen, die mit dem Attentat auf Hitler nichts oder nur ganz am Rand etwas zu tun hatten, verlieren im Spätsommer und Herbst 1944 ihr Leben. Aber Hans Fallada ist eine Spielernatur. Am 8. Oktober schmuggelt er sein Manuskript aus der Anstalt. Wäre es beschlagnahmt worden, hätte es ihn und anderen den Kopf gekostet.

Uli weiß nichts vom Streit seiner Eltern, nichts von der Einlieferung seines Vaters in die Entziehungsanstalt, nichts von dessen fieberhafter literarischer Tätigkeit. Er weiß nur, dass sein Vater ihm fehlt, und als dieser das erfährt, ist er sofort für ihn da, will ihn wie früher aufbauen und beschützen, obgleich er selbst mehr als schutzbedürftig ist: *Mein lieber ältester Sohn, alter Ulimuxe, ich habe von Deiner Mummi gehört, dass es Dir gar nicht gut geht, dass du sehr niedergedrückt bist und Dich nicht auf Deine Arbeit konzentrieren kannst. Auch scheinst Du an dem «Sinn des Ganzen» zu zweifeln. Mein lieber alter Junge, Du weißt es, mit welcher Liebe, aber auch mit welcher Sorge ich immer an Dich denke. Ich sehe mich wieder in Dir, als ich einmal so jung war wie Du; ich hatte es schwer, und ich möchte so gerne, dass Du es etwas leichter hast. Ich bin immer für Dich da – auch wenn ich einmal krank bin wie jetzt –, ich bin stets zur Hilfe bereit, in JEDER Lage. Denke immer daran! Was nun Deine jetzige Lage angeht, so bitte ich Dich sehr: reisse Dich zusammen, zwinge Dich mit zusammengebissenen Zähnen zur Arbeit. Arbeit ist das beste, ja einzige Mittel gegen alle Sorgen, jede Entmutigung, gegen das lähmende Niedergedrücktsein. [...] Nicht nur um Deinet-, auch um unser willen rappele Dich auf, sei neben der Arbeit möglichst viel mit Deinen Kameraden zusammen, sondere Dich nicht ab – Du bist doch unser Stolz, Uli, kämpfe Dich frei!*

Endlich kommt er auf die familiären Umbrüche zu sprechen: *Ich halte es für möglich, dass Dir bei Deinem letzten Besuch daheim irgendjemand etwas über Deine Eltern erzählt hat, das Dich schwer bedrückt. Ich will ganz offen mit Dir reden, Uli, Du bist kein Kind mehr. Deine Mutter und ich, wir haben durch meine Schuld eine Zeit schwerer Entfremdung durchgemacht; Du hast es an dem ganz veränderten Ton in unserem Hause gemerkt. Es sind – wiederum durch meine Schuld – Dinge vorgekommen, die nie hätten vorkommen dürfen. Aber nichts von alledem war so, wie es die Leute erzählen, alles war wesentlich milder, und vor allem, es besteht die bestimmte Aussicht, dass alles wieder in Ordnung kommt. Ich war lange krank, ohne es selbst zu wissen, jetzt bin ich auf dem Weg der Gesundung und, wie ich zuversichtlich hoffe, zu einer DAUERNDEN Gesundung. [...] Ich lebe hier in einem seltsamen traurigen Hause mit vielen schwerkranken Menschen zusammen, ich bin der gesündeste von ihnen allen. [...] Die Hausordnung ist streng: abends um ½ 8 Uhr müssen wir schon im Bett liegen, und um ¾ 6 ist erst aufstehen. So lange kann Dein Vater natürlich nicht schlafen. Da liege ich dann*

Stunden wach, sehe die Sterne am Himmel, höre die Flugzeuge brummen, eine Uhr eine Viertelstunde nach der anderen schlagen – und denke mir dabei Geschichten aus oder denke an Euch. Heute Nacht hat nur an Dich, Uli, gedacht Dein Dich herzlich grüßender Vater Ditzen. Uli solle sich mit der Mutter aussprechen, sich *das Herz leicht machen*. Dass er sich von dieser Mutter vor mehr als zwei Monaten hat scheiden lassen, sagt Fallada nicht.

Er schweigt auch den Rest des Jahres 1944. Uli nimmt es tapfer hin: *Mein Lieber Papa! Kannst Du mir nicht wieder einmal schreiben? Ich habe die ganze letzte Zeit auf eine Nachricht von Dir gewartet. Aber Du wirst wohl irgend einen Grund dafür haben.* Am 1. Februar 1945 erhält er die Anzeige von der Hochzeit seines Vaters mit Ursula Losch.

Ein einfallsreiches Schicksal hält für den kranken und gebeutelten Hans Fallada noch eine Reihe von Überraschungen bereit: Die Russen verhaften ihn und ernennen ihn gleich darauf zum Bürgermeister der kleinen Stadt Feldberg, 5 Kilometer von Carwitz entfernt. Fallada muss Arbeitseinsätze planen, Beschwerden entgegennehmen, Streit schlichten, Gehortetes beschlagnahmen, sich inmitten eines Gewirrs egoistischer Interessen und eines Kreuzfeuers von Kritik zurechtfinden und bricht nach kurzer Zeit zusammen. Die morphiumsüchtige Ursula Losch unternimmt einen Suizidversuch. Im August 1945 werden beide ins Krankenhaus Neustrelitz eingeliefert, im September ziehen sie nach Berlin, wo Ursula eine Wohnung hat. Es gibt weder Möbel, noch Lebensmittelkarten, dafür aber Morphium aus den Beständen der ehemaligen Wehrmacht.

Uli soll die Schule in Pankow beenden. Endlich lebt er wieder mit seinem Vater zusammen, aber in welchem Zustand! *Das familiäre Chaos, in das ich kam, traf mich unvorbereitet. Von den Gründen der Trennung und von der Scheidung hatte ich kaum etwas gehört, und was, in verharmlosenden Worten. Von der Suchtgefährdung meines Vaters vor der Gründung unserer Familie wußte ich gar nichts.* Jetzt ist die Beschaffung von Morphium dessen Lebensinhalt, durchgeführt von der jungen Frau an seiner Seite. Uli hat Ursula im Sommer in Carwitz und Feldberg kennengelernt, hat sie nett und hübsch gefunden, vielleicht ein wenig für sie geschwärmt. Jetzt sieht er sie aufreizend gekleidet das Haus verlassen, auf der Jagd nach Rauschgift, zur Besänftigung von Behörden, die wegen nicht bezahlter Rechnungen den Strom abgeschaltet haben, oder zur bloßen Beschaffung eines Laibes Brot. Sein Vater liegt indessen bei zugezogenen Vorhängen im Bett oder arbeitet an irgendwelchen Manuskripten. Es gibt keine gemeinsamen Mahlzeiten, das beschützte Familienleben mit dem «Traumvater» Hans Fallada ist nur noch schmerzliche Erinnerung. Verdächtige Gestalten schleichen herbei, hinter verschlossener Tür hört Uli Lachen und Gröhlen. *Die Hilflosigkeit des Süchtigen, der Stunde für Stunde auf die nächste Lieferung wartet, ist jämmerlich. Die Haltlosigkeit des Süchtigen, der den soeben angelieferten Schuss feiert, kaum minder.* Und weil niemand sich kümmert und die Verwahrlosung droht, übernimmt Uli, noch nicht sechzehnjährig, die Rolle des Haushaltsvorstands. Als sein Vater und Ursula im Februar 1946 eine Entziehungskur in der psychiatrischen Abteilung der «Kuranstalt Westend» beginnen, sorgt er ganz allein für seine Schwester Lore, Ursulas siebenjährge Tochter Jutta und sich selbst.

Die Mutter soll nichts erfahren. Aus der Klinik sucht Fallada den Schulterschluss mit Uli als seinem letzten Verbündeten, der immer noch sein Sohn ist und wohl immer noch irgendwie zu ihm aufschaut: *Auf Dir wird die Last liegen, mein lieber Uli, für vieles wirst Du sorgen müssen. Ich bin natürlich hier immer zu sprechen für Dich [...] aber das ändert nichts daran, dass Du Dich um vieles wirst kümmern müssen.* Er schlägt ein Schweigebündnis vor: Weder er noch Uli sollen Anna Ditzen von der *veränderten Sachlage* berichten, sie käme sonst mit Sicherheit nach Berlin und würde ihre Kinder zurückholen – und was dann? Er ist ganz und gar auf Uli angewiesen. Uli soll seine Mutter täuschen, aber sein Vater verlangt von ihm Lebensmittel, Nachthemden, Tinte, Briefmarken und eine Vielzahl anderer Dinge, die Uli zum Teil auf weiten Wegen besorgen muss. Sogar zerrissene Kleidung soll Uli flicken. Er selbst kann es nicht, und Ursula ist zu schwach. Zu Ulis sechzehntem Geburtstag am 14. März 1946 schickt er einen Gutschein aus dem Krankenhaus, anderes hat er nicht zu bieten. Der Ton ist hilflos, übertrieben lustig, gequält optimistisch und vor allem taktlos: *WIR, RUDOLF DITZEN, ältester aller Ditzens des Erdballs, und WIR, Ulla Ditzen, sein angetrautes Eheweib [...] tun kund und zu wissen, dass wir Unsern lieben Sohn und Stief zu seinem Geburtstage* und so weiter und so fort. Merkt er nicht, dass er den Bogen überspannt? *Natürlich habe ich den Wunsch, Dich öfter zu sehen und zu sprechen*, schreibt er in einem seiner letzten Briefe. *Wir müssen schon in gutem Kontakt miteinander bleiben, Du wirst mich manches fragen wollen, und ich habe natürlich Dir mancherlei zu erzählen.* Aber Uli ist, nach eigenen Worten, die *Achtung vor seinem Vater abhanden gekommen.*

Den Roman «Jeder stirbt für sich allein», die Geschichte eines Berliner Arbeiterehepaars, das Postkarten mit Aufrufen zum Widerstand gegen Hitler in Treppenhäusern ausgelegt hat und dafür hingerichtet wird, wollte Fallada erst nicht schreiben. Er fand den Stoff trist und ungeeignet, wollte sich nicht besser machen, als er war – auch er habe sich nur *im großen Strom der Ereignisse mittreiben lassen.* Dann rafft er sich auf und schreibt in der bekannten Weise, vom Morgengrauen bis in die Nacht, mit Arbeitskalender und der eisernen Regel, nie hinter dem Vortagspensum zurückzubleiben, in vierundzwanzig Tagen auf 866 Typoskriptseiten sein letztes Buch. *Und während ich schrieb [...] und mit Schrecken sah, daß es immer mehr Stoff wurde [...] kam ich doch nicht aus dem Verwundern über meinen eigenen Kopf heraus. Da hatte ich doch wahrhaftig geglaubt, dies sei kein Stoff für mich [...] Ein Jahr hatte ich nicht an ihn gedacht [...] und nun stellte sich heraus, daß dies alles nicht stimmte. Sondern mein Hirn hatte in aller Stille [...] an diesem Stoff weiter herumgekaut, es hatte ihn zerfasert, bereichert, umgestaltet, kurz, es hatte einen Stoff daraus gemacht, aus einem Nichts war in aller Stille etwas Großes geworden, und ich hatte nichts davon gewußt! [...] Ich bin doch froh, diesen Roman geschrieben zu haben, endlich wieder ein Fallada!* Wenige Tage später bricht er zusammen, kommt in die Charité und stirbt, dreiundfünfzig Jahre alt, am 5. Februar 1947 an Herzversagen im Hilfskrankenhaus in der Blankenburger Straße in Pankow, abends gegen 8 Uhr, allein, wie im Titel seines letzten Romans vorausgesagt.

Ein Telegramm benachrichtigt Uli vom Tod seines Vaters. Er hatte ihn nur noch selten besucht. *Der Vater lag, als der Sohn ihn zum letzten Male sah, noch auf dem Sterbebett; der Sohn sah auf dem Gesicht des toten Vaters einen gelösten Ausdruck von Ruhe und Frieden, wie er ihn noch nie bemerkt hatte.*
Noch Jahre nachher spricht er von ihm nur als *dieser Mann*.

Eine reife, gelbe Birne aus dem Garten des Hauses Eisenmengerweg 19 in Berlin-Niederschönhausen ist Achim Ditzens einzige Erinnerung an seinen Vater. Ihr Geschmack hat, wie es scheint, einen stärkeren Eindruck hinterlassen als die Person des Schenkers. Da Birnen im Spätsommer oder Herbst reifen, ist das Ereignis auf den Spätsommer oder Herbst 1946 zu datieren, als Achim sechseinhalb Jahre alt und sein Vater soeben aus der Kuranstalt Westend entlassen worden war. Als sein Vater die Familie verließ, war er für Erinnerung zu klein, als er sich hätte erinnern können, war sein Vater tot. Was er über ihn weiß, stammt aus zweiter Hand, den altersmäßigen Vorsprung seines Bruders Uli kann er nie einholen. Damit muss Achim leben.

Dabei war er als zweiter Sohn im Leben seines Vaters durchaus präsent. *Wie klein er noch ist, kannst Du Dir einfach nicht vorstellen,* schrieb der Vater an Uli, *man muss immerzu lachen, wenn man ihn sieht. Jetzt ist er ja noch ganz dumm, er kann noch nicht richtig sehen, erkennt noch nichts, nicht einmal seine eigene Mummi. [...] Nur brüllen tut er sehr schön, das kann er ganz großartig.*

Der Achim wächst und schreit recht oft,
Weil er auf mehr Getränke hofft. [...]
Er schreit noch döller und noch mehr,
Das ganze Haus stürzt jetzt schon her.
Da plötzlich wird er mächtig rot,
Das Atmen wird ihm sichtlich Not,
Dann gibt es einen lauten Krach –
Aha, er hat nen Klecks gemacht!

Keine Erinnerung an den Vater –
Achim Ditzen und Hans Fallada, ca. 1943

Achim kennt weder Brief noch Gedicht. Er weiß nur, dass es einmal einen Vater gegeben hat, dessen Bücher im Regal stehen, und dass es Probleme gibt, die mit diesem Vater zusammenhängen. Denn Hans Fallada hat, nachdem er 1944 Anna Ditzen als Vorerbin eingesetzt und ihr das Carwitzer Anwesen überschrieben hatte, seinen gesamten Nachlass Ursula Losch vermacht, die ihn, um an Geld für Drogen zu kommen, an einen Braunschweiger Kaufmann veräußert hat, in dessen Keller die Manuskripte nun lagern und in dessen Tasche die Tantiemen fließen. Carwitz liegt in der DDR, dort gelten Eigentümer landwirtschaftlicher Grundstücke jenseits einer bestimmten Größe als «Selbstversorger» ohne Anrecht auf Lebensmittelkarten. Anna Ditzen fällt unter diese Regelung und muss die Nahrung für sich und die Ihren selbst erwirtschaften, neben den Kindern auch für Elisabeth Ditzen, Hans Falladas Mutter, die nach dem Tod ihres Mannes von Leipzig in ihre Heimatstadt Celle gezogen und 1943 vor den Bomben nach Carwitz geflohen ist. Achim muss Grünfutter schneiden, Ziegen melken, Schweine, Kaninchen, Hühner füttern, Ställe ausmisten, Unkraut jäten, den Garten gießen, bei der Ernte helfen, nicht als Privileg wie Uli an der Seite seines Vaters, sondern als Pflicht und Notwendigkeit.

«Fallada! Fallada!», rufen Carwitzer Kinder hinter ihm her. Sie haben den Dichter nie gesehen, sind zum Teil erst nach dem Krieg mit ihren

Eltern hierhergekommen (Carwitz, vor dem Krieg ein Zweihundert-Seelen-Dorf, hat jetzt mehr als dreihundert Einwohner), aber Gerüchte über den skandalösen Mann, der sich Hans Fallada nannte, halten sich zäh. Erwachsene raunen Achim zu: «Na, dein Vater, das war wohl einer, ich will ja nichts sagen, aber was der hier alles angestellt hat...» Der Klassenlehrer rügt ihn: «Als Sohn eines Schriftstellers müsstest du es besser wissen», Mitschüler nennen ihn «Armer Kerl!», und sogar seine Mutter meint: «Diese Vier im Zeugnis sieht gar nicht gut aus und entspricht nicht dem, was dein Vater von dir erwartet hätte!» Kein Wunder, dass Achim mit diesem Vater möglichst wenig zu tun haben will. Aber natürlich ist er auch neugierig: Wer war dieser Hans Fallada? Warum heißt er überhaupt so?

Aber Achim erfährt nichts. Auch in der Familie ist der Vater eine Unperson. Gelegentlich schnappt er ein zwischen Mutter und Großmutter gewechseltes Wort auf, aber wenn sie ihn bemerken, brechen sie das Gespräch sofort ab. Auch Uli hüllt sich in Schweigen. Der Tod des Vaters hat ihn aus der Bahn geworfen, ihn in die Provinz zurückgedrängt, wo er nicht mehr hinwollte. Er versucht, in Neustrelitz sein Abitur zu machen, aber kann sich nicht konzentrieren, ist verbittert über seine Lage und sein Umfeld. Nach Carwitz kommt er selten. Dann steht er eines Nachts plötzlich vor der Tür: Er sei in Gefahr, müsse verschwinden, habe einen kritischen Beitrag in einer Wandzeitung seines Gymnasiums namentlich gezeichnet, sei gewarnt worden: «Mach dich aus dem Staub, du sollst in die Wismut...» Die «Wismut AG» ist ein sowjetisch-deutsches Bergbauunternehmen, das im Erzgebirge Uran fördert – wer dorthin zwangsverpflichtet wird, kommt so schnell nicht mehr fort, das weiß man. Uli nimmt Abschied von der Mutter, Achim rudert ihn über den See, er verschwindet im Wald, schlägt sich nach West-Berlin durch, hungert, schläft auf der Straße oder kriecht bei Bekannten unter. Es ist die Zeit der Berliner Blockade. Irgendwann erhält er eine Aushilfsstelle bei der von den Amerikanern herausgegebenen «Neuen Zeitung» und findet langsam zu sich. Er hat Lust am Formulieren, will vielleicht sogar Schriftsteller werden. Carwitz zu besuchen wagt er nicht, zu groß ist die Angst, als «Republikflüchtling» verhaftet zu werden. Mutter und Geschwister besuchen ihn in West-Berlin. Auf Spaziergängen versucht Achim, Näheres über Person und Leben seines Vaters zu erfahren, aber Uli bleibt verschlossen – fast hat Achim das Gefühl, man wolle ihn künstlich dumm halten. Alle anderen, so scheint es, wissen mehr über Hans Fallada als er selbst.

Am 5. Juli 1951 stirbt Achims Schwester Lore, genannt «Mücke», noch nicht achtzehnjährig an einer Sepsis – geeignete Medikamente waren in der DDR nicht aufzutreiben, die Antibiotika aus West-Berlin kamen zu spät. Die Mutter ist schwer getroffen. Lore war ihr liebstes Kind. Hochschwanger ist sie mit ihr im Juli 1933 eine ganze Nacht lang durch den Wald geirrt, um ihrem Mann, den die SA verhaftet hatte, im Gefängnis von Fürstenberg beizustehen. Das Zwillingsschwesterchen Edith ist, vielleicht als Folge dieser Überanstrengung, bei der Geburt gestorben. Hans Fallada hatte sich an ihrem Tod mitschuldig gefühlt und kurz darauf den Roman «Wir hatten mal ein Kind» geschrieben, den er seinen «schönsten und reifsten» nannte. Jetzt ist auch Lore tot und Achim allein bei seiner Mutter.

Was soll aus Achim werden? Ein glänzender Schüler ist er nicht, besondere Begabungen sind nicht erkennbar. Anna Ditzen befragt einen Dresdner Druckereibesitzer, der in Carwitz Urlaub macht und bei ihr ein Zimmer mietet. Der meint, Schriftsetzer sei ein ordentlicher Beruf, zumal für den Sohn eines Schriftstellers, das leuchtet ein. Mutter und Sohn fahren nach Dresden, begutachten den Betrieb, Achim wird als Lehrling eingestellt und lernt die Tücken der sozialistischen Wirtschaft kennen: Die Druckerei ist auf Apothekenetiketten spezialisiert, der Großbuchstabe «A» spielt dabei eine wichtige Rolle. Fehlt er in einem Satz, entnimmt man ihn einem anderen, der dann seinerseits unvollständig ist, so geht es weiter, bis selbst einfache Aufträge mangels des Großbuchstabens «A» nicht ausgeführt werden können. Nach acht Wochen Lehrzeit verschwindet sein Chef in den Westen.

Achim wechselt den Betrieb, lernt ordentlich, wird Ingenieur, macht sein Diplom, gewöhnt sich an Arbeitswelt und System, mag beides. Wie sein Vater, der in seiner landwirtschaftlichen Tätigkeit stets beste Zeugnisse hatte, kann Achim genau, sorgfältig und ausdauernd arbeiten. Gilt es, eine Nacht durchzuschuften, ist er keiner von denen, die schlappmachen. Das kommt an bei den Kollegen. Über seine Herkunft wird nicht gesprochen: Er ist Achim Ditzen und sonst niemand. Die Haltung der DDR zum Autor Fallada ist ambivalent. Seine Leserschaft ist auch hierzulande groß, man ist froh, ihn posthum als DDR-Bürger reklamieren zu können; aber dass er unter den Nazis veröffentlichen durfte und Klassenkämpferisches kaum betont hat, spricht gegen ihn. Man einigt sich auf ein Zitat Johannes R. Bechers aus dessen Rede bei Falladas Beerdigung: «Seine Liebe galt dem einfachen Leben und den kleinen Leuten.» Damit ist die Linie klar. Gelegentlich erhält Achims Druckerei den Auftrag, einen Fallada-Roman zu umbrechen, dann freut er sich und ist sogar ein wenig stolz. Bei einem Besuch in Carwitz liest er Jürgen Mantheys 1963 erschienene Rowohlt-Monografie «Hans Fallada» und ist tief beeindruckt: Das also war mein Vater.

Uli hat indessen sein Abitur nachgeholt, mit fünfundzwanzig Jahren, hat ein Jurastudium begonnen und Eleonore Köhler geheiratet, eine Journalistin vom »Sender Freies Berlin«. Das Beispiel des Vaters und die eigene Erfahrung vor Augen, ist er fest entschlossen, sich eine solide bürgerliche Existenz aufzubauen. 1958 hat er Gelegenheit, zu zeigen, was er kann: Ursula Losch, Falladas zweite Frau, ist gestorben, nach einer weiteren Ehe und ohne von ihrer Drogensucht losgekommen zu sein und wurde in einem Armengrab beigesetzt. Sie hat, wie es sich zeigt, beim Verkauf des Fallada-Nachlasses einen Tantiemen-Anteil für sich behalten, der jetzt Anna Ditzen zugutekommt, die ihrerseits seit Jahren versucht, sich von den Braunschweiger Rechteinhabern einen Pflichtteil zu erstreiten, und dafür den in Feldberg ansässigen und auch im Westen bekannten «DDR-Staranwalt» Dr. Friedrich Karl Kaul beauftragt hat, ohne Ergebnis, vermutlich weil der berühmte Jurist zu viel anderes zu tun hat. Uli übernimmt den Fall, obgleich noch Student, und erwirkt die Auszahlung einer Pauschalsumme von 100 000 DM für seine Mutter. Reist Anna Ditzen nun in den Westen, hat sie dort Geld, und Achim kann sich statt des normalen «Trabant» das nächsthöhere Modell leisten. Seine Kollegen akzeptieren das: Wenn der Ditzen das tut, wird es schon seine Ordnung haben.

Seit ihn ein Freund während des Studiums von den Vorzügen des Sozialismus überzeugt hat, ist Achim Mitglied der SED. Er glaubt an das sozialistische Modell, das auch in Frankreich, Italien und sogar in West-Deutschland Anhänger hat, wird Teil des Systems, engagiert sich, denkt mit, überlegt mit anderen, was zu entwickeln und zu verbessern wäre. Seine Vorgesetzten freuen sich über einen tüchtigen und intelligenten Mitarbeiter, der zudem in der Partei ist. Als jemand fragt, ob er es sich zutrauen würde, Abteilungs-Partei-Sekretär in seinem Betrieb zu werden, tut er auch das. Einmal pro Monat muss er eine Versammlung einberufen, Entwicklungen vorstellen, mit den Kollegen diskutieren, sie auf die Parteilinie einschwören. Obgleich er oft mehr weiß, als er sagen darf, ist der Zwiespalt erträglich: Die DDR macht Fortschritte, und was nicht stimmt, kann, so die Hoffnung, von innen heraus verändert werden. Die unangenehme Aufgabe, Ausreiseanträge von Kollegen entgegenzunehmen, versucht er nach Möglichkeit zu umgehen. Mitglied der «Kampfgruppe der Arbeiterklasse» ist er schon länger, sein Betrieb hätte ihn, glaubt er, sonst kaum zum Studium delegiert. Diese nach dem 17. Juni 1953 gegründete paramilitärische Einrichtung soll «Sabotage aus dem Westen» und «konterrevolutionäre Aktivitäten» verhindern, ihre Mitglieder treffen sich achtmal jährlich zu «Kampfgruppen-Wochenenden», ein bisschen Vereinsgefühl und Pfadfinderromantik ist dabei, aber auch die Sorge, die Waffen, an denen man schlecht ausgebildet ist, im Ernstfall, der hoffentlich nie eintreten möge, gegen die eigenen Leute einsetzen zu müssen.

1966, im Alter von fünfundsechzig Jahren, verkauft Anna Ditzen das Carwitzer Anwesen für den offiziellen DDR-Wert von 32 000 Mark. Die Bewirtschaftung ist ihr zu mühsam geworden, als «Private» bekommt sie keinen Dachdecker, Klempner oder anderen Handwerker. Der SED-eigene «Kinderbuch-Verlag» übernimmt Falladas Reich, gestaltet es um und nutzt es als Ferien- und Arbeitsort für Literaten, Lektoren und bildende Künstler. Achim sieht die Veränderungen ungern, will das Grundstück nicht mehr betreten, auch der Mutter tut es weh. Sie kauft ein 680 Quadratmeter großes Eckgrundstück in Feldberg und baut darauf ein Holzhäuschen von 45 Quadratmetern, in dem sie bis zu ihrem Tod wohnt, eine freundliche, offene, von Nachbarn und Mitbürgern geachtete Frau und für Fallada-Forscher eine unverzichtbare Quelle. Günter Caspar, Cheflektor des Aufbau-Verlags, legt ihr lange Fragelisten vor, die sie willig abarbeitet, aber Aussagen über ihre Gefühle darf man von ihr nicht erwarten.

Die DDR-Fallada-Pflege nimmt Fahrt auf. 1973 gibt es in Carwitz eine Festveranstaltung zum achtzigsten Geburtstag, 1977 eine Ausstellung zum dreißigsten Todestag, 1978 erscheint eine erste Biografie: «Leben und Tod des Hans Fallada» von Tom Crepon. Er ist Direktor des Literaturzentrums Neubrandenburg, in dem Autoren beraten und in ihrer Kreativität gefördert werden sollen, in DDR-Sprache ein «Dienstleistungskombinat für Schriftsteller». Er war häufig Gast bei Anna Ditzen in Feldberg, in seiner Biografie, findet sie, hat er zu viel fantasiert und spekuliert, aber seine Verdienste um Fallada sind unbestreitbar: Mit Devisen des DDR-Kulturministeriums ausgerüstet, ist es ihm gelungen, der Witwe des Braunschweiger Kaufmanns große Teile des Fallada-Nachlasses abzukaufen, dem Vertrag nach für die Berliner Akademie der Künste, de facto für das von ihm geleitete Literaturzentrum. Das ist umso befriedigender, weil auch westliche Institute Interesse gezeigt haben – wer über Fallada forschen will, muss jetzt im Osten anklopfen, genauer gesagt bei Dr. Tom Crepon.

Wegen ihrer Einflussmöglichkeit auf die öffentliche Meinung sind alle wichtigen DDR-Druckereien parteieigene Betriebe, geleitet von der Zentralen Druckerei-, Einkaufs- und Revisionsgesellschaft «Zentrag», die direkt dem Zentralkomitee unterstellt ist – so auch die zweitgrößte des Landes, die Dresdner Druckerei «Grafischer Betrieb Völkerfreundschaft», bei der Achim Ditzen arbeitet. Er ist dort für die Einführung neuer Satztechnologien verantwortlich und darf als zuverlässiger Genosse auf Messen ins Ausland reisen, nach Holland, England und sogar auf die DRUPA («Druck und Papier») nach Düsseldorf. Bei solcher Gelegenheit besucht er seinen Bruder Dr. jur. Ulrich Ditzen in Wuppertal, der sich nach diversen Zwischenstationen dort niedergelassen hat. Seine Ehe hat nur ein paar Jahre gehalten, auch eine zweite ist gescheitert. Er hat vier eigene Kinder und ein Pflegekind, ist ein bemühter Vater, aber Falladas Nervosität, Ungeduld und Eigensinn stecken auch in ihm. Diskussionen, die nicht nach seiner Vorstellung verlaufen, beendet er abrupt, Gesellschaft erträgt er nur in Maßen, ist oft unnahbar, hört Musik mit Kopfhörer, verschließt sich. Seinen Erfolg redet er klein: Wäre er ein wirklich guter Anwalt, hätte er in Berlin, Hamburg oder München reüssieren müssen, es habe nur für Wuppertal gereicht. Politisch steht er der CDU nah, Konflikte mit dem SED-Mitglied Achim sind unausweichlich. Als Ulis Gäste den sozialistischen Staat allzu selbstherrlich kritisieren, steht Achim auf und geht.

Dabei wird es immer deutlicher: Die DDR lebt von der Substanz. In Betrieben wird die Lebenszeit von Maschinen per Dekret um die Hälfte, manchmal sogar um das Doppelte verlängert, Achims Druckerei soll plötzlich Ersatzteile für Dresdner Straßenbahn-Waggons herstellen, weil selbst für den Einkauf beim tschechischen Hersteller die Mittel fehlen. Achim macht Eingaben, formuliert Verbesserungsvorschläge, ohne zu wissen, dass sie nicht einmal die nächsthöhere Ebene passieren. Den 9. Oktober 1989 erlebt er auf einer Dienstreise in Koblenz. Er fährt sofort zurück und leitet am Abend eine Parteiversammlung. Mit vielen anderen hofft er, gemeinsam aufgebaute Errungenschaften des Sozialismus retten zu können, aber die DDR wird hinweggefegt ins Abseits der Geschichte.

Wilde Zeiten brechen an. Dresdner Traditionsbetriebe schließen reihenweise, Zehntausende verlieren Arbeit, Existenz und Würde – mit dieser Erfahrung in den Knochen, meint Achim, werden Menschen aus dem Osten noch lange anders ticken als die aus dem Westen. Er selbst hat Glück: Die «Sächsische Zeitung», für die er arbeitet, wird unter West-Management weitergeführt, Achim als Techniker gebraucht. Aber als die Firmenleitung die Umstellung auf Vierfarbendruck auf Litfaßsäulen ankündigt, bevor die technischen Probleme gelöst und die neuen Technologien ausprobiert sind, erscheint das so unmöglich wie das Schreiben eines Romans innerhalb einer Woche. Achim beißt sich durch, arbeitet Tag und Nacht, hält sich künstlich wach wie sein Vater und erleidet wie der nach Erreichen des Ziels eine Nervenkrise. Andererseits kann er von einer 55-Quadratmeter-Plattenbauwohnung am Stadtrand in eine 80-Quadratmeter-Altbauwohnung in der Dresdner Innenstadt ziehen, der Kapitalismus macht's möglich, das ist toll und für ihn eine «ungeheure Ausweitung seiner Möglichkeiten». Hat ihn seine Tätigkeit in der DDR erfüllt, glücklich gemacht? Durchaus. Er hat Sinnvolles getan und geleistet, war als Fachmann anerkannt, hat Statur und Selbstbewusstsein gewonnen. Dass sich vieles als Irrtum erwiesen hat und dass von seiner Leistung nichts übrig geblieben ist und es seinen Lehrberuf nicht mehr gibt, ist eine andere Sache.

Am 8. August 1990 stirbt Anna Ditzen, neunundachtzigjährig, dreiundvierzig Jahre nach dem Tod ihres Mannes. Achim hatte sie in den letzten Jahren alle drei bis vier Wochen besucht, die Fahrt von Dresden nach Feldberg hatte fünf Stunden gedauert, das Tempo 100 war scharf kontrolliert worden. Allein mit ihm in ihrer Küche, kam sie ins Sinnieren, erzählte Schlimmes, beklagte ihr Schicksal – eine Alterserscheinung, meint Achim, nicht ihrem Wesen entsprechend, das in seiner Tiefe frei von Bitterkeit war, beispielhaft für alle, die mit ihr zu tun hatten.

Das Carwitzer Anwesen wird (in weit schlechterem Zustand, als es der Kinderbuchverlag für 32 000 Mark übernommen hat) von der Treuhand zum Vorzugspreis von 350 000 DM an die Gemeinde Carwitz verkauft, die es für mehrere Millionen DM in den Originalzustand zurückbaut und ein Hans-Fallada-Museum daraus macht. Die Brüder Ulrich und Achim Ditzen spenden, was an Möbeln und Accessoires noch vorhanden ist, und finden auch persönlich enger zueinander. Aber Falladas unruhiger, zwiespältiger Geist scheint aus dem Grab weiter zu wirken: Vor der ersten Tagung der Hans-Fallada-Gesellschaft 1993 in Greifswald verkündet ihr Gründer und erster Vorsitzender Werner Liersch, er habe erfahren, dass Dr. Tom Crepon, vormals Leiter des Literaturzentrums Neubrandenburg und quasi Alleinherrscher über Falladas Nachlass, ihn im Auftrag des Ministeriums für Staatssicherheit bespitzelt habe, just während der Zeit, als er selbst an einer Fallada-Biografie arbeitete, die 1981 unter dem Titel «Hans Fallada – sein großes kleines Leben» erschienen ist. Tom Crepon müsse ausgeladen und die Tagung zu einem Tribunal über dessen Stasi-Verstrickung, die Rolle der Stasi im Literaturbetrieb der DDR und insbesondere auch in der Hans-Fallada-Gesellschaft umfunktioniert werden. Der restliche Vorstand lehnt dies ab: Es sei nicht Aufgabe der Gesellschaft, eine mögliche Stasi-Vergangenheit ihrer Mitglieder zu thematisieren, schon gar nicht die von Tom Crepon, der nicht einmal Mitglied sei. Werner Liersch bleibt daraufhin der Konferenz fern, legt seinen Vorsitz nieder, tritt aus der Gesellschaft aus. Ein jahrelanges Zerwürfnis nimmt seinen Anfang.

1997 will der Aufbau-Verlag Falladas Greifswalder Gefängnistagebuch von 1924 unter dem Titel «Strafgefangener Ditzen – Zelle 32» herausbringen, Uli erhebt Einspruch: Der Name Ditzen dürfe nicht erscheinen, der Familienruf könnte beschädigt werden. Einlassungen, dass sowohl des Vaters Gefängnisaufenthalt als auch dessen bürgerlicher Name allgemein bekannt sind, nützen nichts, Uli verfasst einen juristisch scharfen Brief und legt ihn Achim zur Unterschrift vor, der gehorcht, trotz Zweifeln an des Bruders Rationalität. Auch der Verlag knickt ein: Uli Ditzen ist nicht nur Falladas ältester Sohn, sondern auch der Letzte, der ihn noch persönlich gekannt hat. Was Uli Ditzen sagt, hat Gewicht. Das Buch gelangt unter dem Titel «Strafgefangener, Zelle 32» in den Handel, und wo im Text der Name Ditzen erscheint, wird er aus «persönlichkeitsrechtlichen Gründen» geschwärzt. Nachdem Uli jahrzehntelang kaum über seinen Vater gesprochen und den Karton mit dessen Briefen an ihn, den die Mutter bis zu ihrem Tod verwahrt hatte, auf das oberste Fach seines Bücherregals verbannt hat, liest und editiert er sie, desgleichen die Korrespondenz der Eltern untereinander. Es ist ein kleiner Teil des 28 000 Seiten starken Fallada-Nachlasses, aber Uli bringt den Menschen Hans Fallada der Öffentlichkeit damit näher, als es alle Biografien bisher vermochten. Auch seine nachdenklich-distanzierten Erinnerungen an das Leben in Carwitz sind ein wichtiger Beitrag. Aber wenn ihm etwas gegen den Strich geht, kann er so unversöhnlich reagieren, wie es sein Vater oft getan hat.

Als der Aufbau-Verlag 2009 Falladas Gefängnistagebuch vom Herbst 1944 herausbringen will, erhält er kurz vor der Drucklegung ein von Uli initiiertes und von Achim mitgetragenes Anwaltsschreiben: Der Name

Was Uli Ditzen sagt, hat Gewicht –
Achim (rechts) mit seinem Bruder

der Herausgeberin Sabine Lange dürfe nicht genannt werden, sonst verbiete man das Erscheinen. Was ist der Hintergrund? Sabine Lange, Dichterin und Mitbegründerin der Hans-Fallada-Gesellschaft, hatte ab 1984 in einer Feldberger Außenstelle des Literaturzentrums Neubrandenburg Falladas schriftlichen Nachlass betreut, aber war 1999 als Archivarin entlassen worden, offiziell wegen «mangelnder Identifikation mit den Anforderungen ihres Arbeitsverhältnisses», in Wirklichkeit, wie sie meint, weil sie auf eine vermutete Verzahnung des Literaturzentrums mit der Stasi hingewiesen hatte, die ihr bei einer zufälligen Durchsicht von Dokumenten im Keller ihres Archivhauses deutlich geworden sei. Außerdem glaubte sie sich von einer Vorgesetzten bespitzelt. Sie ging an die Öffentlichkeit, schaltete die Presse ein, versuchte – erfolglos –, ihre Kündigung anzufechten, und schilderte die Entwicklung in einem Buch «Fallada – Fall ad acta». Dort machte sie den in Uli Ditzens Augen unverzeihlichen Fehler, den unter den Nazis denunzierten Autor Fallada als eine Art Kronzeugen für das eigene vermeintlich erlittene Unrecht heranzuziehen. Uli hatte ihre Arbeit geschätzt und gelobt, auch Anna Ditzen sie gemocht, aber das hätte sie nicht tun dürfen, das stand ihr nicht zu, da ist sie zu weit gegangen. So konsterniert und verärgert ist Uli, dass er, obgleich selbst Jurist, Unmögliches verlangt: Sabine Lange hat, gemeinsam mit der irischen Germanistin Jenny Williams, Falladas nahezu unleserliches Manuskript in monatelanger Arbeit entziffert, Vorwort, Nachwort und Anhang geschrieben, das Projekt betreut und auf den Weg gebracht – wie kann man ihren Namen verschweigen, welcher Verlag lässt so etwas mit sich machen? Schließlich erscheint Sabine Langes Namen, aber nur auf dem Titelblatt, und ohne weitere Angaben zu ihrer Person. Das Verhältnis zu den Ditzen-Brüdern ist dauerhaft beschädigt.

Aber auch Achim muss schwere Stürme bestehen. Gerüchte, dass es in der Hans-Fallada-Gesellschaft «nicht ganz koscher» zugehe, wollen nicht verstummen, namentlich im Zusammenhang mit der dort aktiven ehemaligen Vorgesetzten Sabine Langes, über der ein Verdacht der «IM»-Tätigkeit schwebt. Achim, seit 2004 im Ruhestand und in den Vorstand der Gesellschaft gewählt, muss sich positionieren und stellt sich hinter die Verdächtigte. Zwar existiert eine von ihr unterschriebene Quittung über 100 Mark für «operative Aufgaben», auch ein angeblicher Deckname ist bekannt, aber eine namentlich gezeichnete Einverständniserklärung fehlt, und die allein zählt – keine Einverständniserklärung, kein «IM». Anders könne man das nicht bewerten, meint Achim, die Unschuldsvermutung müsse gelten, gerade in der ehemligen DDR, in der das Recht oft genug gebeugt wurde. Aber der Gegenwind ist stark. Von Brandenburg bis Zürich berichten Zeitungen über den Fall, fast alle mit dem Unterton, dass die Hans-Fallada-Gesellschaft etwas zu verbergen habe und sich gegen die Aufarbeitung der eigenen Geschichte sperre. Achim erhält Briefe von Mitgliedern, oft mit dem Hinweis auf Fallada selbst, der unter den Nazis gelitten habe und den man jetzt nachgerade vor seiner eigenen Gesellschaft schützen müsse. Sein schärfster Kritiker ist Werner Liersch, der alles geißelt, was innerhalb, außerhalb und rund um die Gesellschaft geschieht, und immer wieder darauf beharrt, vor nunmehr fast dreißig Jahren beim Abfassen seiner Fallada-Biografie vom Konkurrenten Tom Crepon bespitzelt und behindert worden zu sein – warum nehme man das nicht endlich zur Kenntnis? Ein Artikel in der von Achim verantworteten Vereinszeitschrift «Salatgarten» soll die Vorwürfe klären, aber enthält so viele Ungenauigkeiten, dass Werner Liersch, sekundiert von Sabine Lange, eine Richtigstellung fordert und eine einstweilige Verfügung erwirkt. Nach vielem Hin und Her der Anwälte endet das Verfahren mit einem Vergleich, der niemanden wirklich zufrieden stellt. Und weil Achim Sohn seines Vaters ist und dessen Genmaterial in sich trägt, ist sein Nervenkostüm das stabilste nicht, weshalb ihn der Erhalt prozessrelevanter Post regelmäßig in eine Krise stürzt, so dass er sich hinlegen muss und nachts keinen Schlaf findet.

Dann geschieht das Unerwartete: Der französische Verlag Denoël entdeckt eine alte Übersetzung von Falladas letztem Roman «Jeder stirbt für sich allein» und bringt ihn unter dem Titel «Seul dans Berlin» neu heraus. Die englischsprachige Welt wird aufmerksam, der britische Penguin-Verlag veröffentlicht ihn als «Alone in Berlin», der amerikanische Verlag Melville House als «Every Man Dies Alone». Der Berliner Aufbau Verlag zieht nach und bringt erstmals das ungekürzte Werk auf den Markt. Der Erfolg ist weltweit und sensationell. *Was aus Fallada in 24 Tagen explodiert ist, gibt Einblick in das Innere von Nazi-Deutschland wie kein anderer Roman*, schreibt der «San Francisco Chronicle», *für ihn muss es eine Art Teufelsaustreibung gewesen sein, für uns ist es eine späte Offenbarung.* Der «New Yorker» nennt das Buch ein *tiefgehendes, verstörendes Porträt*, der britische «Telegraph» findet es *grausig und erschütternd, aber von unvergleichlicher moralischer Überzeugungskraft.* In Israel liegt Falladas Roman gestapelt in den Buchhandlungen: Niemals sei der nationalsozialistische Alltag eindringlicher geschildert worden.

Den Fallada-Söhnen ist die Anerkennung ihres Vaters eine tiefe Genugtuung. Seine Leistung rückt in den Vordergrund, das durch ihn verursachte Leid erscheint in milderem Licht. Finanziell bringt ihnen der späte Erfolg nichts, die Weichen, die ihr Vater bei seinem Tod gestellt hat, lassen sich nicht korrigieren, dennoch ist es so, mehr als je zuvor, als halte er immer noch seine Hand über sie. In die Hans-Fallada-Gesellschaft ist Ruhe eingekehrt, die Mitgliederzahl wächst, die Bestände des Carwitzer Museums werden vervollständigt, Vorträge und Tagungen finden statt, nicht zuletzt durch Achims Arbeit ist es ein lebendiger Ort der Begegnung geworden. Uli hat, nachdem er mit seinem Vater Frieden geschlossen hat, seinen Part, wie es scheint, zu Ende gespielt. Seine dritte Frau ist an Krebs gestorben, einer seiner Söhne bei einem Bergunfall tödlich verunglückt. Uli lebt wieder in Berlin, aber gibt keine Interviews mehr, weist Besucher ab, ist pflegebedürftig. «Das Leben ist für ihn nur noch Aufgabe, aber nicht mehr Ziel», sagt Achim. Manchmal kehren die Dämonen wieder, dann phantasiert er, sucht Auswege aus Gedanken und Problemen seines Inneren, die er nicht kontrollieren kann. Am 25. Dezember 2013 stirbt Ulrich Ditzen in Berlin. «Er konnte nicht mehr zwischen Traum und Realität unterscheiden», sagt Achim.

Am Dorfeingang von Carwitz liegt ein kleiner Friedhof, buchen- und birkenbestanden, mit Blick über den Schmalen Luzin und dessen bewaldete Ufer. An einem regnerischen Novembertag des Jahres 1981 ist Hans Falladas Urne hierher überführt worden. Anna Ditzen hatte es gewünscht und bei den DDR-Behörden durchgesetzt. Jetzt ruht sie selbst hier:

   Anna «Suse» Ditzen, geb. Issel
   12.3.1901 – 8.8.1990

Auch Falladas Mutter Elisabeth Ditzen und seine Tochter Lore sind hier beerdigt. Zweihundert Meter entfernt, auf dem Carwitzer Dorffriedhof, liegt sein Sohn Uli.

Eine Steintafel erinnert an ihn selbst:

   Rudolf Ditzen
   Hans Fallada
   21.7.1893 – 5.2.1947
   zum Gedenken

*und
ploetzlich ist
die Kaelte weg
eine unendlich
sanfte
gruene Woge
hebt sie auf
und ihn mit ihr.* HF

Die Schrift ist kaum zu lesen, das Moos hat sie fast zugedeckt. Das Zitat stammt aus dem Schlusskapitel von «Kleiner Mann – was nun?»: Pinneberg, ganz unten, verloren und ohne Hoffnung, kehrt zu seinem Lämmchen zurück und wird von ihr in alter Liebe und Zärtlichkeit aufgenommen.

10

Der lange Weg

Im Sommer 1965 belege ich einen Meisterkurs beim großen Lautenisten und Gitarristen Julian Bream in Wiltshire, England. Er ist zweiunddreißig Jahre alt, ein schwerblütiger, untersetzter Cockney, *self taught*, wie er gern betont, kein Protegé von Segovia, sondern eher in Opposition zu ihm, aber als Lautenist Vorkämpfer der weltweiten Alte-Musik-Bewegung und als Gitarrist Anreger wichtiger Werke von Benjamin Britten, William Walton, Hans Werner Henze. Im Gegensatz zu John Williams, der weder öffentlich noch privat je eine falsche Note spielt, hat Julian Bream die Mechanismen der sechs Saiten nie ganz durchschaut. Mal spielt er hinreißend, dann kämpft er mit der Technik. Aber er kann auf der Gitarre improvisieren, Jazz spielen und ist *in summa* ein spontaner, interessanterer Musiker als der notengetreue John Williams. Er mag meine etwas schwerfällige Art, der seinen nicht unähnlich, sieht vielleicht ein gewisses Potential, ich mag seinen schwung- und phantasievollen Unterricht. Immer wieder betont er die Notwendigkeit unbedingter Hingabe, ohne die man als Künstler nichts werden könne, und ist deshalb wenig begeistert, als ich mitten im Kurs ankündige, übers Wochenende nach Paris fliegen zu wollen. «It's your life», sagt er, «you must know what to do with it.» Aber ich muss nach Paris.

Denn in Paris gastiert die «Grand Music Hall d'Israel», ein gemischtes Programm aus Musik, Tanz und Schattenspiel, im «Olympia», jenem legendären Theater, in dem Edith Piaf, Yves Montand, Georges Brassens und andere Triumphe gefeiert haben. Im Mittelpunkt des Programms: die israelische Sängerin Nehama Hendel. Allein mit ihrer

Nehama Hendel 1965 –
eine Weltkarriere wäre möglich

Gitarre steht sie im Lichtkegel der Riesenbühne, singt Hebräisch, Jiddisch, Russisch, Spanisch, parliert akzentfrei und äußerst charmant Französisch, hat den Erfolg ihres Lebens. Olympia-Chef Bruno Coquatrix, ein rundlicher, Gauloise-rauchender Franzose, der schon viele Stars entdeckt hat und sich angeblich mit Rotwein die Zähne putzt, schaut aus den Kulissen zu, wie Nehama Zugabe um Zugabe singt. Maurice Chevalier erscheint in ihrer Garderobe und flüstert ihr ins Ohr: «Sag es niemandem, aber eine Sängerin wie dich haben wir in ganz Frankreich nicht.» Kein Zweifel: Nehama Hendel, neunundzwanzig Jahre alt und in Israel längst die Nummer Eins, könnte international Karriere machen.

Nehama und ich sind ein schmerzlich verbundenes Liebespaar. So strahlend und talentiert sie auf der Bühne ist, so traurig ist sie oft im Privaten. Ihr Vater, aus ärmsten Verhältnissen eines ostgalizischen Städtchens, hat in Wien mit eisernem Willen seinen Dr. phil. gemacht, ein unglücklicher, verkrampfter Mann, der kaum je aus seinem Tel-Aviver Arbeitszimmer herauskommt. Die Eltern der Mutter, gutsituierte Kaufleute aus Warschau, wurden zuletzt am berüchtigten Warschauer «Umschlagplatz» gesehen, zwei Tanten haben Auschwitz überlebt. Nehama leidet unter Angstattacken, ihre zahllosen Beziehungen zu Männern waren nie von Dauer, sie sucht inneren Halt – was kann ich ihr bieten, ein neun Jahre jüngerer Gitarrenstudent? Verunsichert stehe ich dabei, wenn Journalisten sie umdrängen und Mitglieder ihrer Truppe sie teils unterwürfig, teils neidvoll beäugen, verunsichert sitze ich im dunklen Zuschauerraum inmitten von Applaus und Bravorufen enthusiasmierter Menschen.

Dann erzählt mir Nehama eine unglaubliche Geschichte: Während ich in England an einer Bach-Fuge laborierte, ist sie in Paris einem amerikanischen Sänger begegnet, den sie aus New York kennt. Der habe von einer neuartigen Meditation geschwärmt, die gar keine sei, man könne sie auch Gebet oder sonst etwas nennen, sie entziehe sich jeder Klassifizierung, aber habe sein Leben verändert. Man tue nichts, sondern lasse geschehen, werde zu allen möglichen und vordergründig ganz normalen Äußerungen wie Lachen, Weinen, Singen oder Herumgehen bewegt und dadurch tief innerlich, sozusagen in der Seele, verändert, verbessert, geheilt. Die Übung heiße «Latihan», die dazugehörige Organisation «Subud» und sie, Nehama, sei dieser Organisation bereits beigetreten. Das sei kein Scherz, sondern eine Tatsache und würde fortan ihr Leben bestimmen.

Ich bin erschüttert: Eine feindliche Macht hat mir meine Liebe geraubt. Aber ich muss erkennen: Sie ist stärker als ich. Das sexuelle Begehren, unser bisheriges Bindemittel, ist an seine Grenze gestoßen. Unsere Wege trennen sich. Ich weine Nehama in London nach und und trete, vornehmlich um die Beziehung irgendwie aufrechtzuerhalten, ein paar Monate später auch der «Subud»-Bewegung bei. Und muss sagen: Dieses «Latihan» scheint zu funktionieren. In einem schmucklosen, mit Teppichen ausgelegten Raum stehen ein paar Männer im Kreis, einer von ihnen sagt ein paar Worte, sie fangen an, sich zu bewegen, murmeln, sprechen, singen vor sich hin, auch mich erfasst etwas, lässt mich rückwärts, dann vorwärts gehen, tief atmen, stöhnen, singen, tanzen, ohne Muster oder erkennbaren Sinn, es quillt aus mir heraus, ich weiß nicht woher, und bin dabei ruhig, bewusst und ganz bei mir. Selbsthypnose? Gruppendynamik? Ich vermag es nicht zu sagen. Ein angenehmes, leichtes Gefühl durchdringt mich. Hinterher gibt es Tee und Kekse, die Männer haben bürgerliche Berufe, einer ist Architekt, ein anderer arbeitet bei der BBC, ein Ceylonese ist dabei, auch ein älterer Herr mit deutschem Akzent, wahrscheinlich ein jüdischer Emigrant. Damen kommen hinzu, die ihr «Latihan» anscheinend getrennt ausüben, Engländerinnen jeden Alters, Inderinnen im Sari. Man redet über dieses und jenes, nur nicht über das eben erfahrene «Latihan», das sei eine ganz individuelle Angelegenheit und obendrein jedes Mal anders, es geschehe, wie ich bemerkt haben dürfte, von selbst, sei rational nicht zu erfassen, Gespräche darüber seien nutzlos. Man tue es zweimal pro Woche, jeweils eine halbe Stunde, in der Gruppe oder allein, Frauen und Männer getrennt, aber niemand führe Buch, es gebe keine Anwesenheitspflicht, jede und jeder sei für das eigene Tun verantwortlich. Wichtig sei, dass Menschen aller Rassen und Religionen hier zusammenkämen, auch Agnostiker seien willkommen, es gehe nicht um Glauben oder Theorie, sondern um Erfahrung, und die müsse jeder für sich selbst machen. Im Übrigen lebe man normal wie alle anderen. Der Indonesier Muhammad Subuh habe das «Latihan» 1924 in Java spontan empfangen, an Freunde weitergegeben und 1957 in den Westen gebracht. Seitdem gebe es «Subud»-Zentren in vielen Ländern, aber die Mitgliederzahl bleibe klein, denn Subuh lehne Reklame ab: Wer beitreten möchte, solle dies aus eigenem Antrieb tun, durch Information von Bekannten, besser noch durch deren gutes Beispiel, oder weil Gott oder das Schicksal es so wollen.

Was wollen Gott und das Schicksal für mich? Unbedacht, wenn auch nicht ahnungslos, betrete ich einen unbekannten Weg, und tatsächlich verändert sich mein Leben. Ich verlasse London und kehre nach Deutschland zurück, wo ich nie wieder hinwollte. Schuld daran sind «Subud» und Nehama. Denn in Deutschland, genauer in Wolfsburg, sagt Nehama, gebe es eine Gruppe, die ein neuartiges, dynamisches, ganz auf das «Subud-Latihan» ausgerichtetes Leben führe, dort wolle sie hin. Wohin, bitte? Nach Wolfsburg? Von Wolfsburg kenne ich das Logo auf der Hupe unseres alten VW, sonst nichts. Da will sie hin? Ja, will sie. Nun, dann muss ich auch hin. Aber unser Wiedersehen kommt nicht zustande: Ihr Vater ist in Tel Aviv gestorben, sie musste abreisen. Ich fahre trotzdem und komme eines kalten Abends im Januar 1966 in Wolfsburg an.

Ein breitschultriger älterer Mann mit einer Pelzmütze wartet am Bahnhof. Er heißt Richard Engels und ist, wie ich bald erfahre, der Chef der Gruppe. Wir fahren zu einem Fachwerkhaus am Stadtrand, dem so genannten «Forsthaus», das, wie ich auch bald erfahre, die Gruppe in jahrelanger Eigenarbeit hergerichtet hat und jetzt ihr «Subud-Haus» nennt. In einem großen, holzgetäfelten Raum begrüßen mich Frauen und Männer, die meisten etwas älter als ich. «Wir duzen uns hier alle», sagt Richard Engels. Es dauert nicht lange und man bittet mich, Gitarre zu spielen. Ich habe meine Hauser-Gitarre dabei, ein edles Instrument, spiele Bach, Händel, spanische und südamerikanische Musik und bin angenehm überrascht von der Wärme und Begeisterung dieser Menschen, die mich gar nicht kennen. Ich erzähle von London und Israel, gebe ein paar jüdische Witze zum Besten, singe «Brigitte B.» und andere Wedekind-Lieder, niemand scheint ins Bett gehen zu wollen, obgleich es Sonntagabend ist. Lange nach Mitternacht löst sich die Versammlung auf, alle fahren nach Hause, nur ein Hauseltern-Ehepaar, das mit zwei kleinen Kindern hier wohnt, bleibt zurück. Ich bekomme ein sauberes Gästezimmer zugewiesen, öffne das Fenster, höre fernes Wummern, sehe die Schlote des Volkswagenwerks gegen den Nachthimmel.

Nach und nach lerne ich Stadt und Gruppe kennen. 1938 hat Hitler vom Flugzeug aus bestimmt, wo der «KdF-Wagen» zu bauen sei, im Krieg haben Zwangsarbeiter hier Kübelwagen und Panzer-Ersatzteile zusammengeschraubt, 1955 lief der einmillionste Käfer vom Band. Stadt und Volkswagenwerk sind eine Einheit, nüchtern, zweckmäßig. Auch aus der «Subud»-Gruppe arbeiten viele bei VW, die Männer als Konstrukteure, Ingenieure, Logistiker, die Frauen als Sekretärinnen oder Laborantinnen, andere sind Lehrer, eine Ärztin ist dabei, ein Landwirt, ein Bäckermeister, ein Drucker, viele stammen aus Schlesien, Pommern, Ostpreußen oder anderen Ostgebieten, sind ohne Vater aufgewachsen, kamen hierher, als die Stadt noch aus Baracken bestand. «Subud» steht für sie an erster Stelle. Sie glauben, dass die Welt nur besser wird, wenn möglichst viele Einzelne besser werden, aber da man sich aus eigener Kraft nicht eigentlich bessern könne, überlasse man das der höheren Kraft des «Latihan», die Muhammad Subuh «the Power of God» nennt. Das klinge merkwürdig, auch in den eigenen Familien sei das Misstrauen groß, weshalb sich manche aus der Gruppe von Eltern, Geschwistern und sonstigen Verwandten zurückgezogen, sogar losgesagt haben. Ein Wolfsburger Pastor wettere von der Kanzel gegen «Subud»: Im «Forsthaus» würden Nackttänze und dergleichen aufgeführt, alles Unsinn, sagen die Mitglieder, die Miete für das stadteigene Haus werde pünktlich bezahlt, und dass es schmuck hergerichtet ist, bestreite niemand. Ich kann bestätigen: Man lebt hier keusch nebeneinander her, schläft mit dem eigenen Ehepartner und, falls man keinen hat, allein und bemüht sich im Übrigen um ein ordentliches Leben.

Richard Engels ist eine Generation älter als die meisten, Jahrgang 1914, wie mein Vater, aber nicht, wie der, Kriegsverweigerer, sondern ehemals Offizier der Wehrmacht, hat russische Granatsplitter in der Lunge und ist so zufällig in Wolfsburg gelandet wie viele andere. Er ist Zeichner und Kunstmaler, hat einige der schmucklosen Häuserfronten mit Fresken verziert, am intellektuellen Leben der jungen Stadt teilgenommen und, vor allem, eine Jugendgruppe aufgebaut im Bestreben, nach Nazismus, Niederlage und Stunde null einen Neuanfang zu gestalten durch Beschäftigung mit Kunst, Literatur, Esoterik und anderen

Formen der Spiritualität. Er spricht fließend Englisch und Französisch, war mit den jungen Menschen seiner Gruppe in Algerien bei den Tuareg im M'zab und den *Petits frères de Jésus* des Charles de Foucauld in El-Abiodh-Sidi-Cheikh. Auf einer Englandreise hat er mit ihnen gemeinsam das «Subud-Latihan» entdeckt, mit der sofortigen Übereinkunft, es ernsthaft zu betreiben. Alle in der Gruppe verdanken ihm viel, weshalb er über Kritik sozusagen erhaben ist, obgleich er sich als Einziger nicht an die Spielregeln hält: Er hat, neben einer angeblich bösen Ehefrau, die man nie sieht, eine Freundin, Hermine, mehr als zwanzig Jahre jünger als er, nett und hübsch. Sie gibt gemeinsam mit ihm den Ton an. Später erkenne ich: Erfolgreiche Formationen brauchen eine straffe Leitung. Die Rolle der Leitenden ist so zwiespältig wie das Verhalten derer, die sich ihnen unterordnen. Jetzt schwimme ich einfach mit.

Irgendwie schlägt mich dieses «Subud»-Leben in seinen Bann. Niemand ist hier berühmt oder privilegiert, niemand hat berühmte Vorfahren, und ich, der ich welche habe, gelte deswegen nicht als etwas Besonderes. Vom Gitarrespielen abgesehen, habe ich mich wenig um Bildung bemüht. In Wolfsburg beschäftigt man sich, angeregt durch Richard Engels, mit deutscher Romantik, orientalischer Literatur, fernöstlichen Sagen, Heinrich von Ofterdingen, Leila und Madschnun, Mahabharata, Ramayana, Wayang Kulit und vielem anderen, das ich bestenfalls dem Namen nach kenne. Mein Horizont weitet sich, ich schließe Frieden mit meinen deutschen Wurzeln, aus der einfachen Erkenntnis, dass ich sie nicht ändern kann.

Am Wolfsburger Forsthaus gibt es immer etwas zu tun. Mal wird der Hof neu gepflastert, mal die Scheune renoviert, mal eine Vogel-Voliere gebaut. Die Wolfsburger Männer können alles, ich kann nichts – die Holzschale, die ich im Werkunterricht der Steiner-Schule anfertigen sollte, wurde nie fertig und war nach Aussage des Lehrers «gräuslich». Aber Balken schleppen und Bretter entnageln kann ich, und körperliche Anstrengung macht mir Spaß. Sollte ich nicht lieber Gitarre üben und die Ausbildung nutzen, die meine Eltern mir ermöglicht haben, mich um Konzerttermine und Karriere kümmern? Ja, sollte ich, aber

Das Wolfsburger «Forsthaus» –
Anziehungspunkt für «Subud»-Mitglieder aus aller Welt

tue es nicht. Um wenigstens etwas zu tun, werde ich Gitarrenlehrer an der Hamburger Jugendmusikschule, aber fahre so oft wie möglich nach Wolfsburg, denn hier, wie man so sagt, «spielt die Musik».

Nehama hat indessen Israels erste «Subud»-Gruppe gegründet. Ostern 1967 kommt sie mit einer Delegation frischgebackener israelischer «Subud»-Mitglieder nach Wolfsburg. Im Forsthaus wird das Passah-Fest gefeiert, in Hitlers Stadt erklingen hebräische Gebete und Gesänge, ein Akt der Versöhnung vollzieht sich, bewegend für die Nachkommen der Opfer und noch mehr für die der Täter – erst im Vorjahr haben Israel und die Bundesrepublik diplomatische Beziehungen aufgenommen. Nehama und ich sehen uns nach zwei Jahren wieder. Diese Liebe war ein Traum, sage ich mir, und Träume erfüllen sich nicht immer. *Don't feel regret when anything departs from you,* sagt «Subud»-Gründer Muhammad Subuh. Das hilft, aber nur ein bisschen. Und wenn ich ehrlich bin, leide ich ganz schön.

Dann hält die Welt den Atem an: Das kleine Israel überfällt seine arabischen Nachbarn und kämpft an drei Fronten gegen einen übermächtigen Gegner. Kann das gut gehen? «Tel Aviv soll schon in Schutt und Asche liegen», sagt mein Vater, der gerade in Hamburg ist. Tatsächlich haben arabische Fernsehanstalten Archivbilder eines Brandes im Tel-Aviver ZIM-Hochhaus gesendet, es liegt an der Allenby-Straße, ich bin oft daran vorbeigegangen, und für kurze Zeit einen eigenen Sieg vortäuschen können. Dann kommt die erlösende, befreiende, begeisternde Nachricht: Israel hat gewonnen, an allen Fronten, hat Ost-Jerusalem, das Westjordanland und die Golan-Höhen erobert, den Sinai besetzt.

Mitten drin: Nehama Hendel. Mit Helikoptern und Armeefahrzeugen an die Fronten gebracht, singt sie vor Soldaten, besucht Verwundete in den Lazaretten. Naomi Shemer, Israels populärste Dichterin und Komponistin, hat ein Lied geschrieben: *«Jeruschalaim shel Zahav* – Jerusalem von Gold»: Der Weg zum Toten Meer ist frei, direkt, *be derech Jericho,* durch die vorher unerreichbare Stadt Jericho. Wer hätte das je geglaubt? An Nietzsches Warnung, nach der ein großer Sieg zugleich eine große Gefahr ist, denkt niemand, zu fantastisch sind die Bilder der voranstürmenden israelischen Soldaten.

So freudetrunken ist die Stimmung, so betörend Nehamas Gesang, dass es kaum auffällt, dass sie jetzt lange Haare trägt. Dann folgt ein echter Schock: Sie hat ihren Vornamen geändert und heißt jetzt HELENA. Wieso das? Ist sie Christin geworden? Was steckt dahinter? Dahinter steckt eine «Subud»-Gepflogenheit, die besagt, dass die innere Veränderung sichtbar, die neue Identität erkennbar gemacht werden soll, durch einen neuen Vornamen. Änderungswillige Subud-Mitglieder schicken Muhammad Subuh eine Liste mit Vorschlägen, der wählt einen Namen aus. Inwieweit man ihn öffentlich macht, bleibt einem überlassen, aber natürlich herrscht ein gewisser Druck, nicht zu kneifen bei diesem *coming out*. Im Nachhinein erscheint mir von allen «Subud»-Bräuchen dieser der fragwürdigste – ein neuer Name schafft nicht Identität, sondern Verunsicherung, es sei denn man vertritt damit eine eindeutige religiöse Botschaft wie Cassius Clay oder Cat Stevens. Aber das «Subud-Latihan» steht allen Religionen offen, ist eine diskrete, private Form der Spiritualität. Die Namensänderung nötigt denen, die sie vollzogen haben, auf Schritt und Tritt Erklärungen ab über etwas, das man schwer erklären kann und das einen, stellt man es ungeschickt an, schnell als Sonderling erscheinen lässt. Nehamas Publikum akzeptiert ihren neuen Namen aus Anhänglichkeit und Respekt, aber ohne Freude. Die Beziehung hat einen Knacks bekommen.

Und tut es noch mehr, als bekannt wird, dass sie einen Deutschen heiratet, eben jenen freundlichen, irgendwie aus England stammenden jungen Mann, Anatol Regnier, der hier vor ein paar Jahren Gitarre gespielt hat. Wie bitte? Was ist jetzt wieder los? Ganz einfach: Sie will es so. Es gibt eine Liste meines Großvaters Frank Wedekind, auf der er Männer in zwei Gruppen einteilt: solche, die heiraten, und solche, die geheiratet werden. Draufgänger wie Richard Wagner und Gerhart Hauptmann firmieren bei ihm auf Liste 1, er selbst und sein eigener Vater auf Liste 2. Vorausschauend, hätte er seinen Enkel gleich mit draufsetzen können: Helena, vormals Nehama, hat entschieden, dass sie doch nur mich und keinen anderen liebt. Was kann ich tun außer «Halleluja!» rufen? Wir heiraten im Mai 1969 in Wolfsburg und feiern in der Forsthaus-Scheune, in der ein russisches Dorf aufgebaut ist, zu Ehren von Richard Engels und dessen Liebe zu Russland. Übrigens: Auch ich habe einen neuen Namen und heiße jetzt LEONARD. Meine Eltern, die den schönen Namen «Anatol» mit Bedacht ausgewählt und sich überhaupt mit der Namensgebung viel Mühe gemacht haben (unsere Mutter hat jedem von uns neun Namen gegeben, meine lauten *Donald Maria Anatol Charles Nikolaus Hipolit Raphael Waldemar Antonio*) nehmen es hin, wie sie alles hinnehmen, was ihre Kinder tun. Auch unsere Hochzeit feiern sie tapfer mit.

Nehama und ich ziehen nach Hamburg. 1970 und 1972 werden unsere Kinder Dilia und Michael geboren. Es sind reizende, gescheite und lustige Kinder, aber ihre Mutter tut sich schwer. Der Nachbar wischt nach dem Rasenmähen das Kabel Meter um Meter mit einem Tuch ab, die Nachbarinnen reden über Haushalt und nichts anderes und kochen nach Portionen – sitzt zufällig einer mehr am Tisch, reicht es nicht für alle. Das ist nichts für eine Frau aus dem Orient. Dazu kommt das Hamburger Schmuddelwetter, die allgemein verklemmte und depressive Stimmung. Nehama leidet, ich leide auch. Dabei sind wir fleißig, arrangieren Lieder für ein Trio mit Gitarre und Querflöte

«Subud»-Hochzeit mit russischem Flair –
Nehama und Anatol, links Mutter Pamela

zusammen mit meinem Schwager Peter Schiffers, geben Konzerte, machen Rundfunkaufnahmen. «Ihr könntet so viel Geld verdienen», sagt mein Onkel Henri Regnier, Unterhaltungschef des NDR. Er hat recht, Esther und Abi Ofarim und Daliah Lavi machen es vor. Aber wir wollen nicht kommerziell sein, unsere Kunst rein halten und was uns sonst durch den Kopf geht.

Im Frühjahr 1973 machen wir eine lange Tournee durch Israel. Der Rummel ist groß, der Empfang freundlich, aber die Atmosphäre hat sich verändert. Das einfache, egalitäre Vorkriegs-Israel gibt es immer weniger, neuer Reichtum ist sichtbar, auch die Musik ist lauter und aggressiver geworden. Nehamas positive, saubere Kunst wirkt nostalgisch, trotzdem ist man froh, sie wieder dazuhaben. Einer ihrer Bewunderer, ein Armee-Brigadegeneral, will uns etwas Besonderes bieten, holt uns im Morgengrauen in Tel Aviv ab und fliegt mit uns in den Sinai, nach *Al-Arish, Sharm el Sheich*, zum Katharinenkloster. Am Suez-Kanal zeigt er uns die «Bar-Lev-Linie», einen zweiundzwanzig Meter hohen, fünfundvierzig Grad steilen, angeblich unüberwindbaren Verteidigungswall aus Sand, Lehm und Beton. Aus einem Beobachtungsstand sehen wir Ägypter am gegenüberliegenden Ufer wie

Ameisen bei irgendeiner Tätigkeit. Mir ist mulmig zumute, unser Freund zuckt nur mit den Schultern. Der letzte Sieg war so mühelos, dass auch intelligente Menschen, noch dazu Berufsoffiziere, ihren Gegner vollkommen unterschätzen. «The Arabs are no problem», sagt er.

Den Abend verbringen wir auf dem Luftwaffenstützpunkt *Bir Gafgafa*, von Nasser nach der Suez-Krise von 1956 errichtet und von den Israelis *Refidim* genannt. Unser Gastgeber ist General Albert Mandler, ein Österreicher aus Linz, etwa vierzig Jahre alt, mit kalten, wasserblauen Augen – ein Militär, denke ich, nicht umsonst ist er General. Aber er ist mir vom ersten Moment an sympathisch und der Abend besonders schön, wie man ihn nicht planen oder herbeizwingen kann. Der General freut sich, Deutsch zu sprechen, will alle meine Wiener Lieder hören, lauscht meinen Gitarrenstücken, Nehamas Lieder kennt und liebt er sowieso. Er strahlt und ist glücklich, ich habe das Gefühl, einen Freund gewonnen zu haben, und bin wieder einmal ergriffen von diesem Land, das Juden Schutz geboten und zu stolzen Israelis gemacht hat. Aber die Bilder vom Nachmittag gehen mir nicht aus dem Kopf. Ich will den General darauf ansprechen, meine Bedenken mit ihm teilen, ihm sagen, dass man sich nicht zu sicher fühlen, das Schicksal nicht herausfordern soll, ihm vielleicht sogar von «Subud» und dem «Latihan» erzählen, das wie ein innerer Kompass wirkt – möglicherweise hat er davon gehört, seit Nehamas Namensänderung weiß man in Israel, dass sie «irgendetwas betreibt». Ich negiere den Impuls und lege mich in ein Armeebett mit dem Gefühl, einen Fehler gemacht zu haben. Am Morgen sehen wir den General nicht mehr. Ein paar Monate später, am Abend des 6. Oktober 1973, wir sind längst wieder in Deutschland, greift die ägyptische Armee die «Bar-Lev-Linie» mit zweitausend Artilleriegeschützen an und schwemmt sie mit Wasserkanonen britischer und deutscher Bauart einfach fort. Damit hat keiner gerechnet. Am 13. Oktober, Israel hat inzwischen unter großen Verlusten die Initiative zurückerobert, höre ich im NDR die Nachricht: Der israelische General Albert Mandler, Kommandeur der Sinai Panzer-Verbände, aus Österreich gebürtig, ist durch einen Direkttreffer getötet worden. Der ägyptische Geheimdienst hat seine Stimme identifiziert, während er seine Truppen dirigierte, und so seinen Standort ermittelt. Generäle fallen normalerweise nicht, deshalb wird die Nachricht auch international verbreitet.

Nehama und ich ziehen nach Wolfsburg. Richard Engels ist zum Chef der *World Subud Association* aufgerückt, ernannt von Muhammad Subuh persönlich, und Wolfsburg das organisatorische Zentrum der «Subud»-Welt. Von überall her reisen Gäste an und bestaunen die junge, dynamische, fröhliche Wolfsburger «Subud»-Gruppe, in der jede und jeder ernsthaft um die innere Entwicklung bemüht zu sein scheint, dabei beruflich erfolgreich, glücklich mit dem jeweiligen Ehegespons verheiratet und mit ebenso glücklichen Kindern gesegnet ist. Stimmt das? Ja und nein. Das Wolfsburger «Subud»-Leben ist toll, begeisternd, anregend, voller Schwung und Optimismus, aber hat seinen Preis.

Vier Stunden Schlaf pro Nacht sind die Norm, die glücklichen Kinder abends und nachts oft allein und ihre Eltern so mit Belangen der Gruppe beschäftigt, dass sie Probleme untereinander und mit ihren Kindern schlichtweg übersehen. Die Königsfigur Richard Engels kann Widerspruch nur schwer ertragen, man könnte auch sagen: gar nicht. Der Rest der Gruppe akzeptiert das, denn die wesentlichen Impulse gehen immer wieder von ihm aus. Nehama und ich verleihen dem System Glanz als Künstler, aber auch die anderen, die hier zusammenarbeiten, sind ungewöhnlich begabt, kreativ und fleißig.

Höhepunkt der Entwicklung sind die Sommerlager 1973 und 1974 auf einer hessischen Bauernwiese an der Zonengrenze. Aus armdicken Fichtenstämmen und weißen Bauplanen errichten wir Küchenzelte, Refektorien, ein Theaterzelt, Duschen, Toiletten und Schlafplätze, mehrere hundert «Subud»-Mitglieder aus den USA, England, Frankreich, Holland, Israel und vielen anderen Ländern verbringen rauschhafte Wochen als Gäste von «Subud»-Deutschland, der Gruppe Wolfsburg und ihrem charismatischen Anführer Richard Engels.

Aber kein Baum wächst in den Himmel. Wie die meisten großen Männer scheitert auch Richard Engels an seiner eigenen Größe. «Sub-

Saubere Kunst talentierter Menschen –
Nehama und Anatol, ca. 1975

ud«-Gründer Muhammad Subuh, der ihn auf den Thron gehievt hat, entscheidet, dass es genug sei: Er habe zu viel Einfluss ausgeübt, seine Wichtigkeit überschätzt. Richard Engels tritt ab, es bleibt ihm wenig anderes übrig, und sogleich gibt es viele, die behaupten, seinen Kurs schon immer falsch gefunden zu haben und dagegen gewesen zu sein. Ich übe mich in Nibelungentreue, aber auch Nehama hat Zweifel. Sie hat in Israel noch immer ihr Publikum, aber auch viel neue Konkurrenz. Mit Ende dreißig kann sie sich der Erkenntnis nicht verschließen, dass die große Karriere, die einmal möglich gewesen wäre, es nun nach menschlichem Ermessen nicht mehr ist.

Letzter Akt: Richards Freundin Hermine und ich verlieben uns ineinander und beginnen, in aller Heimlichkeit, eine stürmische Affäre. Ich liege im Hörselberg wie Tannhäuser und kann mich nicht befreien, Hermine, die ein strenges Auge auf die Moral innerhalb der Gruppe gehabt hatte, ist nun, wie Gretchen, *selbst der Sünde bloß*. Es ist furchtbar: Lüge, Heuchelei, schlechtes Gewissen, abenteuerliche innere Verrenkungen, Hoffnungslosigkeit, Auswegslosigkeit, eine ahnungslose Nehama und, noch schlimmer, zwei ahnungslose Kinder – unbegreiflich (und irgendwie bewundernswert), wie Männer (und, wie man hört, auch Frauen) solches Doppelleben jahrelang durchhalten. Ich schaffe es ungefähr drei Monate, dann beichte ich meine Sünden. Weiteres Zusammenleben in Wolfsburg ist danach unmöglich. Nehama und ich ziehen mit unseren Kindern nach Ambach, ich bekomme eine Stelle als Gitarrendozent am Münchner Richard-Strauss-Konservatorium, Hermine geht nach Indonesien, Richard Engels bleibt allein und altert in Würde, sein Lebenswerk, sein Traum ist zu Asche geworden, die Wolfsburger «Subud»-Gruppe eine Gruppe wie jede andere.

Zwölf Jahre habe ich der Wolfsburger «Subud»-Erfahrung gewidmet. Ich bereue sie nicht. Ich bin mit Menschen zusammengekommen, die ganz außerhalb meines beruflichen oder familiären Umfelds stehen, habe Gemeinwohl über Eigeninteresse gestellt und gleichzeitig festgestellt, dass das Eigeninteresse, wie Wasser, immer seinen Weg findet. Und ich habe, auf vergleichsweise harmlose Art, das Wesen der Diktatur und ihre Ausprägungen kennengelernt: Lakaientum, Vorteilsnahme, Günstlings- und Intrigenwirtschaft, Angst, Feigheit, Verführbarkeit, aber auch das Gefühl von Schutz und Sicherheit in einer gut organisierten Gemeinschaft mit klar definierten Zielen. Während sieben Kilometer hinter Wolfsburg die echte DDR begann, haben wir sieben Kilometer vor der Grenze unseren kleinen Sozialismus versucht, erfüllt von einem großen Gedanken und, bei allen heimlichen Zweifeln, überzeugt, das Richtige zu tun. Ich kann ehemalige DDR-Bürger verstehen, die ihr untergegangenes Land nicht in Bausch und Bogen abgeurteilt sehen wollen – und hätte ich unter den Nazis gelebt, kann ich nicht mit Sicherheit ausschließen, dass ich nicht doch irgendwo mitgemacht hätte, aus Opportunismus oder Herdentrieb, vielleicht sogar aus Begeisterung.

Das «Latihan» von «Subud» blieb von dieser Entwicklung vollkommen unberührt. Es ist in der Tat ein Mirakel. Ich kann es ebenso wenig erklären wie vor fünfzig Jahren, aber praktiziere es bis heute. Es hat mich gut durchs Leben geführt und wird mich hoffentlich auch gut im Tod begleiten.

Der Einzige und Letzte

Frido Mann

«Ist das der Flügel aus Pacific Palisades?»

«Ja», sagt Frido, «das ist er.»

«Da wird man ja ganz ehrfürchtig – wer hat nicht alles darauf gespielt – Artur Rubinstein, Otto Klemperer, Bruno Walter...»

«Strawinsky auch», wirft Frido ein, «und Adorno hat auf ihm meinem Großvater die Zwölftontechnik erläutert. Er selbst hat manchmal darauf improvisiert, den Tristan-Akkord angeschlagen oder anderes ausprobiert.»

Ich kannte Fridos Namen aus den Kinderbüchern seiner Tante Erika, die sie uns mit launigen Widmungen bei Besuchen in St. Heinrich oder München schenkte, «Unser Zauberonkel Muck» oder «Wenn ich ein Zugvogel wär» oder «Christoph fliegt nach Amerika», es waren spannende und schöne Bücher, «Den Regnier-Kindern von der beinahe echten Tante Erika», schrieb sie hinein. Als gedruckte Widmung las ich: «Für Frido und Toni, weil sie meine Neffen sind und damit sie sich freuen.» Wieso heißt jemand Frido, fragte ich mich. Dann lernten wir uns kennen, im Winter 2004, bei einer Tagung in der Evangelischen Akademie in Tutzing, seitdem sind wir befreundet.

Frido lebt wieder in München. Wie oft ist er schon umgezogen? Wie viele neue Anfänge hat er gemacht? Wie viele Wege beschritten? Ankunft, Abreise, Neubeginn sind die Konstanten von Fridos Leben. Diesmal ist es eine bewusste Entscheidung: Seine Großeltern haben in München gelebt, seine Großmutter entstammt einer bedeutenden

Münchner Familie, sein Vater ist hier geboren. Es ist eine Rückkehr zu den Wurzeln. Frido ist angekommen, nicht endgültig, aber immerhin.

«Enkel des berühmten Frank Wedekind zu sein ist kein leichtes Los», hat kürzlich jemand über mich geschrieben. Was soll Frido sagen? Er ist der Enkel Thomas Manns, der Großneffe Heinrich Manns, der Neffe von Erika, Klaus, Golo, Monika und Elisabeth Mann, der Sohn von Michael Mann, Nachfahre der Pringsheims und Dohms. Die Literatur über seine Familie füllt Regale, Scharen studierter, promovierter und habilitierter Menschen untersuchen Leben und Werke seiner engsten Verwandtschaft, thematisieren Konflikte, stellen Querverbindungen her, entdecken immer neue Einzelheiten und erforschen immer entlegenere Wissensgebiete, die, weil es sich um «die Manns» handelt, dennoch von Interesse sind – eine kürzliche Neuerscheinung befasst sich auf mehr als zweihundert Seiten mit Thomas Manns Schreibtisch. Was bleibt da für Frido? Wie kann er auf einem derart abgegrasten Feld Eigenes leisten? Zumal ihn die zahlreichen Forscher, Sammler und Spezialisten nicht immer mit offenen Armen empfangen, besonders dann nicht, wenn er sich auf ihr Terrain wagt und zu Themen Stellung nimmt, auf denen nur sie Bescheid zu wissen glauben.

Dabei ist Frido der Einzige und Letzte, der aus eigener Erfahrung spricht – beim Tod seines Großvaters war er fünfzehn, bei dem seiner Großmutter vierzig Jahre alt. Er weiß, wie sich Thomas Manns Wange angefühlt hat, er kennt den Duft seines Rasierwassers und seiner Zigarre, hat das Rascheln seines Anzugs gehört und den Klang seiner Stimme, wenn er ihm Hauffs oder Andersens Märchen vorgelesen, ihn beraten oder ihm Dinge erklärt hat. Katia Mann hat ihn großgezogen, Golo Mann war sein Patenonkel, mit Erika Mann hat er jahrelang unter einem Dach gelebt. Kein Studium oder Fachwissen kann diese Erfahrung aufwiegen. Ganz zu schweigen von der anderen, weltliterarischen Verbindung zwischen ihm und Thomas Mann, aus dem «Echo»-Kapitel des «Doktor Faustus». Hier ist er direkt betroffen. Denn nach Meinung aller, die etwas davon verstehen, hat ihn hier sein Großvater als Modell für den gott- und engelsgleichen Knaben Nepomuk

Schneidewein genommen, hat ihn liebevollst beschrieben und am Schluss des Kapitels eines grausamen Todes sterben lassen. Wie war so eine Kaltherzigkeit möglich, fragen sich Leser und Gelehrte. Und verweisen auf die Trennung zwischen Genie und Persönlichkeit. Frido hat selbst viel darüber nachgedacht, hat die Blicke von Menschen gespürt (oder zu spüren geglaubt), ihre Gedanken gelesen: Das ist also der arme Kerl, dem sein Großvater so mitgespielt hat! Und musste in sich den Ausgleich suchen. Denn der Großvater war gut zu ihm, besser als viele andere.

Geboren wird Frido am 31. Juli 1940 in Monterey, Kalifornien. Michael Mann, sein Vater, einundzwanzig Jahre alt, von herausragendem Intellekt und großer Sprachbegabung, ist durch eine komplizierte Vaterbeziehung und die Übermacht älterer Geschwister belastet und fühlt sich ungeliebt und an den Rand gedrängt. Er hat, vielleicht um dem allgegenwärtigen Schreiben in seiner Familie zu entgehen, den Musikerberuf gewählt. Sein Instrument ist die Bratsche. Er hat eine vorzügliche Ausbildung genossen, ist ein harter Arbeiter, hart auch gegen sich selbst, nimmt seine Tätigkeit sehr ernst, aber die solistischen Möglichkeiten der Bratsche sind begrenzt, eine große Karriere, falls sie ihm vorschwebt, wird nur schwer zu erreichen sein. Er ist eine starke und selbstzentrierte Persönlichkeit. In seinem Haus muss sich alles seinen Gepflogenheiten und seinem Arbeitsrhythmus unterordnen, und geschieht das nicht, ist er unberechenbar, jähzornig und manchmal auch gewalttätig. «Angst und Unsicherheit haben mich begleitet, seit ich denken kann», sagt Frido.

Gret Moser, seine Mutter, ist Schweizerin. Sie ist drei Jahre älter als ihr Mann, entstammt väterlicherseits einer Emmentaler Bauernfamilie, ihre mütterlichen Vorfahren sind aus dem Osten eingewanderte Juden. Sie und Michael haben sich in Zürich kennengelernt, wo Thomas Manns nach einem Aufenthalt in Sanary-sur-Mer seit 1933 wohnte. Elisabeth Mann war ihre Schulkameradin. Als Familie Mann nach und nach in westliche Richtung weiterzog, wollte sie unbedingt mit, zum Missfallen ihrer Eltern. Sie setzte ihren Willen durch, reiste mit Michael zunächst nach England und im November 1939, bereits mit Frido schwanger, per Schiff nach New York. Dort heirateten sie. Nach einem Zwischenstopp in Princeton, wo Thomas und Katia Mann bereits waren, fuhren Gret und Michael, sozusagen als Vorhut, nach Kalifornien weiter. Gret, die für ihre Ehe viel aufgegeben und viele Widerstände überwunden hat, ist ganz auf Michael fixiert und nach einem komfortablen Leben in der Schweiz von den Härten der Emigration überfordert. Für ihren Sohn Frido hat sie wenig Geduld, und als sie nach anderthalb Jahren wieder schwanger ist, gibt sie ihn zu den Großeltern Thomas und Katia in deren frisch bezogenes Haus in Pacific Palisades. Dort beginnt die berühmte, im Tagebuch dokumentierte Annäherung: *Das Söhnchen mit Milchschokolade gefüttert. Herzliches Entzücken über seine Lieblichkeit, sein Lachen über Scherzfindungen, eigene u. fremde.* «Die mir gezeigte Zuneigung hat Eifersucht erzeugt, wahrscheinlich auch bei meinem Vater», sagt Frido. «Seine eigenen Söhne hat er nie ‹Söhnchen› genannt. Ich war glücklich bei den Großeltern. Als meine Mutter mich abholen kam, habe ich sie angeblich nicht erkannt.»

Frido verbringt seine ersten Jahre hin- und hergeschoben zwischen dem Elternhaus in Mill Valley und dem sieben Autostunden entfernten Haus in Pacific Palisades. Dort sieht er Gäste kommen und gehen, die lebhafte Tante Erika, die tierliebende Tante Elisabeth, den eiligen Klaus, den stillen Golo. Frido wird Zeuge eines furchtbaren Auftritts zwischen den Großeltern und seiner Tante Monika, die, wie ihm später gesagt wird, seit ihrem Schiffsunglück, bei dem sie zusah, wie ihr Ehemann ertrank, und selbst stundenlang im Wasser trieb, zum Zusammenleben nicht mehr geeignet sei. Ein Greis mit hoher Stirn und Brille beugt sich zu ihm herab: sein Großonkel Heinrich. Bei einem Besuch seiner Eltern lernt er seinen Bruder Toni kennen. Der leidet, irgendwann wird es erkannt und zugegeben, an einer geistigen Behinderung. «Er hat sehr spät zählen gelernt, man merkt seine Behinderung auch im Sprechen. Wir sind zusammen aufgewachsen, es gibt schöne Bilder aus Pacific Palisades, er hat einen gutartigen Charakter, konnte aber auch sehr böse, neidisch und abgrenzend sein. Er ist der Verlierer. Meine Eltern haben sich noch weniger um ihn gekümmert als um mich.» Toni wird ein zurückgezogener Einzelgänger bleiben, angestellt bei der Züricher Stadtgärtnerei, allergisch gegen den Namen Mann und alles, was damit zusammenhängt. Fridos Rolle als Familienrepräsentant ist damit noch deutlicher vorgezeichnet.

In Mill Valley spielt Frido am liebsten draußen. Im Haus fühlt er sich nur im Bett sicher. Sein Vater, Bratscher im San Francisco Symphony Orchestra unter dem Dirigenten Pierre Monteux, übt stundenlang, vergräbt sich in Arbeit, verlangt Ruhe und wird immer wieder plötzlich und scheinbar grundlos wütend. Zu anderen Zeiten ist er nett und lustig. «Er ging mit uns Krebse fangen, wanderte mit uns durch die Mondnacht. Mit ihm gab es auch schöne Momente, mit meiner Mutter nie. Sie interessierte sich nicht für uns, lebte in einer anderen Welt. Sie war ein verwöhntes Kind reicher Eltern, Nesthäkchen. Sie hat uns verwaltet, das war alles.»

Mit sieben Jahren reist Frido zum ersten Mal über den Ozean. Die Schweiz soll ihm gezeigt werden, eine Art Märchenland, von dem die Eltern immer wieder schwärmen. Bei der Ankunft in Rotterdam sieht er verkohlte Gebäudereste, Zerstörung – das soll Europa sein? Am Kai warten die Schweizer Großeltern Paula und Fritz Moser, Letzterer Unternehmer und Erfinder weltweit gehandelter Patente. Frido mag ihn, das wird in Kalifornien ruchbar und erzeugt Eifersucht bei seinem anderen Großvater: *Nachrichten über die Enkel in Zürich. Freundschaft zwischen Frido u. dem dortigen Großvater, der aber doch keinen Echo schreiben kann* – dass die literarische Porträtierung seines Lieblingsenkels für diesen problematisch sein könnte, kommt Thomas Mann offenbar nicht in den Sinn. Kurz darauf fliegt er selbst ein, besuchsweise, mit Katia und Erika, zum ersten Mal seit Ende des Kriegs. In den USA hat sich die Stimmung gedreht. Emigranten, für deren Aufenthalt keine politische Notwendigkeit mehr besteht, erregen Misstrauen, und wer, wie Bertolt Brecht, Klaus, Erika oder Heinrich Mann, in der Vergangenheit die kommunistische Idee unterstützt hat, spürt rauen Wind. Sowohl Thomas und Katia Mann als auch Fridos Eltern planen den Umzug nach Europa. Frido darf noch einmal anderthalb Jahre lang seine kalifornische Heimat genießen, dann geht es ab in die Schweiz, *for good,* obgleich nur von «erstmal zwei Jahren» die Rede ist.

Im Zollikoner Haus der Schweizer Großeltern beginnt ein äußerlich geregeltes, aber innerlich gequältes Leben. Bei längerem Aufenthalt erscheint die Schweiz eng und knauserig. Die Großeltern servieren karges Essen und kaufen Brot, das so hart ist, dass Michael Mann, der sich mit seinem Schwiegervater schlecht versteht, heimlich aus dem Haus schleicht und «Weckli» holt. Frido erfährt den Unterschied zwischen Ausnahme- und Dauerzustand, wie ihn Emigranten erfahren haben, die bei Besuchen in Amerika gefeiert wurden und später, wenn sie nirgendwo anders hin konnten, wenig galten. Die Schweiz zeigt ihr hartes Gesicht. In der Schule gibt es ganz unamerikanische Prügeleien. Fridos Noten, bisher ein Anlass zur Freude, sacken in den Keller.

Und schon geht es weiter, ins Salzkammergut. Michael Mann soll hier im Rundfunkorchester spielen. Frido erlebt ein geschlagenes, geducktes Land mit verschlossenen Menschen in ungelüfteten Lodenmänteln. In der Schule prügeln Schüler wie Lehrer gleichermaßen. Bei einem Feuerwerk über dem Wolfgangsee ruft eine Frau: «Das ist ja genauso schön wie bei der SS!» Frido spricht Englisch mit sich selbst und fühlt patriotischen Stolz, wenn amerikanische Jeeps durch den Ort rollen. Er möchte zurück in die USA, die Eltern lassen ihn nicht, und Thomas Manns Eifersucht ist besänftigt: *Sehr komisches und gewissermaßen Beglückendes von Frido, der mir heimlich geschrieben und bei dem man «Geheimbogen» gefunden über Rückkehr zu uns, nach Amerika. Komplizierte Gründe; dürfen uns nicht zuviel drauf einbilden. Hat mir geschrieben, NACHDEM der Papa ihm vorgehalten, es sei doch kränkend für die Mama etc.* Bei einem Europa-Aufenthalt schenkt er Frido seine goldene Armbanduhr, *falls ich ihn so bald oder überhaupt nicht wiedersehe.*

Frido erfährt, was Politik und Vergangenheit, vermischt mit persönlichen Zu- oder Abneigungen, in seiner Familie bewirken. Die tschechische Tante Leonie, Heinrich Manns einzige Tochter, deren Mutter an den Folgen ihrer Haft in Theresienstadt gestorben ist, und ihr Mann Ludvik Askenasy sind schlecht angesehen, weil sie Kommunisten sind (und weil Heinrich Manns Familienzweig noch nie in sonderlich gutem Ruf stand), andererseits bräuchte man sie, falls Österreich doch noch kommunistisch würde. Katia Manns Bruder Heinz Pringsheim und seine Frau Mara sind wegen ihres Verbleibs in Nazi-Deutschland so verfemt, dass Fridos Eltern verreisen, um ihnen bei einem Besuch im Salzkammergut nicht begegnen zu müssen. Golo Mann, auf Urlaub von seinem kalifornischen College, unterweist Frido in europäischer Geschichte und gerät seinerseits in heftigen politischen Streit mit seiner Schwester Erika.

Kaum hat sich Frido an Österreich gewöhnt, naht der nächste Wechsel. Sein Vater plant eine zweijährige Welt- und Konzertreise, Frido, zwölf Jahre alt, kommt mit seinem Bruder in ein Internat in der Nähe von Bern. Lichtblicke sind Ferien bei den Großeltern Thomas und Katia Mann, die wieder permanent in der Schweiz wohnen, erst in Erlenbach, dann in Kilchberg. Vor Thomas Manns Arbeitszimmer wird der Teppich zurückgerollt, um Platz zum Spielen für Frido und Toni zu schaffen, und wenn sie laut sind und Frido ein Donnerwetter befürchtet, beschwichtigt ihn der Großvater: So schlimm sei das gar nicht, der Lärm mache ihm sogar ein wenig Spaß. Zu Weihnachten 1954, dem letzten seines Lebens, schenkt Thomas Mann seinem Enkel ein signiertes Exemplar der «Buddenbrooks». Auf Spaziergängen befragt ihn Frido nach seiner Einschätzung der Weltlage und, in einem besonders vertrauten Moment, nach dem Bratschenspiel seines Vaters. Der spiele sehr schön, meint der Großvater, aber, im Vertrauen gesagt und keinesfalls zum Weitererzählen: Der Ton sei ein wenig dünn.

Soll Frido Musiker werden? Er hat eine kleine Sonate komponiert. Nach den Feierlichkeiten zu Thomas Manns achtzigstem Geburtstag, kurz vor dessen Abreise zu Ferien in Holland, führt er sie in Kilchberg mit seinem Vater auf. Der spielt aber, als ahne er Thomas Manns Verdikt, den Solopart nicht auf der Bratsche, sondern markiert ihn auf dem Klavier. Aus Holland erhält Frido eine Postkarte seines Großvaters: *Ich glaube, ich habe Dir noch gar nicht gesagt, dass mir Deine Sonate SEHR gefallen hat.* Sein Vater überreicht sie ihm mit einer, wie er sich erinnert, «fast verzweifelt wirkenden Ironie»: Er wisse, wie er das aufzufassen habe und was von Thomas Manns unverbindlicher Freundlichkeit zu halten sei. Frido fragt seine Mutter: Was könnte oder sollte er werden? Die Mutter antwortet: Er sei zwar intelligent und auch akzeptabel musikalisch, aber von einem spezifischen oder gar herausragenden Talent könne keine Rede sein. Kurz darauf reist er mit seinen Eltern nach Italien. Dort erreicht sie ein Telegramm: *Sanft hinübergegangen, Mielein*. Thomas Mann ist gestorben. Noch im Krankenhaus, erfährt Frido, hat er einen Romananfang von ihm gelesen und mit Anmerkungen versehen.

Auf der Bahnfahrt zur Beerdigung geraten Fridos Eltern in Streit. Frido versucht, sie zu trennen, aber der Vater verliert die Beherrschung und schlägt der Mutter mit Fäusten ins Gesicht. Frido drängt Mutter und Bruder zum Aussteigen, schleppt Gepäck über den Bahnsteig. Der Vater folgt in einiger Entfernung. Ein Arzt untersucht die Blutergüsse und rät der Mutter, sich im Wiederholungsfall unbedingt scheiden zu lassen. Beim Abendessen sitzt der Vater stumm und verlegen am Tisch, später sagt er Frido, dass es dessen Einmischung war, die seine Kurzschlussreaktion ausgelöst hat – hätte er «mehr Taktgefühl» gehabt, wäre es nicht passiert – Mangel an «Takt» war schon immer ein schlimmes Vergehen in der Familie Mann. «Wie willst du morgen unter Leute gehen?», fragt Frido seine Mutter. «Ich sage einfach, mir sei ein Koffer aus dem Gepäcknetz auf den Kopf gefallen.»

Zur Beerdigung kommen Menschen aus aller Welt, weit mehr, als die Kirche fassen kann. Manche Kränze sind so groß, dass sie nicht durch das Portal passen. «Als wir aus dem Gottesdienst in die Sonne traten, fiel etwas von mir ab, und ich dachte: Jetzt bin ich frei. Es war ein kurzer Lichtblick, ein erster Schub in die Freiheit.» Aber der Weg ist noch weit. Fridos Eltern geben bekannt, im Herbst in die USA zurückzukehren, dauerhaft und ohne Kinder. Toni soll bei den Großeltern in Zollikon leben, Frido bei Großmutter Katia in Kilchberg. «Es wurde einfach bestimmt: Du hast Gesellschaft zu leisten. Das war schon ein wenig jenseitig und museal. Ständig kamen Gäste, die ganze treue Gemeinde von Literaten und Herausgebern, ich weiß gar nicht mehr, wer alles kam, sie tranken Tee mit der Großmutter, und immer ging es um

Ein Schub in die Freiheit, aber der Weg ist noch weit –
Thomas Manns Beerdigung, 16. August 1955

Thomas Mann. Sie hat geschaut, dass ich irgendwie die Schule durchstehe, gekocht haben Angestellte, wenn die am Sonntag frei hatten, hat sie kalte Küche präpariert. Sie lebte in ihrer eigenen Welt, ich war nachpubertär und habe mich mit eigenen Beschwernissen und Plänen herumgeschlagen, da kann man nicht frei atmen.»

Frido grübelt: Hat Thomas Mann ihn wirklich geliebt? Hat er ihm etwas bedeutet? Oder hat er ihn letzten Endes doch nur literarisch verwertet? Er liest die «Buddenbrooks» und frühe Erzählungen, von den anderen Romanen hält er sich fern. Er möchte Dirigent werden, übt Klavier, besucht Konzerte in der Tonhalle, dirigiert die Werke zu Hause mit der Schallplatte nach, bis kein Geringerer als Bruno Walter ihm davon abrät – wie viele Prominentenkinder hat Frido Zugang zu Berühmtheiten, von dem andere nur träumen können. Und wie bei allen Prominentenkindern ist es auch bei ihm so, dass ihm seine Geburt und nicht seine Persönlichkeit diesen Zugang verschafft. Sein Vater sieht seinen Berufswunsch skeptisch: Wolle er wirklich Dirigent werden, müsse er «mit großem Abstand der Beste» unter seinen Mitschülern sein.

Frido wird Student am Züricher Konservatorium, lässt es an Fleiß und Einsatz nicht fehlen, aber bleibt unsicher: Goutieren die Mitstudenten sein Klavierspiel, seine Dirigierproben? Oder tuscheln sie untereinander? Am Züricher Opernhaus wird der «Parsifal» einstudiert, Frido, Korrepetitor in der Ausbildung, unglücklich verliebt und voller Selbstzweifel, versinkt in Wagners Welt aus Sinnlichkeit, Verführung und Erlösung. Beim Gang über den zugefrorenen Zürichsee bricht die Verzweiflung über ihn herein: Welchen Sinn hat sein Leben? Warum kommt er von sich selbst nicht los, bei so viel Schönem und Großem um ihn herum? Soll er sich in der Garage ins Auto setzen, das Fenster herunterkurbeln, den Motor laufen lassen? Er taumelt ans Bücherregal, ergreift einen Brockhaus-Band und blättert, bis er den Begriff «Jesus Christus» gefunden hat.

«Was liest du denn da?», fragt die Großmutter. «Die Bibel», antwortet Frido – er musste sich eine kaufen, im Haus war keine zu finden. Die Großmutter wird nachdenklich, fast ein bisschen ehrfürchtig: «Mir ist das alles vollkommen fremd», sagt sie. «Niemand hat bei uns je die Bibel gelesen. Ich weiß, einige sind konvertiert, Bruno Walter und Otto Klemperer, aber mir hat es nie etwas bedeutet.» Ruhe, Selbstbesinnung, Kontemplation. Nachdenken über Wesentliches in einem gesicherten Lehrgebäude. Die katholische Theologie entfaltet einen mächtigen Reiz. Frido möchte sich hineinvertiefen, sie studieren. Aber er ist kein Katholik. Er sucht einen Jesuitenpater auf, der nimmt ihn in die Mangel, zögert, bremst, hinterfragt seine Motive und sagt irgendwann: «Warum werden Sie nicht Schriftsteller? Da hätten Sie doch in der Öffentlichkeit den meisten Kredit.» Dass Frido mit allen Mitteln versucht, nicht Schriftsteller zu werden, scheint er nicht zu begreifen.

Beim achtzigsten Geburtstag von Katia Mann im Hotel Baur au Lac nimmt Frido Abschied von seinem bisherigen Leben und der engen familiären Bindung. Sein Schweizer Großvater ist über seine Hinwendung zur Religion empört, Erika und Golo lassen ihr Mienenspiel sprechen, einzig die Schweizer Großmutter, Jüdin wie Katia Mann, äußert Verständnis. Über den Ozean kommen Vorhaltungen seiner Eltern, mit dem Tändeln aufzuhören, sich endlich zu entscheiden, sein Leben in den Griff zu bekommen. Frido ist dabei, genau das zu tun: Er geht nach Rom, studiert gleichzeitig Musik und über ein Fernstudium kurzgefasste Theologie für Religionslehrer und wechselt dann nach München, in die Hochburg der katholischen Theologie. Finanziell ist es eng. Thomas Mann hat verfügt, dass alle Einnahmen aus seinem Werk seiner Witwe Katia zugutekommen. Fridos Eltern haben sie überzeugt, eine Hälfte ihren Kindern zu überlassen – auch mit dem Rest hätte sie mehr als genug. Dem hat Katia Mann zugestimmt und danach offenbar keinen Anlass mehr gesehen, Frido zu unterstützen. Die gelegentlichen Schecks seiner Eltern sind von so vielen boshaften Bemerkungen begleitet, dass er sie zurückschickt. Er wohnt erst bei einer Offizierswitwe, dann bei seinem kürzlich verwitweten Onkel Heinz Pringsheim.

Ein Mädchen fällt ihm auf. Sie heißt Christine Heisenberg, und ja, ihr Vater ist der Physiker und Nobelpreisträger Werner Heisenberg. Frido, dem es jeder nachsehen würde, sich in nächster Verwandtschaft keinen weiteren Giganten anzutun, macht dem Professor seine Aufwartung und verlobt sich mit Christine. Die tritt, obgleich durchaus protestantisch, zum Katholizismus über, während der kürzlich konvertierte Frido, vom langsamen Fortgang des Zweiten Vatikanischen Konzils enttäuscht, schon wieder einen Schritt weiter ist und sich mehr und mehr dem Wort und Wirken Martin Luthers zuwendet. Professor Heisenberg erkundigt sich diskret nach den Berufsaussichten eines katholischen Laientheologen, auch im Finanziellen, Frido kann keine genauen Angaben machen. Persönlich ist der Kontakt von Anfang an gut. Werner Heisenberg hat, nach Ausflügen in die Erforschung von Möglichkeiten zum Bau einer deutschen Atombombe, eine philosophisch, ethisch und religiös geprägte Sicht auf Physik und Leben entwickelt, die Frido entgegenkommt. Das Beste, meinen beide, wäre eine Weltreligion, die alle Religionen zusammenfasst, genauso wie es irgendwann ein Weltparlament geben müsste. Christine und Frido heiraten im Sommer 1966 nach katholischem Ritus.

Frido promoviert an der Münchner Universität zum Doktor der Theologie, ohne recht zu wissen, wohin der Titel ihn führen soll. Der Sohn Stefan wird geboren, die Familie lebt vom Lehrerinnengehalt der Mutter. Soll Frido zurück nach Amerika? Er schreibt einen vorsichtigen Brief an seinen Vater, aber erhält eine so herablassende und ironische Antwort, dass er den Plan fallen lässt und sich an der Universität Münster um eine zufällig frei gewordene Assistentenstelle beim Theologieprofessor Karl Rahner bewirbt. Obgleich ihn die Theologie nur noch marginal interessiert, zieht er mit Frau und Kind nach Münster. Vormittags hält er Sprechstunde, nachmittags besucht er Vorlesungen in Psychologie. Rahner deutet die Möglichkeit einer Professur für Fundamentaltheologie an, Frido muss sich entscheiden: Theologie oder Psychologie. Er wählt letztere, auch weil die Begegnungen mit Karl Rahner für ihn weniger erhellend als erhofft sind. Jetzt interessieren ihn die Gedanken des amerikanischen Psychologen Carl Rogers und dessen Forschung auf dem Gebiet der klinikzentrierten Gesprächstherapie. Für Rogers ist der Mensch grundsätzlich gut und sein schlechtes Verhalten eine Fehlanpassung aufgrund mangelnder Selbstverwirklichung in der Kindheit und im Erwachsenenalter. Das leuchtet Frido ein, hier kann er Gutes tun, für andere, aber auch für sich selbst. Frido wird klinischer Psychologe am Psychiatrischen Landeskrankenhaus in Gütersloh und entwickelt ein patientenzentriertes Gruppentherapiemodell auf der Basis der «niederlagefreien Konfliktlösung», ein Schlüsselthema, wie er findet, auch im Hinblick auf die eigene Familie.

Bei einer Studienreise nach Kalifornien mit Frau und Kind sieht Frido nach neun Jahren seinen Vater wieder. Michael Mann hatte seine Musikerkarriere zu Gunsten der Literatur aufgegeben, Germanistik studiert und deutsche Literatur an der Universität von Berkeley unterrichtet. Als Thomas Manns Tagebücher zwanzig Jahre nach seinem Tod geöffnet wurden, sollte er die Edition besorgen. Dabei las er schwarz auf weiß, dass ihn sein Vater, was er immer geahnt hatte, wenig mochte, den eigenen Sohn Frido umso mehr. In seinem Essay «Die eröffneten Tagebücher Thomas Manns zum Todestag des Dichters [12. August 1975]» verliert er darüber kein Wort, sondern analysiert luzide und empathisch die Arbeitsweise seines Vaters, den über die Jahre veränderten Stil der Eintragungen, den Einfluss Goethes und Tolstois auf sein Denken und räumt dabei mit Legenden wie der des «täglichen Blattes» auf – Thomas Mann habe oft gar nichts gearbeitet, aus Überforderung oder weil das Werk «nicht weiter wollte». In einem Interview «Erinnerungen an meinen Vater» aus dem Jahr 1975 glaubt er, dass es Thomas Manns *Bescheidenheit, Unsicherheit und Schüchternheit* waren, die ihn für seine Kinder unnahbar gemacht haben. Er selbst habe ihn von klein auf imitiert: Weil sein Vater nie ohne Spazierstock ausging, habe er auch einen gewollt, weil sein Vater Romane schrieb, habe er als Siebenjähriger Novellen und Seemannsgeschichten verfasst, weil sein Vater Geige spielte, habe er das Geigenspiel erlernt.

Bei Fridos Ankunft im Elternhaus präsentiert seine Mutter ihm Raju, ein indisches Waisenmädchen, das seine Eltern, nachdem sie den Kontakt zu ihren leiblichen Kindern abgebrochen, an Kindes statt angenommen haben. Inspiriert von den Inhalten der Seminare im Institut von Carl Rogers in La Jolla, schreibt Frido seinem Vater einen Brief, geprägt von Verständnis für dessen Verhalten und der Bitte um Wiederannäherung. Der Vater sieht hierfür keinen Anlass: *Väter und Söhne sollten sich viel öfter aus dem Weg gehen, als dies gemeinhin der Fall ist*, schreibt er zurück. Einen «Neuanfang» wünsche er allenfalls für sich selbst, wenn er dazu nicht *zu alt, ungelenk und faul* wäre. Frido besucht ihn in seinem Wochenendhäuschen. Er geht auf Krücken, nach einem Sturz vom Podium bei einem Vortrag über Thomas Manns Tagebücher. Er wirkt angespannt, aber überreicht Frido beim Abschied eine «Friedenspfeife». In seinen Enkel Stefan scheint er ähnlich vernarrt zu sein wie seinerzeit Thomas Mann in Frido.

Noch zweimal sieht Frido seinen Vater, zuletzt bei einem erneuten Besuch in Kalifornien. Plötzlich interessiert er sich für Fridos Tätigkeit, lässt sich Einzelheiten und Zusammenhänge erklären, musiziert mit seinem Sohn. Er spielt noch immer gut, wenn auch sehr hart und verkrampft, «geradezu klirrend spröde» kommt es Frido vor. Am Neujahrstag 1977 ruft die Mutter in Deutschland an: «Der Papa ist tot.» Die Adoptivtochter Raju hat ihn leblos auf seinem Bett gefunden, nach-

Herausragender Intellekt, schwierige Persönlichkeit –
Michael Mann (1919-1977), Musiker, Autor, Germanist

dem er in der Silvesternacht an unbekanntem Ort eine Überdosis von Medikamenten oder anderen Drogen eingenommen hatte. Drei Wochen vorher hatte er seine Thomas-Mann-Tagebuch-Edition beendet, aber der S. Fischer Verlag sich für eine Herausgabe durch Peter de Mendelssohn entschieden. Fridos Verhältnis zu seiner Mutter wird durch den Tod des Vaters nicht enger.

Mittlerweile bröckelt seine eigene Ehe, und auch sein Verbleib im Gütersloher Landeskrankenhaus wird immer schwieriger. Frido verlässt Weib, Kind und Krankenhaus und übernimmt einen Posten als wissenschaftlicher Angestellter im Fach medizinische Psychologie an der Universität in Münster an. Gleichzeitig arbeitet er als Gastdozent an der Psychiatrischen Klinik der Karl-Marx-Universität in Leipzig, wird Pendler zwischen Ost und West in einer Zeit, in der die Annäherung zwischen beiden deutschen Staaten noch fragil und das Misstrauen noch groß ist. Onkel Golo quittiert seine Hinwendung an den Osten mit einem lauten «Pfui!», aber Frido schreibt seine Habilitationsschrift und darf sich in Ost wie West «Privatdozent» nennen. Als freundliche Menschen ihn fragen, ob er bereit wäre, Studenten und Doktoranden der Universität Münster «sozialistisch zu unterwandern», schließt er das «Kapitel DDR».

Irgendwann in dieser Zeit liest er den «Wendepunkt» seines Onkels Klaus und ist tief beeindruckt. Er hat ihn persönlich kaum in Erinnerung und als Achtjähriger seinen Tod nur am Rande zur Kenntnis genommen, jetzt sieht er im Lebensbericht des um die eigene Identität ringenden, fleißigen und tragischen Klaus Parallelen zur eigenen Vita. Der Wunsch kommt auf, selbst zu berichten, den eigenen verschlungenen Lebensweg auszubreiten, vor sich selbst und anderen, aber nicht eins zu eins, sondern in Romanform. «Professor Parsival» soll das Buch heißen. Die Anlehnung an den «Doktor Faustus» ist offensichtlich. Als Betroffener des «Echo»-Kapitels glaubt er, dazu ein Recht zu haben, und dass er sich mit seinem Großvater literarisch nicht vergleichen will, dürfte auch den Missgünstigsten klar sein. Christine, seine Ex-Frau, warnt ihn: «Pass auf, du gerätst hier in ein falsches Fahrwasser.» Frido, der bisher nur wissenschaftliche und theoretische Schriften verfasst hat, weiß um das Risiko, das ein Vordringen in die Belletristik für ihn bedeutet, aber tut es trotzdem. «Professor Parsifal» erscheint 1985. Die Presse reagiert so ungehalten, wie sie es in den zwanziger Jahren bei Klaus getan hat. Damals wie heute hat das Vorgehen etwas Ungehöriges: Man schreibt in den Fußstapfen Thomas Manns keine Romane. Aber Frido ist im Nachteil: Als Klaus sich zu Wort meldete, war der Weltkrieg in frischer Erinnerung und Adolf Hitler auf dem Vormarsch, er selbst war Anfang zwanzig. Frido ist bei seinem Debut Mitte vierzig, die Bundesrepublik lebt seit Jahrzehnten im Frieden. Dennoch will Frido nicht schweigen. Er ist der Letzte seiner Art, und seine Stimme soll gehört werden. Auch als Chronist seiner Familie sieht er eine Aufgabe.

«Tante Goschi», mit richtigem Namen Leonie, Heinrich Manns einzige Tochter, musste die Deportation ihrer Mutter nach Theresienstadt erleben. Sie will über die schlimme Zeit nicht reden. Frido lernt den tschechischen Sänger Karel Berman kennen, der sich in Theresienstadt bemüht hat, Viktor Ullmanns im Lager komponierte Oper «Der Kaiser von Atlantis oder die Tod-Verweigerung» aufzuführen. Frido rekonstruiert die Umstände und schreibt, unterstützt von bruchstückhaften Erinnerungen des tschechischen Sängers, den Roman «Terezin oder der Führer schenkt den Juden eine Stadt». George Tabori bekommt das Werk in die Hände und führt es als szenische Lesung im Wiener Akademietheater auf. Mit seinem Vetter Jindrich, dem Sohn von «Tante Goschi», plant Frido die Gründung einer humanwissenschaftlichen Universität in Prag, die sich hauptsächlich mit Fragen der Psychotherapie befassen soll. Frido kratzt Geld zusammen, interessiert Kollegen, organisiert Seminare. Die Universität kommt nicht zustande, wohl aber eine Stiftung zum Austausch von Fachwissen.

Als Nächstes nimmt sich Frido die brasilianische Verwandtschaft vor. Die «Fazenda da Boa Vista» seiner Urgroßmutter Julia Mann an der Küste zwischen Rio de Janeiro und Sao Paolo soll es noch geben. Frido will sie besuchen und die Familiengeschichte in einem großen Roman niederschreiben. Seine Ankunft schlägt hohe Wellen, Journalisten warten am Flughafen, ein Kamerateam und Mitarbeiter des Goethe-Instituts begleiten ihn nach Paraty, den Geburtsort seiner Urgroßmutter. Vor der baufälligen «Fazenda» pflückt er eine Guyava vom Baum, das Lokalfernsehen zeigt die Bilder in der Abendschau. Und weil der Held seines geplanten Romans ein Reiter ist, besteigt Frido zum ersten Mal in seinem Leben ein Pferd. Die «Fazenda da Boa Vista» soll ein Julia-Mann-Haus werden, nach dem Vorbild der Villa Massima in Rom oder der Villa Aurora in Los Angeles. Das Projekt scheitert an unklaren Eigentumsverhältnissen, aber auf Fridos Initiative findet in Paraty ein «Julia-Mann-Festival» statt, mit Vorträgen, Lesungen, Konzerten und Gästen aus Litauen – denn inzwischen hat er einen weiteren Familienschauplatz aufgetan, Nidden auf der Kurischen Nehrung, Thomas Manns Sommerhaus der Jahre 1929 bis 1932. Die brasilianische Familiensaga beschreibt Frido in der Romantrilogie «Brasa», «Hexenkind» und «Nachthorn», seine Spurensuche in Litauen in dem Reisebericht «Mein Nidden».

Nach Jahren der Beschäftigung mit der Psychologie rückt die Theo-

Der Einzige und Letzte – Frido Mann

Schritt für Schritt sich selbst finden –
Frido Mann, Nachfahre mit langem Atem

logie wieder in den Vordergrund. Anlass ist ein Aufsatz von Hans Küng: «Gefeiert – und auch gerechtfertigt? Thomas Mann und die Frage der Religion». Die Religion war im Hause Mann Privatsache – wer sich dafür interessierte, sollte es tun, aber bitte schweigend. Niemand hat je mit Frido gebetet, niemand ihn zum Gottesdienst geschickt, niemand ist selbst gegangen, seine Hinwendung zum Katholizismus, seine Konversion, sein Theologiestudium kamen ganz und gar aus ihm selbst. Er wurde 1942 in Los Angeles unitarisch getauft, zusammen mit Angelica, der Tochter Elisabeth Manns, angeblich als Akt der Konvention, auch der Anpassung an die amerikanische Gesellschaft. Jetzt erfährt Frido, dass es auf Veranlassung seines Großvaters geschehen ist und dass dieser überhaupt enge Verbindung zur Unitarischen Kirche gepflegt hat. Es erscheint ihm sinnfällig: Die Unitarische Kirche ist mehr Werte- als Glaubensgemeinschaft, ihre Gotteshäuser sind nüchtern, ohne Heiligenbilder oder Referenzen an den gekreuzigten Christus, es ist eine Religion der Vernunft, der Klarheit, des Humanismus und als solche wie zugeschnitten für Thomas Mann. Die Unitarier sollen es auch gewesen sein, die im Hintergrund Wesentliches für die Einreise Heinrich Manns in die USA getan haben. Der Höhepunkt ihrer Verbindung zu Thomas Mann fiel in die Jahre 1945/46, während der Arbeit am «Doktor Faustus».

Frido präsentiert seine Erkenntnisse in einem Vortrag während der Festwoche zu Thomas Manns fünfzigstem Todestag im Sommer 2005 in Lübeck. Das zahlreich angereiste Fachpublikum reagiert gleichgültig bis ablehnend – von einem Nicht-Fachmann will man sich nichts sagen lassen, von einem Enkel, wie es scheint, noch weniger. Einige Jahre später greift Heinrich Detering das Thema auf und veröffentlicht ein Buch «Thomas Mann und die amerikanische Religion», seitdem findet ein gewisses Umdenken statt. Zum Festakt in der Lübecker Marienkirche lädt man Frido nicht ein, die Veranstalter sprechen von einem Missverständnis. Frido nimmt es sportlich, aber weiß, dass eine Nicht-Einladung seiner Tanten Erika und Elisabeth oder seines Onkels Golo, aus was für Gründen auch immer, einen handfesten Skandal ausgelöst hätte.

Noch ist nicht alles gesagt. Frido erzählt seine Lebensgeschichte ein zweites Mal, chronologisch, mit Klarnamen, Zitaten und Ausflügen in die Gegenwart. «Achterbahn» nennt er das 2008 erschienene Buch, der Titel ist keine Übertreibung und die Presse um Vieles gnädiger. Für ihn selbst ist die Befreiung riesig: «Ein ganz klarer, reiner Tisch. Als ich das Ganze noch mal Revue habe passieren lassen, wurde mir klar, dass meine Großeltern mich gerettet haben und dass ich mich von der mittleren Generation verabschiede, so sehr ich manche von ihnen geschätzt habe. Meine Bücher sind eine jahrzehntelange, einzige Aufarbeitung, nicht Tag für Tag, aber in Schüben. Belastung und Stolz mischen sich, auch das Gefühl, Glück gehabt zu haben, dabeigewesen zu sein am Hof des Patriarchen, noch dazu als dessen Lieblingsenkel. Hätten meine Eltern mich als Kleinkind nicht loswerden wollen, wäre das alles nicht passiert, auch das ist richtig. Mein Vater war ein armer Teufel, er konnte nicht anders, hat unter sich selbst am meisten gelitten. Über meine Mutter kann ich nichts Gutes sagen. Sie hat das Testament meines Vaters unterschlagen und sich still und heimlich erkleckliche Summen auszahlen lassen. Das ist eine heftige Dosis, die man als Sohn mitbekommt, aber mit ‹Achterbahn› habe ich mich auch davon verabschiedet, zumindest zu 90 Prozent. Es ist ein lebenslanger Prozess, stufenweise, immer weiter.»

Sein jüngstes Buch heißt «Das Versagen der Religion – Betrachtungen eines Gläubigen». Bundespräsident Gauck hat ihn daraufhin ins Schloss Bellevue eingeladen, um von Theologe zu Theologe mit ihm zu plaudern. Aus der katholischen Kirche ist Frido übrigens wieder ausgetreten. Und seine geschiedene Frau Christine Heisenberg hat er wieder geheiratet. Und steckt nach wie vor voller Pläne und Ideen.

12

Ambach (II)

Eine neue Straßenbeleuchtung und eine geteerte Seestraße waren die sichtbarsten Zeichen des Fortschritts, als ich im Herbst 1978 nach überstandener, aber nicht verheilter Ehekrise mit Frau und zwei Kindern wieder nach Ambach zog. Wir richteten uns im unteren Haus des «Brosi-Hofs» ein, in dem eigentlich mein Vater wohnte, der aber fast nie da war. Wir meldeten unsere Tochter Dilia in der Schule in Münsing und unseren Sohn Michael im Kindergarten in Holzhausen an, in jenem ehemaligen Schulhaus, auf dessen Stufen ich an der Seite meiner Mutter vergeblich auf meinen ersten Schultag gewartet habe. Die wohnte jetzt in der Dachgeschosswohnung des großen Hauses, in der wir Kindheit und Jugend verbracht hatten. Bei einem Spaziergang hatte sie mir ein paar Jahre zuvor ihre Parkinson-Diagnose mitgeteilt. Zunächst hatte man nichts bemerkt, sie war wie immer flott und aufrecht durchs Kugelmühltal zur Stroblmühle und nach Schalenkam gelaufen und hatte ihr tägliches Pensum Übersetzungsarbeit an den Erinnerungsbüchern Marcel Pagnols geleistet. Dann waren ihr Gang schleppend, ihre Handschrift und Sprache nach und nach undeutlich geworden. Dass sie als junge Frau in Ammerland im Café Hubertus ihre Schuhe durchgetanzt haben soll, konnte man sich nicht mehr vorstellen. 1978 brauchte sie bereits Hilfe. Drei Damen wurden engagiert, die sich im Drei-Wochen-Rhythmus abwechselten: Schwester Senta, unverheiratet, ehemals Krankenschwester und sehr energisch, Frau Busch, Polizistenwitwe mit schlechter Erinnerung an ihre Ehe, und Frau Nedbal, Rumäniendeutsche mit entsprechender Kochkunst. Keine von ihnen fuhr Auto, den Chauffeurdienst, Einkaufen, Apotheke,

Besorgungen, die Damen zur S-Bahn bringen und abholen, übernahm ich, nachmittags saß ich bei meiner Mutter beim Tee. Ich war auf diese Weise nützlich und konnte mir einreden, dass die häusliche Betreuung meiner Mutter ohne meine Gegenwart nur schwer aufrechtzuerhalten sein würde. Dennoch war unsere Situation eine provisorische und die Tatsache, dass ich mit mehr als dreißig Jahren mit Familie in das Haus meines Vaters zurückkehrte, auch nicht gerade ein Musterbeispiel entschlossenen Handelns und Sorgens. An der Ambacher Grundsituation hatte sich nichts geändert. Die Bäuerin Elisabeth Sommer, unsere Vermieterin, mittlerweile Ende fünfzig, wirtschaftete immer noch mit Domini vom «Hansenbauer-Hof». Die Anzahl der Kühe war reduziert worden, aber der Hof in mustergültiger Ordnung – das Arbeiten, wie sie es von Onkel und Mutter gelernt hatte, war Teil ihrer Natur, und Domini konnte es sowieso. Was aus Haus und Hof werden sollte, war so unklar wie je und überdies Tabuthema. «Moanen's dass i scho so bald sterb?», fragte sie, wenn es doch zur Sprache kam. Das Leben in Ambach war, wie immer, eine unsichere Sache.

Ich unterrichtete Gitarre am Münchner Richard-Strauss-Konservatorium. Dessen Direktor Peter Jona Korn hatte mich eingestellt, die «Jewish connection» (Beziehung zu Israel, israelische Frau) mag dabei eine Rolle gespielt haben. Als er erzählte, dass er meine streitbare Tante Kadidja in der Emigration in Amerika gekannt habe, erschrak ich zuerst, aber die Erinnerung daran schien für ihn nicht negativ zu sein (vielleicht war die Bekanntschaft nur eine flüchtige gewesen). Teile der Gitarren-Fachschaft beäugten mich misstrauisch, aber weil ich gut spielte und durch mein Training bei John Williams einen Wissensvorsprung hatte, konnte ich meine Stellung festigen. Das Unterrichten machte mir Spaß. Frisch betrat ich das Konservatoriumsgebäude in der Früh und verließ es ebenso frisch am Abend. Die Studentinnen und Studenten nannten mich «Chef». Wer bei mir studierte, lernte etwas und merkte es. Ich hätte zufrieden sein können, aber war es nicht. Irgendetwas fehlte. Ich sehnte mich nach Freiheit und Schöpfertum, nach Los- und Fallenlassen, nach dem Puls des Lebens, der zeigt: Hier bist du richtig, hier geht es voran.

Voran ging es ein paar Häuser weiter im Gasthaus «Zum Fischmeister» der Familie Bierbichler. Michael, der älteste Gastwirt-Sohn, war Musiker geworden und dirigierte am Münchner Gärtnerplatztheater, Josef, sein jüngerer Bruder, Schauspieler an großen Bühnen, und Annamirl, die Jüngste, ein Star auf ihre Weise, entdeckt von Herbert Achternbusch, der mit ihr, ihrem Bruder Josef und anderen Ambachern neuartige, nie gesehene Filme drehte, die dem Begriff «Heimat» eine neue Bedeutung gaben, oder sie auf ihre alte zurückführten, fern von Kitsch und Klischee, bitter, ursprünglich, hart und unsentimental. Die Wirkung war enorm, Ambach wurde zum Kultort, zum allseits bekannten Geheimtipp. Irgendwann verließ Achternbusch Frau und Kinder und zog bei Annamirl ein, zum Entsetzen ihrer Eltern, die gescheit und kunstinteressiert waren, aber sich mit solchen Verhältnissen nur schwer anfreunden konnten.

Ich hätte mich weder die provozierenden Filme getraut, noch das Eindringen in ein Haus, in dem ich nicht willkommen war. Auch hielt sich mein Hass auf die Obrigkeit, namentlich auf die CSU, in Grenzen. Mir fehlte ganz einfach das revolutionäre Feuer. Gelegentlich saß ich beim «Fischmeister» im Kreis der Diskutanten, aber als Fremdkörper mit entsprechendem Unwohlsein. Auch empfand ich die Kluft zwischen dem Bayerischen und dem Hochdeutschen stärker als je zuvor. Ich bewunderte die engagierten, politisch wachen, kreativen Menschen, die hier zusammenkamen, und hätte gern zu ihnen gehört, aber tat es nun einmal nicht. Annamirl Bierbichler und ich mochten uns seit der Jugend. Eine Liebschaft wäre möglich gewesen. Aber ich war verheiratet, und sie hatte den Achternbusch.

Nehama und ich waren fleißig wie immer. Es meldeten sich Privatschüler, und im Sommer veranstaltete ich Gitarrenkurse in der Münsinger Schule und im alten Schulhaus in Holzhausen. Unter jedem Baum saß jemand und übte, beim Abschlusskonzert im Münsinger Pfarrheim war der Saal voll, das war schön und befriedigend, aber ich wollte mehr. Nehama schrieb Agenturen an, machte Aussendungen, telefonierte und verhandelte und brachte immer wieder Auftritte für uns zustande, bei Kulturvereinen, Gesellschaften für Jüdisch-

Auf der Suche nach dem Puls des Lebens –
Duo «Stimmen und Saiten», 1983

Christliche Zusammenarbeit, kulturinteressierten Gemeindepfarrern, bis nach Holland und in die Schweiz. Wir nannten uns «Stimmen und Saiten», Nehama sang Lieder aus Israel, Griechenland, Frankreich, Mazedonien, Russland, Indonesien, ich spielte Gitarrenmusik aus Spanien oder Lateinamerika. Nehama sprach perfektes Deutsch mit charmanten kleinen Fehlern und hatte, zum Staunen des Publikums, sogar deutsche Barocktexte vertont, die kaum jemand kannte und die man nun von einer Israelin erstmals hörte. Unsere Arrangements waren sauber gearbeitet und meine Gitarrensoli sauber gespielt. Aber die Volkslieder der Nationen, so schön sie sind, entsprachen nicht dem, was ich ausdrücken wollte, und für Ironie à la Wedekind war Nehama nicht zu haben. Während wir unterwegs waren, ließen wir unsere Kinder in der Obhut von Kindermädchen aus dem Freundes- und Bekanntenkreis. «Herzlich Willkommen» stand auf einem gemalten Schild an der Eingangstür, darunter schrieben die Kinder die Namen der jeweiligen Betreuerin, der Platz reichte bald nicht mehr, ich glaube, am Ende waren wir bei vierunddreißig. Das hört sich lustig an, aber war es bestimmt nicht immer, besonders nicht für die Kinder. Eltern, die sich selbst wichtig nehmen und Karriere machen wollen, tendieren auch dann dazu, ihre Kinder zu vernachlässigen, wenn sie selbst keine großen Stars sind.

Ich versuchte mich in Münchens Kleinkunstszene, aber konnte dort nicht Fuß fassen. Entweder es kam niemand oder die Presse verriss mich. Ich hatte den Ton der Zeit nicht drauf, mein Repertoire, Wedekind, Otto Reutter, Walter Mehring, Ringelnatz, Peter Altenberg, war unaktuell. Wie hasste ich es, selber Plakate aufzuhängen! Durchbeißen, sagte ich mir. Aber womit? Als Protestsänger hätte ich mich selbst lächerlich gefunden, Sozialkritisches blieb mir mangels Überzeugung im Hals stecken. Einmal durften wir, nach viel Überzeugungsarbeit durch Nehama, in Joachim Fuchsbergers Fernsehsendung «Heut' Abend» auftreten, eine Stunde lang nur er und wir, das war schon etwas. Wir wähnten uns angekommen, druckten einen Prospekt und verschickten ihn an alle möglichen Adressen. Es meldete sich eine Firma in Wolfratshausen wegen der künstlerischen Gestaltung einer Weihachtsfeier, aber als sie erfuhr, dass wir für unseren Auftritt auch Geld wollten, nicht wieder. Begeisternd war das alles nicht.

Begeisternd war auch unsere Wohnsituation nicht, besonders für Nehama. An dem kleinen Haus des «Brosi-Hofs» war seit Jahrzehnten nichts gemacht worden, und auch das, was gemacht war, trug die Handschrift des begabten Amateurs Matthias Melf. Die dicken Mauern waren kalt, ins Erdgeschoss kroch Feuchtigkeit. Wir schlugen vor, eine Zentralheizung einzubauen, auf eigene Kosten, Elisabeth Sommer stimmte zu, aber die beauftragte Firma erschien nicht. Eine telefonische Nachfrage ergab: Die Bäuerin hatte den Auftrag storniert, offenbar aus Furcht, dass aus der Investition Ansprüche abgeleitet werden könnten. Wir erhielten einen Brief: Nie, um keinen Preis und unter keinen Umständen würde sie das untere Haus hergeben. Also blieb es bei kalten und feuchten Mauern, rauchenden Ölöfen und häufigen Besuchen einer Münsinger Installationsfirma. Meiner Mutter ging es immer schlechter, ein Wegzug sei schlecht möglich, argumentierte ich, eine wirkliche Entschuldigung war das nicht. Mein Vater war einerseits froh über meine Gegenwart, andererseits war in dem Haus für ihn nur noch wenig Platz, auch das war keine gute Situation.

Auf unserem Strand tobte das Leben. Freunde und deren Kinder verbrachten ganze Sommer dort, die hatten ihrerseits Freunde mit Kindern, die weitere Freunde mit Kindern brachten, oft kannte man nicht einmal die Namen derer, die badeten und in der Sonne lagen. «Ich würde so gern an den See gehen, aber es ist einfach zu voll», sagte mein Vater. Bei Regen war der Strand leer, die Dorfstraße entvölkert. Fräulein Hietmann saß einsam am Ofen ihres kleinen Ladens und blickte auf den grauen See. Morgens um halb fünf Uhr brannte schon Licht im Stall von Fräulein Liesl, ich sah es beim Gang aufs Klo und legte mich mit schlechtem Gewissen wieder hin. Um sieben schob sie mit schweren Schritten ihren Wagen mit zwei Milchkannen zum Gasthof Bierbichler, wo vor nicht allzu langer Zeit die letzten Nachtschwärmer ins Bett gegangen waren und wartete auf das große Milchauto. Mittags um zwölf kam Fräulein Anny Bierbichler den umgekehrten Weg und läutete die Glocken der Ambacher Kapelle. Das Amt der Posthalterin hatte sie aufgegeben, die Poststelle war von dem gemütlichen Anbau des Gasthauses in einen nüchternen Raum des alten Hirn-Hofs gezogen. War Fräulein Anny unpässlich, versah ihre Schwester Cenzi den Glockendienst, scharf kontrolliert von Anny, die Länge und Qualität des Läutens von ihrem Bett aus bewertete. Dann starb Fräulein Anny, Fräulein Cenzi übernahm das Läuten in Gänze, nun war sie es, die kurz vor zwölf die Seestraße entlangging, in einem grau-grün changierenden Regenmantel, erst ohne Stock, dann mit und dann gar nicht mehr. Die Glocke schwieg, ein weiteres Stück Ambach verschwand in der Vergangenheit. Wir blickten in die Zukunft und fragten uns, was aus uns werden würde.

13

Lustige Väter (I)

Gero Erhardt

In den frühen Morgenstunden des 11. Dezember 1971 hörten die Bewohner von Hamburg-Wellingsbüttel ein Martinshorn, eine Seltenheit in dem stillen Viertel. Beim Frühstück erfuhren sie den Grund: Heinz Erhardt hatte einen Schlaganfall erlitten. Gilda Erhardt, seine Frau, hatte ein Klopfen auf der Bettdecke bemerkt, hervorgerufen durch seine linke Hand, das Einzige, was er noch bewegen konnte. Sie alarmierte den Hausarzt, ein Krankenwagen fuhr den berühmten Humoristen unter Sauerstoffbeatmung ins Barmbecker Krankenhaus. Dort besserte sich sein Zustand, dann brachte ihn eine erneute massive Gehirnblutung an den Rand des Todes. Die Ärzte holten ihn zurück, nach acht Wochen durfte er nach Hause. Die ganze Nation nahm Anteil. «Heinz Erhardt: Er verlor 40 Pfund – und gewann wieder Hoffnung.» «Heinz Erhardt geht ab und zu schon ohne Stock!» «Heinz Erhardt geht es besser!» Ich war damals Gitarrenlehrer in Hamburg und kann mich gut an die Schlagzeilen erinnern.

Einundvierzig Jahre später sitze ich mit seinem Sohn Gero Erhardt in einem Hamburger Café. Seine Stimme klingt genau wie die seines Vaters, auch Nase und Augen sind ähnlich, aber Gero ist kleiner, weniger massig. Er gibt sich locker und humorvoll, aber schon nach kurzer Zeit erkenne ich, dass sich hinter dem lockeren Äußeren ein ernsthafter und zurückhaltender Mann verbirgt. Nein, sagt er, seinem Vater ging es nach dem Schlaganfall keineswegs besser. Er hat wieder Laufen gelernt und konnte allein aufs Klo gehen, konnte auch wieder lesen und fernsehen, aber das Sprachzentrum war kaputt. Der Schnellsprecher, Sprachkünstler und Reimjongleur Heinz Erhardt konnte nur noch ein einziges Wort aussprechen, fast ohne Stimme und jede Silbe einzeln: FA-BEL-HAFT. Ob gut, schlecht oder mittelmäßig: Für Heinz Erhardt war nun alles FA-BEL-HAFT. So hatte er sich seinen Lebensabend nicht vorgestellt.

Wundern musste ihn der Schicksalsschlag nicht. Wer sich so vorantreibt, wie es Heinz Erhardt jahrelang getan hat, braucht viel Glück, um unbeschadet davonzukommen. Die Angst der Humoristen, dass die Lacher ausbleiben könnten, hatte ihn zum Schluss immer stärker im Griff – Tragöden können bei schwacher Resonanz immer noch die Verständnislosigkeit ihres Publikums geltend machen, aber Humoristen, die keine Lacher produzieren, scheitern total. Niemand wusste das besser als Heinz Erhardt. *Ich arbeite fast pausenlos,* schrieb er ein halbes Jahr vor seinem Schlaganfall, *nicht um Geld zu verdienen – seltsamerweise denke ich oft gar nicht daran! – sondern, weil ich arbeiten muss! Denn in keinem Beruf wird man so schnell vergessen, wie in meinem. Also kann ich mir keinen Urlaub erlauben und – vor allem – ich darf nicht krank werden. Ich darf keine Vorstellungen ausfallen lassen ... also muss ich auf die Bühne KRIECHEN!* Er nahm jeden Termin wahr, oft mehrere am Tag, machte keine Pause und gönnte Urlaub nur denen, die im Parkett saßen:

Und an dem Urbaum, Blatt für Blatt,
Hängt Urlaub, schön dass man ihn hat.

So liebten sie ihren Heinz Erhardt. Er forderte sie nicht heraus, wollte sie nicht belehren, hielt ihnen keinen Spiegel vor und vertrat keine politische Richtung, schon gar keine linke. Ihre Herzen flogen ihm zu. Aber Heinz Erhardt zweifelte an der Liebe des Publikums, und sein eigenes Herz war oft schwer.

«Mein Vater stand unter dem ständigen Druck, dass die Leute ihn mögen», sagt Gero. «Ich habe das immer gespürt, auch wenn es nie zur Sprache kam. Er brauchte vor dem Auftritt zwei Stunden, um sich vorzubereiten, hat in der Garderobe sein Programm geplant, sein Lampenfieber beruhigt. Es war ein unglaublich hartes Brot. Oft hatte er keine Lust, aber er musste ja, sein Publikum wartete. Egal, wer mit ihm auftrat, Conny Froboess, Peter Kraus oder andere, Heinz Erhardt war immer der Star.»

Gero ist oft mit dem Vater gereist, schon als Kind, im Auto, auf so genannten «Bädertourneen», das waren bei Erhardts die Sommerferien: Die Eltern fuhren von Ort zu Ort, die Kinder auf dem Rücksitz, abends trat der Vater auf. Als die Steuerbehörde Gilda Erhardts Reisekosten nicht anerkennen wollte, machte Heinz Erhardt eine Eingabe und schrieb auf, was sie alles tun musste:

1. *Korrespondenz*
2. *Gagenverhandlungen*
3. *Manuskripte ins Reine Schreiben*
4. *Rollen abhören*
5. *Presseleute und Autogrammjäger vom Leibe halten*
6. *Garderobe einrichten*
7. *Bühnenaufbau beaufsichtigen.*

Laut Gero tat sie noch viel mehr, nämlich buchstäblich alles, was nicht unmittelbar mit seiner Arbeit zusammenhing. Vor dem Auftritt musste er nur in den bereitgelegten Anzug schlüpfen, und auch in den half sie ihm hinein. Auf der Bühne war er dann allerdings allein. Und was er dort ablieferte, bestimmte das Wohl und Wehe der ganzen Familie – kein Wunder, dass man ihn hegte und pflegte. «Wir standen hinter der Bühne und warteten auf den ersten Lacher», erinnert sich Gero. «Wenn der kam, war das sein Tag. Er wusste, was seine sicheren Nummern sind, aber war nicht immer gleich gut, hatte auch schwächere Abende, musste sich dem Publikum anpassen. In Bayern denken die Leute anders als im Norden, was hier gut ankommt, kann anderswo verpuffen. Einmal sollte er in einem Zelt auftreten und hörte schon von draußen Johlen und Gekreische. ‹Hier gehe ich nicht rein›, sagte er. ‹Du musst›, sagte meine Mutter, ‹du hast einen Vertrag›. Er hat sich geweigert, wir sind ins Hotel zurückgefahren. Er hat lange gebraucht, um das Erlebnis zu verarbeiten, und auch für uns war es eine ziemlich harte Nummer.»

Ich höre eine CD: «Heinz Erhardt – die gesamten Telefunken-Aufnahmen». Es sind Mitschnitte von Auftritten aus verschiedenen Jahrzehnten, teils allein, teils mit anderen, und wer lernen will, wie ein Publikum zu behandeln ist, soll sich diese Aufnahmen anhören. Die Pointen fallen wie von selbst, manche sind überraschend und neu, andere wirken wie Fixpunkte eines ausgeklügelten Systems: Die «E-ule», die sich als Eule entpuppt, ist immer dabei, ebenso der Zusatz «Was bin ich heute wieder für ein Schelm» und der Witz von den Augen, die früher weiter unten waren, weil er selbst noch kleiner war. Schwer vorstellbar, dass die Menschen im Saal das nicht alles schon kannten. Aber die Aufnahmen beweisen es: Sie lachten trotzdem, vielleicht gerade der Wiedererkennung wegen. Und lachten sie einmal weniger, goss Heinz Erhardt mit leichter Hand Benzin ins Feuer – ein zufälliges Wort, ein genuschelter Nachsatz, und schon prasselte es wieder. Kollegen berichten von Improvisationen, mit denen er, nicht immer zu ihrer Freude, Texte und Situationen veränderte und sie selbst zum Lachen brachte. Mit ihm aufzutreten, war sicherlich kein reines Vergnügen: Man spielte vor vollen Häusern, aber hatte keine Chance gegen ihn. *Der Rest um Erhardt fällt tief ab bis unter die Grenze des Erträglichen und liefert allenfalls Stichworte,* schrieb ein Kritiker. Das hörte man als ernsthafte Bühnenpersönlichkeit nicht gern, aber man musste wissen, worauf man sich einließ: Die Menschen wollten über Heinz Erhardt lachen, dafür hatten sie bezahlt, anderes wollten sie nicht sehen, und wurde man neben ihm witzig und spielte sich zu weit nach vorn, fiel man sowohl beim Publikum in Ungnade als auch bei ihm selbst, denn er trug die Hauptlast des Abends und pumpte mehr Energie hinein als alle anderen zusammen. Sein Stück «Das hat man nun davon», in dem er als kleiner Beamter Willy Winzig zwei Stunden lang in den unwahrscheinlichsten Verwicklungen über die Bühne hopst und von einer Panne in die nächste stolpert, soll er mehr als fünfhundert Mal gespielt haben (andere sprechen von siebenhundert Mal) – allein der Gedanke an solche Wiederholung macht mir Grausen, die Mühe, die es ihn gekostet haben muss, mag ich mir nicht ausmalen. *Nun spiele ich wieder MIT «Dodo»*, schrieb er 1969 in sein Tagebuch. *Es geht doch besser so. Man steht dann über den Dingen und der Rolle.* «Dodo» war die Chiffre für Doornkaat. Angeblich standen die Fläschchen in den Kulissen und sogar auf der Bühne, so dass er sie im Vorbeigehen trinken konnte. «Immer wenn ich traurig bin, trink ich einen Korn», sang Heinz Erhardt – ahnte jemand der schunkelnden und mitsingenden Zuschauer die Wirklichkeit hinter dem Spaß?

Wie beliebt und erfolgreich Heinz Erhardt auch war, es war nie genug. In Berlin wurden Karten für seine Vorstellungen auf dem Schwarzmarkt gehandelt, aber als er im Zuschauerraum ein paar leere Plätze sah, fuhr er seinen Manager an und ließ sich erst durch den Gedanken beruhigen, dass die Menschen ja die U-Bahn verpasst oder andere wichtige Gründe für ihr Nichterscheinen gehabt haben könnten. Kam der Vater von Auftritten nach Hause, erinnert sich Gero, setzte er sich an den Flügel und spielte Chopin, ein nachdenklicher, melancholischer Mann, der Witze nicht mochte und nicht erzählen konnte, aber seinen Beruf immer im Hinterkopf hatte. Auf einsamen Spaziergängen ersann er neue Nummern und erprobte ihre Wirkung vor seinen Kindern, auch das war Arbeit. Von Kindern überrannt und geknuddelt zu werden, schätzte er nicht, mit Kleinkindern konnte er wenig anfangen (vom Kinderbuchautor Michael Ende erzählt man Ähnliches). Kehrte er mit der Mutter von einer Tournee zurück, das berichten seine Töchter Verena, Grit und Marita in ihrem Buch «Heinz Erhardt privat», wurde unter Aufsicht der Großmutter das Haus aufgeräumt. Alle Kinder mussten sich ordentlich anziehen. Als Pünktlichkeitsfanatiker gab er von unterwegs den Zeitpunkt seiner Ankunft bekannt, vor dem Haus hupte er, aber blieb, während die Mutter die Kinder umarmte, im Auto sitzen und notierte den Kilometerstand. Dann ging er schnurstracks an den Schreibtisch und sah die Post durch. *Stürmisches um den Hals fallen* sei nicht angebracht gewesen.

Ein «Papa zum Anfassen» sei er nur in Anwesenheit der Presse gewesen, die er meist mied, aber, wenn gewünscht, dann doch einlud. *Unser Haus wurde von oben bis unten in Ordnung gebracht. Kein Zim-*

Familienmensch vor allem für die Presse –
Heinz und Gilda Erhardt zu Hause

mer wurde ausgelassen. Man konnte nie wissen, wo die Fotografen überall hin wollten. Die Garderobe der Kinder wurde sorgfältig zusammengestellt, wenn nötig ausgetauscht, die Großmutter in ihr Sonntagskleid gesteckt. Irgendwann am Nachmittag kamen die Fotografen und stellten uns von einer Position in die andere. «Herr Erhardt, legen Sie sich einmal hier auf den Teppich, und die Kinder stellen sich dahinter [...] Grit als Erste, dann Verena, Gero und jetzt Marita hinter sie. Genau! So habe ich mir das vorgestellt. Wie die Orgelpfeifen!» Heinz Erhardt machte alles mit, schnitt Gesichter, nahm die Kinder Huckepack, ließ sich von ihnen auf der Schaukel anschieben, spielte sogar Schach mit ihnen, was weder er noch sie konnten – «Homestories» waren beliebt und wichtig für die Publicity.

Ein einziges Mal wurde ein Familienurlaub geplant, zwei Wochen Ostsee, der Vater gab es am Frühstückstisch bekannt und fuhr sogar mit den Kindern zur Besichtigung hin. Was dann kam, berichtet Marita: *Die Koffer waren alle gepackt und standen zum Einladen bereit. Auf einmal kam Pappi aus seinem Arbeitszimmer und sagte mit ernster Miene: «Wenn es morgen regnet, fahren wir nicht.» Wir sahen uns erschrocken an. Mein Herz klopfte wie wild. Wir mussten fahren! Wir hat-*

ten uns doch so lange auf diese Reise gefreut! Es regnete, die Reise fiel aus und wurde nie nachgeholt. Fühlte sich Heinz Erhardt einem längeren Zusammensein mit seinen Kindern nicht gewachsen? Wagte er nicht, es ihnen zu sagen, und flüchtete sich in eine wenig überzeugende Ausrede? Warum haben die Kinder nicht protestiert: Lieber Pappi, weil es heute regnet, muss es nicht vierzehn Tage lang regnen? *Obwohl wir alle sehr traurig waren, haben wir diese Entscheidung stillschweigend hingenommen.*

Gero, der ersehnte und einzige Sohn, nahm schon bei seiner Geburt im Herzen seines Vaters einen Sonderplatz ein. *Endlich!!!!!!,* schrieb der an seine Frau. *Eben erhielt ich die Nachricht, daß Bu' am 17. Februar 1943 zur Welt kam und Mutter und Kind gesund sind. Und soll er Gero heißen? Gut, soll er so heißen. Wenn er nur nicht solche Plattfüße hat wie ich; das ist meine größte Sorge. Verzeih,' daß ich so einen Quatsch schreibe, aber ich bin völlig dumm vor Freude.* Gilda Erhardt lebte damals in Hohensalza im «Wartheland» bei Verwandten, während in Berlin die Bomben fielen, Heinz Erhardt tingelte durch den Ostseeraum und hielt Hitlers Truppen bei Laune. *Du hast nun während meiner Abwesenheit von zu Hause die Pflicht, das männliche Geschlecht würdig zu vertreten, und ich hoffe, dass es Dir gelingen wird. [...] Denke immer daran, dass Du ein «Erhardt» bist!,* schrieb er seinem Sohn zu Weihnachten 1944. Der war noch keine zwei Jahre alt, aber als Stammhalter offenbar schon auserkoren. Als er sechs oder sieben war, holte ihn der Vater ans Klavier und zeigte ihm, wie man Boogie-Woogie spielt, Gero lernte ohne viel Mühe Gitarre, Flöte, Klarinette und Saxophon. Später pflegten sie eine Art Männerfreundschaft, redeten viel, musizierten zusammen, drückten die Daumen für den HSV, fuhren manchmal gemeinsam weg, nur so zum Spaß. Bei solch einem Ausflug entstand die Idee eines Films mit Heinz Erhardt in der Rolle eines Mörders – es schmerzte ihn, dass er als Schauspieler nicht so ernst genommen wurde, wie er es zu verdienen glaubte, und er wäre nicht der erste Komödiant, der in einer Mörderrolle brilliert. Aber Gilda Erhardt lehnte ab: «Unmöglich, kommt nicht in Frage, dein Publikum würde es dir nicht verzeihen.» «Gegen diese Autorität war nicht anzukommen», sagt Gero, «Frauen sind eben meist die Stärkeren.»

Gero nahm Schauspielunterricht bei Joseph Offenbach und spielte kleine Rollen. Eine Musiker- oder Theaterlaufbahn wäre möglich gewesen, aber eine innere Scheu hielt ihn zurück. «Ich bin die zweite Reihe», sagt Gero und meint damit die Rolle des Beobachters, den Platz hinter der Kamera. Schon in der Schule wollte er filmen, vom Glanz des Vaters hielt er sich fern, verschwieg am liebsten, dass er von ihm abstammt, tat später alles, jeden Schein von Protektion durch ihn zu vermeiden. Es war nicht Mangel an Liebe, eher ein Gefühl von Privatheit und Abgrenzung. Menschen hatten die Person Heinz Erhardt so verinnerlicht, dass sie glaubten, mit ihm auf Du und Du zu stehen, auch wenn sie ihn gar nicht kannten, und er verströmte sich an sie in einer Art Liebesbeziehung, die ihm selbst vielleicht noch wichtiger war als ihnen. Da konnte man als Kind schon eifersüchtig werden. «Wenn Menschen von Heinz Erhardt schwärmen und sagen: ‹Ich bin ein großer Fan Ihres Vaters›, sage ich: Wer ist das nicht? Um das festzustellen, gibt es genügend andere, dafür brauchen Sie nicht mich.»

Gero machte eine solide Ausbildung als Fotograf, begann seine Laufbahn bei Radio Bremen, wurde Kameramann. Die «Landschaft der Gesichter» faszinierte ihn, mit der Kamera fuhr er über ihre Erhebungen und Abgründe, versuchte, ihr Wesen zu erfassen. Das befriedigte ihn, machte ihn glücklich, und weil er tat, was seiner Neigung entsprach und was er konnte, hatte er Erfolg. Die Liste der Produktionen unter seiner Kameraführung ist lang. Dann kam seine Chance: Bei einer Neuverfilmung von John Patricks «Eine etwas sonderbare Dame» zerstritt sich der Regisseur Rolf von Sydow mit der Hauptdarstellerin Lilli Palmer – will Gero einspringen? Er wollte. Er hatte so vielen Regisseuren zugeschaut, sie bei Entscheidungen beraten, ihnen Lösungen vorgeschlagen, dass er sicher war, der Aufgabe gewachsen zu sein. Die Stimmung am Set beruhigte sich, die Arbeit ging zügig voran, Lilli Palmer war zufrieden und Gero in seiner Gestaltungsfreiheit eine entscheidende Stufe hinaufgerückt. Die technischen Abläufe kannte er genau, seine lockere Art machte ihn beliebt. Als das ZDF daranging,

Lustige Väter (I) – Gero Erhardt

Ernst und zurückhaltend in der zweiten Reihe –
Gero Erhardt, Kameramann, Regisseur, Sohn

die einst millionenfach verkauften Backfischromane «Nesthäkchen» der jüdischen, in Auschwitz ermordeten Autorin Else Ury zu verfilmen, verpflichtete es Gero Erhardt als Regisseur und bewies eine gute Hand: Gero erzählt die Geschichte des Bürgermädchens Annemarie, das zur Kaiserzeit in Berlin aufwächst, einfach, humorvoll und abwechslungsreich, mit dem geschulten Blick des Kameramanns und entsprechend glänzenden visuellen Effekten. Nesthäkchens Welt ist in Ordnung, ihre Kleidung blütensauber, ihr Kinderzimmer geräumig, die Dienerschaft freundlich, die Mutter neigt zur Strenge, der Vater zur Milde, ihre beste Freundin ist die Kinderfrau, und alle Konflikte kommen zu einem guten Ende. Die sechs Folgen, während der Weihnachtstage 1983 ausgestrahlt, waren hoch erfolgreich, seitdem wollte man Gero Erhardt immer wieder haben. Vier Jahre lang drehte er die Erfolgsserie «Das Erbe der Guldenburgs», neun Folgen «Derrick», achtundvierzig Folgen «Der Alte», ungezählte Folgen «Traumschiff». Er ist ein behutsamer Regisseur, der fürsorglich mit den ihm anver-

Lustige Väter (I) – Gero Erhardt

trauten Menschen umgeht, mit ihnen in Ruhe die Natur ihrer Rollen bespricht, die Eigenschaften der darzustellenden Charaktere, den Bogen der Geschichte. Lässt das scharfe Auge der Kamera ein Frauengesicht zu alt erscheinen, spannt er einen Nylonstrumpf über die Linse. Mit Kindern kann er besonders gut.

Aber man soll sich nicht täuschen: Wie Heinz Erhardt auf unprofessionelles Verhalten allergisch reagiert hat, wird auch Gero Erhardt ungemütlich, wenn Schauspieler ihren Text nicht können oder rauchen und belangloses Zeug reden, während er den Traumschiff-Kapitän zu einer Wende überredet, um besseres Licht zu bekommen. Das Berufsethos seines Vaters ist ihm eingeimpft, und wenn sein Schauspieler-Sohn Marek Erhardt mit ihm dreht, muss der einhundertzehn Prozent Leistung bringen, das ist so in Dynastien. Am liebsten waren ihm die Schauspielerinnen und Schauspieler aus der Generation seines Vaters, Brigitte Horney, Heinz Rühmann, Siegfried Lowitz. «Das waren Knaller, mit denen konnte man arbeiten.»

Kontroverses oder Politisches fehlt bei Gero Erhardt. Er ist auch hier Sohn seines Vaters, dem politische oder geschichtliche Stellungnahmen, aber auch negative Urteile über Kollegen angeblich nicht zu entlocken waren. «Weiß ich nicht, kenne ich nicht, keine Ahnung», soll er auf entsprechende Fragen geantwortet haben. Heinz Erhardt hatte seine Heimatstadt Riga 1938 verlassen und seine eigentliche Karriere im nationalsozialistischen Berlin begonnen, wo sein unpolitischer Humor gut ankam. 1941 wurde er eingezogen, wegen Kurzsichtigkeit einem Musikkorps zugeteilt und als Humorist von Einheit zu Einheit geschickt, 1943 auch nach Riga, wo lettische Nationalisten unter den Augen der Wehrmacht Tausende von Zivilisten, meist jüdischen Glaubens, erschlagen, gehenkt und zerhackt hatten und wo aus dem «KZ Riga-Kaiserwald» bis 1943 Transporte nach Auschwitz rollten. Auch im «Wartheland», wo Gilda mit den Kindern den Krieg überdauerte, waren Juden und Polen massenweise zusammengetrieben, deportiert oder an Ort und Stelle ermordet worden. *Es mag heute verwundern,* schreiben die Töchter in ihrem Buch, *dass meine Eltern die historische Katastrophe kaum wahrgenommen haben, oder ihr zumindest in ihrem persönlichen Leben keinen Raum gaben.* Aber man muss bedenken, dass Heinz Erhardt erst ein Jahr vor Kriegsbeginn nach Deutschland gekommen war. Und nun erlebte er zum ersten Mal, was es bedeutete, im Showgeschäft Erfolg zu haben. Das nahm ihn vollkommen in Anspruch. Und so blieb es, bis der Schlaganfall seine Karriere beendete.

Heinz Erhardts Martyrium dauerte siebeneinhalb Jahre und war für alle Beteiligten entsetzlich, am meisten für ihn selbst. «Er hat furchtbar gelitten», sagt Gero. «Im Kopf war alles da, aber die Verbindung war unterbrochen.» Bekannte Begriffe entglitten ihm und brachten ihn zur Verzweiflung. Einmal habe er das Wort «Rezitativ» gesucht, aber es im Gehirn nicht finden können, sich zum Bücherbord geschleppt, das Wörterbuch herausgeholt, unter «R» nachgeschaut und das Wort Buchstabe für Buchstabe mit links mühsam und krakelig aufgeschrieben. Ein anderes Mal, berichtet die Tochter Grit, habe er wieder und wieder auf sein Zimmer gezeigt, aber sich gewehrt, dorthingeführt zu werden. Die Familie sei hilflos dabeigestanden, unfähig, seinen Wunsch zu deuten, bis klar wurde, dass er auf die Küche zeigen wollte, aber die Richtung in seinem Kopf verdreht war. Er hatte einfach Durst gehabt. Besucher kamen und gingen, zum Beispiel der Trompeter Billy Mo. «Hallo Heinz, ich möchte dir meine Frau vorstellen, die hatte auch einen Schlaganfall und kann wieder ganz gut sprechen!» Es sollte ihn aufmuntern, aber bewirkte das Gegenteil. «Für meinen Vater war das brutal», erinnert sich Gero. «Die Logopädie hat bei ihm überhaupt nicht funktioniert, er hat den Therapeuten gleich hinausgeworfen.» Man riet ihm, etwas gegen die Wand zu schmeißen, seiner Wut Luft zu machen, er habe es nicht gekonnt, seine Natur sei zu sanft gewesen. Gelegentlich habe man sich dabei ertappt, das Gespräch, an dem er nicht mehr teilnehmen konnte, an ihm vorbeilaufen zu lassen. *Oh, hallo, jetzt müssen wir aber aufpassen,* sagt die Tochter Grit. *Das ist eine ganz große Gefahr, dass man einen Menschen auf das Abstellgleis schiebt.* Man hatte ihm ein Lager im Erdgeschoss bereitet, das Einfamilien-Klinkerhaus, in akuter Wohnungsnot gemietet, dann voll Stolz gekauft, wurde zum Gefängnis.

Lustige Väter (I) – Gero Erhardt

*Ich bin ein König und lebe vom Applaus,
doch wenn der Vorhang fällt,
dann geh ich schnell nach Haus.
Ich weiß nicht, wussten Sie das schon,
dass ich in Wellingsbüttel wohn?*

Diese Zeiten waren längst vorbei. Heinz Erhardts Depressionen wurden so schlimm, dass ein Arzt als Schocktherapie Anschreien vorschlug, das könne ihn herausreißen. Gilda Erhardt überwand sich und tat es, sogar mit gewissem Erfolg, aber vermochte es irgendwann nicht mehr und bat die Tochter Grit, es für sie zu tun. Die scheiterte, noch ehe sie begann: *Ich konnte es nicht. Es war mein Vater. Er war für mich eine Respektsperson, ich konnte ihn nicht anschreien.*

Zu Heinz Erhardts siebzigstem Geburtstag im Februar 1979 wollte das ZDF seine 1948 enstandene «Zehn-Pfennig-Oper» neu herausbringen: *Text von mir, Musik von mir, geschrieben mit der größten Bayreuthwilligkeit wie Richard Wagner.* Gero Erhardt übernahm Bearbeitung und Kameraführung und holte von Margit Schramm bis Rudolf Schock, Ilse Werner, Hans-Joachim Kulenkampff, Heidi Kabel, Inge Meysel, Gert Fröbe, Georg Thomalla, Lilo Pulver und Loriot alles zusammen, was im deutschen Fernsehen gut und teuer war. Die warfen sich die Bälle zu, während die Hauptperson, die geehrt werden sollte, stumm und gelähmt, mit Schlapphut und fast schon jenseitig, von einer Parkbank aus dem Geschehen zusah. Die erste und einzige berufliche Zusammenarbeit von Vater und Sohn war eine schmerzliche und erschütternde Erfahrung.

Anfang Juni 1979 nahm Heinz Erhardt aus den Händen zweier Beamter des Bundesinnenministeriums das Große Verdienstkreuz entgegen, nicht, wie geplant, im Hotel Atlantic, sondern seines Zustands wegen in seinem Haus. Nachdem die Beamten gegangen waren, kippte sein Kopf zur Seite. Drei Tage später, am 5. Juni 1979, starb er. «Er hatte keine Lust mehr, und auch meine Mutter war am Ende ihrer Kraft», meint Gero.

Jetzt ist Gero selbst im Seniorenalter. Im Beruf hat er erreicht, was er wollte, Kamera und Regie sind für ihn eine Einheit. Er spielt Golf und macht Musik auf einem der vielen Instrumente, die er, ohne genau zu wissen wie, erstaunlich gut beherrscht. Begabung könne man nicht definieren, meint er, ob es so etwas wie Schicksal gibt, wisse er auch nicht, aber in seinem Leben habe alles immer «sehr gut geklappt».

Heinz Erhardt ist seit mehr als dreißig Jahren tot, auch Gilda ruht längst unter der Erde, aber noch immer können Menschen seine Gedichte auswendig und bekommen leuchtende Augen bei der Nennung seines Namens. Die Angst, dass man ihn schnell vergessen würde, war unbegründet, die Überforderung, die er sich auferlegt hat, in der Rückschau unnötig. Die scheinbare Mühelosigkeit, mit der er sein Publikum begeistert hat, verführt zur Nachahmung. Immer wieder kommen Anfragen: Wir wollen einen Heinz-Erhardt-Abend veranstalten. Gero, der nie mit ihm hausieren gegangen ist und ihn beruflich eher als Bremse empfand, verweist dann kühl und professionell auf den Anwalt der Erbengemeinschaft: «Wir können uns nicht um alles kümmern, aber es muss seine Ordnung haben. Wenn jemand etwas will, muss er auch dafür bezahlen. Eine schwierige Geschichte. Ich mache das nicht gern, rede auch nicht gern darüber, aber es ist so.» Die Resultate solcher Bemühungen überzeugen ihn nie. «Du kannst nicht Heinz Erhardt toppen, seinen Charme, seine Leichtigkeit einen ganzen Abend lang nachmachen, das funktioniert nicht.» Auch für Versuche der Enkelgeneration, den berühmten Großvater in Form von Heinz-Erhardt-Brillen oder Heinz-Erhardt-Tassen für sich zu reklamieren, hat er kein Verständnis: «Kinder, ihr könnt doch nicht den Heinz Erhardt zuschmieren mit irgendwelchen Produkten, die ihr auf den Markt bringen wollt. Warum tut ihr das? Mein Vater wäre der unglücklichste Mensch, wenn er wüsste, was man nach seinem Tod mit ihm anstellt. Lasst ihn doch mal ruhen!»

Aber Heinz Erhardt ruht nicht. Sein Schatten, auch wenn es ein wohlwollender und freundlicher ist, wird noch lange über der Familie schweben. Das ist so bei Nachgeborenen. Dafür sind sie manchmal entspannter – und, wenn das Schicksal ihnen günstig ist, auch glücklicher.

14

Lustige Väter (II)

Thomas Frankenfeld

«Irgendwann habe ich den Gedanken an meine Zukunft aufgegeben. Meine Eltern waren überwältigende und erfolgreiche Eltern, die viel Geld verdienten, Einfluss hatten, überall in Deutschland bekannt waren, da fragst du dich: Was soll ich hier noch leisten?» Das sagt der Journalist und Autor Thomas Frankenfeld und blickt durch das Fenster auf eine weite Wiese, waldumsäumt, mit kleinen, verspielten Nebengebäuden, einer Brücke, die über einen Bach führt, Teil eines fast 30 000 Quadratmeter großen Grundstücks in Hamburg-Wedel. Von meinem Platz aus sehe ich eine überdimensionale Terrasse und einen Seitenflügel des Hauses mit vielen Fenstern. Rechts von mir führt eine Tür in die sogenannte «Wohnhalle». Sie ist zwei Stockwerke hoch und hat eine Galerie, von der man in eine Vielzahl anderer Gemächer gelangt. Die Tür hinter mir führt in das ehemalige Schwimmbad. Thomas hat es in einen Fitnessraum umgestaltet, wie er überhaupt viel im Haus verändert hat, aber nicht zu viel. Er will seine Eltern, die es gebaut haben, daraus nicht vertreiben, aber auch nicht in einem Museum leben.

Seine Eltern waren der Show- und Fernsehkönig Peter Frankenfeld und die Sängerin und Schauspielerin Lonny Kellner. An seinen leiblichen Vater, den Sportreporter Werner Labriga, hat er kaum Erinnerung. Er war fünf Jahre alt, als seine Mutter und Peter Frankenfeld geheiratet haben, der hat ihn adoptiert, und wenn Thomas «Vater» sagt, meint er ihn und keinen anderen. Seine Eltern «überwältigend» zu nennen, ist nicht übertrieben: Lonny Kellner, geboren 1930, begeisterte als Schlagersängerin mit ihrer entzückenden Erscheinung und ihrem sonnigen Gemüt zahllose Menschen, die sich nach Sonne, Wärme und Schönheit sehnten, Peter Frankenfeld war der Superstar und eigentliche Erfinder der deutschen Fernsehunterhaltung. Erst soll es frostig zwischen beiden zugegangen sein, aber dann fanden sie zueinander wie ein Traumpaar im Film. Lonny Kellner avancierte unter Frankenfelds Obhut zur geschliffenen Komödiantin, er profitierte von ihrer Strahlkraft und wurde mit ihr womöglich noch vielseitiger und erfolgreicher, als er es vorher schon gewesen war.

Was konnte er nicht alles, dieser Peter Frankenfeld, ehemals Schaufensterdekorateur, 1913 als Sohn eines Mechanikermeisters in Berlin-Kreuzberg geboren: Singen, Schauspielern, Stepptanzen, Zaubern, Schnellsprechen und Schnellzeichnen, Modelle bauen, Dialekte imitieren, Leute zum Lachen bringen, komische und überraschende Situationen schaffen, auf Kommando Stolpern, Hinfallen, Aufstehen und eine Vielzahl anderer, für das Showgeschäft unbezahlbarer und in dieser Dichte und Fülle in einem einzelnen Menschen selten vereinter Dinge. Er schrieb alle Sketche selbst (fünfzehntausend sollen es gewesen sein), bastelte und tüftelte unermüdlich, ein deutscher Perfektionist amerikanischer Prägung und deshalb den Nachkriegsdeutschen so lieb. Er fuhr einen sechs Meter langen, 375 PS starken *Chrysler Imperial Crown*, wer ihn damit sah, bekam Fernweh. Durch seinen Garten führte ein verzweigtes, teilweise hüfthoch verlaufendes Netz der Lehmann-Groß-Modelleisenbahn, und groß war das Hallo, wenn ihm seine Gattin bei Festen Biernachschub per Eisenbahn schickte. Während sie ihren Nachmittagsschlaf hielt, spielte er Billard gegen sich selbst, mit Anzeigetafel, auf einem millimetergenau austarierten Tisch mit beheizbarer Fläche – wer auch gewänne, er hieße Peter Frankenfeld. Seine Risikobereitschaft ist legendär. Vor laufender Kamera ließ er eine fliegende Untertasse ins Publikum schwirren, wer sie auffing, musste über Stege balancieren, über rutschige Flächen laufen, über rollende Fässer kriechen und dergleichen. Gelegentlich warf man ihm vor, sich auf Kosten seiner Gäste lustig zu machen, aber die Menge johlte. Als sich allerdings ein aus dem Publikum geholter Mann, der einen hölzernen Liegestuhl möglichst schnell zusammenbauen sollte, beim Betreten der Bühne als einarmiger Kriegsversehrter erwies, hörte der Spaß auf. Was tun? Peter Frankenfeld verwickelte den Mann in ein Gespräch, fragte nach seinem Beruf und seiner Familie, holte seinen glücklicherweise anwesenden Chef auf die Bühne und brachte es zuwege, dass dieser mit seinem Angestellten den Wettbewerb gewann. Die Zuschauer im Saal und in ihren Wohnzimmern staunten über so viel Kaltblütigkeit und Frankenfelds phänomenale Geistesgegenwart.

Er selbst stürzte sich todesmutig in knifflige Nummern wie das Zubereiten einer Bowle mit einkalkulierten Katastrophen und zahllosen Möglichkeiten ungewollten Schiefgehens, man genoss die scheinbare Mühelosigkeit und ahnte nicht, wie viel Üben es ihn gekostet hatte und wie groß sein Lampenfieber war. Er forderte höchsten Einsatz von seinen Mitarbeitern, ihn zufriedenzustellen war fast unmöglich. Mein Onkel Henri Regnier, von 1955 bis 1982 Unterhaltungschef beim Norddeutschen Rundfunk und ein ähnlicher Zocker wie Peter Frankenfeld, nannte ihn einen *formidablen Exzentriker, Despoten und Rechthaber,* der *erpresst und tyrannisiert,* aber zum Schluss immer recht behalten habe – nichts sei *beweiskräftiger als der Erfolg.* 1970 warf das ZDF ihn hinaus – er sei für die Sendung «Vergiss mein nicht» (die er selbst erfunden hatte) zu alt. Peter Frankenfeld vergab es nie, aber kam zurück, auf Druck des Publikums, und erreichte mit der Sendung «Musik ist Trumpf» mehr Menschen als je zuvor. Wer seine Villa in Hamburg-Wedel betrat, erblickte als Erstes ein überlebensgroßes Foto seiner selbst: Willkommen in meinem Reich! Das war Thomas Frankenfelds Vater, in diesem Haus wuchs er auf.

Es war ein einsames Leben. Denn Thomas wuchs nicht im Zentrum des prächtigen Hauses auf, sondern an dessen äußerster Peripherie, im vorletzten Zimmer eines Seitenflügels, am Ende eines langen Korridors mit vielen Türen. Offiziell war dies zu seinem Schutz geschehen, weil die Eltern lange arbeiten mussten und im Haus manchmal bis spät abends gedreht wurde, aber Thomas hat Zweifel an dieser Lesart: Seine Eltern, glaubt er, wollten einfach miteinander allein sein. Sie hatten einander spät gefunden, waren ganz aufeinander fixiert, für Peter Frankenfeld war es die erste Ehe, da blieb für den mitgebrachten Sohn nicht viel Raum. Thomas wurde der Betreuung einer Haushälterin und seiner Großmutter Hedwig Frankenfeld übergeben, einer gutmütigen und gewissenhaften, aber emotional kühlen Frau. Nachts herrschte in dem großen Haus nicht Betriebsamkeit, sondern Grabesruhe, und bekam Thomas Angst und suchte Schutz bei seinen Eltern, musste er, um zu ihnen zu gelangen, «fast hundert Kinderschritte» zurücklegen – er hat sie später gezählt. Stand er endlich vor der ersehnten Tür, war diese verschlossen: Im Licht ihrer Berühmtheit fürchteten die Eltern, überfallen oder entführt zu werden – dass ihr Sohn in seinem abgelegenen Erdgeschosszimmer ein einfacheres und lukrativeres Entführungsopfer gewesen wäre, kam ihnen nicht in den Sinn.

Thomas unterstellt seinen Eltern nicht bösen Willen. Er weiß: Sie waren hart arbeitende, tüchtige Menschen. Er kennt die finanziellen Rückschläge, die sie hinnehmen mussten, und bewundert die Zähigkeit, mit der sie sich zurückgekämpft haben. Aber während sie unterwegs waren, um Geld zu verdienen, war er allein mit Hausangestellten und der Großmutter, ohne Nachbarskinder in der noch kaum bebauten Gegend und mit «vielen einsamen Fahrten zur Schule», erst mit dem Tretroller, später mit dem Fahrrad.

Mit Beginn der Ferien kam die eigentliche Enttäuschung: Peter Frankenfeld glaubte, während der allgemeinen Ferienzeit nicht verreisen zu können – wo er auftauchte, würden Menschen sich «zusammenrotten und ihn begaffen», weshalb er «antizyklisch» reise, wenn das Volk arbeitete und Kinder (auch Thomas) zur Schule gingen. Was zur Folge hatte, dass Thomas seine Ferien entweder zu Hause verbrachte (wo es nicht anders war als sonst) oder bei einem Großvater in Opladen, wo er im Garten spielen durfte – Illustriertenleser hätten sich die Ferien von Prominentenkindern anders vorgestellt. Thomas hat es hingenommen und versucht, seine Eltern zu verstehen, trotz der Schwäche ihrer Argumentation: Peter Frankenfeld und Lonny Kellner waren zwar in Deutschland enorm bekannt, aber nicht in der Karibik, in Ägypten oder den USA, und dorthin sind sie auch gereist, zur Erholung und ohne den Sohn. Thomas hat daran lange zu knabbern gehabt.

Gewisse Dinge vergisst man nicht. Waren Gäste im Haus, kam unweigerlich der Moment, da Thomas präsentiert wurde. Dazu holten ihn nicht Vater oder Mutter aus seinem Zimmer, sondern eine Angestellte, und trat er durch die Tür, standen sie nicht auf oder kamen ihm entgegen, sondern blieben sitzen. Wie auf einem Laufsteg musste Thomas den langen Weg durch die «Wohnhalle» auf Eltern und Gäste zugehen – Diktatoren pflegen Besucher auf diese Weise einzuschüchtern. War den Eltern das bewusst? Thomas glaubt nein – sie waren einfach gedankenlos und egoistisch, wie es erfolgsverwöhnte Menschen oft sind, die glauben, sich selbst und anderen etwas beweisen zu müssen. Alle, auch die Großmutter, nannten seine Eltern «den Chef» und «die Chefin».

Dabei war Peter Frankenfeld kein schlechter Vater. Er nahm sich Zeit für Thomas, beantwortete dessen Fragen, auch zur Sexualität, und ließ ihn nie spüren, dass er nicht sein eigener Sohn war. Thomas war ihm wichtig, er war ehrgeizig für ihn und unglücklich darüber, dass Thomas am Gymnasium unter seinen Möglichkeiten blieb. Ein englisches Eliteinternat sollte ihn auf Schwung bringen, ihn gemeinsam mit den Söhnen der englischen *Upper Class* und der Herrscherfamilien ehemaliger Kolonien Tüchtigkeit und Lebensart lehren. Aber Thomas stellte sich quer, der Plan wurde verworfen, ein Internat in St. Peter Ording bot die weniger glamouröse Alternative. Die Eltern brachten ihn hin, leisteten die nötigen Unterschriften und haben ihn dann drei Jahre lang nicht besucht – sie hatten viel zu tun, es passte nicht in den Kram, so war das eben.

Alle fragten: «Gehst du auch zum Fernsehen? Wirst du auch mal Showmaster?» Unmöglich, dachte Thomas. Allein die Vorstellung machte ihm Angst. Aber was wollte er? Keine Ahnung. Der Vater sprach ein ernstes Wort: «Überlege dir deine Zukunft, und überlege es schnell. Ich werde nicht mehr lange da sein, um dir helfen zu können.» Thomas hielt das für Angstmacherei, obgleich er wusste, dass sein Vater ein Lungenemphysem hatte, keinen Sport treiben und nur

Peter Frankenfeld und Lonny Kellner,
Sohn Thomas, 15, schaut zu

mit Hilfe von Cortison normal atmen konnte (auch davon ahnten die Fernsehzuschauer nichts). Aber sterben? Nein, dafür war seine Gegenwart zu mächtig. «Seine ausgreifende Dominanz war irgendwann nicht mehr zu ertragen. Für mich gab es nur zwei Möglichkeiten: Entweder ich ende als Beule unter dem Teppich, oder ich nehme den Kampf auf und gehe in die Rebellion.» Thomas wählte Letzteres, bedrängte seinen Vater, sich offen für Willy Brandt und die SPD zu engagieren – er habe sich immer einen Linken genannt, jetzt solle er Farbe bekennen. Der Vater zögerte: Er würde die Hälfte seiner Zuschauer verlieren. Thomas nannte ihn Karrierist und typischen Wirtschaftswunder-Duckmäuser. Der Vater wehrte sich: So einfach, wie Thomas sich das vorstellt, war und ist es nicht – und so gesprochen werde mit ihm auch nicht.

Es meldete sich die Bundeswehr. Peter Frankenfeld, im Krieg Gute-Laune-Verbreiter bei der Truppe und wegen allzu lockerer Sprüche an die Ostfront versetzt, hatte auf dem Rückzug in Rumänien fast ein Bein verloren, musste Spezialschuhe tragen und war auf alles Militärische schlecht zu sprechen. Aber Probleme sind dafür da, gelöst zu werden: «Ich spendiere dir eine Wohnung in Berlin, dann hast du dort deinen ersten Wohnsitz und bist aus dem Schneider.» Die große Überraschung: Thomas lehnte ab. Fast ohne nachzudenken witterte er eine Chance zur Emanzipation: «Du hast es bis zum Obergefreiten gebracht und hast es gehasst, schon allein deswegen gehe ich zur Bundeswehr. Wie weit ich komme, werden wir sehen.» Thomas leistete seinen Dienst, verlängerte freiwillig und genoss es. Die Strapazen des Marschierens, das Kampieren im Freien, die Überlebenslehrgänge mit Messer zwischen den Zähnen, das Wegsein aus dem Dunstkreis der Eltern, die frische, klare Welt der Regeln und der Pünktlichkeit taten ihm unendlich wohl. Sogar der vielgeschmähte Umgangston war in Ordnung. «Mag sein, dass der Spieß mal einen Rekruten anbrüllte, aber im Großen und Ganzen ging man vernünftig miteinander um, besonders wenn man langsam die Ränge hochkletterte.»

Das tat Thomas. Seine Beurteilungen waren exzellent, und auf einmal war sein Vater stolz auf ihn. Seine Beförderung zum Oberleutnant begossen beide mit Champagner. Aber der Vater wollte mehr: «Ich kenne da jemanden im Verteidigungsministerium – du weißt doch: Beziehungen schaden nur dem, der sie nicht hat ...» Thomas war wütend: Kaum hatte er sich freigeschaufelt, stülpte sein Vater wieder die Glocke über ihn. Er verwarf den Gedanken, Berufsoffizier zu werden, studierte statt dessen Politikwissenschaft, Geschichte und Öffentliches Recht, ohne viel Schwung und klares Ziel. Sein Vater war besorgter denn je.

Am 26. August 1978 moderierte Peter Frankenfeld in Saarbrücken die Sendung «Musik ist Trumpf», Caterina Valente, Katja Ebstein, Adamo und Tony Marshall waren Gäste, auch Lonny Kellner war dabei. Am 3. September flog das Ehepaar nach Luxemburg zu einer Talkshow des Journalisten Martin Schwarze. Peter Frankenfeld ließ sich ungern ausfragen, aber an diesem Abend erzählte er animiert von seinen Anfängen in Willy Schaeffers Berliner «Kabarett der Komiker» (auch Heinz Erhardt hatte dort begonnen), machte Witze über die Gefahr, 1938 als Conferencier aufzutreten: «Ich habe mir ein neues Rundfunkgerät gekauft, wenn ich hier drehe, kriege ich Köln, wenn ich hier drehe, kriege ich Leipzig, wenn ich hier drehe, kriege ich Zuchthaus». Man erfuhr, dass er auch als Maler erfolgreich war, er lobte seine Frau und seinen Sohn und zitierte ein Gedicht, das er bei einer Feier seines «Musik ist Trumpf»-Teams zu seinem fünfundsechzigsten Geburtstag jedem Gast überreicht hatte:

Wer fündundsechzig Jahre lebt,
der wird Pensionsempfänger,
doch da ich leider nie geklebt,
mach ich noch etwas länger.

Am Ende hielt er eine kleine Rede: «Ich habe in meinem Kalender ein Telefonregister, in dem ich jedes Jahr Menschen durchstreichen muss, die ich nicht mehr anrufen kann. Es ist für mich ein Geschenk, ein Jahr noch dranzuhängen, noch ein Jahr und noch ein Jahr. Aber wenn ich wieder jemanden durchstreichen muss, ermahne ich mich: Die Einschläge kommen näher.»

Kurz darauf bekam er eine Gesichtsrose, sein Lungenemphysem verursachte Atemnot, er musste ins Krankenhaus. Peter Alexander, Frank Elstner, Hans Rosenthal und Dieter Thomas Heck moderierten, um Frankenfelds Einmaligkeit zu unterstreichen, die nächsten beiden «Musik ist Trumpf»-Sendungen im Team. Aber Weihnachten, seit jeher Höhepunkt des Jahres, Inbegriff von Ruhe und Behaglichkeit nach Arbeit und Erfolg, wollte Peter Frankenfeld zu Hause feiern. Wie jedes Jahr stand eine Riesentanne in der «Wohnhalle», wie jedes Jahr leistete er sich Kaviar (den es sonst nur noch an seinem Geburtstag gab), die Mutter verspeiste ihren Hummer (auch das eine weihnachtliche Einmaligkeit), Sohn Thomas saß dabei. Plötzlich kippte Peter Frankenfeld Orangensaft über seinen Kaviar und machte sich daran, die Mischung auszulöffeln. Eine Gesichtshälfte hing herunter, die Sprache war gestört. Die Mutter eilte zum Telefon: «Mein Mann hat einen Schlaganfall!» Aber Peter Frankenfeld, ein letztes Mal der große Profi, nahm ihr den Hörer aus der Hand und sagte in klarem Deutsch: «Quatsch, mir geht es gut, meine Frau redet dummes Zeug.» Der Arzt glaubte ihm, wertvolle Zeit verstrich. Elf Tage später starb er, am 4. Januar 1979. Viertausend Menschen kamen zu seiner Beerdigung am Wedeler

Friedhof. «Das gigantische Dach, das sich über mein Leben gewölbt hatte, war plötzlich weg», sagt Thomas. Auf einmal war die Tür offen. Thomas machte zügig sein Diplom, wurde Journalist – warum war er nicht früher daraufgekommen? Seine Sprachbegabung war schon immer evident gewesen, auch sein Vater hatte sie erkannt, hatte mit ihm gemeinsam Texte verfasst und ihn nicht weniger formulierungssicher als sich selbst gefunden. Thomas heuerte beim «Hamburger Abendblatt» an, arbeitete sich hoch, wurde stellvertretender Leiter des Ressorts Außenpolitik. Bei der Bundeswehr folgte eine Beförderung der anderen, er wurde Oberst der Reserve, unterrichtete an Militärakademien, bildete Pressesprecher aus, war endlich er selbst.

Und geriet dabei immer mehr in Konflikt mit seiner Mutter. Lonny Kellner, beim Tod ihres Mannes achtundvierzig Jahre alt, war trotz einer überstandenen Krebsoperation noch immer schön. Heiratswillige Verehrer kamen und gingen, aber keiner reichte an die Liebe ihres Lebens heran – wäre sie vor Peter Frankenfeld gestorben, meint Thomas, hätte der sich «totgesoffen oder umgebracht». Sie versuchte, ihre Karriere aus eigener Kraft fortzusetzen, aber sie war nicht mehr die Frau von Peter Frankenfeld, sondern «nur noch» dessen Witwe und als solche in ihrer Bedeutung reduziert. Nichts würde je wieder so sein wie früher. Ihr Sohn sollte die Lücke füllen. Aber der hatte lange Arbeitstage, verbrachte Zeit mit seiner Freundin, kam spät nach Hause. Die Mutter empfing ihn missmutig: «Warum kümmerst du dich nicht? Das ganze Wochenende hat keiner angerufen, alle lassen mich allein.» «Wieviele Menschen hast du denn angerufen?», wollte Thomas wissen. «Ich? Niemanden. Das habe ich nicht nötig.»

Konkurrenz kam ins Haus in Gestalt von Bettina Mittelacher, einer Ur-Ur-Enkelin des Dichters Theodor Storm, Journalistenkollegin von Thomas, attraktiv, selbstbewusst, als Gerichtsreporterin mit den Untiefen des Lebens vertraut, für Starrummel unempfänglich. Lonny Kellners Erzählungen über die glorreiche Vergangenheit, als Rudi Carell mit dem Aschenbecher neben ihr herlief, um ihr jede Anstrengung zu ersparen, interessierten sie nur mäßig, die Verehrung, die von ihr als zukünftiger Schwiegertochter erwartet wurde, wollte sie nicht geben. Bettina und Thomas bezogen einen Seitenflügel des Hauses, die Mutter lebte im Haupthaus: «Wir haben hart gearbeitet!», hielt sie Thomas vor. «Schau dich um! Glaubst du, so ein Haus baut sich von selbst? Das haben wir auch für dich getan!»

Mitunter kam es zu absurden Szenen. Bei einer Veranstaltung, zu der sie eingeladen war, fixierte sie ein Garderobenmädchen mit den Augen: «Sie kennen mich nicht, oder?» «Nein», sagte das Mädchen, «es tut mir leid, ich kenne Sie nicht.» «Ich bin Lonny Kellner-Frankenfeld.» Das Mädchen zuckte mit den Achseln. «Ich bin die Frau von Peter Frankenfeld.» Das Mädchen bedauerte: Der Name sage ihr nichts. Thomas intervenierte: «Mutter, unser Vater ist seit zwanzig Jahren tot, da war sie noch gar nicht geboren. Wie soll sie ihn kennen?» Aber die Mutter ließ nicht locker, verwickelte das Mädchen in eine Diskussion, beklagte die Schlechtigkeit der Welt und die Undankbarkeit der jungen Generation – und die ihres Sohnes Thomas. Der sollte nach ihrer Meinung Nachfolger seines Vaters werden, sollte unter dessen Namen Sketche und Dialoge schreiben, die sie als nachgelassene Werke herausbringen und aufführen wollte. Thomas winkte ab.

Und haderte mit sich selbst. Mit vierzig Jahren ereilte ihn die Lebenskrise. Er schlief schlecht, hatte Platzangst, war deprimiert, mutlos, konnte Redaktionskonferenzen nur noch mit Mühe durchhalten, sich selbst und anderen nicht in die Augen schauen. «Wo stehe ich? Was bin ich? Warum habe ich nicht mehr erreicht? Alle habe ich geduzt: Inge Meysel, Zarah Leander, Hardy Krüger, Gert Fröbe, Joachim Fuchsberger, sie haben mich wie einen Ebenbürtigen behandelt, dabei waren sie Giganten, und ich war nichts und hatte nichts geleistet.» Das Syndrom der Prominentenkinder hatte ihn eingeholt. Dabei war seine Bilanz doch gut – was hatte er erwartet? Irgendwann sah Thomas ein: Die Ausnahmestellung seines Vaters würde er nie erreichen, bis zum Lebensende würde er vor allem als Peter Frankenfelds Sohn gesehen werden. Damit musste er leben – was blieb ihm anderes übrig? Thomas kam wieder auf die Beine. Seine Frau und Freunde halfen ihm dabei.

Seine Mutter suchte indessen Trost im «Jägerwinkel», jener Kurklinik am Tegernsee, wo sich die Großen der alten Zeit trafen und große Zeiten hochleben ließen. Man verstand sich, teilte dieselben Werte. Gleichgesinnte redeten Lonny Kellner den Plan aus, Haus und Grundstück zu Lebzeiten ihrem Sohn zu vermachen. Thomas war nicht dabei, aber ist sicher, dass es so gewesen ist – sie hatte den Schritt vor der Reise angekündigt und nachher nicht mehr erwähnt. Eines Tages sagte sie: «Du wirst dich wundern, warum ich auf die Hausüberschreibung nicht weiter eingegangen bin. Ich habe in den Ferien Menschen kennengelernt, die das Gleiche mit ihrem Kind gemacht haben und von diesem tags darauf vor die Tür gesetzt wurden. Das soll mir nicht passieren.»

Thomas war wie versteinert. Wie konnte seine Mutter ihm so etwas zutrauen? Noch heute ist er fassungslos: «Ich habe keine Eskapaden unternommen, kein Rauschgift- oder Alkoholproblem gehabt, war nie mit der Polizei in Konflikt, habe keine Rowdies ins Haus gelassen, keine Autos zu Schrott gefahren, nicht den Prinzen aus reichem Haus gespielt, sondern einfach nur versucht, mein Leben aufzubauen.» Aber seine Mutter hatte den Einflüsterungen anderer offenbar mehr vertraut als ihrem Sohn. Thomas ging auf Distanz.

Dann erkrankte Lonny Kellner. Der Krebs war in Lunge und Knochen gewandert. Sie wurde operiert, erholte sich, aber der Rücken schmerzte. Zwei Ärzte überbrachten ihr die Diagnose. «Hier auf dem Sofa nahm sie ihr Todesurteil entgegen.» Lonny Kellner lebte noch vier Monate, zuletzt auf einer Palliativstation. Thomas war jeden Tag bei ihr, wenn es sein musste zwei oder drei Mal, tat alles, regelte alles, verhandelte mit Ärzten, spracht ihr Mut und Trost zu. «Sie hatte keinen Grund, mich einen schlechten Sohn zu nennen.» Diese Feststellung ist ihm wichtig. Lonny Kellner starb am 22. Januar 2003, zweiundsiebzig Jahre alt. «Hamburg trauert um Lonny Kellner», schrieb das «Hamburger Abendblatt». «Sie hat es nicht geschafft, Weihnachten zu Hause zu verbringen, aber hat in langen Gesprächen Abschied genommen, sich von dem Sohn verabschiedet, Missverständnisse ausgeräumt.» Thomas hat den Nachruf gesehen und genehmigt. Monate später las er beim Aufräumen in einem ihrer Tagebücher: Er, Thomas, sei «die größte Enttäuschung ihres Lebens» gewesen, sie hätte es sich gewünscht, dass er aus ihrem Haus und Dasein verschwinden möge. «Ich sage dir, Anatol, seitdem habe ich meine Mutter aus meinem aktiven Gedächtnis gestrichen.»

Geht das? Kann man an jemanden NICHT denken? Thomas litt, rief sogar den Pfarrer an, der die Mutter in ihrer letzten Phase begleitet hatte. Der empfahl Nachsicht und Verzeihen: Die Mutter sei krank und psychisch angeschlagen gewesen, daraus sei manches erklärlich. Eine Freundin der Mutter riet dasselbe: «Bitte verzeihe ihr!» Aber so einfach ist das nicht. Das Bild der Mutter war beschädigt und konnte nicht leicht repariert werden.

Was tun mit dem Haus? Es war schon immer zu groß gewesen, jetzt noch mehr, und auch für einen gut verdienenden Journalisten eigentlich zu teuer. Aber Thomas und Bettina entschieden: Wir bleiben. Als Zeichen des Respekts für die Eltern und der Distanz zu ihnen. Das riesige Peter-Frankenfeld-Portät, von der Mutter wie ein Fetisch bewahrt, verschwand. Die Fotosammlung im Treppenaufgang, Peter Frankenfeld mit Willy Brandt, Duke Ellington, Lex Barker, Willy Millowitsch, Heinrich Lübke und zahllosen weiteren Berühmtheiten wurde ausgedünnt, ebenso seine Schachfiguren-Sammlung und seine vieltausendbändige Bibliothek, seiner Marotte geschuldet, Leihbüchereien aufzukaufen. Der schwere Bauernschrank in der «Wohnhalle» ist praktisch und konnte bleiben, und auch die «Wohnhalle» heißt immer noch so – wie soll man sie sonst nennen? Peter Frankenfelds Schreibmaschine ist noch da, auch das berühmte karierte Jackett und die Kellerbar «Alt-Berliner Kneipe», die ihm Bühnenbildner des ZDF einst gebaut haben. Ein Giovanni-Battista-Piranesi-Stich hat einen Ehrenplatz: ein Geschenk seines «Musik ist Trumpf»-Teams am Ende einer Sendung, als niemand wusste, dass es seine letzte war.

Der wichtigste, schmerzlichste und symbolträchtigste Akt der Umgestaltung betraf Peter Frankenfelds Arbeitszimmer, Herzstück des Hauses, Zentrum seiner Kreativität und seines Fleißes, penibel aufgeräumt – er wollte nicht, dass es auf seinem Schreibtisch aussieht «wie in Hermann Löns' Rucksack». In einem kleinen, dem Arbeitszimmer

Lustige Väter (II) – Thomas Frankenfeld

Thomas Frankenfeld, Bettina Mittelacher,
im Zentrum der Sohn David

angeschlossenen Tonstudio hat er Szenen, Dialoge und Formate ausprobiert, die später Millionen sahen. Konnten, durften Bettina und Thomas diese «Reliquie der deutschen Fernsehgeschichte» zerstören? Sie mussten und wollten. Alle sollten sehen: Es gibt Wichtigeres als Fernsehgeschichte, und kein Maß an Ruhm und Erfolg darf lieb- und gedankenloses Verhalten gegenüber Kindern rechtfertigen. Peter Frankenfelds Allerheiligstes ist jetzt das Zimmer von Bettinas und Thomas' Sohn David und so bunt, phantasievoll und unaufgeräumt, wie es Kinderzimmer eben sind.

Den Sohn im Zentrum des Hauses zu etablieren war ein erster Akt. Ihn morgens für die Schule vorzubereiten und, wenn nötig, hinzufahren, ist eine Selbstverständlichkeit, einsame Fahrten mit dem Tretroller sollen ihm erspart bleiben. Seine Mutter arbeitet mittlerweile als freie Journalistin, so dass sie, wenn er aus der Schule kommt, da ist, für ihn kocht, mit ihm isst – nie soll er sich abgeschoben, unbeachtet oder gleichgültig behandelt fühlen. Der sportliche Thomas, Träger des schwarzen Karategürtels, hat mit über fünfzig Jahren Skifahren gelernt, gemeinsam mit seinem Sohn, der jetzt vor ihm die Piste hinunterrast. Jedes Jahr lässt er ein Porträt von David anfertigen, das seine Entwicklung dokumentiert, die Zeichnungen hängen gleichberechtigt neben Werken von Käthe Kollwitz und anderen, die Peter Frankenfeld einst gesammelt hat. Ein Einzelkind wie Thomas, soll David so viel wie möglich mit anderen Kindern zusammenkommen, ein ganz normaler Junge sein, der alles bekommt, was die moderne Kindererziehung erkennt und empfiehlt.

Thomas denkt oft an seinen Vater. Das Unfertige, Unerlöste in der Beziehung belastet ihn. Es macht ihm zu schaffen, dass sein Vater möglicherweise mit dem Gefühl gestorben ist, einen Versager zurückzulassen. «Du kannst dich ruhig wieder hinlegen», möchte er ihm sagen, «ich bin nicht unter die Räder gekommen. Ich habe mein Studium beendet, habe einen akademischen Grad, bin Diplom-Politologe, Oberst der Reserve, Akademiedozent, Chefautor einer großen Zeitung in einer extra für mich geschaffenen Position und moderiere sogar gelegentlich Talkrunden. Man will meine Meinung wissen, denn ich bin, im Gegensatz zu dir, ein ausgewiesener Fachmann, die politischen Analysen, die ich für meine Zeitung schreibe, hättest du nicht schreiben können. Deine Bühnenpräsenz habe ich nicht, aber die Schnelligkeit im Schreiben verdanke ich dir: Wenn es gilt, in drei, vier Stunden eine Seite über ein aktuelles Thema zu verfassen, ruft man nach Thomas Frankenfeld, der bei Peter Frankenfeld das Schreiben gelernt hat. Außerdem, auch das wird dich freuen, wohne ich immer noch in dem Haus, das du hast bauen lassen und das dir wichtig war. Ich habe es an meine Bedürfnisse angepasst, ohne deinen Geist zu vertreiben. Weihnachten feiern wir wie du, mit Riesentanne und allem Drum und Dran, und wenn ich am zweiten Feiertag Dienst habe, bin ich sauer. Ich arbeite auch viel im Garten, das Brachiale, Bäume fällen und dergleichen, macht mir ebenso Spaß wie dir (wenn auch neulich eine Birke fast auf der Terrasse gelandet wäre). Du siehst: Deine Sorge, dass aus mir nichts würde, war unbegründet.» Irgendwann kommt Thomas vielleicht auch mit seiner Mutter ins Reine. Er weiß: Mit Toten zu hadern, ist kein guter Zeitvertreib. Er weiß aber auch, dass Toten oft schwerer zu vergeben ist als Lebenden.

Wie wird David seine Eltern beurteilen? Werden auch sie eines Tages sagen: Wir wollten nur das Beste für dich? Diese Frage teilen sie mit allen Eltern, prominent oder nicht.

15

Australien

Drei Tage nach meinem vierzigsten Geburtstag, am 9. Januar 1985, wandern wir von Ambach nach Australien aus. Es ist so kalt, dass kein Auto anspringt, aber es muss sein. Der riesenhafte Entschluss, die Preisgabe alles Gewohnten, die Verpflanzung unserer Kinder, das Verlassen der Eltern darf nicht an einem Motor scheitern, der nicht anspringen will. Ich rede ihm zu, appelliere an sein Gewissen: Lass uns jetzt nicht im Stich! Der Motor stöhnt, ruckt, zögert – und springt an. Damit ist es besiegelt. Kein Zurück ist möglich. Wir rollen die Einfahrt hinab, sehen den Brosi-Hof durch frostbeschlagene Scheiben, fahren den Berg nach Holzhausen hinauf, sind weg. Hinter uns ein Schlachtfeld. Kein geordneter Auszug. Die Daheimgebliebenen werden einige Zeit brauchen, das Haus in einen bewohnbaren Zustand zurückzuverwandeln.

Treibende Kraft ist Nehama gewesen, und ich hatte einsehen müssen, dass ich ihr den Verbleib im provisorischen Ambach-Domizil und im kalten Deutschland nicht länger zumuten konnte. Sie hatte die Initiative ergriffen – was sollte ich tun? Mich verweigern? Ein Machtwort sprechen? Mich trennen? Gemeinsam haben wir Perth in Westaustralien ausgewählt, dem Vernehmen nach ein schöner, zukunftsträchtiger Ort. Die australische Botschaft in Bad Godesberg hat uns sehen wollen, Mutter, Vater, Kinder, mein heimliches Hoffen auf Ablehnung war vergeblich, man wollte uns haben, ein Punktesystem sprach zu unseren Gunsten: nicht zu alt, gut ausgebildet, gut englisch sprechend, mit Potential, den entlegenen Bundesstaat künstlerisch zu bereichern. Ich habe den Studentinnen und Studenten des Konservatoriums meinen

Entschluss mitgeteilt und im Münchner Rathaus eine Beurlaubung erwirkt. Dann wurde wochenlang gepackt, Kartons stapelten sich, ein Spediteur hat sie abgeholt, in einigen Monaten sollen sie in Australien ankommen. Im Gasthof «Zum Fischmeister» hat es ein Abschiedsfest gegeben, schön, lustig, vertraut, ein Nachbar hat ein Gedicht vorgetragen: «Doch ihr bleibt uns lieb und wert wenn ihr jetzt auch geht nach Peert», und Fräulein Hietmann vom Kiosk hat gefragt: «Ihr fliegt's aber scho von Starnberg, oder?» Der schlimmste Moment war der Abschied von meiner Mutter. Sie hat mich nur schweigend mit ihren grünen Wedekind-Augen angeschaut.

Der Münchner Hauptbahnhof ist menschenleer der Kälte wegen, mein Vater bleibt zurück, eine einsame Gestalt, seit Tagen unrasiert, der Zug wird wegen zugefrorener Gleise mehrmals umgeleitet, aber wir sind rechtzeitig in Frankfurt – das Schicksal hat seine letzte Chance verstreichen lassen, unsere Reise zu verhindern. In Dubai sehen wir Araber in langen Gewändern, in Singapur schlafen wir auf einer Bank des Transit Terminals, dann fliegen wir viele Stunden über den roten australischen Kontinent und landen um zwei Uhr nachts bei vierzig Grad Hitze in Perth. Freunde aus der «Subud»-Gemeinschaft empfangen uns, lassen uns bei sich wohnen. Bevor ich ins Bett sinke, mache ich einen Spaziergang. Niedrige Eukalyptusbäume säumen die Straße. Ich nehme ein Blatt, rieche daran – *gum tree,* der Geruch Australiens. Irgendwo quaken Frösche. Der Himmel wird hell. Trockener, heißer Wind weht auf mich zu.

Während sich unsere Kinder vor dem Fernseher an die englische Sprache und den Stil der australischen Werbung gewöhnen, unternehmen Nehama und ich eine Charme- und Überredungsoffensive. Nach Liste klappern wir Orte, Institutionen und Personen ab, die irgendwie mit Kunst, Kultur, Theater, Musik oder Musikunterricht zu tun haben. Ich bekomme eine Teilstelle als Gitarrenlehrer an der *Western Australian Academy of Performing Arts* und darf für das *Education Department* Gitarrenunterricht an Schulen geben. Nehama entdeckt ihr pädagogisches Talent. *Rediscover the Joy of Singing* heißen ihre Kurse, Teilnehmer kommen in Scharen und bekennen, nie freier, fröhlicher und schöner gesungen zu haben als in ihrer Obhut. Ein Puppentheater engagiert sie als Komponistin für Bühnenmusik. Das *Arts Council* schickt uns auf Konzertreise durch den riesigen, leeren Bundesstaat Westaustralien. Mit dem Auto fahren wir durch sanftes Weideland mit Schafherden und Eukalyptusbäumen in Städte, halb so groß wie Wolfratshausen, die hier Metropolen sind, oder in *Outback Stations,* wo Kinder per Kurzwellenradio unterrichtet werden – zweieinhalb Millionen Menschen leben in Westaustralien, die meisten von ihnen in Perth, flächenmäßig ist der Bundesstaat aber fast so groß wie Indien. Die Nachbarstadt von Perth ist Adelaide, 2700 Kilometer entfernt, dazwischen leeres Land, das *Nullabor Plain* (null abor = kein Baum). Wo wir hinkommen, empfangen uns freundliche Menschen in Trainingsanzügen oder ähnlich zweckmäßiger Kleidung, offerieren Tee und Kekse, laden zum Barbecue mit *Lamb Chops* und eiskaltem australischem Bier. Zum ersten Mal in meinem Leben bin ich nicht Sohn oder Enkel von jemandem, sondern nur ich selbst. Die Erfahrung ist ungewohnt, aber auch irgendwie erfrischend. Dann wieder frage ich mich: Bin ich wirklich hier, am Ende der Welt?

So beschäftigt sind wir, dass wir nur am Rande wahrnehmen, was unsere Kinder Dilia und Michael, fünfzehn und zwölf Jahre alt, durchzustehen haben: neue Sprache, neues Land, neues Klima, verdrehte Jahreszeiten, die Freunde 10 000 Kilometer entfernt, und das alles wegen eines Entschlusses, der nicht von ihnen kam und mit dem sie eigentlich nichts zu tun haben. Wer hat in Starnberg von Schuluniformen gehört? Von Schulen, die in «Häuser» unterteilt sind und gegeneinander in sportlichen Wettkämpfen antreten? Von *competitions* und *rankings* in Musik, Mathematik, Zeichnen, Handarbeit und fast allem anderen? Auf der Staatsschule halten sie es nur ein paar Wochen aus, aber es gibt in Perth ja auch eine jüdische Schule, warum nicht die? Schließlich sind sie als Kinder einer jüdischen Mutter Juden, auch wenn wir keine jüdischen Bräuche gepflegt haben. Also Schulwechsel. Im Hof spielen jüdische Kinder mit *Kippah,* hier Teil der Schuluniform, das sieht heimelig aus. Die Schulleitung ist zuvorkommend, Zuwachs ist willkommen. Problemlos ist der Wechsel dennoch nicht: Die jüdischen Mitschüler betrachten unsere Kinder als Deutsche, die irgendwie mit dem Holocaust in Verbindung stehen müssen. und rufen ihnen «Hitler, Hitler, eins zwei drei» nach. Viele von ihnen haben reiche Eltern, mancher Rolls Royce und Jaguar wartet nach Schulschluss vor dem Hoftor, unser gebrauchter japanischer Kleinwagen nimmt sich wenig vorteilhaft aus, aber die Herausforderung bewirkt auch Gutes: Unsere Kinder, in Starnberg schulisch eher im Mittelfeld, lernen Englisch in Rekordzeit und Hebräisch gleich dazu, erarbeiten sich vordere Plätze in allen Fächern, ablesbar am auch hier üblichen *ranking*. Ihre neu erworbene jüdische Identität springt auf uns über, am Freitagabend feiern wir den *Schabbat*, eine Familie zusammengekuschelt in der Fremde.

Auch ich habe meine Schwierigkeiten. In München gab es anerkannte Instrumentalpädagogen, die nie konzertiert und selbst ihren eigenen Studenten nie etwas vorgespielt haben. An der *Western Australian Academy of Performing Arts* gibt es das nicht. *Perform or perish* lautete die Regel, frei übersetzt: Konzertiere oder hau ab! Jeden Mittag *Lunchtime Recital* vor vollem Haus, zwei-, dreimal pro Semester ist man dran, sich den kritischen Ohren und Augen der Studenten und Kollegenschaft zu stellen. Der Druck ist groß, besonders da es fast nur Zeitverträge gibt, auch für solche Dozenten, die mit Sack und Pack von Übersee angereist sind. Er beschert mir schlaflose Nächte. Meine Studenten gieren nach Virtuosentum, wollen nur Schweres spielen, messen mich an John Williams' legendären Aufnahmen. Ich hole sie zusammen, leiste ein Übersoll an Zeit und Einsatz, gieße zarte Pflänzchen in der Hoffnung auf einen blühenden Garten und belege, um ein weiteres Standbein zu haben, einen Studienplatz im *Bachelor of Education*-Kurs, der mich zum Musikunterricht an australischen Schulen berechtigt. Immerhin: Meine Studenten bleiben bei mir. Und als der Vertrag eines weniger einsatzfreudigen Kollegen nicht verlängert wird, übernehme ich auch dessen Kontingent. Die schlaflosen Nächte werden weniger, vornehmlich deswegen, weil ich zu müde bin.

Ostern 1986 fliege ich nach Deutschland. Meine Mutter liegt im Sterben. Bei meiner Ankunft am 5. April zeigt sie keine Reaktion, am

Perth: Die Herausforderung bewirkte auch Gutes –
Dilia und Michael in der Uniform der jüdischen Schule, 1986

8. April abends erkennt sie mich, am 9. April morgens ist sie tot. Sie hat mich mehr als ein Jahr lang gestillt, mich mit Mangold und Karotten aus dem Malvenhaus-Garten gefüttert, das hat mir gute Zähne und starke Knochen beschert, sie hat mich zur Gitarre gebracht und mir ein sicheres Sprachgefühl vermittelt. Sie war immer meine Verbündete. Später werde ich ihr Leben studieren, ihre Persönlichkeit und ihre Leistung zu erfassen versuchen, jetzt nehme ich Abschied von ihr, dankbar, sie noch lebend gesehen zu haben. Der Föhn weht über den See, vor dem Haus blühen Schneeglöckchen. Die Bäuerin Elisabeth Sommer sitzt wie immer in ihrer Küche. Am 26. April fliege ich nach Perth zurück. Bei der Ankunft erfahre ich vom Reaktorunfall in Tschernobyl. Während auf Westeuropa, Skandinavien und Kanada radioaktiver Staub niederrieselt und man in Ambach keinen Salat mehr essen darf, bleibt Australien komplett verschont.

Nach dreieinhalb Jahren, als wir auf dem besten Weg sind, uns in Perth dauerhaft zu etablieren, entscheidet Nehama, die hier besonders erfolgreich war, dass wir nach Sydney ziehen sollen. Der Entschluss ist vernunftmäßig nicht zu begründen, aber ich habe nichts dagegen. Mein *Bachelor-of-Education*-Studium ist beendet, das Konservatorium hat seine Schrecken verloren, und jeder Schritt, der mich weiterbringt in eine Zukunft, von der ich nur unklare Vorstellungen habe, ist mir willkommen. Tränenreiche Abschiede finden statt, alle möglichen Menschen und Institutionen bescheinigen uns, fleißige und liebenswerte Menschen zu sein und viel zu Kultur und Atmosphäre von Perth beigetragen zu haben. Unser schönes Haus wird vermietet, das Kapitel Perth ist zu Ende. Dilia, die ihre Schule mit einem Staatspreis für besonders gute Leistungen abgeschlossen hat, geht auf eine einjährige Tour mit einer Musik-Show der amerikanischen Jugendorganisation «Up with People», Michael ist religiöser Jude geworden, mit *Kippah* und koscherer Küche. Er begleitet seine Eltern auf ihrem neuesten Abenteuer, studiert später an der *Jeschiwah* in Melbourne, dann in New York.

Sydney, dreitausend Kilometer auf der anderen Seite des Kontinents gelegen, ist fast viermal größer als Perth und, wie uns jemand bei der Ankunft sagt, *a city of steel,* in der es schwer ist, einen Eindruck zu hinterlassen. Wir fangen ein weiteres Mal von null an, laufen wieder von Pontius zu Pilatus, es ist zäh und kräftezehrend, meistens heißt es: «Leave it with me!», wonach man sicher sein kann, dass nichts geschieht. Die Mieten sind hoch, die Wohnungen unsauber, es regnet viel, die berühmte Bondi Beach ist ganz nett, aber die umliegende Gegend schäbig. Am *Sydney Conservatorium of Music* ist kein Unterkommen zu kriegen, das *Sydney Guitar Centre* hat keine Stelle frei, ich biete meine frisch erworbene Schulmusiker-Qualifikation dem *New South Wales Education Department* an, das mich als Einspringer in Klassenräume schickt, wo ich der johlenden, mit Papierkörben werfenden, sich scherzhaft aus dem Fenster zu stürzen drohenden Jugendlichen in keiner Weise Herr werde. Ich sehe uns scheitern, als mir eine Geigerin, die angeblich Arbeit zu vergeben hat, Noten mit Akkordsymbolen populärer Stücke vorsetzt und mich auffordert, sie zu begleiten. Das habe ich als Kind gelernt, die Akkorde kenne ich aus dem ff, improvisieren kann ich, die Geigerin ist zufrieden. Dank dieser freundlichen und lustigen Frau beginne ich meine Karriere im *commercial playing*. Wir spielen bei Hochzeiten, Beerdigungen und *Barmitzvas*, laufen durch Einkausfszentren, sie vorneweg, ich hinterher, die Gitarre am Riemen um den Hals, und spielen die Themen aus «Love Story», «Doktor Schivago», den Walzer aus der «Lustigen Witwe» oder Montis «Czardas». Ich mache mir das Repertoire zu eigen, stelle mich bei Agenturen vor, erfahre die Mechanismen eines emsigen, von der Öffentlichkeit unbeachteten Marktes, werde Kleinunternehmer in Sachen Hintergrundmusik. Ein neu erbautes Fünf-Sterne-Hotel in der Nähe des Opernhauses sucht Nachmittagsmusik, fünf Tage pro Woche. Ich rase zum Agenten, spiele ihm vor, preise mich und meine Fähigkeiten. Die Entscheidung dauert lang, dann bekomme ich den Zuschlag und beschalle mit einer kanadischen Flötistin von 15 bis 18 Uhr die Hotellobby, jeden Gast musikalisch umwerbend, denn das Hotel muss sich erst durchsetzen, und wenn der Gästestrom spärlich bleibt, ist es mit der Nachmittagsmusik bald wieder vorbei. Irgendwann beschließt die Hotelleitung, die Flötistin einzusparen und dem Gitarristen statt fünf sechs Nachmittage zu geben, einschließlich Sonntag, *in summa* achtzehn Stunden Gitarre spielen pro Woche – andere Jobs nicht gerechnet. An manchen Tagen ist mein Widerwille so stark, dass ich die Hotelschwelle kaum übertreten kann, dann gibt es wieder Lichtblicke: Gäste, die zuhören, spontaner Applaus von einer Tischrunde und dergleichen. Japanische Brautpaare, die der niedrigeren Preise wegen in Sydney heiraten, lassen sich mit mir fotografieren. Einmal steht plötzlich John Williams in der Halle, auf Konzertreise durch seine australische Heimat. Ich eile ihm entgegen, er fragt, wie es mir geht, und meint, in kameradschaftlicher Geste, es sei ja gut, wenn es Arbeit wie diese gebe. Ich versuche, den Mangel an Perspektive durch Masse wettzumachen, und stürze mich auch auf Jobs, die kein anderer will, zum Beispiel das Angebot, am Sonntag früh von sieben bis halb elf für Touristen zu spielen, die sich beim Frühstück für Ausflüge stärken. Mein Smoking ist meist vom Vorabend noch warm und meine linke Hand so steif und wund, dass ich die Saiten kaum herunterdrücken kann. Aber auch das geht, und mittags habe ich das wohlige Gefühl, am Morgen schon etwas verdient zu haben.

Nehama tut sich schwer. Mit ihren Gesangskursen hat sie viel Konkurrenz, die Menschen in Sydney sind abgebrühter, unzuverlässiger und unpünktlicher als die in Perth. Die feuchte Luft macht ihr zu schaffen, ihr Asthma kehrt zurück und ist schlimmer als vorher. Es gelingt ihr, ein Konzert für uns im jüdischen Club *Hakoach* zu organisieren. Dort tritt ein älterer Herr mit scharf geschnittenen Gesichtszügen und schwarzen, über den Schädel gekämmten Haaren auf uns zu und fragt Nehama in polnisch klingendem Englisch, ob er und sie verwandt sind – in der Stadt, aus der er komme, habe es viele Hendels gegeben. Er nennt sich Jack Greene, heißt aber eigentlich Jakob Grünschlag. Und wie heißt die Stadt? Bolechów. Ohne dass ich es weiß, hat sich in diesem Moment mein Leben geändert, aber vorläufig pflegen wir nur Freundschaft mit Jack Greene und übergeben ihm, da er Steuerberater ist, die Verwaltung unserer Finanzen.

Einmal im Jahr fliege ich nach Deutschland für Konzerte und Familienbesuch. Ich sehe meine Geschwister und meinen Vater. Er stellt mich als seinen Sohn vor, Musiker und Gitarrist, jetzt mit dem Zusatz «in Australien lebend» und dem heimlichen, nur ganz im Hintergrund spürbaren Bedauern, dass man nichts Genaueres sagen kann, etwa dass er Professor ist oder international bekannter Solist, der diesen oder jenen Preis gewonnen hat. Nicht Unzufriedenheit mit mir spricht daraus, sondern der Wunsch, dass es mir gut gehen möge, und die Erkenntnis, dass er wenig dazu beitragen kann, jetzt, da ich weißhaarig bin wie er. Meine Konzerte finden im Münsinger Pfarrheim oder anderen Orten der Ambacher Umgebung statt. Bei Fräulein Liesl in der Küche erzähle ich von Australien. Staunend hört sie zu: Juli und August die kältesten Monate? Weihnachten alle draußen, bei Grillpartys am Meer? Die Sonne mittags im Norden? Wasser fließt andersherum in den Abfluss? (Eine Behauptung von mir, nie verifiziert, da ich mir nie merken konnte, in welche Richtung es in der jeweils anderen Erdhälfte fließt.) Als ich meinen Bericht über die gute Schulleistung unserer Kinder mit der rhetorischen Frage schließe: «Woher haben sie das. Fräu-

Sydney: Mangel an Perspektive durch Masse wettgemacht –
achtzehn Wochenstunden Gitarre-Solo, andere Jobs nicht gerechnet

lein Liesl?», antwortet sie freundlich: «Von der Muata wern's as hoit ham.» Nach ein paar Wochen fliege ich zurück in meine Hotellobbys, Cafés und Fußgängerzonen, in die ich ausschließlich Ersatzleute gesetzt habe, die schlechter spielen als ich.

Wie lange kann ich dieses Leben durchhalten? Auf einsamen Morgenspaziergängen über die Klippen sehe ich einen Friedhof mit Meerblick und salzzerfressenen Monumenten. Werden auch wir hier liegen, in der roten australischen Erde? Der Gedanke ist mir nicht angenehm. Eines Sonntagvormittags frage ich Jack Greene, ob er es sich vorstellen könnte, mir seine Geschichte zu erzählen. «Warum nicht?», meint er, «vielleicht tut es mir gut.» Mit Kassettenrecorder und Notizheft besuche ich ihn. «Was willst du wissen?», fragt er. «Alles», sage ich. «Wie sah es aus? Wie hat es gerochen? Was habt ihr gegessen? Wie habt ihr gewohnt? Wer waren die Nachbarn?» Jack Greene beginnt bei der letzten Polnischen Teilung 1793 und kommt auf die ostgalizische Kleinstadt Bolechów zu sprechen, in der er 1925 geboren wurde und die Nehamas Vater als junger Zionist um 1920 verlassen hat und so dem Holocaust entkommen ist, dem fast alle seine Verwandten zum Opfer gefallen sind. Jack Greene hat ihn mit Vater und Bruder in Bolechów überlebt, seine Mutter und sein anderer Bruder wurden ermordet. Mit ruhiger Stimme erzählt er vom Kriegsbeginn, vom Einmarsch der Russen, vom Überfall der Deutschen, vom Zerfall einer jahrhundertealten Gemeinschaft, von unvorstellbarer Grausamkeit, aber auch vom Mut und der Opferbereitschaft von Menschen, von denen man es am wenigsten erwartet hat. Manchmal wird er müde, seine Stimme wird matt, aber ich darf nicht lockerlassen, denn mir ist es klar: Ich muss diese Geschichte aufschreiben. Tue ich es nicht, begehe ich einen schweren Lebensfehler. «Are you at it again?», fragt Jacks Frau Sarah, wenn ich wieder einmal in seinem Wohnzimmer sitze, und ich spüre, dass es ihr lieber wäre, wir täten es nicht. Ich will Jacks jüngeren Bruder Robert befragen, der eigentlich Abraham heißt und mit ihm und dem Vater ein Jahr lang in einem Erdloch im Wald versteckt war. Er ist ein mondäner Typ, ganz anders als Jack, sitzt gern in Bars, spielt Tennis, spricht wie ein Australier. Er gibt mir einen Termin, aber als ich an seiner Tür klingle, weist er mich ab, es gehe nicht, er sei nicht im Stimmung. Irgendwann lässt er mich doch vor und erzählt zwei Stunden lang ohne Unterbrechung, als habe er eine Prüfung zu bestehen, die möglichst schnell zu absolvieren sei, und ich erfahre, dass er seit nahezu fünfzig Jahren zum ersten Mal über seine Erlebnisse spricht.

Je weiter ich in Bolechóws Geschichte eindringe, desto unbefriedigender erscheint mir meine gegenwärtige Lage. Mein Hotel-Job ist Opfer einer Sparmaßnahme geworden, Jüngere drängen auf den Markt, der Tag ist absehbar, da mein Kleinunternehmen kollabieren wird. Nehama geht es schlecht. Sie hat viel zu geben, aber niemand will es wirklich haben. Um nicht untätig zu sein, versucht sie sich auf meinem Gebiet, singt in Hotellobbys und ähnlichen Örtlichkeiten, aber ist zu gut dafür, zu mächtig, das spüren Publikum und Management. Gelegentlich kommen Israelis vorbei und staunen nicht schlecht, die berühmte Nehama Hendel hier vorzufinden. Beim Überqueren einer Straße fährt ein Auto sie an, verletzt sie am Bein, sie muss Gips tragen, an Krücken gehen. Das israelische Fernsehen lädt sie zu einer Veranstaltung ein, und als sie zurück kommt, sagt sie, dass sie wieder in Israel leben möchte. Ich stimme zu, erleichtert, Australien verlassen zu dürfen, auch wenn ich zugeben muss, letzten Endes wieder ihr zu folgen. Aber nicht ganz. Denn ein weiteres Mal von vorne anfangen kann ich nicht – geht sie zurück nach Israel, gehe ich zurück nach München. Unsere Kinder sind erwachsen. Dilia will ihr Studium in Sydney beenden, Michael hat dem orthodoxen Judentum den Rücken gekehrt und studiert Politikwissenschaft in Berlin. Wieder stapeln sich Kartons. Aber bevor ich gehe, will ich die Geschichte von Jack Greene und seinem Bruder beenden. Ich schreibe Tag und Nacht, mein Manuskript umfasst dreihundertachtzig Seiten, ich kopiere es in einer Nachtaktion auf einem langsamen Kopiergerät in Jack Greenes Büro. Meinen allerletzten Gitarren-Job lasse ich sausen, erscheine einfach nicht. Meine rechte Hand ist vom übermäßigen Spielen krank geworden, ich kann sie nur noch mit Gewalt über die Saiten bewegen. Ziemlich genau zehn Jahre nach unserer Ankunft in Perth fliegen wir von Sydney aufs Meer hinaus der Zukunft entgegen.

Den Größten zum Vater

Mathias und Manuel Fischer-Dieskau

«In meiner Familie konnte keiner einen Nagel in die Wand schlagen. Ich konnte es und bin deswegen der einzige Nicht-Musiker. Mein Beruf hat auch etwas mit meinem Vater zu tun und ist doch anders. Als Junge war ich oft mit ihm im Theater des Westens, dem damaligen Westberliner Opernhaus, das später unter dem Intendanten Helmut Baumann eine wichtige Arbeitsstätte für mich wurde. Ich fand es schon damals hinter der Bühne interessanter als davor. Was machen die Techniker? Wie ist das Zusammenwirken, wo verläuft die Grenzlinie? Nach vorne singen die Künstler, hinter den Kulissen schuften Leute im Arbeitskittel. Aus beidem ergibt sich eine Aufführung. Mit zehn Jahren stand fest, dass ich Bühnenbildner werden wollte. Mein Vater meinte, ich solle es doch einmal mit der Architektur versuchen, ich bin dem Rat gefolgt, Praktikum am Bau gemacht, Studium begonnen, aber nein, das war's nicht. Ich brauche den Geruch hinter der Bühne, das Zupacken, das Gefühl von Material in den Händen, und wenn ich mir was ausgedacht und es mit den Jungens zusammengebaut habe, ist das wie Weihnachten für mich. Außerdem ist der erste Auftritt immer meiner: Bevor die Geschichte losgeht, ist das Bühnenbild da.»

Mathias Fischer-Dieskau, geboren 1951, ist der Älteste der drei Dieskau-Söhne. In Haarpracht, Augen und Nase erkenne ich den Vater, und die Stimme sitzt da, wo sie soll, bequem in der Brust, volltönend, rund, eine Fischer-Dieskau Stimme. Wer kennt sie nicht, Dietrich

Fischer-Dieskaus Stimme? Das mühelose Forte, die samtene Mitte, das unvergleichliche Piano? Alle Dieskau-Söhne haben schöne Stimmen. Die des Bühnenbildners Mathias höre ich in einem Berliner Café, die des Cellisten Manuel, dem Jüngsten, bei einem langen Gespräch in seiner Wiesbadener Wohnung. Die des Dirigenten Martin, dem Mittleren, kenne ich nur von einem kurzen Telefonat, bei dem er mich ohne Umschweife bat, ihn aus meinem Buch herauszulassen, und mir dafür dankte, nichts erklären zu müssen und nicht überredet zu werden. Ich verstehe ihn. Manchmal möchte man nicht über sich selbst sprechen – was gehen Fremde die eigenen Befindlichkeiten an? Aber ich habe mich nun einmal auf dieses Projekt eingelassen und alle, die mir Auskunft geben, tun es auch. Dafür danke ich ihnen. Und Martin Fischer-Dieskau danke ich für seine klare Absage. Dass er eine schöne Stimme hat, war auch bei dem kurzen Telefongespräch nicht zu überhören.

Liest man Dietrich Fischer-Dieskaus autobiografische Aufzeichnungen «Nachklang», glaubt man sich im Märchen: Ein Superlativ folgt dem anderen, als wäre der Superlativ die Norm und nicht, wie bei gewöhnlichen Menschen, mühsames Vordringen, Hinfallen und wieder Aufstehen. 1925 als Sohn eines Gymnasialdirektors in Berlin geboren, sang er nach Rückkehr aus amerikanischer Gefangenschaft 1947 zweiundzwanzigjährig im RIAS erstmals die «Winterreise», danach hieß es nur noch: «Den müssen Sie hören!» Und wer ihn hörte, wollte ihn haben: Der Berliner Operndirektor Heinz Tietjen als Erster, dann, in endloser Folge, Ferenc Fricsay, Wilhelm Furtwängler, Thomas Beecham, John Barbirolli, Joseph Keilberth, Hans Knappertsbusch, Leo Blech, Eugen Jochum, Otto Klemperer, Herbert von Karajan, Karl Böhm, Wolfgang Sawallisch, Georg Solti, George Szell, Leonard Bernstein, Daniel Barenboim, die großen Opernhäuser der Welt, die Festspiele in Bayreuth, Salzburg, Edinburgh und Glyndebourne, die Komponisten Karl Amadeus Hartmann, Benjamin Britten, Hans Werner Henze, Aribert Reimann und viele andere. Gesangslegenden wie Kirsten Flagstad oder Peter Anders, die er als Knabe auf Schelllackplatten bewundert hatte und die jetzt seine Kollegen waren, staunten, wenn sie ihn zum ersten Mal sahen: «Mein Gott, sind Sie aber jung!» Um gleich darauf zuzugeben, keine vergleichbare Perfektion gehört zu haben. «Das hätten wir alles, so wie es ist, auf Platte nehmen können», sagte Karl Böhm nach einer «Fidelio»-Aufführung in Tokio. Und George Szell in Cleveland nach ein paar Takten Klavierprobe: «Die ‹Lieder eines fahrenden Gesellen› können wir gleich mit Orchester machen...» Und Pablo Casals in Prades nach jedem Lied der «Winterreise» zur neben ihm sitzenden Königin Elisabeth von Belgien: «Lovely!»

Dietrich Fischer-Dieskau erzählt kameradschaftlich. Wenig Negatives über Sänger, Regisseure, Dirigenten und Klavierbegleiter kommt ihm über die Lippen, dafür viel Lob, Verständnis, Freundschaftsbezeugung auch für solche, deren Stern weniger hell leuchtet. Und viel Dankbarkeit für die Menschen, die ihm lauschen, in Stille verharren und dann orkanartig applaudieren (bis zu dreißig Minuten lang, sagt die Fama). Sympathisch muss er gewesen sein, der Jahrhundertsänger. Und gut sah er aus, besonders als junger Mann. Auf dem Umschlag einer 45er Platte, die ich als Kind bekam, musste ich ihn immer wieder anschauen. Er sang, begleitet von Gerald Moore, «Gute Nacht», «Die Post» und «Der Leiermann» aus der «Winterreise», ich habe die Platte bestimmt hundert Mal gehört, Fischer-Dieskau und «Winterreise» waren danach für mich eins – und ich war bestimmt nicht der Einzige, dem es so erging.

Auch über seine Söhne Mathias, Martin und Manuel sagt Dietrich Fischer-Dieskau nur Gutes. *Prachtjungen* seien sie, die *Ohnmacht des Vaters bei Aggressionen der Söhne* sei ihm weitgehend erspart geblieben, trotz der *Erbschaft des Namens* und der Tatsache, dass alle drei Söhne Künstler geworden seien. An *Themen* habe es nie gefehlt, und er sei froh, dass sie nicht, wie die Kinder von Thomas Mann, *Gesprächskladden* oder Ähnliches hätten aufsetzen müssen. Nur einmal lässt er durchschimmern, dass er auch schwierig sein kann: *Manche kollegiale Annäherung mied ich, denn als ich jung war und mir die Leute gelegentlich noch die Wahrheit sagten, nannte man mich entweder einen Sonderling oder hochnäsig. Diesen Eindruck kann ich heute nur bestätigen. Es ist leider eine Tatsache, daß ich, abgesehen von weni-*

gen wohltuenden Ausnahmen [...] nicht gut in die Menschenart paßte, mit der ich hauptsächlich arbeiten musste. *Lassen einen die Kollegen in Ruhe, so daß man für sich ist, so belästigen sie einen doch auch nicht. Dennoch kann ich mich nicht beschweren. Sie sind alle anständig zu mir gewesen, solange, bis Alter und Prestige-Abstand mich von selbst ein wenig absonderten.* Einmal sei es ihm richtig schlecht gegangen, 1963, beim Tod seiner ersten Frau Irmgard. Er habe nicht mehr singen können und ihr in den Tod folgen wollen. Aber bald habe *das Reisen* wieder *seinen unerbittlichen Fortgang* genommen.

Fischer-Dieskau hatte die Cellistin Irmgard Poppen kurz vor seiner Einberufung zur Wehrmacht kennengelernt, sie gleich nach dem Krieg in Freiburg besucht und 1949 geheiratet. Sie war tüchtig, hübsch und beliebt, begleitete ihn überallhin, erlebte seinen kometenhaften Aufstieg und überwachte als Fachfrau, was er tat und unter welchen Gegebenheiten er sang. Außerdem organisierte sie seinen Haushalt. «Er konnte sich kein Brot schmieren und keinen Kaffee kochen», sagt Mathias. «Er fühlte sich nur auf der Bühne wohl, und wenn keine da war, schuf er sich eine.» Meint Mathias die legendären Hausvorträge? «Genau. Dafür versammelte er ein ausgewähltes Publikum, Musiker, Doktoren, Professoren, etwa fünfzig Personen, und sprach über Wagner, Brahms, Schumann oder andere Themen, die ihm wichtig waren. Er war immer bestens vorbereitet, warf Bilder vom Epidiaskop an die Wand, war immer hightech-mäßig ausgerüstet, alles vom Feinsten. So hielt er, neben allem anderen, was er tat, richtig professionelle Vorträge, und das nicht nur einmal im Jahr, sondern regelmäßig. Er war sehr, sehr fleißig. Hatte auch eine riesige Plattensammlung, von jedem Werk drei, vier Aufnahmen und von jedem Komponisten ein Bild, sei er noch so unbekannt, wer weiß, wo er die alle herbekommen hat. Die Bilder ließ er kopieren, klebte sie ein, erstellte Kataloge, akribisch, mit Schreibmaschine, ganz erstaunlich. Als der Lehrer in der Schule nach dem Beruf unserer Väter fragte, habe ich ‹Plattenspieler› gesagt. Stimmt ja auch. Allein seine eigenen Aufnahmen füllen Regale.»

In der Tat: Die ihm gewidmete Biografie des Insel-Verlags nennt zweihundertvierundzwanzig Langspielplatten, die Dietrich Fischer-

Dieskau im Lauf seines Lebens aufgenommen hat (Wikipedia spricht von mehr als vierhundert Aufnahmen). Wie ist das möglich? Ganz einfach: Alles war auf Anhieb perfekt, so gut wie nichts musste wiederholt werden. Das berichtet einer seiner Klavier-Begleiter.

Wie war er als Vater? Konnte man mit ihm Quatsch machen? Sich mit ihm auf dem Boden wälzen? «Eben nicht», sagt Mathias. «Vielleicht mal eine Kissenschlacht, sonst gab es wenig körperliche Berührung. Man konnte mit ihm über Kunst reden, und wenn es um sein Fach ging, hat es ihn auch interessiert. Einmal haben wir die ‹Schöne Melusine› aufgeführt, er hat uns Musik aus ‹Rusalka› auf Tonband zusammengestellt und über Lautsprecher den Wassergott gesprochen. Auch den Weihnachtsbaum hat er geschmückt, ganz klassisch, das Zimmer war verschlossen, die Tür verhängt, wir sahen den Lichtschein durch die Milchglasscheiben. Im Übrigen waren Angestellte für uns zuständig. Die haben sich alles Mögliche ausgedacht, Kostüme für uns geschneidert, an Geburtstagen Menuett mit uns getanzt, ein Wahnsinn, was da alles los war. Und natürlich haben sie eingekauft, gekocht, das Essen aufgetragen. Ich bin mit Angestellten groß geworden. Was das bewirkt hat, habe ich erst später bemerkt. Vielleicht hat es mich selbstständiger gemacht. Der Münchner Chauffeur eines Siemens-Direktors, der meinen Eltern sein Auto zur Verfügung gestellt hatte, sagte nach drei Wochen bei uns: ‹Sie san koa Familie, Sie san a Betrieb.› Waren Gäste da, mussten wir bei Tisch schweigen, und auch die Gäste waren nicht wirklich locker. Das war niemand mit meinem Vater. Ob Fernsehbosse, Regisseure oder Musiker, alle waren mit ihm irgendwie verkrampft. Und sagte meine Mutter: ‹Kinder, sitzt gerade!›, straffte sich unwillkürlich auch der zufällig anwesende Gerald Moore.»

Am Sonntag, dem 15. Dezember 1963, Mathias war dreizehn, Martin neun Jahre alt, verließ ihre Mutter vormittags das Haus, allein, um ihr drittes Kind zur Welt zu bringen. Noch am selben Nachmittag kam der Anruf aus der Klinik: Das Kind ist da, aber die Mutter bei der Geburt gestorben.

«Es war entsetzlich», sagt Mathias, «der Kleine kam allein zurück, wir waren in Trauer, aber Geburt und Trauer passen nicht zusammen.

Der Vater war völlig aufgelöst und die Familie eigentlich für immer zu Ende. Ab jetzt hieß es nur noch: Der Chef ist da. Oder: Der Chef ist nicht da. War er da, musste alles seinen Bedürfnissen und Gepflogenheiten angepasst werden. Wir gingen auf leisen Sohlen, sprachen gedämpft, hielten Ruhepausen ein. War er nicht da, taten wir mehr oder weniger, was wir wollten. Ich guckte den Handwerkern zu, die im Haus waren – in seiner Abwesenheit wurde immer irgendetwas verbessert oder umgebaut –, und wenn sie am Wochenende weg waren, holte ich mir Farbe und strich mein Zimmer um. Zwei Jahre nach Mutters Tod hat mein Vater die Schauspielerin Ruth Leuwerik geheiratet. Die war zwar ‹Mutter der Nation›, Trapp-Familie und dergleichen, aber hatte selbst keine Kinder und mit Kindern nichts im Sinn. Sie wollte uns ins Internat geben, wir sollten nach München ziehen. Aus dieser Zeit resultiert ein gewisser München-Hass. Sahen wir Autos mit Münchner Kennzeichen in Berlin, sagten wir: ‹Siehste, die sind auch hier!› Ruth Leuwerik hat sich Mühe gegeben, aber die ganze Sache war ein Irrtum und auch bald zu Ende.»

Mathias brachte sich Möbelzeichnen bei, lernte von Bühnenbildnern wie Karl Kneidl und Jörg Zimmermann und schuf, um Erfahrung zu sammeln, fiktive Inszenierungen mit möglichst vielen technischen Details. Aber der reinen und hohen Kunst dienen, wie es sein Vater tat, wollte er nicht. Mathias wurde links und systemkritisch, trug lange Haare und gründete eine politisch orientierte Opernbühne «Das junge Ensemble für Musiktheater». Dann begann seine langjährige Tätigkeit als Bühnenbildner des Berliner GRIPS-Theaters, das, so Berliner CDU-Politiker und Springer-Presse, «Kinder kommunistisch verdarb». Seinem Vater konnte das nicht gefallen, die Stimmung war angespannt. Dietrich Fischer-Dieskau selbst war nur einmal in seiner Karriere in einen Theaterskandal verwickelt, 1968, zusammen mit meinem Vater Charles Regnier, in Hamburgs «Planten un Blomen»-Halle, bei der Uraufführung von Hans Werner Henzes Oper «Das Floß der Medusa», zu der Henze Berliner Studenten eingeladen hatte, die sich samt Che-Guevara-Bild und roter Fahne vor der Bühne postierten, die Chor und Orchester daraufhin verließen, zusammen mit anderen Mit-

Links und systemkritisch –
Mathias Fischer-Dieskau in Opposition zu seinem Vater

wirkenden, darunter Dietrich Fischer-Dieskau. Während meinen Vater das Absurde der Situation interessierte und auch amüsierte, sprach Fischer-Dieskau in einem Brief an Henze von einem *schlimmen Abend*.

Mathias wurde ein bekannter Bühnenbildner. Die Deutsche Oper und das Deutsche Theater in Berlin holten ihn, er arbeitete am Théatre du Châtelet in Paris, an den Opernhäusern von Genf, Basel und Hannover, an der Volksoper und am Burgtheater in Wien. Sein Vater zeigte sich über seine Aktivitäten stets gut informiert und besuchte einmal eine seiner Aufführungen, dann nie wieder. Mathias registrierte mit Genugtuung, sozusagen als verstecktes Kompliment, dass er immer seltener, und irgendwann gar nicht mehr, als «Sohn von...» angekündigt wurde.

Entkommen konnte er seinem Vater deshalb nicht: «Diesem Vater war nicht zu entkommen. Er war allgegenwärtig. Ich bin mit Freunden verreist, wollte mal was ganz anderes erleben, wir haben uns treiben lassen, bis nach Griechenland, Kreta, endlich weit weg. Wir standen an einer Bushaltestelle, da war ein Plattenladen, im Schaufenster ein Riesenfoto, da lachte er mir schon wieder entgegen. Und egal, wo ich herkam, immer sagte er: ‹Ja, dort bin ich auch gewesen, habe da und da gesungen...› Wie der Hase und der Igel. Es war auch nicht an ihn heranzukommen. Manchmal sahen wir uns ein ganzes Jahr lang nicht, dann war ich irgendwo in der Nähe, wo er ein Konzert gab, freute mich auf ihn, aber musste im Künstlerzimmer anstehen, bis ich drankam, dann gab er mir wie allen anderen die Hand. Das hat mir gestunken, aber so war er eben. Ich kann mich nicht erinnern, je mit ihm gefrühstückt zu haben, das war ihm zu privat, das wollte er nicht. Es lebte nur für seine Kunst. Meine Frau hat einmal bei ihm angerufen, einfach so, um zu fragen, wie es geht, er war völlig platt, wusste nicht, was er sagen sollte. Seinen Fleiß haben wir bewundert, auch seine Begeisterung. Etwas zu leisten ist auch für uns wichtig, das haben wir alle akzeptiert, das ist ja auch ein schönes Erbe.»

Manuel, der Jüngste, erinnert sich nicht an Ruth Leuwerik und ist seiner eigenen Mutter nie begegnet. Das Trauma ihres Todes, glaubt er, war für ihn weniger schlimm als für seine Brüder. «Ich kannte kein Leben mit einer Mutter, wusste nicht, was das bedeutet. Ihnen hat ihr Tod mitten in der Kindheit ein Loch ins Dasein gerissen. Was nicht bedeutet, dass ich meine Mutter nicht vermisst hätte, im Gegenteil. Ich habe mich, seit ich denken kann, nach Mutterliebe gesehnt. Dass ich sie nicht bekam, nicht einmal genau wusste, was das ist, hat mein ganzes Leben beeinflusst.»

Manuel wuchs mit Kindermädchen auf, die kamen und gingen, und wenn eine ging, die er geliebt hatte, war die Verlassenheit groß. Als Manuel fünf Jahre alt war, heiratete sein Vater die Amerikanerin Kristina Pugel, zwanzig Jahre jünger als er selbst, Tochter eines New Yorker Gesangslehrers. Sie hatte als Kartenabreißerin in der Carnegie Hall gearbeitet und für ihren Vater um ein Autogramm gebeten, nicht ahnend, dass sich der berühmte Sänger auf der Stelle in sie verlieben würde. Manuel fand sie «unglaublich schön», hat sie sehr geliebt und «Mutti» zu ihr gesagt. Aber die Verpflanzung nach Europa, das viele Reisen, die gesellschaftlichen Verpflichtungen waren zu viel für sie. Sie wurde alkoholkrank. Fischer-Dieskau schickte sie auf Entziehungskuren, hoffte, dass es besser würde, aber ließ sie mit ihrer Sucht allein, sie trank noch mehr, «ganz schrecklich» sei das gewesen, sagt Manuel.

«Einmal ist sie beim Fernsehen umgekippt, sturzbetrunken, im weißen Seidenkleid. Ich dachte, sie sei tot, rannte durch das Haus, aber niemand war da. Ich wartete auf der Kellertreppe, gegen elf Uhr abends kam die Haushälterin, ich führte sie zu ihr, da war die Leiche weg, wie im Krimi. Heute lacht man, damals war es furchtbar. Ich glaube, diese Episode hat den Ausschlag gegeben, mein Vater hat sich dann von ihr getrennt. Keine Rede davon, dass er sich eine Auszeit genommen und um sie gekümmert hätte, obgleich sie seine Fürsorge gebraucht hätte. Das Berufliche war ihm wichtiger als das Menschliche.»

Vom Familienleben vor seiner Geburt, als seine Mutter noch gelebt hatte und sein Vater vergleichsweise nah- und greifbar gewesen war, wusste Manuel nichts. Für ihn war Dietrich Fischer-Dieskau vor allem einsamer Bühnengigant. Hausvorträge wie früher gab es nicht mehr, nur noch wöchentliche Besuche des Pianisten Hans-Erich Riebensahm und seiner Frau, die zu den wenigen gehörten, mit denen Fischer-Dieskau so etwas wie Freundschaft pflegte. Man las und hörte Musik, Manuel durfte dabei sein, und wenn er einnickte, stieß ihn sein Vater mit dem Ellenbogen an. «Zwei Stunden Briefwechsel Goethe-Zelter waren für einen Neunjährigen nur mäßig interessant, heute wäre das anders. Übrigens ist auch Herr Riebensahm öfter eingenickt, hat dann aber behauptet, sich ‹nur konzentriert› zu haben.» Manchmal durfte Manuel mit seinem Vater abendessen, auf dem Bett, vor dem Fernseher. «Mein Vater hatte ein riesiges Bett, mindestens vier Meter breit, in dem er immer allein schlief, die Frauen hatten ihr eigenes Zimmer. Er schaute gern Unterhaltungssendungen, ‹Dalli Dalli› oder Krimis, und aß dabei von einem Tablett. Es hätten zwar noch locker zwei oder drei Erwachsene zwischen uns gepasst, aber wir saßen friedlich nebeneinander, das waren eigentlich die schönsten Stunden. Kam Unzüchtiges vor, eine nackte Frau oder so was, beugte er sich rüber und hielt mir die Hand vor die Augen. Einmal hat ein Kindermädchen zu ihm gesagt: ‹Komm, Dieter, du musst jetzt mit uns Kartoffeln schälen.› Das hat sonst niemand gewagt, er hat erst komisch geguckt, aber dann richtig Spaß gehabt. Kam ich zu ihm mit einer musikalischen Frage, nahm er sich Zeit und spielte mir verschiedene Aufnah-

men eines Werks vor und hat dabei ständig kritisiert: Zu langsam, zu schnell, nicht genug *legato* und dergleichen. Mit Kummer wäre ich nicht zu ihm gegangen, dazu war der Abstand zu groß. Oft waren auch Menschen da, die sagten: ‹Es geht jetzt nicht, er darf nicht gestört werden, muss morgen singen› und so weiter.»
Privat gesungen wurde im Hause Fischer-Dieskau nie, das berichten beide Söhne übereinstimmend. Singen bedeutete für Dietrich Fischer-Dieskau Weltniveau, Konzertsaal, Opernhaus, nicht Entspannung oder Spaß. Kindergesang, falsche Intonation, Herumalbereien beim Singen ertrug er nicht, unprofessionelles Singen war in seinem Umfeld tabu. Seine Kinder lernten keine Lieder, keine Texte, erlebten nicht die Nestwärme gemeinsamen Singens. «Das hat unser Vater richtig falsch gemacht», sagt Manuel. «Ganz schlimm war es, wenn man krank wurde, Schnupfen hatte oder Ähnliches. Er hatte irrsinnige Angst vor Ansteckung. Man durfte keine Türklinke anfassen und nicht mitessen, auch wenn Weihnachten war oder man Geburtstag hatte. War man krank, blieb man auf dem Zimmer, so war das.» Seine Partien studierte Fischer-Dieskau abgeschottet, oft im Garten seines Berliner Hauses auf und ab gehend. Er war so berühmt, dass sich Opernfans in einer Pension auf dem Nachbargrundstück einmieteten, in der Hoffnung, per Fernglas einen Blick auf ihn zu erhaschen.

«Habt ihr euren Vater geliebt?», frage ich.

«Natürlich», sagt Manuel, «sehr. Ich vielleicht besonders, weil ich keine Mutter hatte, keine echte emotionale Bindung gespürt habe, Ängste und Unsicherheiten in mir trug. Ich musste Ersatz finden. Wer gibt bedingunslose Liebe wie eine Mutter? Gott? Mein Vater behauptete, Atheist zu sein, meine Großmutter mütterlicherseits hat mit mir gebetet, war meine wichtigste Bezugsperson. Wir wurden, kann man sagen, christlich erzogen, aber gingen selten in die Kirche, mit meinem Vater kein einziges Mal. Meine Offenbarung war die Matthäus-Passion. Wenn mein Vater das erste Rezitativ sang, seine Stimme plötzlich allein durch den Raum schwebte, dann war es fast so, als sei Jesus persönlich erschienen. In solchen Momenten habe ich ihn unendlich geliebt. Das Schlimme war nur, dass davon nichts übrig blieb.

Er sang aus dem Kopf, weniger aus dem Herzen, hat fühlen lassen, nicht selbst gefühlt. Die Kunst, sich leer zu machen, so dass andere sich hineininterpretieren können, hat er zur Perfektion beherrscht. Sein Publikum war zu Tränen gerührt, er selbst eiskalt, fast wie ein *Alien*, erschreckend, furchteinflößend. Ich saß heulend im Saal, aber er hatte hinterher nur Belangloses zu sagen: Der hat in der Nase gebohrt, der gehustet, Soundso war auch da, ich weiß gar nicht, wie er das alles mitbekommen hat. Dieser Zwiespalt, diese Liebe, die immer wieder ins Leere lief, war für uns ein teuflisches Problem. Vielleicht musste er so sein, wäre sonst nicht so weit gekommen, hätte seine Ziele nicht erreicht. Von Thomas Mann und Picasso erzählt man ja Ähnliches. Ich sehnte mich schon mit vierzehn, fünfzehn Jahren nach einer eigenen Familie und möglichst vielen Kindern. Ich habe dann früh geheiratet und drei Kinder bekommen, aber die Ehe ist gescheitert und die Beziehung zu den Kindern ist schwierig.»

Manuel, mit schöner Knabenstimme gesegnet, wollte Sänger werden wie sein Vater. Aber weil seine Brüder Geige und Klavier spielten, wurde ihm das Cello zugewiesen. Er hat nicht gern geübt, mit dem Bogen auf das Pult geschlagen, die Noten durchlöchert, seine Lehrerin überfordert, die ihn acht Jahre unterrichtete und sich sehr um ihn bemühte. Aber irgendwann erkannte er: Das Cello ist ein Bariton-Instrument, und seine Mutter war Cellistin. Und war so begabt, dass er mit vierundzwanzig Jahren Solo-Cellist beim Symphonieorchester des Norddeutschen Rundfunks war, in einer Stellung, um die sich viele bemühen. Dann nahm er das Angebot an, Cellist beim «Cherubini-Quartett» zu werden, das, vom Geiger Christoph Poppen 1979 gegründet, damals die Nummer Eins in Deutschland war. Manuel zog nach München, seine Kinder wurden geboren, er selbst war viel unterwegs, das Quartett spielte Mendelssohn in Köln, Beethoven in London, Janaček in Prag. Manuel war neu im Ensemble, kannte manche Stücke nicht und musste doppelt aufpassen, weil Christoph Poppen, für ihn «der beste Quartettprimus aller Zeiten», Details gern der Inspiration des Augenblicks überließ. Zum Üben blieb kaum Zeit. Zu Hause kümmerte er sich um seine Kinder, in bewusster Abkehr von dem, was er selbst erlebt hatte, unterwegs waren Nachtstunden im Hotelzimmer oft die einzige Möglichkeit. Der Druck war groß, musikalisch wie menschlich. Quartettspieler sind wie Eheleute und erleben vergleichbare Spannungen, und seine eigene Ehe war spannungsvoll genug. Als Christoph Poppen das Quartettspielen für das Dirigieren aufgab, wurde Manuel Cellist im Symphonieorchester des Bayerischen Rundfunks und ab 1998 Erster Solo-Cellist beim Saarländischen Rundfunk. Aber seine Frau mochte Saarbrücken nicht und zog mit den Kindern nach Paris. Manuel litt, sah keinen Ausweg, erwog den berühmten «Sprung von der Brücke», trennte sich von seiner Familie, litt noch mehr und glaubte alles falsch gemacht zu haben. Dann ging es wieder aufwärts. 2007 erhielt er eine Professur für Violoncello und Kammermusik an der Johannes-Gutenberg-Universität in Mainz, 2012 wurde er zum Professor auf Lebenszeit ernannt. Er heiratete ein zweites Mal, wurde nochmals Vater einer Tochter und lebt mit seiner neuen Familie in einer schönen, warmen und gemütlichen Wohnung. Vor allem hat er jene Liebe und Spiritualität gefunden, die ihm seine Mutter nicht geben konnte und die er bei seinem Vater vermisst hat.

Um ein wirklich großer Solist zu werden, meint Manuel, hätte er systematischer gefördert werden müssen – die Instrumentaltechnik muss früh entwickelt werden, was im Kindesalter versäumt wird, kann nicht aufgeholt werden. Vielleicht hat das Dietrich Fischer-Dieskau, der als Sänger seine Ausbildung erst ab einer bestimmten körperlichen Reife beginnen konnte, zu wenig berücksichtigt. Oder der Gedanke war ihm zuwider, nicht mehr die einzige Berühmtheit der Familie zu sein. Der Weltstar Fischer-Dieskau hatte hier offenbar einen wunden Punkt: In seiner Jugend war sein Bruder Klaus die musikalische Hoffnung der Familie gewesen. Der hatte mit achtzehn Jahren ein Klavierkonzert komponiert und dann den Berliner Hugo-Distler-Chor gegründet und jahrzehntelang geleitet. Der vier Jahre jüngere Dietrich hatte ihn in Blitzgeschwindigkeit überholt, ihm aber anscheinend den Versuch, auch Karriere zu machen, nie verziehen und den Verkehr mit ihm abgebrochen. «Aus unserer Ausbildung hat sich unser Vater rausgehalten», sagt Manuel, «vielleicht weil er die Problematik sah, in seinem

Die Mutter war Cellistin, das Cello ist ein Bariton-Instrument – Manuel Fischer-Dieskau, Cello-Professor in Mainz

Schatten eine Musikerlaufbahn zu wagen, vielleicht aber auch, weil er Konkurrenz fürchtete. Er brauchte immer Bestätigung, und sei es von den eigenen Kindern. Ich mache ihm keine Vorwürfe, bin dankbar für das, was ich von ihm bekommen habe. Seine Stimme, die ich hunderte Male in Konzerten gehört und verinnerlicht habe, hat mein Cello-Spiel geprägt. Ich finde es nur traurig, sehr traurig sogar, dass die Beziehung nicht enger war und zum Schluss ganz versiegt ist.»

Dietrich Fischer-Dieskau hatte kurz nach der Trennung von der Amerikanerin Kristina die ungarisch-rumänische Sopranistin Julia Varady geheiratet und mit ihr gemeinsam ein Haus in Berg am Starnberger See gebaut. Die beiden waren viel gemeinsam aufgetreten und passten auch sonst gut zusammen, der große Sänger und Gesangslehrer und die berühmte Sopranistin, die trotz ihres Ruhms nichts dabei fand, ihm nach einem Opernabend ein Omelett zu braten. Wer die beiden zusammen erlebte, sah die Hingabe, die sie für ihn aufbrachte, und das Wohlbefinden, das sie ihm damit bereitete. Aber bei aller

Liebe und Tüchtigkeit war Julia Varady auch dominant, und nachdem Fischer-Dieskau 1992 seine Sängerkarriere beendet hatte, mitten in einem Konzert, als er dem eigenen Anspruch nicht mehr zu genügen glaubte, übernahm sie die Verantwortung für fast alle seine Belange. «Besuche wurden nur noch selten gestattet und oft genug abgesagt», erinnert sich Manuel. «Er hat immer um die eigene Wichtigkeit gekämpft, auch noch mit achtzig, wo man meinen sollte, es sei genug. Alles, was mit öffentlicher Aufmerksamkeit zusammenhing, Fernsehinterviews, Journalistenbesuche und dergleichen, hatte Vorrang vor dem Kontakt mit seinen Kindern. Seine Frau hat ihn in dieser Haltung unterstützt und uns von ihm ferngehalten, uns regelrecht von ihm isoliert, er war von ihr abhängig, hat ihr nie widersprochen, nie für uns Partei ergriffen, das hat auf Dauer die Beziehung kaputt gemacht. Er war ja ein Tausendsassa, wollte alles können und war auch wirklich begabt, hat viel gemalt in seinem riesigen Atelier in München, hat unterrichtet, Bücher herausgebracht und konnte auch als Dirigent viel geben und vermitteln. Noch heute loben ihn Orchestermusiker, die unter ihm gespielt haben. Aber er hatte auch hier irrsinnig hohe Ansprüche, war wütend, wenn sie nicht erfüllt waren, menschlich überfordert, geplagt von Altersdiabetes und gefährlich hohem Adrenalin. Am Schluss war er nur noch verbittert. ‹Ich gelte nichts mehr, alle machen es anders, ich habe umsonst gelebt› – solche Sachen hat er gesagt, was wirklich nicht stimmt, denn seine CDs werden immer noch gekauft, und bisher ist kein Sänger berühmter geworden als er. Ich habe mich irgendwann innerlich von ihm verabschiedet, und auch meine Kinder wollten nicht mehr hingehen, nachdem wir sie mehrmals auf Besuche vorbereitet und schön angezogen hatten und dann eine halbe Stunde vor unserer Abfahrt der Anruf kam: Es geht nicht, etwas anderes ist wichtiger. Mathias ist noch am besten klargekommen, hat in den sauren Apfel gebissen, ich bewundere ihn dafür, ich habe es nicht geschafft. Ich kannte ihn gut genug, hatte Frieden mit ihm geschlossen, ob ich bei ihm war oder nicht, hätte keinen Unterschied gemacht. Nur eines wollte ich nicht: in der Tagesschau von seinem Tod erfahren.»

2009 wurde Dietrich Fischer-Dieskau der «Kulturelle Ehrenpreis» der Stadt München verliehen. Er ist Münchens höchste Auszeichnung, nur Auserwählte wie Werner Heisenberg, Martin Buber, Erich Kästner oder Carlos Kleiber bekommen ihn, kulturelles Fußvolk wie ich erhält eine gedruckte Einladung. Im Vorjahr war Loriot Preisträger gewesen, sehr alt und durchsichtig, aber hellwach und umwerfend komisch, ein begeistertes Publikum hatte stehend applaudiert. Bei Fischer-Dieskau war die Stimmung von Anfang an getrübt. Die Technik wollte erst nicht funktionieren und Oberbürgermeister Christian Ude hatte sich vertreten lassen. Fischer-Dieskau selbst sah man nicht. Statistiken und Filmeinspielungen belegten seine Weltgeltung, seine ungeheure Lebensleistung, seine zahllosen Aufnahmen, Rollen, Gastspiele, seinen Einsatz für moderne Musik und wenig beachtete Komponisten, seine Wiederenteckung des Liedkomponisten Gustav Mahler und seine faktische Neuerfindung des deutschen Kunstliedes, seine überragende Position in der internationalen Opernwelt, sein politisches Engagement, das ihn früh nach Israel hatte reisen lassen, aber die Bühne blieb leer. Erst zum Schluss erhob er sich von seinem Platz in der ersten Reihe, Lampe und Mikrofon wurden gebracht, mit hoher, dünner Stimme las er seinen Dank. Und während die Gäste Häppchen und Wein genossen, sah ich, bei einem zufälligen Blick über die Balustrade, wie Landarzt Dr. Theobald, ein guter Bekannter aus Münsing, den sich schwer auf ihn stützenden, hünenhaften Fischer-Dieskau die Treppe mehr oder minder hinabtrug.

Nach acht Krebsoperationen starb Dietrich Fischer-Dieskau am 18. Mai 2012 in seinem Haus in Berg. Sein Sohn Mathias war bei ihm und informierte die Brüder. «Nachdem alle Fragen durch waren, hatten wir ein herzliches Verhältnis. Wir konnten zusammen lachen oder schweigen, das war schön. Lust zum Leben hatte er schon seit fünf oder sechs Jahren nicht mehr, und ohne seine Frau wäre er viel früher gestorben. Julia Varady war für uns schwierig, aber sie hat ihn am Leben gehalten, ihn immer wieder zum Arzt gebracht, alles für ihn getan. Als ich kam, wurde er ruhig. Ich saß an seinem Bett, habe nichts geredet, seine Hand gehalten, irgendwann machte er die Augen auf, wusste genau, wo ich saß, legte seine Hand auf meine Schulter, schaute mich an, alles in Ordnung, kannst ruhig sein. Dann war er wieder weg. Faszinierend. Er war ja nicht mehr ansprechbar. Nie hätte ich gedacht, dass wir so eine Verbindung haben würden. Dr. Theobald war bis zum Schluss bei ihm, wie auch bei Loriot, der ein knappes Jahr vorher gestorben war. Sie hatten auch denselben Bestatter, der wusste, wie man es macht, dass es keiner merkt. Jetzt liegen sie hundert Meter voneinander an der Heerstraße in Berlin. Merkwürdig, was? Unsere Mutter ist nicht mit ihm beerdigt. Er ist ja Berliner Ehrenbürger, auch im Tod etwas Besonders. Unsere Mutter liegt in Zehlendorf. Ihr Grab pflege ich, seines pflegt die Stadtgärtnerei.»

17

Dem Vater folgen oder nicht?

Florian Prey und Rico Gulda

Die *Munich International School* wird privat geführt und hat ihren Sitz im Schloss Buchhof am Ortsrand von Starnberg. Sie bietet einen breitgefächerten Lehrplan mit einer klaren Ausrichtung auf die *moralische, intellektuelle, körperliche und emotionale Entwicklung* der Schülerinnen und Schüler. Ein gut organisiertes Schulbussystem bringt sie aus der Landeshauptstadt und umliegenden Gemeinden, auch aus Garmisch und weiter entfernt liegenden Orten. Diplomaten, Wirtschaftsleute, Künstler und andere, die viel zu tun haben und ihren Kindern eine gute Startposition im Leben wünschen, schätzen die Schule, zumal der Unterricht dort ganztätig und auf Englisch stattfindet, mit Deutsch als Pflichtfach.

Florian Prey, der 1971 in die 5. Klasse der *Munich International School* eintritt, tut sich zunächst schwer. Englisch kann er gar nicht, hat es auf der Grundschule nicht gelernt, der weite Schulweg ist nicht berauschend, das neue Umfeld ungewohnt. Aber die Alternative wäre ein Internat gewesen, das wollte er noch weniger. Seine Eltern spielen mit dem Gedanken, ganz in den USA zu leben, dafür sind englische Sprachkenntnisse wichtig, und auch die ganztägige Betreuung ist ein entscheidender Faktor. Er und seine Schwestern Annette und Franziska haben ein schönes Zuhause in München-Krailling, aber die Eltern sind oft monatelang weg.

Hermann Prey, der Vater der Kinder, ist 1971 auf dem Höhepunkt seiner Karriere. Für ihn könnte es ewig so weitergehen mit Konzerten,

Opernauftritten, Reisen, Applaus, Fersehkameras, Blitzlichtgewitter und dem Rest des süchtig machenden Erfolgs- und Künstlerlebens, aber auch mit der Kunst selbst, die ihrerseits süchtig macht mit immer neuen Offenbarungen von Tiefe, Sinn und Bedeutung. Hermann Prey liebt seine Kunst und genießt das Leben des reisenden Gesangsstars, auch wenn er morgens manchmal nicht weiß, wo er ist und in welcher Stadt er gestern gesungen hat. Vor halb zwei kommt er selten ins Bett, nach Konzerten isst er gern und gut und unterhält sich mit Menschen, die er eben erst kennengelernt hat und wahrscheinlich nie wiedersehen wird, die ihm aber Interessantes erzählen. Er mag Gesellschaft und hat keine Berührungsängste. Ein fest angestellter Sekretär tut nichts anderes, als seine Termine zu planen, zwei bis drei Jahre im Voraus, dafür muss viel telefoniert, korrespondiert und verhandelt werden: Gastspiel in München, Flug nach New York, Presseempfang, Liederabend in der Carnegie Hall mit Live-Übertragung, Konzert in Boston, Rückkehr nach München für Plattenaufnahmen, Deutschland-Tournee, Proben in Hamburg, dazwischen Liederabende in London, Wien, Moskau, La Traviata, Brahms-Requiem, Figaros Hochzeit, Barbier von Sevilla, Matthäus-Passion, Mahlers Achte, Weihnachtsoratorium, Gala-Abend für das Rote Kreuz und so weiter und so fort.

Aber wenn Hermann Prey bei der Besprechung seines Kalenders (für die ebenfalls ein Termin gefunden werden muss) eine Lücke entdeckt, weist er den Sekretär an, auch diese zu füllen. Bestimmte Zeiten im Jahr sind für das ZDF reserviert, für seine eigene Sendung «Schaut her, ich bin's» oder für Auftritte mit Peter Alexander oder in anderen populären Sendungen. Hermann Prey singt Frühlings-, Herbst-, Weihnachts- und Wanderlieder mit gleicher Ernsthaftigkeit und Freude wie Schubert, Schumann oder Mendelssohn, mag man ihn dafür schelten, er tut es aus Überzeugung. Das Fernsehen ist ein wichtiger Multiplikator, und was nützt ein Liederabend, wenn keiner kommt?

Immer dabei: Barbara, seine Frau. 1954 hat er sie geheiratet, da war er fünfundzwanzig und hatte während des Gesangsstudiums an der Berliner Musikhochschule schon zahlreiche Engagements und nach dem Gewinn eines von der amerikanischen Armee organisierten Gesangswettbewerbs eine USA-Tournee absolviert. Eine Weltkarriere fest im Blick, ist er ein paar Jahre lang allein gereist, aber hat erkannt: So geht es nicht. Seine Frau muss bei ihm sein, sonst zerbricht die Ehe und er gerät auf Abwege. Seitdem reist sie mit ihm und er nie ohne sie, trotz der 1956, 1959 und 1961 geborenen Kinder. Warum tut sie das? «Ich hab' den Mann geliebt», sagt Barbara.

Wie war es für Florian, lange Perioden ohne Eltern auszukommen, in der Obhut von Kindermädchen oder der Großeltern mütterlicherseits? «Nicht schlecht», meint Florian. «Es hat mir auch Freiheit gegeben. Nach der Schule habe ich die Gegend inspiziert, bin herumgeradelt, durch den Wald gestapft, habe mir Sachen ausgedacht. Auch in der Schule gab es ein Gefühl von Freiheit. Wir hatten guten Deutschunterricht, im Englischen wurde ich sicherer. Ich bin oft mit dem Fahrrad zur Schule gefahren, auf Waldwegen durch das Würmtal, später mit dem Mofa, auch das war schön. In den Ferien durften wir die Eltern begleiten, zu den Salzburger Festspielen oder zu anderen Auftrittsorten. Weil ich wusste, dass die Eltern uns zugetan sind, und weil das Familienleben, wenn sie da waren, sehr schön war, habe ich mich nicht verlassen gefühlt. Ich habe keinen Mangel an Liebe empfunden.»

«Magst du uns etwas vorspielen?», fragt eine Lehrerin der *Munich International School*. Der sechsjährige Schulanfänger setzt sich ans Klavier und spielt ein Bach-Präludium. Plötzlich laufen ihm Tränen übers Gesicht. «Warum weinst du?», fragt die Lehrerin. «Weil's so schön ist», antwortet der Knabe. Er heißt Rico Gulda, und Klaviermusik ist ihm mehr als vertraut – er ist inmitten von Klaviermusik gezeugt worden, im Sommer 1967, als sein Vater Friedrich Gulda in einem einmaligen und wahrscheinlich unwiederholbaren Kraft- und Bravourakt im ORF-Studio in Klagenfurt Beethovens zweiunddreißig Klaviersonaten in einunddreißig Tagen aufgenommen hat. Yuko Wakiyama, Ricos japanische Mutter, war dabei, neun Monate später, im April 1968, wurde Rico in Zürich geboren. Yuko ist selbst eine ambitionierte Pianistin. Sie hat den fünfzehn Jahre älteren Friedrich Gulda als zwanzigjährige Klavierstudentin in Tokio kennengelernt, offiziell war sie seine Schülerin,

Dem Vater folgen oder nicht? – Florian Prey und Rico Gulda

Die Eltern einander zugetan, das Familienleben intakt –
Barbara und Hermann Prey mit Florian, Salzburg, 1964

inoffiziell seine Geliebte, so ist sie nach Europa gekommen. Ihre traditionsbewussten japanischen Eltern waren darüber nicht erfreut, um Ordnung zu schaffen und das Kind zu legitimieren, haben Yuko und Friedrich nach Ricos Geburt geheiratet. Zwei Halbbrüder hatte er schon, David und Paul, aus der Ehe seines Vaters mit der Schauspielerin Paola Loew, aber das Klaviergenie Friedrich Gulda ist, wie er selbst sagt, zum Heiraten *ungeeignet* – schon bei seiner ersten Eheschließung habe er sich gefragt, wie er *da mit halbwegs heiler Haut* wieder herauskommt. Und auch jetzt steht die Musik immer an erster Stelle, denn: *Genie ist, sich ein Leben lang auf das Eine zu konzentrieren.* [...] *Für mich war's eben viel wichtiger, daß ich das Adagio aus einer Sonate erstklassig spiele, als ob jetzt vielleicht meine Frau glücklich oder unglücklich ist.* Das kam bei der selbstbewussten Yuko schlecht an, die Ehe ging auseinander – *im Bösen*, wie sich Friedrich Gulda erinnert. Rico wächst bei seiner Mutter in München-Harlaching auf. Sie schenkt ihm eine glückliche Kindheit und wählt für ihn von Anfang an die *Munich International School*. Für den acht Jahre älteren Florian Prey ist er ein anonymer «kleiner Knopf» im Rudel der Erstklässler.

Im ehemaligen Gautinger Würmtalbad wird Herbert Achternbuschs Film «Der Atlantikschwimmer» gezeigt. Unter den Zuschauern: Florian Prey. Eine Karriere als Filmemacher schwebt ihm vor, er besitzt eine Kamera, hat experimentiert, Drehbücher verfasst, will sehen, was Achternbusch zu bieten hat. «Sehr gewöhnungsbedürftig» findet ihn Florian. Aber auch faszinierend in seiner Provokation und Poesie – vielleicht kann er von ihm lernen? Florian radelt nach Buchendorf und sieht Achternbusch «völlig fertig», mit einem blau geschlagenen Auge, vor seinem Haus sitzen. «Brauchen Sie Hilfe?», fragt Florian. «Kannst gleich anfangen», antwortet Achternbusch. «Hast an Führerschein? Ich hab' momentan keinen.» Florian wird Achternbuschs Chauffeur, begleitet ihn zu dem Schilfweiher, wo er gern schwimmt, sitzt im Kreis seiner Leute mit am Stammtisch. Achternbusch ist höflich und zahlt gut, aber kann auch ein großer Grantler sein. «Sechzig tut's auch», brummt er, wenn Florian achtzig fährt. Beim nächsten Film «Die Föhnforscher» ist Florian bereits Teil der Crew. Als er im vollgestellten Wirtshaussaal einen umfallenden Scheinwerfer mit einem Hechtsprung rettet, befördert ihn Achternbusch zum Regieassistenten, beim Skandalfilm «Das Gespenst» ist er Aufnahmeleiter. Er lernt Annamirl und Josef Bierbichler kennen, ist viel in Ambach, fühlt sich wohl im unkonventionellen bayerischen Umfeld. Später dreht er selbst zwei Filme: «Montag», eine Art Kain und Abel-Geschichte über die schwierige Beziehung zweier Halbbrüder zur Zeit des Kalten Krieges, und «22 Kilometer gegen Rechts» über einen Mann, der als Sühne- und Protestzeichen gegen rechtsradikale Anschläge den Starnberger See von Nord nach Süd durchschwimmt und bei der Ankunft von einem betrunkenen Rechtsradikalen totgefahren wird. Eine Fortsetzung soll die Begegnung beider im Jenseits schildern.

Klingelt in München-Harlaching das Telefon und niemand ist dran, nur das typische Rauschen eines Auslandsgesprächs ist zu hören, weiß Rico: Sein Vater ruft an. Die Eltern reden nicht miteinander, jedenfalls nicht vor ihm, aber Sehnsucht nach dem Sohn scheint der Vater zu haben. Zu Ferienbeginn lässt er ihn von einem Taxi abholen. Seine

Partnerin ist jetzt die Musikerin Ursula Anders. Sie ist nett zu Rico, aber nicht mütterlich, der Vater führt ein radikal-individualistisches Leben. Mal wohnt man gemeinsam im Wiener Hotel Intercontinental, im Goldenen Hirschen in Salzburg oder im Beau-Rivage in Genf, zu anderer Zeit bekommt Rico ein Zimmer im örtlichen Gasthof am Attersee zugewiesen, während sein Vater mit Ursula in einer winzigen gemieteten Ferien-Wohnung haust, fast ohne Möbel, mit Kanonenofen und Kochplatte. (Auch ein ofengeheizter Ford-Transit ist als Gulda-Wohnstätte bekannt.) Vom amtlichen Österreich hat sich Friedrich Gulda abgemeldet, Steuern zahlt er in Brasilien, ein eigenes Klavier hat er nicht, und wenn er musiziert, spielt er Blockflöte oder Krummhorn. Rico weiß: Er ist ein berühmter Pianist, aber sieht und hört nichts davon.

Bei einem nächsten Besuch steht in einem Flachbau zwischen zwei Gebäuden ein weinroter, geliehener, 2,25 Meter langer Bösendorfer. Auf ihm spielt Friedrich Gulda vormittags Mozart-Sonaten auf Tonband und hört sie nachmittags ab, in Vorbereitung auf Konzerte, bei denen er alle von ihnen spielen will. Er tut es 1981, in München, Paris und Mailand, der Erfolg ist triumphal. Rezensenten überschlagen sich, Zuhörer sind trunken vor Begeisterung, besonders weil sie Friedrich Gulda jahrelang fast nur in Situationen und mit Programmen erlebt haben, die außer ihm nur wenigen gefielen: als Saxophonist in Jazz-Formationen oder experimenteller Musik, nackt auf der Bühne oder gar nicht, wenn er sein Publikum versetzte oder mit scheinbar unzusammenhängenden Improvisationen verstörte. Manche haben bezweifelt, dass er überhaupt noch spielen kann, und umarmen ihn wie einen verlorenen Sohn. Er selbst leistet eine Art Abbitte, gibt zu, Mozart zeitweise nicht ernst genug genommen zu haben. Will er den Zyklus anderswo wiederholen, fragt man ihn. «Vielleicht konzentriert im Studio», sagt er. Aber was ihm 1967 mit dem Revolutionär Beethoven mühelos gelang, fällt ihm beim «Meister aller Meister» schwer. Die Gesamtaufnahme ist nie fertig geworden, und was von ihr überliefert ist, kristallines, schwungvoll-gespanntes Mozart-Spiel, entstand in einem Hotel am Attersee.

Florian könnte beim Film bleiben, Drehbuchautor, Regisseur, Produzent werden, aber es kommt anders: Seine Stimme wird «entdeckt», zuerst im Gräfelfinger Kirchenchor, wo er kleine Soli singt und an Chorreisen teilnimmt, dann von seinem Vater. «Mensch, du kannst ja singen!», sagt der, nachdem er ihn gebeten hat, mit ihm ein Duett auszuprobieren. Ein englischer Gesangsprofessor prüft Florians Stimme und meldet dem Vater, noch bevor der Sohn wieder zu Hause ist: «Der Junge hat eine bessere Stimme als du!» Märchenkarrieren beginnen so. Aber nicht für einen Sohn von Hermann Prey. «Gott hat dir etwas mitgegeben, wie einen Rucksack, den schleppst du dein Leben lang mit dir herum», meint Florian.

Kantilenen und Vokalisen – Florian lernt Singen im alten Stil. Die Aufnahmeprüfung an die Münchner Musikhochschule schafft er spielend, und da man ihm seine Begabung nun einmal bescheinigt hat, will er hoch hinaus, also Solokarriere, nicht Chor. Heute denkt er anders: «Im Chor des Bayerischen Rundfunks verdient man ordentlich, hat geregelte Arbeitszeit und Lohnfortzahlung im Krankheitsfall, eine feine Sache. Und schöne Musik macht man außerdem. Aber ich wollte halt Solist sein.» Florian geht nach Aachen, Dreispartenhaus, 730 Sitzplätze, guter Intendant, vernünftiger Generalmusikdirektor, man spielt die «Zauberflöte», «Fledermaus», «Cosi fan tutte», Florian ist glücklich: «Was kann man nicht alles aus Stimmen machen, wenn man sie sorgsam behandelt, mit Sängern liebevoll umgeht, auf Zusammenklang achtet, Passendes zueinander bringt und den Stücken, die man spielt, Gutes tut! Ich habe die Ära des Ensembletheaters gerade noch erlebt.» Nach zwei Jahren setzt man auch in Aachen auf Stückverträge, lässt das Ensemble auseinanderbrechen und öffnet einem ehrgeizigen neuen Geist die Tore, mit Regisseuren, die, so Florian, «nur Scherben» hinterlassen. «Man probt acht Wochen lang, gibt sich riesige Mühe, das Stück zu lernen, dann sagt der Regisseur: ‹Du singst deine Arie von hinten, das sieht für mich gut aus›, da steht man dann, ohne Kontakt zum Orchester oder zum Publikum. Oder man wird in ein Kostüm gezwängt, in dem man sich kaum bewegen kann. Da fängt man an zu zweifeln.» In seinem Buch «Premierenfieber» berichtet auch Hermann

Prey von Kostümproblemen – es war an der New Yorker Met, der Kostümbildner hieß Marc Chagall, mit ein paar Handgriffen war das Problem beseitigt.

Rico Gulda will Pianist werden. Bürgerliche Berufe locken ihn nicht, Klavierspielen macht ihm Spaß, er hat es fast so natürlich gelernt wie Sprechen oder Gehen. Er nimmt Unterricht bei Ludwig Hoffmann an der Münchner Musikhochschule und spielt als Zwölfjähriger seinem Vater zum ersten Mal vor. Der reagiert weder übermäßig begeistert, noch ablehnend, sondern, wie es seiner Art entspricht, sachlich: So und so musst du das machen, dann funktioniert es. Als Rico achtzehn ist, will sein Vater ihn zu sich holen, zwei Jahre intensiv mit ihm üben und ihn dann in eine wie auch immer geartete Laufbahn entlassen. Woher das plötzliche Interesse?, fragt sich Rico. Will er zwei Jahre lang Tag und Nacht mit dem Vater verbringen? November und Dezember am Attersee, ohne Kommilitonen und Freunde? Nein, das will er nicht. Aber Klavier studieren möchte er, und wenn, dann am besten dort, wo auch sein Vater studiert hat: in Wien. Sein Vater holt ihn in Grünwald ab, hievt sein Pianino in den Lieferwagen und sagt an der Grenze: «So, Burli, willkommen zu Hause.» Rico wird regulärer Student an der Wiener Musikakademie, hat Unterricht bei Hans Petermandl und Noel Flores und besucht seinen Vater am Attersee, der dort einfach, aber nicht mehr primitiv, in einem Vierkanthof wohnt. Im Souterrain wird geübt. Rico darf an den Steinway, sein Vater spielt auf dem elektrischen *Clavinova* mit, zieht die Spur wie ein Pflug oder bietet ein Geländer, an dem sich Rico festhalten kann. Der Druck ist groß, die Sitzungen dauern mehrere Stunden, der Vater verlangt äußerste Präzision, reagiert auf rhythmische Ungenauigkeiten allergisch und ist, wenn es schlecht läuft, sichtbar enttäuscht. Einmal fährt Rico zu spät in Wien weg und kommt zu spät am Attersee an. An der Tür klebt ein Zettel: «Ich hasse Unpünktlichkeit, heute kein Unterricht.» Er sieht seinen Vater gramgebeugt durch den Schnee laufen, aber wagt nicht, auszusteigen. «Das war eine Lektion für's Leben», sagt Rico.

Rico darf an den Steinway, sein Vater spielt auf dem *Clavinova* mit – Klavierunterricht am Attersee, 1994

Erfolg, Ruhm, Anerkennung – wer will sie nicht? Was muss man dafür mitbringen? Begabung? Durchsetzungsvermögen? Härte? Florian nennt drei weitere Zutaten: Gesundheit, gute Nerven und die Bereitschaft, alles zu tun, was von einem verlangt wird. Auch das Glück wäre zu nennen. «Setz dir Scheuklappen auf, schau nicht nach rechts und links und hör vor allem nicht darauf, was die Leute sagen», hat ihm sein Lehrer Hanno Blaschke von der Münchner Musikhochschule geraten. Das sei auch nötig gewesen, meint Florian. «Jetzt kommt der auch noch an, ein Prey reicht» – solche und ähnliche Sprüche habe es mit Sicherheit gegeben. Sein Vater habe ihm keine Tore geöffnet, das hätten beide nicht gewollt, aber wenn er einen Intendanten gefragt habe: «Wollen Sie sich nicht einmal meinen Sohn anhören?», habe der routinemäßig abgewinkt. «Irgendwann hatte ich genug. Es hatte sich auch rumgesprochen, dass ich mich mit Regisseuren anlege. Man soll sich nichts vormachen: Mit harter Arbeit, Ehrgeiz, Ellenbogen und Schmeicheleien kann man viel erreichen, aber eine kometenhafte Karriere, wie sie mein Vater hatte, kommt von woanders. Und kommt sie, muss man sie durchstehen können. Die Frage ist: Kann man das? In meinem Leben war es letztlich so, dass es niemand von mir wollte. Ich glaube an spirituelle Zusammenhänge.» Florian wechselt ins Oratorienfach, wo es nur auf die Musik ankommt und das Spirituelle überwiegt. «Er singt», schreibt ein Münchner Kritiker, «mit gottvoller Stimme.» Florian zitiert es gerne, nicht weil er eitel ist, sondern weil es die Wahrheit ist – sängerisch muss er sich vor niemandem verstecken.

Als Rico Gulda mit siebenundzwanzig Jahren sein Diplom macht, ist er in einem Alter, in dem sein Vater längst weltberühmt und dem Klassikbetrieb schon fast entwachsen war. Aber er hat gute Nerven und spielt gern vor Publikum. Er gründet ein Klavierduo mit Michael Badura-Skoda, einem weiteren Pianistensohn, seine Aufnahme vierhändiger Schubert-Klaviermusik mit dem begabten österreichischen Kollegen Christopher Hinterhuber kann sich mit den Allerbesten messen. Trotzdem hat auch er Zweifel. Er könnte, wenn er wollte, wahrscheinlich eine permanente Stelle in einem Lehrinstitut finden – oder er könnte, wie es viele tun, weiter konzertieren und schauen, wo es hinführt. Aber wird ihm das auch in zwanzig oder dreißig Jahren noch Spaß machen? Wie weit wird sein Talent ihn tragen? Rico möchte nicht enden wie Kollegen, deren Karriere seit Jahren im Sinkflug ist, aber die, weil sie nichts anderes aufgebaut und ihren Träumen zu lange nachgehangen haben, weitermachen müssen und sich das Weitermachen schönreden. Mit dreißig Carnegie Hall, mit sechzig Schulaula? Das ist überspitzt formuliert, aber nicht fern der Realität – und die Carnegie Hall muss man erst einmal erreichen.

Von der *Munich International School* kommt eine Anfrage: Wäre Florian bereit, zum dreißigjährigen Bestehen der Schule einen Liederabend zu geben, zusammen mit einem anderen Ex-Schüler, dem Pianisten Rico Gulda? Florian ist Rico in der Schule nie begegnet, aber sagt sofort zu. Zwei Söhne der denkbar unterschiedlichsten Väter: Hermann Prey, Berliner, geht auf sein Publikum zu, umwirbt es, trägt es auf Händen, bietet gefällige Kost, um eine möglichst breite Schicht zu erreichen, Friedrich Gulda, Wiener, verschmäht es, nennt Menschen, die sich für Konzerte schön anziehen und hinterher schön essen gehen, gern «Deppen» und setzt ihnen Musik vor, die sie mehr quält als erfreut. Hermann Prey gilt wegen seiner Fernsehauftritte manchen als Leichtgewicht, nicht wenige betrachten Friedrich Gulda als weltfremden Sonderling. Beide sind bedeutende, leidenschaftliche, suchende Künstler, sie schätzen sich gegenseitig und haben gemeinsam musiziert, zu einer engeren Zusammenarbeit ist es nicht gekommen, dafür sind Temperamente und Lebensweise zu verschieden.

Florian und Rico gehen italienisch essen und merken: Die Chemie stimmt. «Freundschaft von Anfang an», erinnert sich Florian, «seelisch und im Tun, eine große Freude. Wir haben miteinander musiziert, nicht gegeneinander. Man muss sich nicht streiten, einander kritisieren, das hat unsere Zusammenarbeit gezeigt, daran haben wir gelernt. Ich nenne das einen Glücksfall.» Rico meint, einen «Bruder im Geist» gefunden zu haben, mit dem ihn eine «vertrauensvolle, wichtige, tiefe Freundschaft» verbindet. Nach ihrem Debüt in der *Munich International School* sind sie mehrere Jahre lang ein festes Duo. Rico hat durch seine Mutter Kontakte in Japan, dreimal gelingt es ihm, dort Tourneen zu organisieren, Florian nutzt seine Kontakte in Deutschland. Im Salzburger Mozarteum führen sie die «Winterreise» auf, das Herzstück im Repertoire jeden Sängers, lange Zeit Hoheitsgebiet Dietrich Fischer-Dieskaus und Hermann Preys. *Ein besonderer Abend!*, schreibt der Rezensent des «Neuen Merker» aus Wien. *Preys Stimmausbildung lässt nichts zu wünschen übrig. Ein heller Bariton, der das hohe F ebenso sicher hat wie die tiefsten Töne. Rico Gulda: Untadelige Klavierarbeit. Nach dem «Leiermann» herrschte zehn Sekunden betroffenes Schweigen, dann folgte dankbarer, langer Applaus mit Bravorufen und Getrampel. Ich habe mehrmals bei Künstlerkindern erlebt, dass trotz des Mottos «Nomen est omen» das Publikum enttäuscht und negativ reagierte. Aber ich gebe zu: Auch Bonus-Aktionen finden statt!*

Florian erzählt von seinem Vater: «Er hat immer nur nach vorne gedacht, nächste Stunde, nächster Monat, nächstes Jahr. Wenn ich mit ihm spazieren ging, fragte er immer: ‹Was mach' ich nach siebzig? Schreib ich ein Buch, fang ich an zu malen, unterrichte ich, sammle

Dem Vater folgen oder nicht? – Florian Prey und Rico Gulda

«Auch Bonus-Aktionen finden statt» –
Florian Prey und Rico Gulda im Mozarteum-Konzertsaal

ich Sportautos?› Wirklich Lust hatte er nur zum Singen.» Hermann Prey hatte versucht, das Alter zu überlisten und zu verplanen, wie er sein Leben verplant hatte, «Prey after Seventy» nannte er sein Projekt. In seinem Haus in Florida studierte er Cole Porter Songs nach dem Vorbild Frank Sinatras, sonst hatte er ja alles gemacht, alle großen Opernpartien gesungen, auf allen bedeutenden Bühnen der Welt, das deutsche Kunstlied wie außer ihm nur Fischer-Dieskau beherrscht (zweihundert Schubert-Lieder soll er auswendig gekonnt haben), daneben «Bel Ami», «Das Lied von der Krummen Lanke», «Ich tanze mit dir in den Himmel hinein», die Stimme war jung und geschmeidig geblieben, nicht ausgesungen wie bei anderen – zwei Jahre vor seinem Tod hat er in einem Interview mit August Everding aus dem Stand ein hohes Fis *piano* begonnen, zum *forte* anschwellen und *pianissimo* verklingen lassen. Aber das Alter ließ sich nicht überlisten. Barbara, seine Frau, berichtet von schweren Depressionen, schlaflosen Nächten, Weinkrämpfen in der Früh bei der Vorstellung, nicht mehr singen und auftreten zu können. Er litt seit Jahren an Bluthochdruck, aber nahm sich für eine Behandlung keine Zeit. Gegen den Rat seiner Ärzte und seiner Familie reiste er im Schubert-Jubiläumsjahr 1997 ein letztes Mal nach Japan. Das Haar voll und nur leicht ergraut, das Gesicht schwer und müde, stellte er an sechs Abenden in der *Suntory Hall* die wichtigsten Teile seines Schubert-Repertoires noch einmal vor, darunter die «Winterreise», «Die schöne Müllerin» und den «Schwanengesang», aber lächelte kaum, wenn dankbare Menschen begeistert applaudierten. «Er war angeschlagen», gibt Florian zu, «das eine oder andere Detail war vielleicht nicht mehr makellos, umso stärker waren Ausdruck, Impetus und Intention – und vielleicht habe nur ich die kleinen Ungenauigkeiten gehört. Er war immer noch sehr, sehr gut, ein Magier seines Fachs bis zum Schluss. Aber der Gesang kam zum Teil schon von woanders.» Am 22. Juli 1998 stirbt Hermann Prey neunundsechzigjährig in seinem Bett in Krailling. «Es ging ihm schlecht, aber dass er in dieser Nacht sterben würde, haben wir nicht erwartet. Mutter war im Wohnzimmer, wollte nach ihm sehen, fand ihn tot. Man sagt, es war ein Herzinfarkt, ich glaube, es war ein Gehirnschlag. Wenn sich jemand so verausgabt, so viele Termine hat, so angespannt ist, nagt das am Lebensvolumen. Menschen, die sehr viel leisten, sterben früher. Er wäre als alter Mann furchtbar unglücklich gewesen. Das ist ihm erspart geblieben.» Auch seine Mutter habe angesichts seines Todes «spontan dem Himmel gedankt» für sein schönes und reiches Leben und ihre lange und im Wesentlichen problemfreie Ehe.

Nach vielen Tausend Zigaretten, phasenweise reichlich Wein, einer Venen-OP und zwei Herzoperationen wird Friedrich Gulda immer schwächer. Er schwitzt und schnauft, der Gang in den Keller, wo der Flügel steht, ist ihm zu beschwerlich, ein halbdigitales Klavier im Wohnzimmer muss genügen. *Auf Visit' bin i ... überall auf Visit' ... nur auf Visit,'* sang er als Kunstfigur «Golowin» – die *Visit'* geht zu Ende, das spürt Friedrich Gulda. Auf Ibiza umgibt er sich mit Jugend und lässt sich mit den *Paradise Girls* fotografieren. Im Frühjahr 1999, vor einer weiteren Operation, bestellt er seine drei Söhne ins Salzburger Landeskrankenhaus mit einem sonderbaren Anliegen: Sie sollen eine von ihm formulierte Anzeige unterschreiben, in der sie mitteilen, dass nach dem kürzlichen Tod ihrer Mutter bedauerlicherweise auch ihr Vater gestorben ist. Tatsächlich ist Paola Loew, die Mutter von David und Paul, im Januar in Wien gestorben, aber Ricos Mutter Yuko ist wohlauf – was soll dieser Plan? Die Brüder sträuben sich, verweigern ihre Unterschrift, Rico reist nach Korea, wo er eine Gastprofessur im Fach Klavier hat. Dort klingelt das Telefon. Sein Bruder David ist am Apparat, der sonst fast nie anruft: «Du, der Papa ist tot!» Stimmt das? Nein. Friedrich Gulda hat seinen Tod fingiert, auf eigene Faust und ohne die Söhne. Was hat ihn getrieben? Todesangst, meint Rico. Oder die Neugier zu lesen, was Obituaristen über ihn schreiben – ist jemand tot, müssen sie keine Rücksicht mehr nehmen und können sagen, wie es ihrer Meinung nach wirklich war. Aber der Schwindel fliegt auf, noch bevor Nachrufe erscheinen, und gilt vielen als denkbar größte Geschmacklosigkeit. An Mozarts Geburtstag am 27. Januar 2000 ist es dann wirklich so weit: Friedrich Gulda stirbt in Weißenbach am Attersee in seiner Wohnung. Rico hat ihn sich als alten Mann nie vorstellen können: «Wenn er ins Zimmer trat, roch alles nach Friedrich Gulda.» Und wenn er daran denkt, dass sein Vater bettlägerig, pflegebedürftig, dement oder inkontinent hätte werden können, ist er froh, dass er gestorben ist, wie er gelebt hat: Lässig und ohne großes Brimborium. Natürlich ist Rico auch traurig, etwas fehlt, die Gedenkfeier ist schön und bewegend, aber «vom Hocker geschmissen» hat ihn der Tod seines Vaters nicht.

Für Florian Prey, beim Tod seines Vaters neununddreißig Jahre alt, beginnt die Sohnesrolle jetzt erst richtig. Er übernimmt die künstlerische Leitung der «Herbstlichen Musiktage Bad Urach». Sein Vater hat sie 1981 gegründet, unter dem Jubel von Sponsoren und Stadtvätern, die ihn zum Ehrenbürger machten und einen Platz nach ihm benannten. Florian muss sich andienen, Überzeugungsarbeit leisten, bis der Zuschlag kommt und er das Festival vor dem Untergang retten kann. 2009 erscheint die DVD «Stille meine Liebe», ein Dokumentarfilm über Hermann Prey von Michael Harder und Martin Blum. Florian hat die dreijährige Entstehungszeit intensiv begleitet und wurde auch selbst viel gefilmt, auf Amrum, wo der Vater sein Häuschen hatte, und an anderen Orten, die ihm wichtig waren. «Ich möchte nicht, dass mein Vater in Vergessenheit gerät», sagt Florian, «nicht nur weil ich ihn so geliebt habe, ist er für mich der Größte, sondern wegen seiner wunderbaren Stimme, diesem unverwechselbaren, einzigartigen Timbre.» Einmal haben Florian und Hermann Prey zusammen gesungen, ein barockes Werk in einer Kirche, zwei äußerlich sehr verschiedene Männer, ein jugendlicher Vater und ein reifer Sohn, mit ähnlichen Stimmen, die sich aneinander anlehnen, sich verästeln und umschlingen. Es gibt einen Film davon, Florian muss weinen, wenn er ihn sieht, und auch die Mutter ist am Rand der Tränen. Seine CD der «Winterreise» mit Rico Gulda am Klavier hat er seinem Vater gewidmet: «In Erinnerung an den unvergessenen Hermann Prey.»

Rico Gulda und ich reden über Pianisten. Woher kam Friedrich Guldas phänomenale Sicherheit? «Man braucht bei ihm nicht auf Fehler zu warten, er macht keine», sagt sein Sohn Paul, der selbst Pianist ist. Rico hält das für Legendenbildung – auch Friedrich Gulda habe «danebengehauen», selten zwar, aber doch, und sich umso mehr geärgert, denn eigentlich sei «Danebenhauen» ja überflüssig: Die richtige Taste sei nicht schwieriger zu treffen als die falsche, man müsse es nur tun, und darauf beruhe wohl das Geheimnis aller Fähigkeit. «Ich nehme den Löffel und rühre im Kaffee, und weil ich das will und tausend Mal getan habe, kann ich es auch.» Sein Vater habe als Jugendlicher bis zu zehn Stunden täglich geübt, dann sei es gut gewesen, er habe Klavierspielen gekonnt wie andere Radfahren und es nicht mehr verlernt.

Aber ganz so einfach ist es nicht – oder doch? Der Klavierunterricht seiner Schwester Hedwig, schreibt Friedrich Gulda, sei wegen *Talentlosigkeit* abgebrochen worden, sie habe die *manuelle Schwerfälligkeit* des Vaters geerbt, des Lehrers und Amateurcellisten Friedrich Gulda senior. Der habe *jahrelang die gleiche Stelle geübt und jahrelang an der gleichen Stelle den gleichen Fehler gemacht,* geradezu *erschütternd* sei das gewesen. Friedrich Gulda junior, eine manuelle Jahrhundertbegabung, hat mit zwölf entschieden, Pianist zu werden, und sein Studium

Dem Vater folgen oder nicht? – Florian Prey und Rico Gulda

beim Wiener Klavierprofessor Bruno Seidlhofer begonnen – acht Beethoven-Sonaten konnte er nach eigener Angabe damals konzertreif spielen, die restlichen vierundzwanzig will er in drei Monaten gelernt haben. Mit sechzehn gewann er den Internationalen Klavierwettbewerb in Genf, 1946, als Erster nach dem Krieg (der letzte Vorkriegssieger war Arturo Benedetti Michelangeli gewesen), wobei ihn, wie er sagt, das gute Schweizer Essen mehr interessiert hat als der Wettbewerb selbst: *Ich geh' jetzt raus und spiele so, dass der Seidlhofer zufrieden wäre.* Aber die wichtige Erfahrung war eine andere: *An einer bestimmten Stelle des Konzerts, da kam das Gefühl auf, ich spiele nicht selbst, sonders «es» spielt.* Man hat dergleichen in seltenen Momenten vielleicht selbst erlebt, aber dass es während eines Wettbewerbs geschieht, wenn Normalsterbliche nervös sind und fast immer unter ihren Möglichkeiten spielen, ist ein Zeichen von Genie.

Rico sieht das Klavier nicht mehr als seine alleinige Zukunft. Er ist höflich und verbindlich, spricht Deutsch, Englisch und Japanisch, kennt das Repertoire genau und hat Freude am Organisieren und Veranstalten – was tut man mit solchen Fähigkeiten? Die Antwort: Musik-Management. Rico begann als Betreuer privater CD-Aufnahmen, stand Pate, wenn andere ihre Ambitionen realisierten, arbeitete sich hinauf, fand Zugang zum Wiener Konzerthaus, dort plant er Programme, kümmert sich um Logistik, verhandelt mit Solisten und Dirigenten, betreut Abonnenten, sieht zu, dass alles glatt läuft, schafft Bedingungen, in denen die Begegnung von Künstler, Publikum und Werk stattfinden kann.

Aber dient er damit nicht genau jenem Konzertbetrieb, den sein Vater bekämpft und abgelehnt hat? Schon, meint Rico. Aber wie man das Genie seines Vaters nicht imitieren könne, müsse man auch dessen extreme Positionen nicht übernehmen. Friedrich Guldas Vision einer spontanen, kreativen, unkonventionellen Musikwelt, in der die Grenzen zwischen Klassik, Jazz und freier Improvisation aufgehoben sind, könne allein deswegen nicht allgemeingültig werden, weil es kaum noch Talente gibt, die dergleichen können oder wollen. Das Gros der Künstler tritt immer noch im Frack auf, und Pianisten wie Alfred Brendel, der sich selbst «Museumsdiener» nennt, beweisen immer wieder, dass es in dieser oder jener Taktfolge eines Werks immer noch Neues zu beleuchten gibt. Natürlich könne man sich fragen, ob es sinnvoll ist, nach zweihundert Jahren und nachdem zahllose Pianisten sie auf höchstem Niveau gespielt haben, immer noch die «Mondscheinsonate» aufzuführen, aber tue man es nicht, beerdige man sie und entziehe dem Nachwuchs den Boden, denn ein Repertoire, das auf die Klassiker verzichten kann, gibt es nicht. Der Strom von Menschen, die klassische Musik *live* erleben wollen, im Moment geschaffen, mit allem Risiko des Scheiterns, sei schier endlos, weshalb auch Glenn Goulds Weg, nur noch aus dem Studio mit dem Publikum zu kommunizieren, nicht befriedigen könne. Friedrich Gulda, der oft mit ihm verglichen wurde, hat sein Heil in der Jazzmusik gesucht, ist dort trotz seiner Berühmtheit bescheiden aufgetreten und hat sich, als er erkannte, dass auch der Jazz akademisiert, institutionalisiert und von Rassismus nicht frei ist, von ihm wieder abgewandt. Solche Konsequenz ist selten, und deshalb ist auch die oft gestellte Frage nach dem Rang Friedrich Guldas als Jazzpianist überflüssig: Er hat seinen Lebensentwurf gelebt, oder, wie er selbst sagt: *Ich bin ich und aus.* Aber war sein Protest letztlich erfolgreich? Seine Konzerte mit «freier Musik» fanden oft vor leeren Sälen statt, und auch die Jugend in Parkas und Jeans, seine umworbene Zielgruppe, reagierte nicht so offen und zustimmend, wie er es erträumt und gehofft hat. Glenn Gould, hat er einmal geschrieben, sei am Korsett der klassischen Musik gestorben, das er nicht zu sprengen vermochte. Aber Rico weiß: Auch Friedrich Gulda ist nicht immer glücklich gewesen.

Am Wiener Konzerthaus kommen und gehen die Stars. Rico erlebt großartige Talente, aber auch abgehetzte, von Termin- und Leistungsdruck gebeutelte Menschen, die sich mit Routine über den Abend retten. «Wenn mit vierzig das Manuelle nachlässt», meint Rico, «beginnt bei solchen, die hauptsächlich damit gepunktet haben, der Niedergang. Und fast alle spielen eine ganze Saison lang ein und dasselbe Programm – wie halten die das aus?» *Ich bin doch kein Narr und lass' mich da irgendwo reinpressen,* hat sein Vater gesagt und sein Programm gar nicht oder erst kurz vor dem Konzert angekündigt, sich dann aber auch wie auf ein Fest darauf gefreut. (Der selige Wilhelm Kempff pflegte bei solcher Gelegenheit den Saaldiener zu fragen: «Was spielen wir denn heute?», weil er ein Programm zwar angegeben, dieses aber vergessen hatte und sein Repertoire so gut beherrschte, dass es ihm egal war, was er spielen sollte.) Als kürzlich eine Weltberühmtheit wegen Krankheit ausfiel und einer der üblichen russischen oder chinesischen Virtuosen als Ersatz nicht in Frage kam, hat Rico Menahem Pressler engagiert, den Pianisten des legendären Beaux Arts Trios, fast neunzig Jahre alt. Der hat etwas verhalten begonnen, aber dann Schuberts späte B-Dur Sonate wunderbar musiziert, das Publikum war ergriffen, es gab jubelnden Beifall, ein Hauch von Freiheit und «guter alter Zeit» wehte durch den Saal. *Man muss immer so spielen, als ob es um das Leben ginge* – dieses Diktum seines Vaters stimme natürlich, aber nicht für jeden. Es könne auch zu Verkrampfung führen, falsche Hoffnungen wecken, falsche Maßstäbe setzen, unerfüllbare und deshalb falsche Ansprüche aufbauen. Um wessen Leben geht es? Das müsse man sich fragen.

Wie geht es mit Florian weiter? Das Konzertieren ist ein zähes Geschäft, besonders weil man meistens alles selber machen muss und nicht immer viel Dankbarkeit erntet. In Gauting hat Florian ein eigenes Festival gegründet, in der Remise eines Schlosses. Künstler sollen sich entfalten, gemeinsam mit dem Publikum Neues entdecken und ausprobieren können. «Abenteuer Musik» nennt er das, eine «Exklusivität besonderer Art», eine «Zeit des Abschaltens und Wohlfühlens», inniger und vertrauter, als man es in großen Konzertsälen erlebt. Das Festival findet heuer zum sechsten Mal statt, in vielen Konzerten singt Florian selbst, jetzt eigentlich auf dem Höhepunkt seiner stimmlichen Möglichkeiten. Zum Unterrichten ist er noch nicht bereit – die meisten Sänger unterrichten erst, wenn sie selbst nicht mehr singen können. Er malt, schreibt, filmt, könnte vieles tun. Erst einmal braucht er Ruhe. Und Zeit für seine Kinder, acht und zwölf Jahre alt, und für Isabel, seine Frau.

«Gibt es einen Sinn des Lebens, ja oder nein?», fragt Florian. «Ich meine, ja», sage ich. «Man muss tun, was der eigenen Natur entspricht. Was sonst sollte der Lebenssinn sein? Wenn alles Illusion ist und wir tatsächlich nur aus Atomen und chemischen Formeln bestehen, werden wir es früh genug merken – oder nicht, und dann ist es auch gut. In der Zwischenzeit gilt es, glücklich zu sein und sich selbst zu akzeptieren.» (Ich bin vierzehn Jahre älter als Florian und hatte entsprechend länger Gelegenheit, über solche Fragen nachzudenken.)

Er sei kürzlich im Waldviertel gewesen, erzählt Florian, und habe sich erinnert, dass Achternbusch hier sein Haus hatte. Ein Bauer habe ihm den Weg gewiesen, und ja, da war das Haus, uraltes Gemäuer, überall bemalt, mit blauer Farbe und merkwürdigen Zeichen und Figuren, er habe durch Fenster gespäht, in Gewölbe, ausgemalt, mit Kunst bestückt, gestaltet. «Fantastisch», sei das, sagt Florian, «von unglaublicher sinnlicher und künstlerischer Kraft.» Schon seit drei Jahren sei Achternbusch nicht hier gewesen, habe ihm eine Nachbarin gesagt, die vor dem Haus Laub rechte. Angeblich liegt er in München im Bett, ist krank, tut nichts mehr, sieht nur noch fern.

«Er ist ein großer Künstler, aber auch ein ganz schwieriger Mensch», sagt Florian. «Er hat sich nur mit Leuten umgeben, die große Ehrfurcht vor ihm hatten, und kaum hat ihn einer kritisiert, wurde er grantig. Im Wirtshaus hat er immer mit einem Tausendmarkschein gezahlt. Warum hat er das getan? Warum brauchte er das?»

«Er kam von unten», sage ich, «das gab ihm die Wut und die Kraft. Das sind andere Welten. Damit können wir uns nicht vergleichen.»

18

Bücher schreiben

Als mein erstes Buch erschien, war ich zweiundfünfzig Jahre alt. Dass es erscheinen konnte, war allein dem Glück und der Güte des Schicksals geschuldet. Ich war wieder in München, Australien lag hinter mir. Im Gepäck hatte ich die Geschichte des ostgalizischen Städtchens Bolechów, wie sie die Brüder Jakob und Abraham Grünschlag mir in Sydney erzählt hatten. Sie rumorte gewaltig in mir, ich erzählte sie weiter, wo immer sich die Gelegenheit bot. Eine, die sie hörte, war Veronika Kreuzhage, eine Nachbarin aus Ambach, die in der Presseabteilung der Verlagsgruppe Bertelsmann arbeitete. Sie vermittelte mir einen Termin mit einer Lektorin, der ich meine Idee vorstellen sollte. Ich tat es, so gut ich konnte. Etwa fünf Wochen später klingelte das Telefon: «Der Verlag hat deinen Vorschlag angenommen», sagte Veronika, «du bekommst einen Vertrag.»

Der Anruf erreichte mich in Kfar Saba, Israel, wo Nehama jetzt wohnte, in einer Wohnung, die wir gemeinsam gefunden und eingerichtet hatten. Wir führten eine so genannte Pendelehe, alle paar Monate flog ich zu ihr, ein Katzensprung im Vergleich zu einer Australien-Reise. Israel war schön und vertraut, die Stimmung optimistisch – Jitzchak Rabin und Yassir Arafat hatten sich in Camp David die Hände gereicht, ein Friedensschluss schien greifbar nah, man sprach von fantastischen Möglichkeiten für beide Seiten und einer blühenden Region. Auch Nehama war zuversichtlich. Ihr angestammtes Publikum war glücklich, sie wieder im Land zu wissen, neues würde sich gewinnen lassen. Ich selbst empfand Hochgefühl – die Zusicherung, ein Buch veröffentlichen zu dürfen, war mehr, als ich zu hoffen gewagt hatte. Aber wo anfangen? Was ich bisher hatte, war kaum mehr als eine Materialsammlung. Dann stellte es sich heraus, dass Shlomo Adler, ein Kindheitsfreund der Brüder Grünschlag aus Bolechów, von dem sie viel erzählt hatten, nur ein paar Straßen entfernt von uns in Kfar Saba wohnte. Er schuf Kontakt zu seinem Vetter Jósek, mit dem er ein Jahr lang bei einer polnisch-ukrainischen Bauernfamilie versteckt gewesen war, und zu anderen, die den Holocaust in Bolechów überlebt hatten. Sie berichteten die Geschehnisse aus ihrer Sicht, das Bild weitete sich. Das Misstrauen einem fremden Deutschen gegenüber zerstreute Nehamas Namen – wer mit ihr verheiratet war, konnte kein schlechter Mensch sein.

Es begann die Zeit des Schreibens, zeitweise in München, zeitweise in Israel, und je mehr ich schrieb, desto schwieriger wurde es. Wie sollte ich von Mord, Verfolgung, Verrat, Gemeinheit, Brutalität berichten, der ich nichts dergleichen erlebt hatte? Welche Perspektive musste ich einnehmen? Was war meine Rolle als Autor? Meine ursprüngliche Lektorin hatte den Verlag gewechselt, eine andere nahm sich meiner an. Sie hieß Claudia Vidoni und fand meine Texte nicht nur schlecht, sondern unmöglich: So würde nie ein Buch daraus werden. «Was muss ich tun, um eines draus zu machen?» «Schwer zu sagen», meinte sie, «ich kann Sie nur bis zu einem gewissen Punkt begleiten. Der Autor sind nun mal Sie selber.» Von meinem Hochgefühl blieb nicht viel übrig. Aber der Gedanke, die Chance zu verspielen, war unerträglich, besser gesagt: undenkbar.

Entscheidend war eine Bolechów-Reise im August 1996 mit den Brüdern Grünschlag, den Vettern Adler und anderen. Das neu erwachte Interesse an ihrem Städtchen, vielleicht auch der Wunsch, es vor ihrem Tod noch einmal zu sehen, hatte ihnen den Mut gegeben, zum Ort ihres Leidens zurückzukehren. Es war eine erschöpfende Erfahrung. Gefühle kochten hoch und entluden sich in Streit innerhalb der Gruppe – ein amerikanischer Teilnehmer sprach von einem *emotional roller-coaster*. Shlomo Adler lief fassungslos die Straße auf und ab und suchte das Grundstück, auf dem sein Elternhaus gestanden haben könnte, in Grünschlags Haus waren sogar die Fenstergriffe und

Türklinken dieselben, aber in der Küche saß eine fremde Familie. Wussten sie, wer früher hier gewohnt hat? Keine Ahnung. Die jüdische Vergangenheit schien im Bewusstsein der Stadt wie ausgelöscht, nur eine alte Frau deutete auf eine Wiese in der Nähe des verwüsteten Jüdischen Friedhofs: Wer hier suche, fände ein Massengrab – sie habe die Erschießungen von ihrem Fenster aus gesehen. Jack Greenes Bruder Robert brach zusammen, als er vor dem Heuschober stand, in dem er versteckt war, während SS und ukrainische Hilfspolizei seine Mutter abholten.

Ich fühlte mich ausgelaugt und deprimiert. Bolechów hatte außer staubigen Straßen und leeren Geschäften wenig zu bieten. Aber ich sah Erde, Gras und Baumbewuchs, saugte Gerüche ein, blickte über die Ebene und die Karpatenberge, bekam eine Ahnung von der Topographie. Danach ging es mit dem Schreiben besser, und die alte Weisheit bewahrheitete sich: Schreibe nur über das, was du kennst! In Bolechóws düsterer Atmosphäre fand ich meinen Weg, und je mehr ich ihn fand, desto besser wurde die Zusammenarbeit mit Claudia Vidoni. Ihre kompromisslose Haltung hatte mich auf das richtige Pferd gesetzt und mir letztlich mein Selbstvertrauen zurückgegeben. Fünf Monate lang schrieb ich ohne Unterbrechung, dann war das Buch fertig: «Damals in Bolechów – eine jüdische Odyssee». Ich stellte es in der Münchner Buchhandlung «Lehmkuhl» vor, las daraus in anderen Städten, bekam Rezensionen zugeschickt – nie zuvor hatte ich mich auf diesem Niveau in der Öffentlichkeit bewegen können.

Nehama las das Buch nicht, obgleich ihr Vater aus Bolechów stammte und ich nur dadurch die Brüder Grünschlag kennengelernt hatte. Es würde sie zu sehr mitnehmen, meinte sie. Ihre Euphorie, wieder in Israel zu leben, war der Realität gewichen. Das Land hatte sich in den fünfundzwanzig Jahren ihres Fortseins enorm verändert, und die Ermordung Jitzchak Rabins durch einen religiösen Juden im November 1995 hatte die Gesellschaft gespalten. Der Umgangston war rau. Nehamas Publikum, einst gesellschaftlicher Mainstream, gehörte jetzt einer Minderheit an, ihr selbst ging es nicht gut. Ich fühlte die moralische Verpflichtung, zu ihr zurückzukehren, ganz für sie da zu sein, wollte aber mein neu gefundenes Umfeld in Deutschland nicht aufgeben. Außerdem hatte ich inzwischen Anja kennengelernt, die später meine zweite Frau wurde. Nehama entschied, die Ehe mit mir zu beenden, durch ein Fax, im November 1997: Sie wünsche mir Glück und wolle ihrerseits versuchen, glücklich zu sein. Ich habe sie lebend nicht wiedergesehen. Sie starb am Abend des 29. September 1998 in ihrer Wohnung in Kfar Saba. Es war der Vorabend des *Jom Kippur*, des höchsten jüdischen Feiertags. Sie war bis 23 Uhr bei Nachbarn gewesen, dann hörte man Hilferufe, bevor der Notarzt kam, war sie gestorben, wahrscheinlich an einem Herzinfarkt oder Gehirnschlag. Als ich am nächsten Abend eintraf, brannte die *Jahrzeit*-Kerze noch, die sie, wie es der Brauch ist, zum Andenken an ihre Toten entzündet hatte. Ich räumte die Reste ihrer letzten Mahlzeit weg, wusch ab, wie ich es oft getan hatte, holte im Morgengrauen Dilia und Michael vom Flughafen ab. An einem Zeitungskiosk lasen wir die Nachricht: *Nehama Hendel mit 62 Jahren gestorben*. Sie wurde am Nachmittag beerdigt, in roter israelischer Erde, auf einem kleinen Friedhof, neben Erdbeer- und Gemüsefeldern. Viele Menschen kamen, sangen ihre Lieder, blieben am Grab stehen. Am *Jom Kippur* zu sterben, sagen die Juden, ist eine Ehre und besonderen Menschen vorbehalten. Ich habe Jahre gebraucht, ihren Tod zu verarbeiten und mit mir selbst ins Reine zu kommen.

Würde mir ein zweites Buch gelingen? Ein Thema wie das von Bolechów würde ich nie wieder finden, und Romane zu schreiben, wie es andere taten, war mir nicht gegeben. Veronika Kreuzhage schlug vor, eine Biografie über meine Großmutter Tilly Wedekind zu verfassen. Nie im Leben wäre ich auf diese Idee gekommen. Oma Tilly hatte uns großgezogen und war die Witwe Frank Wedekinds, viel mehr wusste ich nicht über sie – das sollte ein Buch ergeben? Mit starken Zweifeln sichtete ich das Material, das in Ambach in den Schränken meiner verstorbenen Mutter und in der Handschriftenabteilung der Münchner *Monacensia* lag. Es erdrückte mich fast. In der Recherche über Bolechów hatte es kein Stück Papier gegeben, nur Menschen, die aus ihrer Erinnerung sprachen, hier türmten sich Tausende von Seiten, und die Menschen, die sie beschrieben hatten, waren alle tot. Aber ich sah

Eine große Künstlerin verabschiedet sich –
Nehama Helena Hendel, 1936–1998

das Potential: Hier lagen hundert Jahre Zeitgeschichte, und viele der Dokumente hatte noch kein Wissenschaftler oder Autor gesehen. Aber wie war der Text zu gestalten? Belletristisch? Fiktional? Oder in der neuerdings beliebten Mischform *Faction?* Ich machte einen Anlauf nach dem anderen und scheiterte jedes Mal. Der richtige Tonfall wollte sich nicht einstellen, jeder Weg mündete in einer Sackgasse. Ein ganzes Jahr verging mit vergeblicher Bemühung. Ich beschloss, das Projekt aufzugeben, und fühlte mich erleichtert. Am nächsten Morgen sah ich meinen Fehler: Ich hatte das Geschehen in eigenen Worten wiedergeben wollen und versucht, mich in Gedanken und Gefühle der Protagonisten hineinzudenken. Vollkommen falsch! Ich musste sie selbst sprechen lassen – ihre Worte lagen vor mir! Tilly und Frank Wedekind, die Töchter Pamela und Kadidja, Gottfried Benn, Carl Sternheim, Erika und Klaus Mann – welch wortmächtige Menschen! Wie hatte ich daran denken können, statt ihrer zu formulieren? Danach schrieb sich das Buch fast von selbst, und auch das Finderglück setzte wieder ein, in Form von Notizen, Briefstellen oder Zeitungsartikeln, die vordergründig mit dem Thema nichts zu tun hatten, aber Zusammenhänge beleuchteten oder erst herstellten. «Du auf deinem höchsten Dach – Tilly Wedekind und ihre Töchter» erschien im Herbst 2003. In mehr als hundert Lesungen konnte ich selbst zu seiner Verbreitung beitragen. Wieder hatte mir Veronika Kreuzhage einen entscheidenden Hinweis gegeben, und wieder hatte Claudia Vidoni mit ihrer klaren Professionalität ein Buch mit mir zum Erfolg geführt. Ich erwähne beide namentlich, weil ich ihnen so viel verdanke – wie ich überhaupt in der Rückschau feststelle, dass ich in den wesentlichen Entscheidungen fast immer Frauen gefolgt bin und es nicht bereut habe.

Zum nächsten Buch hat mich der Verleger Michael Krüger animiert: «Schreib ein Buch über Wedekind», sagte er, «das liegt doch auf der Hand, du siehst ihm sowieso immer ähnlicher.» Es zu schreiben, war härter als alles andere. Das Material war noch umfangreicher als bei Tilly, und Wedekind ist ein spröder, widersprüchlicher Charakter. Außerdem schrieb ich über eine Figur der Weltliteratur, über die schon viele gerätselt hatten. Aber auch dieses Buch wurde fertig und erschien im Herbst 2008: «Frank Wedekind – eine Männertragödie».

Die Hinwendung zur Sprache hat mein Leben verändert. Fast meine ich, dass ich damit überhaupt erst zu leben begonnen habe. Die Unsicherheit, die ich auf der Gitarre gespürt hatte, war wie weggeblasen, ich war sicher und angstfrei. Ich lernte Menschen kennen, die ich sonst nie getroffen hätte, bewegte mich in Kreisen, die mir vorher verschlossen waren. Es war wie ein Nachhausekommen. Generationen meiner Familie haben sich mit Sprache beschäftigt, jetzt hatte ich mich eingereiht. Und merkwürdig: Kaum hatte ich die Gitarre losgelassen, kam sie freiwillig zurück und wurde mir vertrauter denn je.

19

Seines Vaters Sohn

Dominik Graf

Ein Mann rasiert sich vor dem Spiegel. Wer ist er? Was widerfährt ihm? Was ist aus ihm geworden? Er schaut hinaus. Alles scheint normal, aber ist es nicht. Er geht zur Arbeit, sieht Häuser, in denen keine Menschen wohnen. Leere Fenster starren ihn an. Endlose Straßenfluchten führen nirgendwohin. Und doch ist alles um ihn herum belebt. Menschen wimmeln durcheinander, warten auf die Straßenbahn, fahren Auto, gehen in Geschäfte, betrachten Auslagen. Der Mann sieht sie und sieht sie nicht. Er ist ein Gejagter. Wer jagt ihn? Er schaut sich um: Folgt ihm jemand? Eine Stimme ruft ihn, aber kein Rufer ist zu sehen. Er ist allein inmitten von Getriebe und Lärm. Nur bei der Arbeit, wenn die große Druckmaschine Zeitungen ausspuckt, erscheint ein Schimmer von Zufriedenheit auf seinem Gesicht. Er nimmt ein Exemplar vom Band, betrachtet es kurz, isst seine Stulle. Der Mann lebt und ist dennoch tot. Er trägt etwas mit sich herum, das ihn vom Leben abschneidet. Er weiß, was es ist, aber kann es nicht formulieren. Er ist sich selbst fremd geworden, ein Fremder in einer fremden Welt. Er sieht keinen Ausweg, und keiner kann ihm helfen. Der Mann hat Angst.

Dieser Mann ist Robert Graf, einer der ungewöhnlichsten und ausdrucksstärksten Schauspieler der Nachkriegszeit, eine unvergessliche, einmalige Erscheinung. Der Film, von dem hier die Rede ist, heißt «Jonas» und wurde 1957 von Ottomar Domnick gedreht, einem Cello spielenden, Kunst sammelnden Nervenarzt, Jahrgang 1907, der nach 1945 mit manischer Besessenheit an einem Lebenswerk arbeitete, das

Verlorenes zurückbringen und Schreckliches gutmachen sollte. Der Film zeigt die Ästhetik und Atmosphäre meiner Kindheit: Männer in Mantel und Hut, Frauen mit Einkaufstaschen strömen in offene Kaufhaustüren, verrauchte Lokale, Kalorienreiches auf den Tellern, Servietten vor der Hemdbrust, dicke Hornbrillen, Wohlstand, Wohlbefinden, Aufbruch. Mittendrin Jonas, fremd, einsam. Robert Graf und Jonas scheinen zu verschmelzen. Robert Graf ist Jonas. Er sagt fast nichts, sein Gesicht, seine Bewegungen sagen alles, Verkörperung einer Generation, die keine Worte findet. Um ihn herum wird pausenlos geredet, Hans Magnus Enzensberger spricht den Kommentar, scheucht Jonas auf, allwissend und nichts wissend, sich in Wortschleifen verlierend, weil das eigene Schweigen unerträglich ist. Dazwischen Duke Ellington, lässig-amerikanisch, das Deutsche langsam vereinnahmend. Zukunft belastet mit Vergangenheit, die nicht vergehen will. Ein getreues Abbild der Bundesrepublik von 1957. Gespielt und gespiegelt im Gesicht des Schauspielers Robert Graf.

Ich habe diesen Schauspieler geliebt wie keinen zweiten. Seine Auftritte in den Münchner Kammerspielen waren festliche Minuten, die allzu schnell vergingen. Dass Robert Graf mitspielte, war mir Anlass genug, die Aufführung sehen zu wollen. Ich erinnere eine persönliche Begegnung. Unser Vater ging mit uns spazieren, das kam nicht oft vor und war deshalb etwas Besonderes. Wir liefen auf dem Isarhochufer nach Norden, kamen irgendwann nach Unterföhring und sahen ein flaches, modernes Haus. «Dort wohnt Robert Graf», sagte der Vater und näherte sich dem Haus, was sonst nicht seine Art war. Wir wurden eingelassen, standen in einem ebenerdigen, geräumigen Wohnzimmer mit Glasfront, hellem Teppich, zeitgemäßer Möblierung und moderner Kunst, eingeschüchtert, denn unsere Schuhe waren schmutzig und der Besuch unangekündigt. Am Ende des Raums stand Robert Graf. Ich glaube, er trug eine Strickjacke und lächelte dasselbe entfernte, vieldeutige, hintergründige Lächeln, das den Film «Jonas» einmalig macht. Dann hieß es, Robert Graf sei gestorben. Woran? An Krebs. Auf der Bühne sah ich ihn nicht mehr, im Film nur noch selten, vergessen habe ich ihn nie.

Seines Vaters Sohn – Dominik Graf

Jetzt sitzt sein Sohn Dominik in meinem Wohnzimmer. Wir essen Zwetschgendatschi und reden über unsere Väter. Seiner war neun Jahre jünger als meiner (dafür bin ich sieben Jahre älter als Dominik), meiner war Arztsohn, seiner Sohn eines Musiklehrers und Chorleiters. Beide wollten ursprünglich Priester werden, obgleich sie nicht religiös und schon gar nicht kirchlich gebunden waren – wahrscheinlich hat sie die Kanzel als Forum der Selbstdarstellung gereizt. Beide kamen von außen ans Theater und haben sich hochgearbeitet. Beide hatten ein Faible für zwielichtige, abartige Rollen und waren im Privatleben das, was man nette Menschen nennt. Beide hatten eine überaus klare Sprache und waren unverwechselbare, aparte Typen.

Freilich gibt es einen großen, prägenden Unterschied: Mein Vater, Jahrgang 1914, hat den Krieg zu Hause verbracht, hat sich durchgemogelt, mit Verstellung, ein wenig Schlauheit, weidlicher Ausnutzung eines kleinen Lungenfehlers mit Hilfe von Ärzten aus dem Freundeskreis seiner Frau Pamela Wedekind und einer guten Portion Glück. Alles Militärische war ihm zuwider, er hat den Krieg abgelehnt, seine Notwendigkeit nicht eingesehen und sich davor gefürchtet, verletzt oder getötet zu werden. Eine enorme Unlust, sich diesem blöden und überflüssigen Martyrium zu unterziehen, hat ihn davor bewahrt, sein Phlegma und eine stille, zähe Beharrlichkeit haben ihm dabei geholfen. Der Begriff «vaterländische Pflicht» ist ihm vermutlich nie in den Sinn gekommen, der Begriff «Solidarität» in diesem Zusammenhang wahrscheinlich auch nicht. Robert Graf, Jahrgang 1923, wurde eingezogen. Um sich zu verweigern, fehlten ihm die Verbindungen, vielleicht auch die Phantasie – er tat, was Millionen andere taten (kein Jahrgang wurde stärker dezimiert als der von 1923). Robert Graf kam nach Russland. Auf dem Rückzug, in einem der letzten Gefechte im Donezbecken, wurde ihm der linke Arm zerschossen. Der Arm sollte amputiert werden, wurde mehrmals operiert und lag nun in einer gewaltigen Ledermanschette, die von der Schulter bis zum Handgelenk reichte und die er nur zum Schlafen abnahm. Hat Dominik den Arm ohne Manschette gesehen? Ja, manchmal schon, «richtiggehend zertrümmert» sei er gewesen, wie eine «Wiese voller Maulwurfshügel», der Vater habe dadurch einen «Anschein von Verletztheit und Versehrtheit» gehabt, eine äußere Verwundung als Teil einer inneren, oder umgekehrt. Robert Graf hielt sie vor der Öffentlichkeit verborgen, zog nur vereinzelt Regisseure ins Vertrauen, nur wenige Kollegen wussten davon, als wolle er nicht an ihr Zustandekommen erinnert und nicht im Zusammenhang mit ihr gesehen werden. In Hitlers Wehrmacht gedient zu haben war kein Ruhmesblatt, für Hitler verwundet worden zu sein nichts, auf das man stolz war. Wahrscheinlich konnte er den «Jonas» deswegen so überzeugend spielen.

Dominik Graf hat einen Film über seinen Vater gedreht, Jahrzehnte nach dessen Tod, «Das Wispern im Berg der Dinge». Merkwürdig fremd kam er ihm vor, dieser Vater, den es nur noch in Filmbildern gibt. Wie war er, wenn er nicht in Kostüm und Rolle steckte? Sein Tod liegt so lange zurück, dass präzise Erinnerungen schwierig geworden sind. Eine spontane Geste des Bedauerns, als ihm beim Dartspielen ein Wurf misslingt, privat gedreht auf Super 8, ohne Ton, in der typischen Farbqualität jener Zeit, verrät dem Sohn mehr über den Vater als alles, was man in Cinematheken noch findet. Und als der Vater sich bückt, vermutlich um den heruntergefallenen Pfeil aufzuheben, sieht der Sohn, dass seine Nackenhaare abstehen wie bei einem kleinen Jungen. Um mehr zu erfahren, befragt er Menschen aus der Kriegsgeneration, die ihn gekannt und geschätzt haben, die Kollegin Ruth Leuwerik, die Regisseure August Everding und Franz Peter Wirth, den Produzenten Hans Abich, den Kritiker Joachim Kaiser. Die Männer unter ihnen bekamen alle dieselbe Frage gestellt, die ihm besonders wichtig war: Habt ihr untereinander über eure Kriegserlebnisse gesprochen? Schon, sagen einige. Und zögern: Nein, eigentlich weniger. Und schließlich: Nein, gar nicht. Es hat uns nicht mehr interessiert, wir wollten davon nichts mehr wissen. Wir wollten in die Zukunft schauen, zu neuen Ufern, nicht auf Altes und Vergangenes. Und ohne es zu wollen, machen alle die gleiche abwehrende Handbewegung, als gelte es, Fliegen zu verscheuchen, oder als hätte der Regisseur Dominik Graf gerade diese Bewegung von ihnen gefordert. Dann reden sie über Robert Graf, über sein magisches Gesicht, seine dämonische Ausstrahlung, die Sparsamkeit, mit der er seine schauspielerischen Mittel einsetzte, seine verhaltene, leicht rheinländisch klingende Stimme und immer wieder über seine Augen, in denen sich die Verlorenheit und Einsamkeit seiner Generation spiegelten. «Augen wie diese gibt es nicht mehr», sagt seine Agentin Hanni Lentz. Und Selma Urfer, seine Frau, erzählt, dass man in seiner Gegenwart nie Kerzen brennen lassen durfte, das habe ihn an die Unterstände in Russland erinnert. Befragt habe sie ihn darüber nie: Da seien Grenzen gewesen, die zu überschreiten sie sich gescheut habe.

Ich besuche Robert Grafs Schwester Ruth Vesper in Dillingen an der Donau. Sie ist zweieinhalb Jahre jünger als ihr Bruder, aber musste ihn beschützen, weil ihn die Mädchen in Witten im Ruhrgebiet, wo die Familie herkommt, «immer gehauen» haben. Ein «ganz stiller Junge» sei er gewesen, aber ein «Goldstück» und guter Schüler. Und gescheit! Nein, mehr als das: «unheimlich gescheit». Und ja, jeden Nachmittag habe er die Messe zelebriert, auf Lateinisch und auswendig, das solle ihm erst einmal einer nachmachen! Ein Schreibtisch sei dafür unters Fenster gerückt worden, von der Mutter habe er einen weißen Kittel bekommen und von der Oma einen schwarzen Mantel und eine Stola. Warum hat er das getan? Ja, warum? Ruth Vesper weiß es nicht. Freiwillig in die Kirche gegangen sei er nicht, die zweimal wöchentliche Frühmesse vor der Schule sei ja Pflicht gewesen. Ganz freiwillig hingegen habe er Theateraufführungen organisiert, auf dem Hof unter der großen Ulme, die Teppichstange war die Bühne, das Publikum musste Stühle bringen. Und Erfolg habe er gehabt, «jeden Tag musste wiederholt werden». Natürlich war er in der Hitlerjugend, wieso nicht, jeder war das, anders ging es nicht. Den Vater, den Klavierlehrer Max Graf, ähnlich gutmütig wie Robert, habe man gedrängt, «Pg» zu werden, in die Partei einzutreten, schließlich habe er es getan, nach einem «bösartigen Brief und einem Ultimatum», und nachher habe es geheißen: «Er war Nazi.» Das habe er nicht verkraftet, sei früh gestorben. Robert habe gleich nach dem Abitur zum Militär gemusst, anderthalb Jahre sei er verschollen gewesen, dann die Nachricht: schwer verwundet in einem Lazarett. Sie selbst und die Mutter seien hingefahren, hätten

Ärzte und Schwestern angefleht, den Arm nicht zu amputieren, man habe fünf Zentimeter Knochen aus dem Bein verpflanzt, die seien abgestoßen worden und fehlten jetzt, weshalb an der Innenseite der Manschette eine Eisenstange bis in die Hand reichte, um das Herunterfallen des Arms zu verhindern. Mit ungeheurer Disziplin habe er ihn trainiert, die Muskeln wieder aufgebaut, Kohleneimer die Treppe rauf und runter geschleppt, dann habe er Erfolg und Wohlstand genossen, morgens den Duft seiner Rosen eingesogen, seine Blumenrabatten gepflegt. Seinen Tod habe sie der Mutter verheimlicht, «jeder Tag, an dem sie es nicht wusste, war ein Tag mehr in ihrem Leben». Zumal er Teil eines Zwillingspaars war, mit einer Schwester, die mit einem dreiviertel Jahr an Gehirnhautentzündung gestorben ist.

Dominik war dreizehn, als sein Vater starb. Die Schwere seiner Erkrankung hatte man vor ihm verborgen gehalten, das war damals so, auch Patienten wurden im Unklaren gelassen: «Sagen Sie Ihrem Mann nichts», lautete die ärztliche Standardformel. Der Vater hatte Schmerzen im Fußgelenk und eine Warze an der Fußsohle. Ein Orthopäde in Schwabing, zu dem auch Dominik wegen Wachstumsschmerzen ging, behandelte ihn. Manchmal sah er den Vater im Wartezimmer. Die Warze wurde herausgeschnitten und der Fuß gleich mit abgenommen – der Krebs hatte schon in die Lunge gestreut, den Kindern sagte man, es sei eine Thrombose. Dominik besuchte ihn in der Klinik in Murnau, fuhr allein mit dem Zug hin, fragte sich nach dem Krankenhaus durch, da saß der Vater auf seinem Bett und hatte einen Fuß weniger, das war nicht schön. «Das ist jetzt so, ich muss wieder gehen lernen», sagte er. Für Dominik wuchs die Versehrtheit, die er immer gespürt hatte, ins Unermessliche, der Vater wurde zur mystischen Figur. Es folgte ein guter Sommer. Robert Graf hatte mit der Prothese Gehen gelernt, sah gesund und fit aus und spielte wieder Theater. Weihnachten 1965 war dann sehr trübe, meist lag er oben in seinem Zimmer, hustete fürchterlich und kam nur kurz herunter, um den Weihnachtsbaum zu begutachten. Die Mutter deutete an, dass es schlimm stünde. Am 4. Februar 1966 ist Robert Graf gestorben, zweiundvierzig Jahre alt. Die Mutter kam die Treppe hinab und sagte es den Kindern. Die vierjährige Marie verstand die Nachricht nicht, bemerkte nur die Veränderung im Gesicht der Mutter und lief gleich wieder hinaus zum Spielen. Aber etwas fehlte, und am Bildnis eines schlafenden Heiligen, das im Haus hing, ging sie noch lange auf Zehenspitzen vorbei – sie glaubte, es sei der Vater, und wollte ihn nicht stören. Dominik hat oft geträumt, sein Vater sei wieder da, käme über die Wiese auf ihn zu, «freue dich nicht zu früh», sagte jemand, der Vater sei sehr krank gewesen und brauche viel Ruhe.

Aber der Vater war Vergangenheit, und mit ihm das gesellschaftliche Leben, das mit seiner Berühmtheit einherging. «Ja, er war richtig berühmt», sagt Dominik, «er war in der ‹Bravo›, wie Lex Barker und Pierre Brice, das war schon nah an Joachim Fuchsberger!» Als Dreijähriger sei er spontan auf die Kammerspiel-Bühne geklettert und habe sich neben seinem Vater verbeugt, aus Begeisterung für dessen Leistung. Und natürlich war er stolz, wenn man ihn auf der Straße ansprach, ihn bewunderte, um ein Autogramm bat. Einmal fuhr der Vater mit ihm im offenen VW-Käfer um das wiederaufgebaute Münchner Nationaltheater. Ein schwarzer Musiker winkte, der Vater stieg aus, redete Englisch, das war der Gipfel der Berühmtheit! Im Sommer gab es glanzvolle Feste. Mitglieder der Gruppe 47 waren da, Schauspieler und Regisseure in Mengen, es wurde viel geredet und gesoffen, schon ab vier Uhr nachmittags, die Martini-Welle, aus Amerika herübergeschwappt, spülte, zumindest für Stunden, die Erinnerung an Krieg und Niederlage fort. Und mitten im Geschehen: Robert Graf. «Er konnte sehr nett sein und hatte, wenn entspannt und gut gelaunt, ein schallendes, knallendes Lachen, das die anderen ansteckte. Da konnte man schon das Gefühl haben: der Vater ist wer.» Nach seinem Tod blieben nicht viele Freunde übrig. Einer davon, sagt Dominik, war mein Onkel Axel Regnier. Der habe ihm auch Autofahren beigebracht.

Das schöne Haus mit Flachdach am Isarhochufer wurde verkauft, die Mutter war allein mit drei Kindern. Sie ist Schweizerin, Nachfahrin des Büchner-Freunds Karl Gutzkow, Schauspielerin, Schriftstellerin, Drehbuchautorin und hat als Kabarettistin in der Schwabinger «Zwiebel» immer mitverdient. Jetzt musste sie das Geld allein heranschaf-

Begeistert über die Leistung seines Vaters –
Robert Graf und Dominik, ca. 1962

fen, den Kindern den Vater ersetzen. Dominik wurde aufsässig, stritt sich mit seiner Mutter, hatte es schwer am Münchner Max-Gymnasium, drohte zum Eigenbrötler zu werden. Als es nicht mehr ging, gab die Mutter ihn ins Internat, erst in ein staatliches im Allgäu, wo er sich so aufführte, dass man ihn hinauswarf, und dann, wohl oder übel, in ein teures, privates in Stein an der Traun. Das war allerdings toll, mit Lehrern, die auf die Jugendlichen zugingen, sie ernst nahmen, ermutigten und begeisterten, und einem Direktor, der sich schützend vor seine Schüler stellte und sie, wenn es sein musste, verleugnete. «Der Junge ist nicht da», sagte er, «unabkömmlich in einer schulischen Aktivität», wenn übereifrige, überbeschäftigte, von schlechtem Gewissen geplagte Eltern zu Besuch kamen. Das hat Dominik imponiert. «Er nahm die Entscheidung auf sich aus der Überzeugung, dass es nicht gut sein kann, wenn zwei elterliche Großglucken sich ein Wochenende lang über ihr Kind stülpen. Meine Mutter kam nicht oft, das war wohltuend. Manchmal ist es für Kinder gar nicht schlecht, weit vom Elternhaus aufzuwachsen.» Dominiks angeknackstes Selbstbewusstsein festigte sich, aus dem verunsicherten Knaben mit Stiftenkopf und Brille wurde ein interessierter junger Mann. Dominik wurde Schulsprecher, machte Abitur, hatte seine eigene Band und studierte Germanistik. «Schulsprecher wird nicht jeder», sage ich, «irgendwie charismatisch musst du doch schon damals gewesen sein, oder?» «Manchmal trifft es den, der es mit sich machen lässt», meint Dominik.

Dass das nicht die ganze Wahrheit ist, weiß er selbst. Und gibt zu: Der Tod des Vaters hat immer noch gewaltig in ihm gearbeitet. Er hat ihn als ungerecht und sich selbst als zurückgesetzt empfunden. «Treibende Kraft hinter meinen vielen Aktivitäten war auch ein großes Gefühl der Minderwertigkeit.» Und ja, er hat das Amt des Schulsprechers angestrebt und war befriedigt, als er es bekam. Für Tante Ruth in Dillingen war er ein «Goldstück» wie ihr Bruder, «wild aufgewachsen» zwar, anders als sie und Robert, aber begabt, gutherzig, rührend, väterlich und was der lobenden Attribute mehr sind. Gut Klavier habe er gespielt, und respekt- und liebevoll sei er gewesen zu ihr, Tante Ruth.

Was aus ihm werden sollte, wusste er nicht. «Meine Mutter hatte mir eine solide Literaturkenntnis mitgegeben, mein Vater die Liebe zur Musik und die Wertschätzung des Jazz. Für Film habe ich mich nicht richtig interessiert, aber als mich Freunde ins Kino schoben, hat es mich doch irgendwie gereizt. Aus Ratlosigkeit habe ich meine Uni-Karriere als Germanist aufgegeben und mich bei der Filmhochschule beworben, wurde sofort genommen, habe zweieinhalb Filmchen gedreht, der eine, ‹Der kostbare Gast›, hat gleich in der Kategorie Nachwuchsregie den Bayerischen Filmpreis gewonnen, aber es hat eine Weile gedauert, mit dem Umweg über die Schauspielerei, die ich ganz schrecklich fand, bis ich das Gefühl hatte: Jetzt wirst du vielleicht wirklich Regisseur. Es fing damit an, dass ich ganz stinknormale Vorabend-Krimiserien bei der Bavaria gedreht habe.»

«Wie viele junge Regisseure wünschen nichts sehnlicher, als ‹stinknormale› Serien bei der Bavaria drehen zu dürfen», werfe ich ein, «ganz so einfach kann es nicht gewesen sein.»

«Doch, irgendwie schon. Es gab damals sieben, acht Bewerber für einen Job, heute werden einhundertzwanzig fertige Regisseure in den Betrieb geworfen, die haben einen Film Zeit, sich zu beweisen, wenn der nichts wird, sind sie draußen. Es ist ein Privileg, in der damaligen Zeit begonnen zu haben. Ich hatte es, gemessen an meinen Fähigkeiten, unglaublich leicht, was auch mit dem Tod meines Vaters zusammenhing. Wer mit dreizehn den Vater verliert, noch dazu einen so bekannten, wird erst einmal gehätschelt: Der arme Junge, was können, was müssen wir für ihn tun? Ständig kamen Leute auf mich zu, die meinen Vater gekannt haben und es gut mit mir meinten und mir den nächsten Job zuschusterten. Es kommt der Punkt, wo man alleine bestehen muss, aber bis zu einer gewissen Brücke wird man mit so einem Schicksal geradezu liebevoll von der Branche geführt.»

War der Tod seines Vaters also ein verkappter Segen? Stimmt der Ausspruch des Isländers Halldór Laxness: Es gibt neben dem Tod der Mutter für ein Kind nichts Nützlicheres als den Tod des Vaters? «Ja», sagt Dominik, «er stimmt. Was nicht bedeutet, dass es nicht hart war und mir bis heute nachgeht. Aber der Tod meines Vaters hat mir die Freiheit gegeben. Ich musste mich nicht an ihm messen, konnte von null anfangen, meinen Weg finden, meine Chancen wahrnehmen.»

Immerhin: Dominik hat nicht enttäuscht. Zunächst dem französischen Intellektuellenfilm zugeneigt, entdeckte er sein Interesse für Deutschland, seine Geschichte und Symbolkraft. Es reizte ihn, Elemente des schnellen, körperbetonten amerikanischen Films auf den deutschen zu übertragen, ihm ein deutsches Gesicht zu geben, das anders sein musste als das amerikanische, weil unsere Geschichte eine andere ist. Er schrieb zu manchen Filmen eigene Drehbücher und zu vielen eigene Musik, seine temporeichen Einstellungen, seine präzise Schauspielerführung, seine Detailgenauigkeit, sein Sinn für Spannung und Dramatik wurden zum Markenzeichen, es regnete Preise, Filmband in Gold, Goldener Gong, Telestar, Filmpreis der Stadt Hof, DIVA-Award, Bayerischer Fernsehpreis, Deutscher Fernsehpreis, Fernsehpreis der Deutschen Akademie der Bildenden Künste, allein

Seines Vaters Sohn – Dominik Graf

den Adolf Grimme Preis erhielt er (bisher) zehn Mal. Kein deutscher Regisseur wurde häufiger ausgezeichnet als er.

Wie fühlt man sich als Regie-Star, verantwortlich für viele Menschen und viel Geld? Kriegt man da nicht manchmal Angst? «Eigentlich nur vor sich selbst», meint Dominik, «dass einem der Film, für den man gerade kämpft, nicht gefällt und man zugeben muss: Das ist dir nicht gelungen. Die Unsicherheit ist immer da, vor jedem Drehtag: Kriege ich das hin, was ich mir vorstelle? Am Set geht es dann oft wie im Rausch. Man fällt Entscheidungen blitzartig, schafft Variationsmöglichkeiten in Sekundenschnelle. Je aktionsreicher der Film, desto höher das Tempo. Das Adrenalin steigt bis in die Haarspitzen, das Glücksgefühl wird zur Euphorie, und oft geht man mit dem Gefühl nach Hause: Du hast den besten Drehtag deines Lebens geleistet. An anderen Tagen ist man nervös, ungehalten über sich selbst, setzt sich selbst unter Druck.»

Stimmt es, dass er überaus hart mit seinen Leuten umgeht, sie scheucht, zur Verzweiflung treibt? «Na ja», sagt Dominik, «sie müssen halt ihren Job machen, mitdenken, vorausschauen, mir den Weg freihalten. Wenn man jahrelang kleine Vorabendserien dreht, immer unter Zeitdruck, wird man in gewisser Hinsicht Vollprofi, und wenn sich Probleme dreißig, fünfunddreißig Jahre lang wiederholen und sich neue Generationen von Aufnahmeleitern wieder zu wichtig nehmen und sich ins Bild drängen, kann es schon sein, dass es zu bestimmten Unleidlichkeiten kommt. Ich kann zwar – durch Erfahrung – ökonomisch und rasant schnell arbeiten, aber wenn ich auf etwas Bestimmtes hinauswill und sich etwas mir in den Weg stellt, werde ich sicher auch sehr aufbrausend und autokratisch. Ich bin keiner der modernen, quasi demokratischen Regisseure, wie sie heute von den Filmhochschulen kommen, die froh sind, überhaupt etwas machen zu dürfen und sich Produzenten beugen, die Einfluss nehmen auf die Entwicklung der Charaktere, das Drehbuch und alles andere, so dass der Regisseur oft nur Handlanger ist. Ich bekenne mich eindeutig zum Regie-Ideal der alten Zeit, dem etwas berserkerhaften Alleingang, öfters mal im Kampf gegen jeden und alles, was mich hindern könnte, meine Bilder und Szenen zu realisieren, die ich oft im Detail mehr liebe als im Großen-Ganzen. Ich hatte immer das Gefühl, das, was ich will, dem deutschen Fernseh- und Filmsystem entreißen zu müssen, mal durch Verlockung und Überredung, mal wie ein Banküberfall, als ob man jemandem das Kissen unter dem Arsch wegzieht. Die Amerikaner würden mich wahrscheinlich erst einmal zum *anger-manager* schicken, aber der Furor, der mich treibt, ist durch Psychologiesitzungen nicht zu heilen und soll es auch gar nicht. Die Kreativität bis zur fröhlich-glücklichen Raserei ist mir extrem wertvoll als Lebensprinzip. Diese Erregbarkeit kommt bestimmt von zu Hause, von den Verlusten und Auseinandersetzungen, durch das Allein-und-im-Stich-gelassen-werden. Nach dem Tod meines Vaters hatte ich das Gefühl, unglaublich viel zu verpassen. Vielleicht wären wir Freunde geworden, vielleicht hätte er mich beraten oder ich ihn, vielleicht hätten wir zusammen Tennis gespielt, vielleicht uns zerstritten, stattdessen gab es nichts, und es war klar, dass nichts kommen würde.»

Wir reden über das Theater unserer Väter. Es war von Sprache geprägt, die Körperlichkeit spielte kaum eine Rolle. Schauspieler traten auf und traten ab, gelegentlich grüßte oder salutierte jemand, bekam auch mal einen Wutanfall und schlug auf den Tisch, aber hauptsächlich wurde geredet. Nach zwölf Jahren Nazi-Herrschaft und dem Schock von 1945 war die deutsche Sprache neu zu entdecken und zu definieren, musste vermenschlicht und heruntergekühlt werden, um wieder aufgenommen zu werden in die Familie der Sprachen. Konversationston statt Kasernengebrüll. Der deutsche Held hatte abgedankt, für lange, lange Zeit, und ob er je zurückkehren würde, war mehr als fraglich. An seine Stelle traten französische Ironie und angelsächsische Lakonie. Unsere Väter, Robert Graf und Charles Regnier, waren herausragende Gestalten dieses neuen, international ausgerichteten deutschen Theaters. Beide waren exzellente, kühle Sprecher, die ihre Sätze genau durchdachten und intellektuell zerlegten, Strukturen, Schwingungen und Nuancen deutlich machten. Dominik Graf nennt das «Goldwaage-Sprechen». «Es gibt von unseren Vätern unnachahmliche Bilder, wie sie auf der Bühne stehen, die Hände in den Hosentaschen, große Sätze von Hochhuth oder anderen sprechend, politisch brisant, und dabei völlig ruhig bleiben. Der Körper war nicht vorhanden. Heute hat man das Gefühl von permanenter Muckibude, jeder kann alles, ist körperlich wahnsinnig fit, das konnte man von unseren Vätern wahrhaftig nicht behaupten. Meiner wollte nicht einmal mehr spazieren gehen, er sei im Krieg genug gelaufen, und war trotzdem neidisch auf Steve McQueen, der im Film ‹Gesprengte Ketten› einen Sprung mit dem Motorrad über einen Stacheldrahtzaun unbedingt selbst machen wollte. Drehort war Dachau, mein Vater spielte einen KZ-Wächter, kam in SS-Uniform zum Mittagessen und schwärmte von der Körperlichkeit Steve McQueens. Ich hatte das Gefühl: Da schaut einer, der durch den Krieg lädiert ist und nicht mitspielen darf, auf einen strahlenden Helden. Viele deutsche Schauspieler, besonders die weniger bekannten, sind damals auf der Strecke geblieben. Schon morgens hatten sie eine Alkoholfahne, ab drei Uhr nachmittags waren sie nicht mehr zu gebrauchen. Das kam auch vom vielen Synchronisieren, es wurden ja bis zu vier Filme am Tag synchronisiert, da wusste in manchem Western der Synchronsprecher nicht mehr, auf welchem Pferd er gerade saß. Als junger Regisseur merkt man das nicht gleich, aber es gab schon schwer verkrachte Existenzen.»

Hat er Angst, dass andere Regisseure berühmter werden als er? «Ich bin älter als sechzig Jahre, in meiner Berufszeit sind schon viele an mir vorbeigezogen», meint Dominik, das sei für ihn nicht bedrohlich. Er hält sich auch nicht für eine Großbegabung, eher für eine aus der oberen Mitteletage. Dennoch hat ihm, ehrlicherweise, der Erfolg seiner zwölf Jahre jüngeren Lebenspartnerin Caroline Link anfangs schwer zu schaffen gemacht. Er hatte sie als Filmhochschülerin kennengelernt, dann machte sie Karriere, gerade zu der Zeit, als er seinen größten Misserfolg einfuhr, mit dem Spielfilm «Die Sieger» von 1994. «Zu teuer, zu ehrgeizig, nicht locker genug», hatte die Kritik geurteilt, zum finanziellen Fiasko war das künstlerische hinzugekommen, «rauchende Trümmer» seien übriggeblieben, sagt Dominik und glaubt allen Ernstes, sein Handwerk verlernt oder nie beherrscht zu haben. «Ihr Stern stieg und stieg, meiner war im Sinken. Ich habe den Misser-

Dreharbeiten zum Film «Die Sieger» – Dominik Graf mit den
Schauspielern Herbert Knaup, Michael Breitsprecher, Heinz Hoenig (v.r.)

folg als eine persönliche, bodenlose Niederlage empfunden. Ich hatte von zu Hause stillschweigend als Maxime mitgenommen, dass die Arbeit das Wichtigste im Leben ist – menschliche Beziehungen sind instabil, Kreativität ist sicheres Lebensglück. Und wenn sie einen im Stich lässt, ist man verloren. Ich war glücklich mit Caroline, aber unglücklich mit mir selbst. Mein Ehrgeiz war verletzt, ich habe zutiefst angestochen auf meine Niederlage reagiert und sehr unedle Gefühle gehegt. Ich habe dann wie ein wild gewordener Hamster im Käfig weiter gearbeitet, gearbeitet, gearbeitet, bis ich durch die vielen TV-Filme wieder Boden unter den Füßen spürte. Als Caroline 2003 für ihren Film ‹Nirgendwo in Afrika› den Oscar für den besten ausländischen Film erhielt, waren wir inzwischen Eltern eines Mädchens geworden, und meine Berufs-Ängste und Frustrationen hatten sich beruhigt.» Weil die Tochter krank war, hat Caroline ihren Oscar nicht persönlich entgegengenommen, das war mehr als mutig und hat Dominik unendlich imponiert. Er dreht weiter herausragende Filme, zwei oder drei pro Jahr, und auch der Preisregen hat wieder eingesetzt. Die Konkurrenz zu Caroline ist geblieben. «Spannungen verschleifen sich nicht mit dem Alter, sondern verschärfen sich», sagt Dominik. Er steht um fünf Uhr früh auf, die frühen Morgenstunden sind die besten. Er zwingt sich nicht dazu, aber ist froh, wenn er es schafft.

Action-Film, Thriller, Krimis, «Im Angesicht des Verbrechens», «Die Katze», «Das verschwundene Mädchen», rasende Kamerafahrten, schwindelerregende Schwenks, das Hinabtauchen in die Abgründe menschlicher Leidenschaft, das Wühlen im Bodensatz der Gesellschaft – das ist der eine Dominik Graf. Der andere ist ein leiser Beobachter, ein Fragender und Lauschender, ein Historiker mit künstlerischer Gestaltungskraft. «München – Geheimnisse einer Stadt» heißt einer seiner stillen, bohrenden Dokumentarfilme, entwickelt mit dem Filmjournalisten Michael Althen, der ihn auch zu dem Film über seinen Vater angeregt hat. Birgt München andere Geheimnisse als die Frage, wer den teureren Porsche fährt, oder «die mörderische Frage, wer mit wem schlief»? Der Film weiß keine Antwort, aber legt tausend Spuren, kommentiert von Dominiks ruhiger Stimme und vielen Bildern, zusammengeklaubt, ineinandergeschnitten, nebeneinandergestellt – ja, München hat Geheimnisse. Aber niemand kennt sie. Und darin liegt ihr Geheimnis. Für solche Filme gibt es wenig Geld und vergleichsweise wenig Ruhm. Dominik Graf dreht sie trotzdem.

Und wie war das mit der Hohenzollernstraße in Schwabing? In den 50er und 60er Jahren, als Häuser noch Ruinen waren und es Bratwurstbuden gab, die plötzlich «Schaschlik» anboten, und der erste «Tchibo» eröffnete. Dominik begleitet zwei Damen, die sich erinnern: Anette von Aretin, geboren 1920, erste Nachrichtensprecherin des Bayerischen Fernsehens, und Selma Urfer, geboren 1928, seine Mutter, eine begabte Schriftstellerin mit einem schönen Erinnerungsbuch «Damals – dort», die es nicht immer leicht hatte, sich gegen die Männer ihrer Familie zu behaupten, erst gegen den Ehemann, dann gegen den Sohn, mit entsprechenden Aufs und Abs in der Beziehung. Ja, hier stand die Bratwurstbude, erinnert sie sich, und dort war das Fischgeschäft. Dieses Haus wurde umgestrichen, es war früher gelb, hier fuhr die Trambahn, Linie 22, am Nikolaiplatz kehrte sie um, und dort hatte die Familie Wajsberg ihren Textilladen, mit immer denselben Auslagen. Bin nur ich so berührt, weil es die Bilder meiner Kindheit sind?

Oder spüren auch andere den Hauch der Geschichte? Die Wajsbergs waren Juden, nach der Schreibweise ihres Namens aus Polen, die im Land der Mörder einen neuen Anfang wagten. Auch am Feilitzschplatz, der späteren «Münchner Freiheit», gab es jüdische Geschäfte, wir sahen sie von den Fenstern unserer Wohnung. Schattenhafte Gestalten mit leiser Stimme und fremdländischer Aussprache verkauften Jeans und anderes Amerikanisches in engen, dunklen Holzbaracken. Kaum jemand betrachtete sie ohne Scheu – Auschwitz lag weniger lang zurück als heute die so genannte «Wende».

Dominiks vielleicht wichtigster Dokumentarfilm ist der über den Autor und Regisseur Oliver Storz, Jahrgang 1928, wenige Wochen vor dessen Tod im Sommer 2011 gedreht. «Warum immer wieder das?», fragt Oliver Storz, und gibt selbst die Antwort: «Wie auch nicht?» Die Nazi-Zeit, die er erlebt hat, lässt ihn ebenso wenig los wie uns, die Kinder der Nachkriegs-Generation, die wir unser Leben lang über sie nachdenken. Der Umgang mit ihr hat seit unserer Jugend viele Phasen durchlaufen, von der Verdrängung der Wirtschaftswunderjahre, der zögerlichen «Aufarbeitung» in halbherzigen «Auschwitz-Prozessen», den Achtundsechzigern, die auf ihre Eltern eindroschen, bis zum modernen History-Film und den populären Geschichtsbüchern jüngerer Autoren, die das Thema klassifizieren, katalogisieren und scheibchenweise verarbeiten: SS, SA, HJ, Wehrmacht, Göring, Goebbels, Himmler, Hess, die Frauen der Nazis, die Helfer der Nazis, die Häuser, Hunde und Feste der Nazis und immer wieder das Schock-Kapitel: die Konzentrations- und Vernichtungslager der Nazis.

Wie das alles passieren konnte, weiß auch Oliver Storz nicht. Aber er weiß, dass er bald sterben wird, und ergreift, angeregt durch das Interesse und die Intelligenz des fünfundzwanzig Jahre jüngeren Dominik Graf, fast wie ein Süchtiger die Gelegenheit, zusammenzufassen, was ihn bewegt und bestimmt hat. Ja, die Nazis waren faszinierend, auf eine Art, die ins Psychologische, ins Gemeinschafts- und Ehrgefühl, in Macht-Ästhetik und Macht-Erotik zielte. Ergreifend und abstoßend zugleich. Der Film zeigt Archivaufnahmen aus Schwäbisch-Hall, der Heimatstadt von Oliver Storz. Fröhliche Menschen winken von bändergeschmückten Wagen und tanzen auf dem Stadtplatz. Man spürt Lebenslust und erotisches Fluidum, vielleicht haben die Gefilmten just in diesem Augenblick ihrem Schicksal gedankt, dazuzugehören und die große Zeit erleben zu dürfen. Bei anderer Gelegenheit drängten sie sich auf dem Stadtplatz um ein geistig behindertes Mädchen, das wegen «Hurerei mit einem Zwangsarbeiter», wahrscheinlich einem Franzosen, an den Pranger gebunden war, der noch heute auf dem Stadtplatz von Schwäbisch-Hall steht. Oliver Storz erinnert an die Einsamkeit seines Vaters, des Nazi-Gegners und späteren Baden-Württembergischen Kultusministers Gerhard Storz, der die Entwicklungen beobachtete, aber ihm, dem Sohn gegenüber keine klare Stellung bezog, vielleicht um ihn nicht zu gefährden, vielleicht weil er wusste, dass der Sog der Nazis zu stark war, als dass er ihm die Augen hätte öffnen können.

«Ich muss damit ins Reine kommen und bin es noch nicht», sagt Oliver Storz. «Schuld ist ein abstrakter Begriff, aber ich möchte schon sagen: Ich bin etwas schuldig geblieben.» Die Auseinandersetzung mit der Vergangenheit zur Überprüfung der Gegenwart ist Dominik Grafs Lebensthema. Er hat den Film über seinen Vater gedreht, als ihm klar wurde, dass er jetzt älter ist, als der es bei seinem Tod war.

«Was hätte dein Vater zu deinen Filmen gesagt?», frage ich.

«Versau es nicht!», glaubt Dominik.

Anette von Aretin ruht unter der Erde, und mit ihr fast alle, die unsere Kindheit begleitet haben. Auch Michael Althen ist gestorben, an Krebs wie Robert Graf, und nur sechs Jahre älter als der, und im Mai 2013 starb auch Dominiks Mutter Selma Urfer. Sie wurde neben ihrem Mann auf dem Alten Bogenhauser Friedhof beerdigt, wo viele liegen, die für München wichtig waren, Erich Kästner, Anette Kolb, Rainer Werner Fassbinder und andere, bei strömendem Regen, wie in Thornton Wilders Bühnenstück «Unsere kleine Stadt», in dem der Spielleiter, unvergesslich dargestellt von Robert Graf (auch mein Vater hat die Rolle oft gespielt) davon spricht, dass den Toten die Lebenden immer weniger wichtig werden. Aber vielleicht stimmt das nicht. Vielleicht hoffen sie auf uns – und schauen uns, wenn wir vor dem Spiegel stehen, von der anderen Seite zu.

20

Ambach (III)

Gibt es Wunder? Unbedingt. Fünf Wochen vor ihrem Tod im Oktober 2000 vererbte mir Elisabeth Sommer das ehemalige Bauernhaus an der Seestraße in Ambach, in dem sie selbst geboren worden war, in dem wir als Kinder ein und aus gingen und in dem später mein Vater und ich mit Nehama und unseren Kindern gewohnt hatten. «Die Vermächtniszuwendung erfolgt mit Rücksicht auf die jahrelange Betreuung und Hilfsbereitschaft der Familie Regnier mir gegenüber», hatte sie im Testament vermerken lassen. Damit fiel alles auf seinen Platz. Die Freundschaft meiner Mutter mit Elisabeths Mutter und Onkel war bedacht worden, ihr entschlossenes Eingreifen nach deren Tod, als sie Elisabeth den Gefährten Dominikus Gebhart, den unvergessenen Domini, zugeführt hatte, die Großzügigkeit und Aufmerksamkeit meines Vaters, der Geländer anbringen und Wege legen ließ, um Elisabeth das Fortkommen zu erleichtern, die lange Verbindung zu meinen Schwestern und mir, die sie schon als Kleinkinder gekannt hatte, und zur nächsten Generation, die sie hatte aufwachsen sehen. Der Verbleib von Familie Regnier in Ambach war gesichert. Es war ein Wunder und gleichzeitig irgendwie folgerichtig – aber vielleicht sind Wunder das immer. Den großen «Brosi-Hof» und den Rest ihres Besitzes erbte ihre Patentochter aus Wolfratshausen.

Bange Jahre waren vorausgegangen (nicht zu reden von den bangen Jahrzehnten). Die Stallarbeit war für Elisabeth Sommer immer beschwerlicher geworden, eine Kuh nach der anderen war abgeschafft worden, die letzte wurde im Winter mit Wolldecke und Elektroheizer gewärmt. Dann kam auch für sie der Metzger, zwickte sie in die Flanke, meinte, viel sei nicht dran, lud sie in seinen Wagen. Elisabeth nahm's gefasst, Domini weinte in der Küche. Seinen ersten Schlaganfall hatte er hinter sich, seinem zweiten sah er entgegen. «Da kann man nichts machen und muss warten bis er kommt», meinte er. Dann kam er, und Domini war tot. Der Schützenverein feuerte drei Böllerschüsse für ihn ab, Elisabeth hörte sie in Ambach, für den Weg zum Friedhof nach Holzhausen zu schwach oder zu traurig. Sie brauchte einen Gehwagen, konnte den Arm nicht mehr heben, kein Geschirr aus dem Schrank holen, saß nur noch am Herd. Zwei Damen waren aufgetaucht, aus dem Nichts, niemand kannte sie oder hatte sie vorher gesehen, sie kamen mehrmals pro Woche, brachten Geschenke, wärmten Glühwein, redeten bis spätabends auf Elisabeth ein. Worüber? Niemand wusste es. Und auch nicht, wie sie zu dem Geredeten stand. Die Sorge war groß, und Elisabeth wurde immer schwächer. Die Schwestern von der Heiligen Familie wuschen sie in der Früh und brachten sie abends zu Bett. Ich ging nachts mehrmals hinunter, zog sie hoch, so dass ihr Kopf wieder auf dem Kissen lag, füllte die Wärmflaschen an ihrem schmerzenden Körper mit neuem heißen Wasser, heizte morgens den Herd, kochte Kaffee, wärmte Milch, hatte alle Hoffnung verloren und war bereit, Ambach aufzugeben, ob ich es gekonnt hätte, weiß ich nicht. Dann sagte sie eines Tages: «Kommen'S am Nachmittag, i muss was mit Eahna besprechen», und alles wurde gut. Die beiden Damen waren schon vorher verschwunden. Wahrscheinlich hatte Elisabeth sie durchschaut und ihrer Wege geschickt. Sie starb in ihrem Bett, besser gesagt in ihrem Teil des Ehebetts, das sie mit ihrer Mutter geteilt hatte. Pfarrer Schultz aus Holzhausen hatte ihr die Letzte Ölung verabreicht. «Ich hoff', dass ich meine Leut' wiederseh», hatte sie gesagt. Einen Monat nach ihrem Tod wurde das Testament geöffnet, nun war es offiziell.

Die Erleichterung war ungeheuer, die Dankbarkeit riesig. Auch im Dorf schien man froh darüber zu sein, dass zumindest das Zentrum von Ambach sein Gesicht behalten würde. Das Haus an der Seestraße beendete seinen Dornröschenschlaf. Die Marder mussten sich eine

«Ich hoff', dass ich meine Leut' wiederseh» –
Elisabeth Sommer in ihrer Ambacher Küche

neue Bleibe suchen, ihre Hinterlassenschaften füllten Kübel. Die Ölöfen flogen raus. In einer Abseite, in die seit Menschengedenken niemand vorgedrungen war, fand sich eine Holzkiste mit leeren Einweckgläsern und einer Zeitung, die über Mussolinis Einmarsch in Abessinien berichtete. Unter dem Putz im Erdgeschoss kam die alte Stalltür zutage, Bodenbretter lagen direkt auf der Erde, an den Wänden lief Wasser herab. Das Haus ist bis zum ersten Stock aus Feldsteinen gebaut, es muss eines der ältesten in Ambach sein. Jetzt bekam es ein neues Dach und neue Balkone und eine Wandheizung aus Kupferrohren, die das für unlösbar gehaltene Feuchtigkeitsproblem beseitigte. Fassade und Fensterläden wurden gestrichen, Büsche gepflanzt, Blumenbeete angelegt, ohne dass Haus und Grundstück ihren Charakter verändert haben. «Ich werde es hüten wie meinen Augapfel», hatte ich Elisabeth versprochen. Es sollte ein offenes Haus werden, Familie und Freunden zugänglich, wer so etwas Schönes hat, muss es mit anderen teilen. Der alte «Brosi-Hof» wurde abgerissen, aber im selben Stil neu gebaut und steht wieder stolz auf seinem Platz. Elisabeth Sommer wäre zufrieden gewesen.

Was ist in Ambach nicht alles passiert, wer hat hier nicht alles gewohnt? Angefangen von Waldemar Bonsels in seiner schönen Villa mit dem ungarischen Tor. (Neulich hat mir jemand erzählt, die Amerikaner hätten Ambachs Einwohner nebeneinander aufgestellt und dabei Bonsels in den Fuß geschossen. Das war mir neu.) Noch während des Kriegs kam der ungarische Geiger Dénes Zsigmondy nach Ambach, sein Foto stand, einem zuverlässigen Bericht zufolge, danach auf dem Nachtkästchen so gut wie aller Ambacherinnen. Im Februar 2014 ist er in einem Seniorenheim in Seeshaupt gestorben. Wolfgang Hildesheimer hat hier gelebt und hat, soweit ich weiß, seine «Lieblosen Legenden» hier geschrieben. Über das Werk des zeitweiligen Ambachers Herbert Achternbusch befragt, soll er gesagt haben: «Vor allen Dingen sehr interessant!» Das weiß ich von Annamirl Bierbichler. Sie hat mir die «Lieblosen Legenden» einmal zum Geburtstag geschenkt und diesen Spruch als Widmung hineingeschrieben. Auch sie ist gestorben, 2005, mit sechsundfünfzig Jahren und liegt im Bierbichler'schen Familiengrab in Holzhausen mit ihren Vorfahren, die schon im 18. Jahrhundert in Ambach waren. Ich erinnere den alten Herrn Linde, Enkel des Kühlschrankerfinders Carl von Linde. Im weißen Anzug besuchte er sein Ambacher Haus, stieg aus dem Auto auf den weißen Kies. Im überdachten ersten Stock seines Bootshauses (kein anderes Ambacher Bootshaus verfügt über diesen Luxus) spielte er gelegentlich Streichquartett und trug dabei, um seine Mitspieler besser zu hören, Lederohren, mit Riemen um den Kopf geschnallt. Und ich erinnere dessen Enkel Helmut Linde, der zwölfjährig im See ertrank, am Himmelfahrtstag 1956, mit einem Freund, bei einer Tour mit einem Paddelboot, das ihm seine Mutter zum Geburtstag geschenkt hatte. Sie hieß Marga Linde, war Studienrätin am Gymnasium in Tutzing und damals die Vermieterin von Tilly Wedekind, meiner Großmutter, weswegen wir mehrere Sommer im Linde-Haus verbrachten. (Als ich Rico Gulda in Wien aufsuchte, erzählte er beiläufig, dass auch er seine Ferien im Linde-Haus verbringt. Warum? Weil er mit Julia liiert ist, einer Nichte des ertrunkenen Helmut, und mit ihr einen Sohn hat – fast komme ich mit den Generationen durcheinander.) Ich erinnere Sepp Bierbichler, als noch niemand wusste, dass er ein berühmter Schauspieler (und jetzt auch Autor) werden würde, und ich erinnere Patrick Süskind, der mit dem Damenrad seiner Mutter durchs Dorf fuhr, im Stehen, weil er zu klein war, den Sattel zu erreichen. Sein Vater Willy Süskind, eigentlich Wilhelm Emanuel, Schriftsteller und Journalist, war ein Jugendfreund meiner Mutter aus der gemeinsamen Zeit mit Erika und Klaus Mann. Süskinds wohnten im Dachgeschoss des alten Grünwaldhofs, man sah sie auf dem Balkon beim Frühstück. Patricks älterer Bruder Martin, später selbst ein bekannter Journalist, ging eine Klasse über mir in die Volksschule in Holzhausen. Auf dem Schulfoto vor der alten Kirchhofsmauer steht er hinter Helmut Linde, beide lachen frech in die Welt. Willy Süskinds Vater Paul Süskind, Ministerialrat und Tierarzt, wohnte bis zu seinem Tod unter uns im Malvenhaus. Ich nannte ihn «Opa Süß» und sehe ihn vage vor mir. Mittlerweile spielen meine eigenen Enkelkinder in Ambach.

Im Norden und Süden von Ambach sind neue Häuser entstanden, neue Familien sind hergezogen, mit Kindern, großen Autos und teuren Hunden. Beim traditionellen Silvester-Treffen am Dampfersteg muss ich genau hinschauen, ob ich zwischen den feiernden Menschen bekannte Gesichter entdecke. Aber wenn ich auf dem Balkon sitze oder aus dem Fenster über den See oder die Wiesen schaue, ist alles so still und schön wie immer.

ions:

21

Mein Vater Charles Regnier

Am 13. September 2001 ist mein Vater gestorben. Zwei Tage vorher waren Flugzeuge in die Türme des World Trade Centers gerast, dennoch schaffte es die Nachricht in die Tagesschau: Der Schauspieler Charles Regnier ist tot. Eine Porträtaufnahme wurde eingeblendet. Man sah sein Gesicht, mit dem typischen, leicht ironischen Lächeln. Zeitungen brachten Nachrufe. *Der Elegante* hieß es in einer, *Ein stiller Gast* – nie *ganz seriös, aber sehr, sehr nobel* in einer anderen, *Ein Herr in vielen Rollen* in einer dritten. Die Intellektualität seines Spiels wurde betont, seine vornehme Erscheinung, die *Tradition der Bildung,* die er verkörpert habe, ein *Aristokrat und Literat des Theaters* sei er gewesen, ein *Schauspieler der Undurchschaubarkeit,* ein *Wundermann aus dem zweiten Glied, dem es immer wieder gelang, aus Nebenrollen allererste zu machen.*

Für uns Kinder war er die Sonne, um die wir kreisten. Der andere große Vorfahre, Frank Wedekind, war weit weniger präsent. In unserer Jugend war Charles Regnier der Berühmte, den Menschen auf der Straße erkannten, der auffiel, wenn er ein Restaurant betrat, der stoßweise Autogrammpost beantwortete. Fragte man ihn nach seinen Plänen, kam eine lange Aufzählung von Verpflichtungen, Theater, Film, Fernsehen, Radio, bis ins nächste oder übernächste Jahr. Die gefürchteten Lücken, in denen Schauspieler auf Anrufe und Engagements warten, gab es bei ihm nicht. Er sprach auch nicht wie andere Theatergrößen, Gustaf Gründgens zum Beispiel, mit Vorliebe von seiner Überforderung, Überanstrengung oder Übermüdung, sondern wirkte frisch und ausgeruht, selbst nach langen Reisen, als ob er seine vielen Aktivitäten als Privilegien empfände, die es auszukosten galt. Sein Zimmer war aufgeräumt, sein Schreibtisch geordnet, sein Bett gemacht, von ihm selbst, er brauchte dafür weder Frau noch Hilfskraft. Er kochte gern und gut (alle Regniers können kochen), trank gern Rotwein oder Bier (manchmal schütteten wir Sekt dazu, das mochte er auch), er saß gern mit anderen zusammen, war ein dankbarer Abnehmer für Witze und konnte selbst sehr lustig sein. Dass er elegant war, muss ich nicht betonen. Ich kenne keinen eleganteren Menschen. Meine Schwester Carola erzählte von einem Schauspielerkollegen, der staunend beobachtet habe, wie sich unser Vater während einer Probe mit seiner feinen Jacke auf den staubigen Bühnenboden legte – wie würde die nachher wohl aussehen? Sie war makellos wie vorher, als ob sich ungepflegte Kleidung und Charles Regnier gegenseitig ausschlössen. Patrick Süskind habe zu ihr gesagt: «Schaut man mich an, muss man zugeben: Ich habe eine Glatze. Schaut man deinen Vater an, sieht er einfach gut aus.»

Wie er wirklich war, kann auch ich nur ahnen und durch Recherche zu ergründen suchen. In seinem Zimmer in Ambach stand ein Sekretär, den wir, wie er sagte, nach seinem Tod «samt Inhalt» in den See werfen sollten. Das konnten wir nicht, schon der Schlösser- und Seenverwaltung wegen, aber auch aus Gründen der Pietät. Und als wir den Schlüssel endlich fanden und den Sekretär öffneten, sichteten und lasen wir, was er enthielt: Manuskripte, Briefe und Kalender, Film- und Fernsehverträge, Verlagskorrespondenz. Wäre ihm das recht gewesen? Hätte er zugestimmt, dass ich, sein Sohn, jetzt über ihn schreibe, Umstände und Begebenheiten erwähne, die eigentlich privat sind? Vielleicht sogar ja. Er hat nicht viel, aber gelegentlich auch tabulos über sich selbst gesprochen.

Geboren wurde er am 22. Juli 1914 in Freiburg im Breisgau, neun Tage später begann der Weltkrieg. Seine Mutter war Emilie Harrer, genannt Goldi, unsere Großmutter. Sie war ein sanfte, gutmütige Frau mit weicher badischer Aussprache, die wenig Raum für sich beanspruchte, aber ein bewegtes Leben hatte, allein durch die Tatsache, dass sie vier Söhne in schwierigen Zeiten allein großzog. Seinen Vater,

Ein breiter, lächelnder Mann –
Dr. med. Anton Regnier, Arzt in Badenweiler

Dr. med. Anton Regnier, kannten wir nur von einem Foto auf Oma Goldis Schreibtisch. Es zeigte einen breiten, lächelnden Mann mit glatten, zur Seite gekämmten Haaren und einem dünnen Schnurrbart. Er war mir sympathisch, ich hätte gern mehr über ihn gewusst, aber es wurde nicht viel über ihn gesprochen – es hatte ihn gegeben, er war einmal da gewesen, das schien alles zu sein. Das heißt, nein, eine Sache fehlt: der von ihm erfundene «Sommerrodel». Ich stellte mir ein hölzernes Gefährt vor, niedrig, mit Deichsel und Lederriemen, auf dem der Großvater den Berg von seinem Haus zu seiner Praxis hinunterfuhr. Warum jemand einen «Sommerrodel» erfand, der zum Hinunterfahren günstig war, aber den man danach den Berg wieder hinaufziehen musste, blieb unklar. Klar war, dass es in Badenweiler geschehen war, dem Heimatort von Oma Goldi. Sie war das einzige Kind der Hoteliers von «Schloss Hausbaden», einem breiten Gebäude mit einem Turm auf jeder Seite und einem ausladenden Balkon im ersten Stock. Das Hotel war verkauft worden, zu einem ungünstigen Zeitpunkt, durch die

Sommerrodel, Deutsches Reichspatent Nr. 788315
vor der Haustür seines Erfinders Dr. Anton Regnier

«Uroma» Frau Sophie Harrer, die irgendwie eine böse Frau war, und kurz darauf war unser Großvater gestorben, auf eine nicht klar definierte Weise, viel mehr wussten wir nicht.

Im Jahr vor seinem Tod hatte unser Vater begonnen, seine Lebensgeschichte aufzuschreiben. Eine Freundin, die sein Manuskript abgetippt hatte, übergab es uns bei seiner Beerdigung. Nach einem Exkurs über Küchengeräte, die er hier und dort gekauft hatte und die ihn bei der Rückkehr in eine seiner vielen Bleiben wie alte Bekannte begrüßten (eine Wohnung, in der nur er wohnte, hatte er nie gehabt), schildert er sein Leben bis etwa 1930. Weiter kam er nicht. Aber was bis dahin geschehen war, beschreibt er offen und genau, und vieles, was zu seinen Lebzeiten nur in Umrissen bekannt war, wurde nach seinem Tod deutlich.

Dass unser Großvater Dr. Anton Regnier in St. Joseph, Missouri geboren wurde, als Sohn eines Heidelberger Geschäftsmannes, der in St. Louis einen Porzellanladen betrieb, wussten wir. Jetzt erfuhren wir, dass er während des Krieges Lazarettarzt in Straßburg gewesen war und dann in Badenweiler eine Praxis eröffnet hatte, in eben jenem «Schloss Hausbaden», das einst seiner inzwischen verwitweten Schwiegermutter Sophie Harrer gehört hatte und nun kein Hotel mehr war, sondern ein vom Caritasverband betriebenes Versehrtenheim.

Mein Vater Charles Regnier

Der Großvater, auch das war bekannt, hatte ein Sanatorium daraus machen wollen, war aber an seiner Schwiegermutter gescheitert. Diese war, schreibt unser Vater, als *großzügiger, gütiger Mensch mit einem großen Herzen bedacht gewesen, aber das Leben hatte aus ihr eine harte, herrschsüchtige Witwe und Prinzipalin gemacht, deren großes, emotionsgeladenes Herz jegliche Vernunft erstickte.* Zufällig habe er gehört, wie Bedienstete sie hinter ihrem Rücken *Frau Finsterahorn* nannten, das habe *nicht gut* geklungen. (Später soll sie gesagt haben: «Schade, dass ich schon so alt bin, sonst könnte sich der Hitler in mich verlieben!») Neu war mir, dass sie an Festtagen die «Markgräflerhaube» trug, die *mittels einer Nadel an der Kopfhaut festgehakt wurde (Mädchen wurde schon früh an entsprechender Stelle ein Loch gestochen)* – so freundlich, wie man sich das Leben in Südbaden vorstellt, ist es offenbar nicht gewesen. Die Schwiegermutter habe es ihrer Tochter nicht verzeihen können, statt eines Gastwirts oder sonstwie heimatverbundenen Menschen einen Arzt aus Amerika geheiratet zu haben, und hatte, um dessen Pläne möglichst wirkungsvoll zu durchkreuzen, das Hotel zum Verkauf angeboten. *Die Hoffnung unseres Vaters, mit dem Sanatorium sich und seiner Familie eine Existenz zu schaffen, musste daher scheitern.*

Dr. Regnier war beliebt. Mein Vater beschreibt *Teegesellschaften,* zu denen *elegante Damen in langen, engen Röcken die Wege heraufgetrippelt kamen oder in Pferdedroschken oder Automobilen vorfuhren. Sie sprachen und lachten viel. Erschien dann auch noch der Herr Doktor, erreichte die angeregte Stimmung ihren Höhepunkt – während zehn Minuten entfernt, hinter dem Wald, weiterhin Verkaufsverhandlungen geführt wurden.* Mein Vater durfte mit ihm im Pferdewagen über Land fahren und, während er Krankenbesuche machte, die Zügel halten. Den «Sommerrodel» stellt er als *massives Holzbrett in Form eines Cellos vor, mit Sitzfläche und drei Rädern, wohlüberlegt, stabil und unfallsicher konstruiert.* Sich an seinem Vater festhaltend, durfte er mitfahren. *Einheimische und Kurgäste hielten den Atem an, wenn sie den Herrn Doktor, noch dazu mit einem seiner Kinder, auf diesem merkwürdigen Gefährt vorübersausen sahen.* Den «Sommerrodel» habe der Großvater patentieren lassen, die Deutsche-Reichspatent-Nummer sei in den Boden eingebrannt gewesen. Im Keller seines Hauses habe er eine Tischlerwerkstatt gehabt, auch das war mir neu, niemand von uns hat dieses Talent geerbt.

Dann war Dr. Regnier plötzlich verschwunden. Es hieß, er sei in Dresden und arbeite dort. Das Haus in Badenweiler wurde geräumt, Goldi zog mit ihren vier Söhnen zu ihrem Schwiegervater in die Albert-Überle-Straße nach Heidelberg. Karl Friedrich, der spätere Charles, bekam Gelenkrheumatismus und musste im Bett liegen. Was dann geschah, beschreibt er ausführlich: *Am 28. Mai 1923 war mein Vater plötzlich wieder da. Er untersuchte mich. Er sprach mit mir, worüber weiß ich nicht. Dann legte er sich auf eines der Betten der Brüder und schlief ein. Als wir abends um 7 Uhr alle in unseren Betten lagen, kam er nochmals zu uns. Er wollte uns eine Geschichte aus «Tausend und eine Nacht» vorlesen. Als es an einer besonders spannenden Stelle hieß: «Da sprühte ihm Feuer aus Mund und Nasenlöchern», löste das bei uns schallendes Gelächter aus. Der Vater wollte weiterlesen, es kam nicht mehr dazu. Es war hoffnungslos. Wir konnten unser Lachen nicht unterdrücken. Schließlich stand er auf, sagte jedem von uns Gute Nacht, löschte das Licht und ging aus dem Zimmer.*

Am anderen Morgen war es merkwürdig still. Man brachte Milch und Brot zum Frühstück. Wir sollten im Zimmer bleiben. Stunden vergingen. Plötzlich kam der Pfarrer, bei dem ich Religionsunterricht hatte. Er sagte etwas von Sterben und Tod. Sprachlos, ohne jedes Gefühl, wie eingeschlossen und allein, schaute ich auf den Lampenschirm an der Decke. Der Pfarrer strich jedem von uns über den Kopf und ging. Ich wollte ihn fragen, was er nun wirklich hatte sagen wollen. Ich tat es nicht, denn ich wusste ja, dass es nur das sein konnte, was ich glaubte, verstanden zu haben. Die Mutter kam und setzte sich zu uns. Es fiel noch immer kein Wort. Jeder schwieg, und schweigend ging sie nach einer Weile wieder hinaus. Ich wartete darauf, traurig zu sein oder weinen zu können und war erstaunt, dass sich nichts in mir rührte, außer dem starken Gefühl, dass sich etwas verändert hatte und nichts mehr so sein würde, wie es war.

Über den Vater wurde nie mehr gesprochen. Das Wort «Selbstmord» blieb unerwähnt, die Todesart im Dunkeln. Hat er sich erschossen? Nein, das hätte man gehört. *Dass es fast geräuschlos sein kann, wenn es durch den Mund geschieht, erfuhr ich erst später,* schrieb Charles. Und fügte hinzu: *Balzac hat, so gut wie wohl kein anderer, aufgezeigt, wie das Wesen eines Menschen, bedingt durch die Umstände des eigenen Lebens, bis über den Tod hinaus die Lebensumstände anderer, selbst seiner Nächsten, dramatisch bestimmen kann.*

Goldi erkrankte an Tuberkulose, die Familie zog nach Davos. Dort heftete sich der Grieche Herr Koutsoulis an ihre Fersen, *das war das Ende unserer Kindheit.* Goldi hatte sich in ihn verliebt, war ihm verfallen. Er galt als leidend, ließ sich Essen aufs Zimmer bringen, ging erholt mit Goldis Geld zum Tanztee und kam leidend zurück, auch überanstrengt, weil er die ganze Zeit nachgegrübelt hatte, wie er Goldis Restvermögen (der Löwenanteil war beim Verkauf des Hotels im Inflationsjahr 1923 dahingegangen) möglichst gewinnbringend anlegen könnte. «Ihr werdet mir noch auf Knien danken», sagte er. Ärgerten ihn die Söhne, steckte er ihnen einen Kaffeelöffel voll Pfeffer in den Mund und band ihnen die Kinnlade mit einem Tuch fest. Goldi schämte sich seiner und versteckte ihn vor Besuchern, aber er ließ sich nicht abschütteln, und sie kam nicht von ihm los. *Jeder verdrängte, so gut er konnte,* schreibt Charles. *Skilaufen, Rodeln, Tennis spielen, Lesen. Letzteres war mein Gebiet. Man könnte die Technik früh gepflegte Neurosen nennen. Ohne dass jemals darüber gesprochen wurde, hatte sich in jedem von uns ein Ventil geschlossen, unter dessen Druck wir nun mit unserem Geheimnis lebten.*

Irgendwann befand Herr Koutsoulis, dass Apotheken in Montreux ein glänzendes Geschäft seien, die Familie zog dorthin. Charles lernte Französisch, das er später fast so gut wie Deutsch beherrschte, machte die Bekanntschaft des berühmten Rezitators Ludwig Hardt und berichtet, wie er sich erstmals in Menschen des eigenen Geschlechts verliebte. *Es begann eine Zeit großer Wirrnisse. Meine Sehnsüchte irrten hin und her. Zwischen dem Sohn des Besitzers des «Buffets de la gare» und dem Sohn des über uns wohnenden Amerikaners, um sich schließ-*

lich in der Zuneigung zu Pierre Dudan auf Jahre zu festigen. Pierre Dudan wurde ein berühmter Chansonnier, er hat uns in München besucht. Vor dem Haus stand sein Mercedes 300 SL mit Flügeltüren, Trauben meiner Schulkameraden umstanden ihn. Sein Besitzer sei gerade bei uns, verkündete ich stolz – und hatte wieder einmal keine Ahnung über die Art der Verbindung zwischen unseren Eltern und den Menschen, die bei uns ein- und ausgingen. *Es waren hoffnungslos unglückliche Lieben...,* schreibt mein Vater.

Die Faszination des Männlichen war ihm nicht neu, auch das offenbart sein Bericht: Als Vierjähriger sei er eines Morgens ins Schlafzimmer seiner Eltern gekommen. *Er, der Vater, stand mit bis zum Bauchnabel hochgezogenen Nachthemd da, vor ihm auf dem Bettrand der Nachttopf. Mehr sah ich nicht, konnte ich auch nicht sehen, denn ich war noch klein. Das aber, was ich sah, habe ich in seiner kraftvoll gelassenen Vollkommenheit bis heute nicht vergessen. Dass meine Mutter entspannt und, wie ich annehme, glücklich vom Bett aus den Vorgang lächelnd beobachtete, gehört zu dem Bild.* Ein anderes Mal habe er mit seiner Schulklasse eine Bilderausstellung besucht. Es sei *sehr langweilig* gewesen, aber ein *großes, ungerahmtes Bild, das mit dem Gesicht zur Wand stand,* habe sein Interesse geweckt. *Wie ein Pfeil schoss mir Neugier ins Gemüt. Ich wartete, bis die anderen weg waren, ging hin, drehte das geheimnisvolle Bild vorsichtig um. Es zeigte einen mit aufgestelltem linken Bein, den Kopf in die rechte Hand gestützten, halb liegenden nackten Mann. Hatte ich bei der Szene im elterlichen Schlafzimmer eine Art bewundernden Staunens empfunden, war hier die Reaktion starrer Aufruhr. Sekunden nur stand ich da, als ich hinter mir einen unterdrückten, kurzen Schreckenslaut hörte und ein Mädchen wie fliehend aus dem Zimmer laufen sah.* Das Mädchen habe ihn später gezwungen, ihren Schulranzen zu tragen. Er sei zufrieden gewesen, habe er doch dadurch als *Kavalier gegolten, an dem man sich ein Beispiel nehmen sollte.*

Herr Koutsoulis begeisterte sich für das Filmgeschäft: Das sei die allersicherste Einnahmequelle. Allerdings müsse man dafür nach Berlin ziehen. Und so geschah auch das – in der Rückschau muss man sagen, dass wesentliche Impulse von ihm ausgingen, auch wenn sie den letzten Rest des Geldes verschlangen. Er soll in Berlin eine Filmfirma gegründet und mit unserem Vater in Prag den Schmalfilm «La lettre» gedreht haben – niemand, den ich kenne, hat den Film gesehen, was nicht bedeutet, dass es ihn nicht gegeben hat. Herr Koutsoulis ist anscheinend noch lange herumgegeistert, Heinz Regnier, der sich später Henri nannte, Goldis dritter Sohn, soll ihn irgendwann nach Griechenland verfrachtet und dort seinem Schicksal überlassen haben.

Sicher ist, dass Charles in Berlin erstmals André Gide begegnet ist. Er hatte «Die Falschmünzer» gelesen und dem Autor über den Verlag geschrieben. Der hatte freundlich geantwortet und ihn in ein Berliner Hotel geladen. *Ich stand einem Herrn gegenüber, der damit beschäftigt war, seltsame Kunststücke mit einem Jo-Jo auszuprobieren. Er gab es mir mit der freundlichen Bitte, es selbst zu versuchen. Dann setzte er sich in einen Sessel und beobachtete mich. Er fragte, was ich gerade läse. Als ich den Namen Klaus Mann erwähnte, sagte er, schade, gerade mit ihm sei er heute Abend verabredet gewesen, hätte aber absagen müssen. Er sei auf der Durchreise in die Sowjetunion und habe sich die Haare gefärbt, mit dem Erfolg, dass sie nun einen Stich ins Grüne hätten. Sprachlos und fasziniert von seiner selbstverständlichen Natürlichkeit beschäftigte ich mich wieder mit dem Jo-Jo. Was sollte ich ihm sagen? Warum hatte ich ihm überhaupt geschrieben? Auch er sagte nichts. Schließlich fühlte ich seine Hand auf meiner Schulter...* Hier enden Charles' Aufzeichnungen.

Über das Berlin der frühen 30er Jahre berichtet Christopher Isherwood in seinem Buch «Leb' wohl Berlin» – ein Arbeiterpaar hatte ihm für englische Pfund das eheliche Schlafzimmer überlassen und war ins Wohnzimmer oder in die Diele gezogen, so dass er sich auf dem breiten Bett mit dem Sohn der Familie vergnügen konnte. Im Dezember 1934, Isherwood war längst außer Landes, griff die Polizei in einem Transvestitenlokal den zwanzigjährigen Karl Friedrich «Charles» Regnier auf. Verhaftet wurde er ein paar Tage später beim Mittagessen bei seiner Mutter Goldi. Während er mit Schrecken daran dachte, dass in einer untersten Kommodenschublade Papiere eines kommunistischen Freundes versteckt waren, ging ein Polizist auf die Kommode zu, zog die Schublade auf, nahm das Kuvert heraus. Das weiß ich von ihm. Die Weihnachtstage verbrachte er im «Columbia-Haus» am Tempelhofer Feld, einem inoffiziellen Konzentrationslager der SS und nach Zeugnissen ehemaliger Häftlinge einer der schlimmsten Orte überhaupt. Am 28. Dezember 1934 wurde er mit zweihundert anderen Homosexuellen ins KZ Lichtenburg überstellt. Das ist aus Dokumenten ersichtlich, die in Archiven zu finden sind.

Ich habe die Lichtenburg besucht, ein düsteres Schloss aus der Spätrenaissance, im Ortskern von Prettin in Sachsen-Anhalt, ein paar hundert Meter von der Elbe entfernt. Es war Winter, wie bei der Ankunft meines Vaters. Ich stand vor dem Tor, durch das die Häftlinge gehen mussten, sah die Innenhöfe und die Latrinengrube, kletterte über enge Wendeltreppen in die Schlafsäle, besichtigte die SS-Wachstube und fand Listen mit Namen und Unterschrift meines Vaters und eine Quittung über den den Erhalt von 20 Mark von seiner Mutter.

Was hat er über seinen Aufenthalt gesagt? Kartoffeln habe er geschält, stunden- und tagelang, inmitten riesiger Kartoffelberge im Keller. Im Schlafsaal sei eine Pisswanne gestanden, mit einem Henkel an jeder Seite, die habe man morgens entleeren müssen. Nächtens habe es «hartes» oder «weiches» Lager gegeben, vermutlich Strohsack oder Fußboden, so dass man sich an keines gewöhnen konnte, aber nie habe er besser geschlafen und schöner geträumt als dort. Oft sei man zu Schädelvermessungen und Ähnlichem geweckt worden, oder zu Kniebeugen mit vorgehaltenem Gewehr, das habe den Stärksten Tränen in die Augen getrieben. Einmal sei Himmler persönlich da gewesen, auf dem fackelbeleuchteten Hof habe er eine Rede gehalten, sehr unzufrieden über den Mangel an Disziplin und mit der Drohung, «andere Saiten aufzuziehen». Wohlhabende Schwule, erzählte mein Vater, hätten ihre Butterration zur Hautpflege verwendet und ihre SS-Bewacher nach ihrer Entlassung nicht selten als Hausdiener oder *personal gentlemen* angestellt. Auspeitschungen habe er zusehen müssen, auf dem «Prügelbock» (angeblich wurde er im KZ Lichtenburg entwickelt), auf die Fußsohlen oder das nackte Hinterteil, unter Aufsicht eines SS-Arztes, der die Schläge laut mitzählte und den letzten dem

Häftling erließ, er könnte sich ja verzählt haben, im Zweifel für den Angeklagten, humaner Strafvollzug auf Nazi-Art.

Im Mai 1935 wurde er entlassen, ohne Angabe von Gründen, nach unterschriebener Erklärung, über seinen Aufenthalt Stillschweigen zu bewahren. Aufgedunsen und bleich sei er zurückgekommen, sagt sein Bruder Axel, und erzählt habe er nichts. Auch nicht privat, im Wohnzimmer oder beim Spazierengehen? Nein, die Angst sei zu groß gewesen. Beim bloßen Anblick eines SS-Mannes habe man weiche Knie bekommen.

Über die folgenden Jahre im Leben meines Vaters weiß ich wenig. Er soll in Portofino einen Souvenirladen betrieben haben. Eine Ansichtskarte ist erhalten aus Cagnes-sur-mer in Südfrankreich, von Anita Goldberg, die dort mit der Kinderbuchillustratorin Fe Adriani Spemann lebte, die wiederum die große Liebe der Schriftstellerin und Reformpädagogin Tami Oelfken war – alle diese Namen habe ich oft gehört, ohne dass ich Genaues über die Personen weiß. «Lieber Charly», schreibt Anita, «es ist HERRLICH hier, komm schnell, wir sind aber mäusearm, können Dich nicht einladen, Essen pro Mahlzeit 10 Francs. Ein Wiedersehen wäre ganz groß!» Die Karte ist an «Charles Regnier bei Kai Molvig» in Düsseldorf adressiert. Kai Molvig ist eine der prägenden Gestalten meiner Kindheit. Er war Tänzer, dann Pianist, langjähriger Klavierbegleiter meiner Mutter, unser Klavierlehrer, dann hoch gerühmter Übersetzer wichtiger Romane wie Philip Roths «Portnoys Beschwerden», Erica Jongs «Angst vorm Fliegen» oder Hubert Selbys «Letzte Ausfahrt Brooklyn». Offenbar hat unser Vater ihn schon damals gekannt, und offenbar hat er zeitweise in Düsseldorf gelebt. Aus Bruchstücken ergibt sich ein ungefähres Bild.

Dass er bei der Eignungsprüfung der Reichstheaterkammer dreimal durchgefallen ist, hat er oft erwähnt, auch dass er einen Sprachfehler hatte, der ihn das «S» nicht einwandfrei aussprechen ließ. Wo er Schauspielunterricht genommen hat, weiß ich nicht, wenn gefragt, sagte er, «nur ganz wenig» gelernt zu haben. Aber er muss schon bei seinem ersten Engagement am Stadttheater in Greifswald reüssiert haben, sonst hätte man es ihm kaum gestattet, für ein Stück um die so ge-

Das erste Künstlerfoto: Charles Regnier,
z. Zt. Stadttheater Greifswald, Größe 1,80 m

nannte «Halsbandaffäre» die immerhin bekannte und vermutlich nicht billige Dichtertochter Pamela Wedekind vom Preußischen Staatstheater in Berlin zu engagieren. Er habe es aus einer Intuition heraus getan, erzählte er später, spontan ihren Namen genannt, obgleich er sie nie auf der Bühne gesehen hatte. Diesem Umstand verdanken wir unser Leben. Charles und Pamela waren mehr als fünfundvierzig Jahre verheiratet. Die Ehe hatte ihre Höhen und Tiefen wie andere Ehen auch, aber ich kann mir keine Entwicklung vorstellen, die unsere Eltern auseinandergebracht hätte. Es gab einen «Grundton der Gemeinsamkeit», sagt meine Schwester Adriana, «sonst wären wir nicht so glimpflich davongekommen».

Pamela hat Charles an die Münchner Kammerspiele vermittelt. *Eine neue, prägnante Note brachte der von Falckenberg 1941 in Berlin entdeckte Charles Regnier mit,* schrieb Wolfgang Petzet in seinem Buch «Theater – die Münchner Kammerspiele», *ein schlanker, salopp-eleganter junger Mann, literarisch hochgebildet, französisch wie deutsch als Muttersprache beherrschend, sehr intelligent, dazu von einem natürlichen, leicht dämonischen Charme.* In Wirklichkeit hatte er auf seine Bewerbung zunächst keine Antwort bekommen und nur nach Einlassungen von Pamela Direktor Falckenberg vorsprechen dürfen, alles andere stimmt: Charles hat sich, nach «sehr kleinen Anfängen», wie er oft betonte, an den Kammerspielen hochgearbeitet und Karriere gemacht. In unserer Kinderzeit war er bereits sehr bekannt. Seine Entwicklung war an Äußerlichkeiten abzulesen. Er ließ sich Maßhemden machen, bei «Hemden-Reiser», Ecke Franz-Joseph- und Leopoldstraße, sein Foto stand dort auf einem Regal, wir sahen es durch die Scheibe – und seine Hemden hatten statt zwei Manschettenknöpfen drei, das hatte er sich wohl ausgedacht, als Akzent oder Spielerei. Plötzlich trug er ein goldenes Armband, schön gearbeitet, nicht protzig, aber elegant, später kaufte er meiner Mutter für jedes Ehejahr einen Armreif aus Platin, sie mehrten sich und klapperten, wenn sie den Arm bewegte. Zum Autofahren trug er weiße Wildlederhandschuhe. Eine Weile wurde ihm jeden Abend ein Steak gebraten, warum, weiß ich nicht, vielleicht wollte man ihn besonders gut ernähren, vielleicht hat er es sich einfach geleistet. Mir lief das Wasser im Mund zusammen, er hat es gemerkt und mir oft ein Stück abgegeben.

Den Entschluss, die Kammerspiele 1958 zu verlassen, hat er sich bestimmt nicht leicht gemacht. Der Film hatte ihn entdeckt, und er musste Geld verdienen, nicht zuletzt für seine drei Kinder. Wir wohnten in einer kleinen Wohnung in der Leopoldstraße in Schwabing, ein Kinder- oder Hausmädchen wohnte immer mit, und die Nervenzusammenbrüche unserer Mutter machten das Leben nicht gemütlicher. Vielleicht war ihm die Freiheit des Herumreisens nicht unlieb. Neben seinen vielen Filmrollen spielte er in Köln und Hamburg, am Burgtheater in Wien und immer wieder am Schauspielhaus Zürich. Besonders lagen ihm Figuren, die, wie er selbst, im Grunde ihres Wesens von Melancholie und Resignation durchzogen waren und das auch wussten, der König in Ionescos «Der König stirbt» zum Beispiel, der Kaiser in Dürrenmatts «Romulus der Große» oder der zermarterte, selbstironische, zynische und zutiefst moralische Atomphysiker in Heinar Kipp-

Charles Regnier in typischer Pose:
Staatsanwalt Dr. Kampmann in «Ich kann nicht länger schweigen», 1961

hardts «In der Sache J. Robert Oppenheimer». Nach großen Fernsehauftritten gratulierten ihm Menschen spontan auf der Straße. Er hatte sie angesprochen, angerührt, ihnen einen Wert und ein Niveau vermittelt, das sie sich zu eigen machen konnten. Es hatte, schrieb der Kritiker Christian Ferber, bei Teilen des Publikums *eine gewisse Regnier-Süchtigkeit* eingesetzt. Noch heute, wenn ich bei Lesungen oder anderen Veranstaltungen seinen Namen erwähne, geht ein Raunen durch den Saal.

Dass er uns nie geschlagen hat, habe ich gesagt. Er hat uns auch nie angeschrien, war nie ungeduldig mit uns (und wenn, dann auf sehr zurückhaltende Art), aber ein einziger, kühler Satz von ihm konnte schmerzlicher treffen als der feurige Zorn unserer Mutter. Einmal, es war an einem Weihnachtstag im Malvenhaus, sind meine Schwestern und ich über ein Kartenspiel, das wir geschenkt bekommen hatten und das eigentlich Spaß machte, in einen schlimmen Streit geraten – der Auslöser war ich, weil ich verlor und das nicht akzeptieren wollte. Mein

Mein Vater Charles Regnier

Vater nahm das Kartenspiel und sagte: «Wenn euch ein Geschenk so wenig Freude macht, dass ihr euch so verhaltet, habt ihr es nicht verdient», ging zum Ofen und warf es hinein. Es verglomm in Sekundenschnelle, ich sehe das Bild noch vor mir. Ein anderes Mal, als ich ohne Führerschein einen Freund überredete, mich ans Steuer seines Autos zu lassen, und an jenem Platz, der kurz zuvor den Namen «Wedekind-Platz» erhalten hatte, zu scharf um die Ecke bog und ein parkendes Auto beschädigte, just in dem Moment, als hinter uns die Polizei auftauchte, so dass kein Entkommen möglich war und eine nächtliche Protokollaufnahme im Polizeirevier folgte, von der meine Eltern erst durch ein amtliches Schreiben erfuhren, rief mich mein Vater an und sagte: «Wenn du so schlecht Auto fährst, wie du es offensichtlich tust, dann lass es lieber bleiben.» Auch diesen Satz habe ich nie vergessen.

Wenn man uns zusammen erlebte, sagte jemand, habe man die Spannung zwischen uns mit Händen greifen können. Woran mag das gelegen haben? Nach dem chinesischen Kalender war mein Vater Tiger, ich bin Affe, die beiden harmonieren nur bedingt. Tiger sind irritiert durch die Schnellig- und Beweglichkeit der Affen, mit denen sie nicht konkurrieren können, aber wenn es darauf ankommt, fürchten Affen den Tiger. Mein Vater hat über meine Späße herzlich gelacht und meine Witze genossen. Seine schneidenden Äußerungen waren selten, sozusagen Ausrutscher von des Tigers Pranke, und selbst wenn Unmut verständlich oder angebracht gewesen wäre, als ich zum Beispiel auf den Stufen zur Eingangstür unseres Mietshauses in der Leopoldstraße saß und ihm sagen musste, dass ich in der ersten Gymnasialklasse durchgefallen war, wurde er nicht laut, sondern reagierte nachdenklich und ein bisschen traurig, auch als er die Bemerkung auf dem Zeugnis las: Das Betragen des äußerst selbstzufriedenen Schülers war mangelhaft. Und als ich in tiefer Verzweiflung über meine familiäre Situation zu ihm nach Frankfurt fuhr, wo er gerade spielte, und ihm gestand, dass ich eine andere als meine Ehefrau liebte und keinen Ausweg wüsste, sagte er: «Jetzt gehen wir erst einmal essen, du darfst alles bestellen, was du willst.» Lösen konnte auch er mein Problem nicht, aber das Essen, der Rotwein, die Wärme des Lokals und die ruhige Gegenwart meines Vaters taten mir unendlich wohl. Hätte Dr. Anton Regnier von seinem Vater solchen Trost erhalten, hätte er vielleicht länger gelebt.

Seine eigenen Affären behandelte er diskret wie alles andere. «Das ist ein bisschen pikant», sagte ein mir fremder Mann lange nach seinem Tod, der mich wegen einer anderen Sache anrief und erwähnte, mit ihm befreundet gewesen zu sein. Ich erfuhr die Geschichte einer langen Affäre und rechnete zurück: Sie muss sich während unserer Schulzeit zugetragen haben, während wir Hausaufgaben machten, zum Klavier- oder Gitarrenunterricht gingen und uns vielleicht selbst mit erstem, heimlichem Liebeskummer herumschlugen. Hätte ich es damals erfahren, ich wäre aus allen Wolken gefallen. Jetzt fand ich es gut: Der Mensch hat Recht auf Privatsphäre.

Dass viele seiner Freunde homosexuell waren, war mir nicht bewusst, ich liebte sie so, wie sie waren, neben Kai Molvig, der quasi Teil der Familie war, zum Beispiel Gerhard Hirsch. Er hatte in Palästina in der britischen *Jewish Brigade* gedient und später die Französische Buchhandlung *Maison de France* in Berlin geleitet und war einer der ersten jüdischen Menschen, denen ich begegnet bin. Oder den Sänger und Schauspieler Peter Schütte, der schön Klavier spielte und gerne Witze erzählte. Viel später erfuhr ich, dass mein Vater ihn im KZ Lichtenburg kennengelernt hatte, ebenso wie den Literaten Gerd von Rhein, der nach seiner Entlassung nach Brasilien floh und während unserer Kinderzeit monatelang bei uns im Malvenhaus wohnte. Sowohl Gerhard Hirsch als auch Peter Schütte haben sich das Leben genommen, Ersterer im Dezember 1970, nachdem man ihn erst als Retter des Hamburger Schauspielhauses gefeiert und dann fallengelassen hatte, Letzterer im September 1973 aus ungeklärten Gründen während der Dreharbeiten zu einem Film. Mein Vater hielt die Grabrede für Gerhard Hirsch, zeigte aber sonst keine Reaktion. Auch nicht, als 1996 sein jüngster Bruder Georg brieflich ankündigte, genug gelebt zu haben und sich am kommenden Donnerstag mit Hilfe der «Gesellschaft für Humanes Sterben» ins Jenseits zu befördern. Georg war neun Jahre jünger als mein Vater und hatte den größten Teil seines Lebens in Paris

Tiger und Affe, die Spannung mit Händen greifbar?
Charles und Anatol, 1977

verbracht. Er war liebenswürdig und lustig und, wie alle Söhne Goldis, ein hervorragender Hausmann. Meine Schwester Carola fuhr zu ihm, versuchte, ihn zum Weiterleben zu überreden, erinnerte ihn daran, dass er Kinder habe und Verantwortung trage, ohne Erfolg: Eine Freundin fand ihn am angegebenen Tag tot in seiner Wohnung, nach Weisung seiner Berater mit einer Tüte über dem Kopf, vermutlich um Erbrochenes aufzunehmen. Mein Vater nahm die Nachricht wortlos entgegen und schien sogar ein wenig verärgert, als habe er das alles schon einmal erlebt und halte eine Wiederholung für überflüssig. Ihm selbst stand das Altern enorm bevor. Er beobachtete es wie einen Feind, dem er nicht gern in die Augen sah, und besuchte auch alte Freunde nicht mehr gern, nicht einmal Kai Molvig, der ihm von allen Menschen wahrscheinlich der vertrauteste war.

«Wie oft bist du auf der Bühne gestanden?», wollte ich von ihm wissen. Zehntausendmal? Zwanzigtausendmal? «Der Tag ist gut, wenn ich abends spielen kann», sagte er. Vielleicht hat er sich deshalb Tourneen von mehr als hundert Vorstellungen zugemutet, eine nach der anderen, kreuz und quer durch die Republik. Wir hatten eine Liste mit Terminen und haben ihn besucht, wenn er in der Nähe war, haben uns seine Vorstellung angeschaut, sind hinterher mit ihm essen gegangen, oft mit den anderen Schauspielern, die sich in seiner Gegenwart sichtlich wohl fühlten, und mit Sonja Ziemann, mit der er schon vor dem Tod unserer Mutter viel gereist war und die er danach geheiratet hatte. Ganz geheuer war ihm sein rastloses Reisen wohl selbst nicht. Er spielte fast nur noch französische Komödien, die er selbst übersetzt hatte, oft im Bus der laufenden Tournee für eine kommende, während die Kolleginnen und Kollegen lasen oder schliefen (Sonja Ziemann hatte im Bus ein hinter einem Vorhang am Boden festgeschraubtes Bett). Das Übersetzen machte ihm Spaß und brachte Geld, aber ich weiß aus einer frühen Notiz von ihm, dass er schon als junger Mann davon geträumt hat, etwas Großes und Wichtiges zu schreiben, das ausdrücken sollte, was er wirklich fühlte. Er spielte die Komödien virtuos und nahm seine Arbeit ernst, achtete darauf, dass die Aufführung auch nach vielmaliger Wiederholung ihre *Façon* behielt, aber wusste, dass er sich in den Augen der Fachwelt von der «Kunst» sozusagen verabschiedet hatte.

Traurig darüber war vor allem seine älteste Tochter Carola. Sie war, nach einer Ballettausbildung, auch Schauspielerin geworden und hatte alle Härten des Berufs erfahren: lange Dürreperioden, Enttäuschung über Regisseure und Produktionen und andere Aspekte eines selbstverliebten Betriebs. Aber weil sie keine Kompromisse einging, hatte sie auch auf hohem Niveau gespielt, in Peter Zadeks Bochumer Ensemble, an der Berliner Schaubühne, am Hamburger Schauspielhaus, sogar am *Théâtre des Amandiers* in Nanterre, wo sie – auf Französisch! – an der Seite von Michel Piccoli in Schnitzlers «Das weite Land» zu sehen war. Regisseure wie Luc Bondy, Klaus Michael Grüber, Hans Neuenfels, Werner Schroeter oder Luk Perceval, mit denen sie arbeitete, fragten bei unserem Vater nicht mehr an, entweder weil er ihrem Blickfeld entrückt war oder weil sie wussten, dass er sowieso keine Zeit hatte. Das Tourneegeschäft hatte ihn vereinnahmt, Carola bedauerte das. Nach dem Tod unserer Mutter war sie für ihn eine Art letzte Instanz in künstlerischen Fragen. Er respektierte ihr Urteil und fürchtete es vielleicht ein wenig, auch Carolas berechtigten Vorwurfs der Lieb-

Seine schärfste Kritikerin und größte Unterstützerin –
Charles und Carola auf dem Ambacher Balkon, ca. 1985

und Gedankenlosigkeit wegen, der gegenüber unseren Eltern immer noch im Raum stand: Auf Betreiben meiner Mutter hatte man sie 1944 als Kleinkind einer vermeintlichen Darmerkrankung wegen in die Schweiz geschickt, mit Tilly, ihrer Großmutter, und erst 1947 wieder nach Hause geholt, als ihre beiden Geschwister schon geboren waren und sie sich als Fremdkörper fühlen musste. Warum hatte man das getan? Der Hauptvorwurf galt unserer Mutter, aber er hatte es zugelassen – so wie er jetzt, fand Carola, wieder alles mit sich machen ließ und sich unter Wert verkaufte. Sie war seine schärfste Kritikerin, aber auch seine größte Unterstützerin. Er hätte ihr beruflich gern geholfen, aber konnte nicht viel tun – es war eben so, wie es war. Ein paar Mal ist er auch mit mir aufgetreten. Er las Gedichte und Prosa von Goethe, Matthias Claudius, Johann Peter Hebel, Jean Paul, Robert Walser, Oscar Wilde, ich spielte Stücke auf der klassischen Gitarre. Er war ein großartiger Vorleser, aber vor solchen Abenden sehr nervös. Fast hatte ich das Gefühl, er wolle sich an mir festhalten, der ich auf der Gitarre mindestens ebenso nervös war.

Nach meiner Rückkehr aus Australien 1995 wohnten wir eine Weile im selben Haus, er in Sonja Ziemanns Münchner Dachwohnung, ich ein Stockwerk tiefer in einem Apartment. Er spielte ein Stück von Noël Coward an der Kleinen Komödie Max II, ich schrieb mein Buch «Damals in Bolechów». Ich fuhr ihn mit dem Auto zur Vorstellung, er kam mit dem Taxi zurück, danach gab es bei mir einen Imbiss, jeden Abend, viele Wochen lang. Es war unsere beste gemeinsame Zeit. Er erzählte viel von sich und freute sich über meine Möglichkeit, etwas zu vollbringen, was er sich selbst vielleicht immer gewünscht hatte. Als das Buch fertig war, brachte ich es ihm als Erstem, er legte sich auf die Couch, las es in einem Zug durch. Er hatte ein paar Jahre vorher einen leichten Schlaganfall gehabt und ihn, um eine Tournee nicht zu unterbrechen, nicht behandeln lassen. Das wirkte sich auf sein Gehen aus. Die Beine gehorchten nur noch schlecht, ließen ihn nur noch kleine Schritte machen. Sein letztes Stück, Peter Ustinows «Endspurt», spielte er im Rollstuhl, die Rolle sah es vor, es funktionierte gut, er spielte es mehr als hundert Mal und sollte damit noch einmal auf Tournee gehen.

Am Abend vor dem Tourneebeginn lud er mich in ein italienisches Restaurant. Während wir saßen, wich plötzlich alle Farbe aus seinem Gesicht, als liefe das Blut aus dem Körper, er kippte um und sank auf den Fußboden. Das ist das Ende, dachte ich und nahm Abschied von ihm, irgendwie froh, im Moment seines Todes bei ihm zu sein. Aber er wachte wieder auf. Ein Krankenwagen brachte ihn ins Rechts der Isar, ein Arzt untersuchte ihn, zu jung, um ihn zu kennen, und sprach zu ihm laut und grob: Er müsse dableiben und behandelt werden. Aber er wollte nach Hause. «Auf eigene Verantwortung», sagte der Arzt, «das müssen Sie mir unterschreiben!» Ich brachte ihn nach Hause und machte mich daran, den Veranstalter anzurufen und die Tournee abzusagen. «Das möchte ich nicht», sagte er. Am nächsten Morgen, ich traute meinen Augen kaum, zwängte sich der Tourneebus in die enge Straße, der Vater stieg ein, war zwei Monate unterwegs, kam wieder nach Hause. Seine letzte Filmrolle spielte er in Oskar Roehlers «Die Unberührbare», dann war Schluss, der Kalender nach sechzig Jahren leer, sein Selbstwertgefühl am Boden, er selbst schweigsam, in sich gekehrt und körperlich in immer schlechterem Zustand.

Im Sommer 2000 war er ein letztes Mal in seinem Haus in Italien.

Aus dem Schreiben seiner Memoiren riss ihn ein Angebot aus Berlin, und obwohl es eigentlich klar war, dass es nicht ging, nahm er es an. Meine Schwester Adriana fuhr ihn hin. Die Unterkunft war eine Zumutung aus schlechtem Geschmack und Stolperfallen, und nach ein paar Tagen kündigte ihm der Regisseur die Zusammenarbeit, und tat es nicht einmal selbst, sondern ließ es, in ultimativer Feigheit und Herablassung, ausrichten. Der Vater nahm es kühl zur Kenntnis und fuhr am nächsten Tag mit Adriana nach Greifswald, stand noch einmal vor dem Stadttheater, an dem er begonnen hatte, stieg wieder ins Auto. Danach sprach er immer weniger und zum Schluss fast gar nichts mehr. Nur in seinen Augen sah man die Traurigkeit.

Kurz darauf hatte er einen Schlaganfall. Wir versuchten, Sonja Ziemanns Münchner Wohnung behindertengerecht umzugestalten, ließen Haltegriffe anbringen, organisierten Pflege, das Arrangement brach nach einer Woche zusammen. Und weil sich auf die Schnelle keine andere Möglichkeit bot und seine Frau es so wollte, brachten wir ihn in die Privatklinik Jägerwinkel am Tegernsee, einen Ort mit langer Tradition, an dem sich Stars tummelten und getummelt hatten, mit einem Hirschgeweih als Markenzeichen und Personal in Dirndl und Landhausmode. Er ertrug es, obgleich ihm alles Jägermäßige fremd und das klischeehaft Bayerische unsympathisch war und er sich sein Leben lang vom Starrummel ferngehalten hatte. Aber er hatte seine Entscheidungsfreiheit verloren.

Am Abend des 3. März 2001 hatte er einen zweiten, schweren Schlaganfall. Ich fuhr von München in den Jägerwinkel, mit Anja, meiner Frau. Er konnte nicht sprechen, war furchtbar unruhig, als ob er aufstehen und einen bösen Traum verscheuchen wolle. Ich saß die Nacht über bei ihm, nahm wieder einmal Abschied. Am Morgen die Diagnose: Ein Drittel der Gehirnhälfte zerstört. «Ihr Vater wird nie wieder sprechen oder schlucken können, aufstehen und gehen sowieso nicht», sagte der Arzt und zeigte uns das Röntgenbild. Wir hofften auf einen gnädigen Tod. Aber weil er zwar eine Patientenverfügung unterschrieben, diese aber nicht aktualisiert hatte und man somit nicht mit hundertprozentiger Sicherheit sagen könne, ob er heute noch so denken würde wie damals, und weil Sonja Ziemann ihn nicht gehen lassen wollte, fragte derselbe Arzt kurze Zeit später: «Wollen Sie, dass Ihr Vater verhungert?» Was sollte man darauf antworten? Er bekam eine sogenannte PEG-Sonde, die dem Körper durch die Bauchdecke alles zuführt, was er braucht, wodurch er wochen-, monate- oder jahrelang weiterleben kann. Ein zerstörtes Gehirn heilen kann sie nicht.

Es war entsetzlich. Der Vater lag mit offenen Augen, ohne Reaktion, Haare, Bart und Augenbrauen wuchsen, der Körper wurde gewartet wie ein Gegenstand, eine Routine spielte sich ein, als ob es Normalität sei, alles drehte sich um ihn, aber er war längst nicht mehr da. Einzig Sonja Ziemann glaubte an ihre Verbindung mit ihm und kommunizierte mit ihm auf eine nur ihr verständliche Weise. So vergingen sechs quälende Monate. Einmal fing er noch an zu reden. Man verstand nichts, aber er sprach gegliederte Sätze, wahrscheinlich Rollentexte, die irgendwo gespeichert waren, wie ein Motor, der einen letzten Stromstoß erhält. Am 13. September 2001 konnte er endlich sterben. Nach der Erfahrung anderer PEG-Patienten hatte er sogar noch Glück – es hätte auch länger dauern können.

Man hatte Rosen auf das Laken gestreut, seine Hände übereinandergelegt, sie waren angeschwollen und wächsern. Der Ständer, an dem die Beutel mit der Nährlösung befestigt gewesen waren, stand in einer Ecke, der Schlauch war aufgerollt. Ein Arzt hatte den Herzschrittmacher entfernt, den er die letzten Jahre getragen und dessen unerbittlicher Schlag seinen Tod verzögert hatte. Im Zimmer war es kühl, es roch gut, er sah still und konzentriert aus, vielleicht ein wenig erstaunt, in jedem Fall sehr ernst, dem Anlass angemessen. Im Nebenzimmer saßen wir, meine Schwestern Carola und Adriana, Sonja Ziemann und ich, für den Moment schienen alle Probleme gelöst. Die Klinikleitung ließ ein Flasche Rotwein bringen. Ab und an ging ich hinüber, stand an seinem Bett, wie ich es oft getan hatte, denn er lag gerne – eigentlich müsste man pro Woche einen «Bett-Tag» einlegen, hatte er oft gesagt und behauptet, es als junger Mann auch getan zu haben.

Die Bestatter kamen. Ich wollte ihn noch einmal sehen und wartete im Klinik-Foyer, durch das er ja kommen müsse. Es war spät abends und kaum noch Betrieb. Aber er kam und kam nicht. Irgendwann wurde mir klar, dass ich an der falschen Stelle wartete: In Einrichtungen, die der Gesundheit dienen, verlassen Tote das Gebäude durch die Hintertür. Ich schlich in den Keller und sah ihn am Ende eines langen Flurs entschwinden, auf einem Rollwagen, in einem schwarzen Body-Bag. Auf der Straße sah ich noch die Rücklichter des Autos.

Schon einmal war ich dabei gewesen, als er aus dem Haus getragen wurde, im Malvenhaus, als ich vier oder fünf Jahre alt war. Ein Auto fuhr vor, irgendetwas war los. Ich schaute durch das Treppengeländer und sah, wie zwei Männer meinen Vater mit schnellen Schritten den Kopf voran durch die Haustür trugen. Er habe eine Blinddarmentzündung, hieß es, ein Durchbruch habe gedroht. Eine Woche später war er wieder da und alles war wie immer. Ich kroch zu ihm ins Bett, er umarmte mich im Schlaf, auch ich schlief sofort wieder ein. Er war danach nie wieder krank, weder Grippe noch Erkältung noch sonst etwas, bis ins hohe Alter. Aber ich wusste: Einmal würde ich ihn liegen sehen und fürchtete den Moment. Und wusste: Der Tod meines Vaters würde schrecklich sein. Das war er dann auch.

Man hätte ihn in Holzhausen beerdigen können, neben Pamela, unserer Mutter. Aber irgendwie passte das nicht. Er sollte dorthin zurück, wo er hergekommen war, nach Badenweiler. Auf dem Friedhof in Lipburg, wo auch René Schickele begraben ist, Nachbar der Regniers aus frühen Badenweiler Tagen, liegt er neben Goldi, seiner Mutter, und seinen Großeltern Friedrich und Sophie Harrer unter einem mächtigen, efeubewachsenen Naturstein, den man für den Großvater aufgestellt hatte, so dass dieser, wenn ihm danach war, von ihm aus das Hotel «Schloss Hausbaden» sehen könnte. Dem Friedhof gegenüber liegt ein Weinberg. Der markgräfler Maler Emil Bizer hat ihn gemalt, das Bild hing im Arbeitszimmer meines Vaters und hängt jetzt in Ambach.

Ich besuche den Friedhof, wann immer sich die Möglichkeit bietet. An einem frostigen und nebeligen Herbsttag, tauchten aus dem Dunst plötzlich eine Dame und ein Herr mittleren Alters auf und fragten nach dem Grab von Charles Regnier, sie seien aus Düsseldorf und extra dafür angereist. Das hat mich sehr gefreut.

Bildnachweis

Thomas Theodor Heine, © VG Bild-Kunst, Bonn 2014: S. 19

Richard Strauss-Archiv, Garmisch: S. 25

Monacensia Literaturarchiv: S. 27

Archiv Anatol Regnier: S. 45, 47, 49, 51, 76, 97, 101, 102, 105, 131, 135, 169, 175, 178, 181, 205, 239, 243, 285, 311, 312, 320, 322, 325, 327

© Isolde Ohlbaum: S. 63

Wilhelm Kempff-Archiv, Foto: Roger Hauert: S. 67

Andrés Segovia. An Appreciation. Compiled and Edited by George Clinton, London 1978: S. 72

Archiv Gwendolyn von Ambesser: S. 83, 87

Liselotte Strelow, © Gesellschaft Photo Archiv e.V. Bonn/VG Bild-Kunst, Bonn 2014: S. 114

Deutsches Theatermuseum, München: S. 123

Hans Fallada Archiv, Literaturzentrum Neubrandenburg: S. 142, 146, 154

Archiv Achim Ditzen: S. 163

Keystone/Thomas Mann-Archiv der ETH Zürich: S. 191

Archiv Frido Mann: S. 196, 199

ullstein bild - C.T. Fotostudio: S. 213

Archiv Gero Erhardt: S. 216

Archiv Thomas Frankenfeld: S. 226, 233

Archiv Mathias Fischer-Dieskau: S. 252

Archiv Manuel Fischer-Dieskau: S. 258

Archiv Florian Prey: S. 265, 273

Archiv Ursula Anders: S. 270

Archiv Dominik Graf: S. 294, 300

© David Steets: S. 306

Literatur

Einleitung:

In meinem Elternhaus hingen keine Gainsboroughs aus: Gottfried Benn: «Teils-teils», Sämtliche Werke, Klett-Cotta, 1986

Kapitel 1: Ein Besuch in Garmisch

HIS HEART BEAT IN NAZI TIME: The Stars and Stripes, 29. Mai 1945

Briefzitate von Klaus Mann aus: Klaus Mann, Briefe und Antworten II, herausgegeben von Martin Gregor Dellin, Edition Spangenberg, 1975

Ich mache so viel Musik, als man ohne Musik füglich machen kann und weitere Informationen über das Verhältnis Thomas Mann – Richard Strauss aus: Hans Rudolf Vaget «Seelenzauber – Thomas Mann und die Musik», S. Fischer, 2006

Zitate aus Thomas Manns Novelle «Tristan» aus: Thomas Mann, Frühe Erzählungen, herausgegeben von Peter de Mendelssohn, S. Fischer, 1981

Selbstknechtung des Willens, die Nerven of bis zum Schreien angespannt aus: Thomas Mann «Betrachtungen eines Unpolitischen», Stockholmer Gesamtausgabe, S. Fischer, 1956

Zitate von Richard Strauss aus:

Michael Walter: Richard Strauss und seine Zeit, Laaber Verlag, 2000

«Wer war Richard Strauss?» Neunzehn Antworten, herausgegeben von Hanspeter Krellmann, Insel Verlag, 1999

Franz Trenner: Richard Strauss, Dokumente seines Lebens und Schaffens, Verlag C.H.Beck, 1954

... die Seele sei krank. Der Motor wollte nicht mehr laufen und weitere Zitate über Klaus Mann aus: Golo Mann: «Erinnerungen an meinen Bruder Klaus», Nachwort zum Briefband, siehe oben.

Tagebuchzitate von Klaus Mann aus: Klaus Mann, Tagebücher 1931 bis 1949, herausgegeben von J. Heimannsberg, P. Laemmle, W. F. Schoeller, Edition Spangenberg, 1989

Kapitel 3: Diana Kempff – eine Erinnerung

... während sich die Basen mit den Säuren mischen und folgende Zitate aus: Diana Kempff «Fettfleck», Residenz Verlag 1979

In meines Vaters Garten standen wilde Blüten aus: Diana Kempff «Die fünfte Jahreszeit. Gedichte», Residenz Verlag, 1995

Kapitel 5: Ein Vater zum Verlieben

Solange an Theatern: Axel von Ambesser: «Nimm einen Namen mit A», Ullstein Verlag, 1986

Kapitel 6: Ambach (I)

Ein hervorragender, in jeder Hinsich vollendeter und folgendes Zitat aus: Hans-Peter Range: Die Konzertpianisten der Gegenwart, Lahr/Schwarzwald, Schauenburg, 1964

Kapitel 7: Unverbrüchlich –
Marianne Hoppe und ihr Sohn Benedikt

Ich bin so allein. Keiner steht an meinem Bett aus: Thomas Bernhard «In hora mortis. Gedichte», Salzburg, Otto Müller, 1958

Kapitel 8: Israel

das zweifelsohne dunkelste Kapitel der ganzen dunklen Geschichte aus: Hannah Ahrendt «Eichmann in Jerusalem. Ein Bericht über die Banalität des Bösen», Reclam Verlag, 1986

Kapitel 9: Hans Fallada und seine Söhne

Briefzitate von Hans Fallada und Uli Ditzen aus: Hans Fallada/Uli Ditzen: Mein Vater und sein Sohn, Briefwechsel, Aufbau Verlag, 2004

Weitere Zitate aus:

«Wenn du fort bist, ist alles nur halb», Hans Fallada – Anna Ditzen, Briefe einer Ehe, herausgegeben von Uli Ditzen, Aufbau Verlag, 2007

«Hans Fallada. Sein Leben in Bildern und Briefen», herausgegeben von Gunnar Müller Waldeck, Roland Ulrich, Uli Ditzen, Aufbau Verlag, 1997

Literatur

Hans Fallada «In einem fremden Land – Gefängnistagebuch 1944», herausgegeben von Jenny Williams und Sabine Lange, Aufbau Verlag, 2009

Kapitel 11: Der Einzige und Letzte – Frido Mann

Zitate aus: Frido Mann «Achterbahn, ein Lebensweg», Rowohlt Verlag, 2008

Kapitel 13: Lustige Väter (I) – Heinz Erhardt

Zitate aus:

Grit Berthold, Verena Haacker, Marita Malicke, Isabelle Yeginer: «Heinz Erhardt privat», Fackelträger Verlag, 2000

Rainer Berg, Norbert Klugmann: «Heinz Erhardt – die Biographie», Lappan Verlag, 2009

Kapitel 16: Den Größten zum Vater – Mathias und Manuel Fischer Dieskau

Zitate aus:

Dietrich Fischer-Dieskau: «Nachklang – Ansichten und Erinnerungen», Deutsche Verlagsanstalt, 1987

Hans A. Neunzig: «Dietrich Fischer-Dieskau, eine Bioagraphie», Deutsche Verlagsanstalt, 1995

Kapitel 17: Dem Vater folgen oder nicht? – Florian Prey und Rico Gulda

Zitate aus:

Kurt Hoffmann «Friedrich Gulda – aus Gesprächen mit Kurt Hofmann», Langen Müller Verlag, 1990

«Friedrich Gulda. Wanderer zwischen Welten», Diskographie, Reden, Interviews, Statements, Fotos, Idee und Zusammenstellung von Thomas Kanehl, Bibliothek der Provinz, 2001

Dank

Allen, die mir Einblick in ihr Leben gewährt und an der Gestaltung ihrer Kapitel geduldig mitgearbeitet haben, danke ich sehr herzlich. Was sie getan haben, war nicht selbstverständlich. Umso größer ist meine Hochachtung ihrer Persönlichkeit und meine Wertschätzung ihrer Offenheit, ihres Vertrauens und ihrer Freundschaft.

Außerdem danke ich:

- Thomas Karlauf für die Idee zu diesem Buch und die engagierte, ermunternde und kritische Begleitung seines Entstehens,

- Gwendolyn von Ambesser für vielfältige Hilfe bei der Schaffung von Kontakten,

- Prof. Dr. Hermann Kurzke für sein Interesse und den Austausch über Inhalt, Implikationen und Hintergründe,

- meinem Lektor Dr. Raimund Bezold und seiner Mitarbeiterin Rosemarie Mayr,

- dem Dichtertreff in Berg für Kritik und Anregungen,

- meiner Schwester Adriana Schiffers für wesentliche Hinweise zum Inhalt des Gesagten und zur Zuverlässigkeit der Erinnerung,

- und meiner Schwester Carola, die bis zu ihrem Tod das Vorhaben unterstützt und begleitet hat.